FILM DOKUMENTALNY
KREATYWNE OPOWIADANIE

Film dokumentalny
Kreatywne opowiadanie

Tytuł oryginału:
Documentary Storytelling
Creative Nonfiction on Screen
Third Edition

Autor:
Sheila Curran Bernard

Tłumaczenie:
Michał Bukojemski

Redakcja i korekta:
Magdalena Kostrubiec

Zespół redakcyjny:
Renata Warchał i Michał Talarek

Projekt okładki i skład:
Renata Mianowska

Fotografia na okładce:
Renata Warchał

Druk i oprawa:
Oficyna Wydawnicza READ ME

ISBN 978-83-931211-4-4

Wydanie pierwsze

Original title: Documentary Storytelling Creative Nonfiction on Screen, Third Edition
Polish edition copyright 2010 by Wydawnictwo Wojciech Marzec. All rights reserved.

ul. Klimczaka 8 lok. 35 kl. C
02-797 Warszawa
tel. 22 550 15 60, 22 550 15 62
e-mail: w-wm@w-wm.pl

www.w-wm.pl

Wydawnictwo Wojciech Marzec
2011

SHEILA CURRAN BERNARD

FILM DOKUMENTALNY
KREATYWNE OPOWIADANIE

Wydawnictwo Wojciech Marzec
Warszawa 2011

SPIS TREŚCI

CZĘŚĆ IV * Materiały dodatkowe

Recenzje
Filmu
dokumentalnego

„*Bernard prezentuje dokumentalistom, w jaki sposób myślenie o opowiadaniu może być z pożytkiem włączone w proces tworzenia filmu niefabularnego, od zalążka idei po rozwój projektu i okres przygotowania produkcji, aż po okres zdjęć i montażu. Jej rozważania obejmują wiele przykładów współczesnych dokumentów ilustrujących najbardziej istotne z omawianych problemów*".

-DOKUMENTALNE (INTERNATIONAL DOCUMENTARY ASSOCIATION)

„*Film dokumentalny Sheili Curran Bernard jest ważnym, pragmatycznym, zdroworozsądkowym podejściem do realizacji filmu niefabularnego, przeznaczonym dla studentów oraz/ albo początkujących filmowców. Bazuje na głębokiej świadomości historii i teorii filmu oraz osobistej wiedzy autorki o tym, jak czołowi dokumentaliści tworzą dzisiaj swoje filmy*".

-GERALD PEARY, KRYTYK FILMOWY, THE BOSTON PHOENIX

„Bezcenne zarówno dla realizatorów filmów dokumentalnych jak dla wszystkich, którzy używają informacji i świadectw do opisania prawdziwych wydarzeń. Dlatego wartość tej książki wykracza daleko poza służbę scenarzystom; zyskują odbiorcy filmów dokumentalnych na czele z dziennikarzami, pojmując lepiej struktury narracyjne, które wszyscy używamy, próbując nadać ład i sens otaczającemu nas światu".

-PENNEE BENDER, MEDIA DIRECTOR, CENTER FOR MEDIA
AND LEARNING, CITY UNIVERSITY OF NEW YORK,
THE GRADUATE CENTER

„Mimo iż filmy dokumentalne to nie fabuły, nie są jednak w pełni obiektywne, ponieważ każdy akt wyboru na etapie pisania, zdjęć, zadawania pytań, komentowania, tworzenia notatek może zasadniczo zmienić punkt widzenia filmu, a co za tym idzie, widzów. Bernard ma ostrą świadomość siły przekonywania tkwiącej w obrazie, jednocześnie nacisk, który kładzie na złożoność i integralność, jest wątkiem przewijającym się przez całą książkę".

-ALYSSA WORSHAM, *THE INDEPENDENT*

„Jeśli wyobrażasz sobie zostanie filmowcem dokumentalistą, albo po prostu chcesz powiększyć swoją wiedzę na temat reportażowego opowiadania, kup tę książkę, przeczytaj i zacznij stosować w praktyce".

-QUENTIN BUDWORTH, *FOCUS MAGAZINE*

„Dokumentalne Opowiadanie. To jest właśnie to, o czym traktuje ta książka. Jest o opowieściach, o tym jak je komunikować elokwentnie, efektywnie i etycznie... To wspaniała książka... pełna wywiadów z nagradzanymi dokumentalistami, dająca aktualną informację, rady i wiedzę, która będzie dla was ciekawa i użyteczna".

-KRISTA GALYEN, *AAUG REVIEWS*

Pamięci Henry Hampton

Wstęp
do trzeciego
wydania

Zwrot *dokumentalne opowiadanie* znalazł sie w obiegu w 2003 roku, gdy ta książka ujrzała światło dzienne; opisując siłę, która rodzi się z włączenia narzędzi literackiej narracji w tworzenie filmu dokumentalnego, siłę, która umożliwia twórcom medialnym dotarcie do i zatrzymanie widzów przy niefabularnych treściach. Lecz dążenie do „opowiadania" używa się czasami dla usprawiedliwienia w filmach niefabularnych przesadnego sentymentalizmu lub sensacji, dla zamaskowania niedostatków dokumentacji czy po prostu niedoskonałości rzemiosła. Nie o tym jest ta książka i przywoływane przykłady filmowców nie będą świadczyć o tym nieudacznictwie.

Odwrotnie, jest to książka o czasochłonnym i organicznym procesie, w trakcie którego filmowiec podejmuje temat, *znajduje* (a nie narzuca) historię tkwiącą w temacie, aby dalej użyć bogatego zestawu narracyjnych narzędzi – jak struktura, bohater, pytanie, punkt widzenia, ton, stawka i wiele więcej – aby opowiedzieć historię prawdziwie i pomysłowo tak, aby przyciągnąć i wciągnąć widzów w opowiadanie. Postępując w ten sposób, filmowiec dokumentalista stawia się w jednym szeregu z mistrzami opowiadania, niezależnie czy pracują na niwie fabuły czy twórczości niefabularnej. Zadziwiające prace takich reżyserów jak Alex Gibney, Ari Folman, James Marsh, Deborah Scranton i wielu innych, nieustannie windują poprzeczkę wyżej - dla tych wszystkich, którzy chcą zacząć tworzyć na obszarze mediów niefabularnych. *Film dokumentalny,* zarówno to jak i poprzednie wydania, kładzie narzędzia używane przez najlepszych filmowców w zasięgu ręki wszystkich, którzy chcą tworzyć niefabularne opowiadania, czy to na antenę, czy to do kin, czy to dla celów edukacyjnych czy węższych, społecznych.

Prezentując to nowe, trzecie wydanie, wyrażam jednocześnie swój sprzeciw wobec zbyt szerokiego używania terminu „dokumentalny", w odniesieniu do wszystkich form niefabularnego programu audiowizualnego. Dla zbudowania analogii, wyobraźcie sobie bibliotekę czy księgarnię i wszystkie inne książki niż literatura piękna. Będą tam książki kucharskie, książki o pielęgnacji ogrodów i zwierząt domowych, komiksy, poradniki „zrób to sam", wyznania celebrytów; historie, które wyrastają na gruncie skrupulatnej dokumentacji, jak i historie odwołujące się do obrazów czy uczuć; książki naukowe i pseudo-naukowe. Zrób krok dalej i dołącz do tej listy lśniącą broszurę reklamową twojego dentysty, sprawozdanie towarzystwa dobroczynności mające przyciągnąć wspierających, lub podjudzająca ulotka na tablicy w sprawie jakiegoś kontrowersyjnego zdarzenia.

Nigdy nie wrzucilibyśmy do jednego worka tego całego niepowieściowego materiału – tak różnego jakością, celami, adresatem, rozmiarem i formą – razem jako jeden gatunek (jako jakieś *docuksiążki).* Wręcz odwrotnie, jako czytelnicy, nauczyliśmy się rozpoznawać różnice. Analogicznie jako widzowie, musimy nauczyć się na nowo dostrzegać różnice w wachlarzu mediów ogólnie nazywanych dokumentalnymi. Tak więc dla tego wydania, wybrałam podtytuł, który plasuje filmy dokumentalne na tej samej półce, na której znajduje się szczególny rodzaj literatury faktu – reportaż kreacyjny, czyli szerzej: „niefabularna kreacja". Plan polega na tym, aby wziąć na warsztat to co jest *najlepsze* w dokumencie i rozpatrywać, jako wzorzec dla wszelkich gatunków produkcji, nawet takich, które określilibyśmy jako audiowizualne ekwiwalenty *tabloidu, magazynu, targowiska próżności* i zapewne także *interwencji, public relation,* a nawet *ogłoszeń.*

Trzecie wydanie zyskało nową strukturę i zawiera około 20% nowego materiału, włącznie z omówieniami nowych filmów, nowe rozmowy z nagradzanymi filmowcami (Brett Culp, Alex Gibney, Susan Kim, James Marsh i Deborah Scranton), oraz penetruje głębiej używanie wzorca struktury opowiadania, jako narzędzia *analizy* (nie recepty) na każdym etapie produkcji, od dokumentacji po montaż. Niestety, oznaczało to, że część materiału z poprzednich wydań musiała wylecieć włącznie z wywiadem z archiwistą, reżyserem i pisarzem Kenn Rabinem, z którym pracowałam w 2007 i 2008 nad wspólną książką: *Archival Storytelling: A Filmmakers Guide to Finding, Using, and Licensing Third-Party Visuals and Music (Focal Press, 2008).* (Opowiadanie przez Archiwa: Przewodnik realizatora jak znajdować, używać i nabywać licencje na materiały filmowe i muzykę).

Z kilkoma wyjątkami, filmy omawiane w tym wydaniu można kupić lub wypożyczyć. Niektóre filmy emitowane w ramach telewizyjnych cykli, takich jak BBC *Storyville* (Świat w opowieści), PBS *Frontline* (Na linii frontu) oraz *American Experience* (Doświadczanie Ameryki) mogą być dostępne on-line.

Podziękowania

Ogromne dzięki dla Focal Press za doprowadzenie do druku już trzech wydań tej książki, ale także za pilotowanie jej publikacji po Portugalsku (2008) oraz po Chińsku (2010). Elinor Actipis, Michele Cronin, Dawnmarie Simpson, Laura Aberle oraz ich koledzy stanowią taki zespół wydawców, jaki każdy autor chciałby mieć. Dziękuję również Cathy Gleason i Deborah Schneider za ich niekończące się rady; dziękuję recenzentom nowych propozycji dla tego wydania, maszynistkom Amandzie Burr i (szczególnie) Joannie Kovitz za niezwykle szybkie i dokładne przerobienie wszystkiego. Dziękuję przyjaciołom i kolegom z Princeton University, z Uniwersytetu w Albany i z Kolegium Goddarda oraz całej światowej społeczności twórców filmów niefabularnych za pracę, która tworzy wyzwania, inspiruje i informuje.

Winna jestem specjalne podziękowania wielu filmowcom, którzy udzielili mi wywiadów dla tego i poprzednich wydań; których lista znajduje się w Części IV. Za wszystko inne, jak zwykle, składam podziękowanie moim rodzicom David i Kathleen Bernard; przyjaciołom i rodzinie; i oczywiście Joel i Lucky.

SHEILA CURRAN BERNARD
WRZESIEŃ 2010

O Autorce

Sheila Curran Bernard jest twórcą medialnym wyróżnianym nagrodami Emmy i Peabody oraz konsultantem projektów emitowanych w czasie największej oglądalności na antenach ogólnokrajowych, projektów kinowych, społecznościowych i edukacyjnych. Uczyła na Princeton University, w Westbrook College i na Uniwersytecie w Albany (SUNY), miała wykłady na temat dokumentalnego opowiadania w trakcie Niemann Conference dotyczącej dziennikarstwa narracyjnego, na Uniwersytecie Krzysztofa w Newport, na Pennsylvania College of Technology i wiele innych. Wespół z Kenn Rabinem, Bernard jest autorką: *Archival Storytelling: A Filmmakers Guide to Finding, Using, and Licensing Third-Party Visuals and Music (Focal Press, 2008).* (Opowiadanie przez Archiwa: Przewodnik realizatora jak znajdować, używać i nabywać licencje na materiały filmowe i muzykę).

Zapraszamy do odwiedzenia strony internetowej książki: **www.documentarystorytelling.com**

ROZDZIAŁ 1

Wstęp

Z dumiewająco duża liczba ludzi, włączając w to samych dokumentalistów, będzie usiłowało odróżniać filmy niefabularne, które lubią (i tworzą), od stereotypowego pojęcia „dokumentu". Filmy dokumentalne, tak jak dość powszechnie się je wyobraża, to dzieła, które niektórzy z nas musieli oglądać na lekcji historii w trzeciej licealnej, albo na rozszerzonym kursie fizyki. Czasami obśmiewane jako „piły" były suche, obarczone trudnym, naszpikowanym faktami komentarzem, nie dawały się wysiedzieć. Wygląda na to, iż ten model jest tak silnie zakorzeniony, że niedoświadczeni bądź ortodoksyjnie nastawieni filmowcy wciąż go naśladują, tworząc filmy, które są niewiele więcej niż ilustrowanym zbiorem dokumentów stworzonym po to, aby „pokazać" albo „udowodnić" coś, poprzez wyważoną recytację danych. Tak więc niefabularne filmy, które *oddziałują* – które chwytają i trzymają widzów przez użycie kreatywnych, innowacyjnych metod – są wyraźnie oddzielane przez ich twórców, a także widzów, wyróżniane jako coś *więcej* niż dokumenty: są *filmami*. Jak hollywoodzkie fabuły, te filmy mogą uwydatniać bohatera, konflikt, podbijanie napięcia, dramaturgiczne zwroty, śmiałość. Zabierają widzów w podróż, nurzają w innych światach, eksplorują uniwersalne tematy. Zmuszają widzów do zwrócenia uwagi i nawet pochylenia się nad tematami, których dawniej nawet nie dostrzegali. A w dodatku, odmiennie niż fabuły z Hollywood, bazują na jednej niezwykle silnej przesłance: te opowieści oraz elementy z których powstają, są prawdziwe.

Innymi słowy, to są filmy dokumentalne – i ta książka pokazuje jak one powstają.

DEFINIOWANIE FILMU DOKUMENTALNEGO

Dokumenty przenoszą widzów do innych światów i w sfery nowych doświadczeń, przedstawiając obiektywne informacje o faktach związanych z prawdziwymi ludźmi, miejscami, wydarzeniami, na ogół – ale nie zawsze - portretowanymi za pośrednictwem aktualnych obrazów i znalezisk. Porwana została kolumbijska kandydatka na prezydenta *(The Kidnapping of Ingrid Betancourt)*; dzieci w Kalkucie zostają wyposażone w kamery i zachęcone do wyjścia poza ich zamknięty świat *(Born into Brothels* – Przeznaczone do burdelu); kierownicy i spekulanci giełdowi w Enronie grają szybko, gubiąc zasady etyki i prawa *(Enron: The Smartest Guys in the Room)*. Jednak oparcie na faktach to nie najważniejszy czynnik definiujący film dokumentalny; istota polega na tym, co filmowiec robi z tymi faktami wplatając je w wątek opowieści, którą stara się uczynić na tyle przyciągającą uwagę, na ile jest wiarygodna i w najlepszym przypadku owocuje powstaniem filmu, który jest lepszy niż zwykła suma elementów składowych. „Dokumentalista odczuwa namiętność do tego, co *znajduje* w obrazach i dźwiękach – w czym zawsze dostrzega więcej znaczeń i spraw niż sam mógłby *wymyślić"*, napisał Eric Barnouw w swojej książce z 1974 roku, *Dokument.* „Odwrotnie niż fabularzysta, poświęca się *nie* wymyślaniu. Wyraża, wypowiada się poprzez wybór i aranżację tego, co pozyskuje".

Fabularny sposób opowiadania jest metodą, która to umożliwia. Opowieść zaczyna się od tematu, hipotezy albo serii pytań. Jest cyzelowana i formowana na każdym etapie od pomysłu do ekranu, aż osiągnie przykuwający uwagę początek, zaskakujący środek i dający zadowolenie koniec. Po drodze, im głębiej zrozumiesz swoją historię, nawet jeśli ewoluuje, tym lepiej będziesz przygotowany, aby opowiedzieć ją dobrze i kreatywnie. Będziesz miał energię do wyszukania bohaterów i znalezienia właściwych miejsc zdjęciowych, a twoje materiały będą lepsze. Być może paradoksalnie, będziesz lepiej przygotowany do tropienia niespodzianek – do przekuwania na dobrą monetę załamań i wstrząsów nieodłącznych produkcjom dokumentalnym i dostrzeżesz wszelkie dary losu, które mogą uczynić twój film jeszcze lepszym.

Biegnąca Puja, z filmu *Born into Brothels* (*Przeznaczone do burdelu*).
Foto. Guar, dzięki uprzejmości Kids with Cameras (Dzieci z Kamerą)

DOKUMENT JAKO GATUNEK NIEFABULARNEGO WIDEO I FILMU

Tak jak przedstawione to zostało wyżej, wachlarz filmów i produkcji wideo podpadający pod termin „dokument" jest niezwykle szeroki i zróżnicowany pod względem jakości, zarówno w kategoriach treści, jak i formy. W najlepszym wariancie, filmy dokumentalne powinny dawać widzom coś więcej niż tylko możliwość spędzenia czasu przed telewizorem; winny pobudzać ich do zaangażowania się w oglądanie, zmuszając do odwoływania się do posiadanej wiedzy, weryfikowania tej wiedzy, rozbudzania chęci dowiedzenia się więcej. Kiedy widownia jest już przygwożdżona do fotela przez walkę na śmierć i życie w sprawie związku zawodowego *(Harlan County, U.S.A.)* albo przez daremne wysiłki Micka Jaggera, aby uspokoić tłum na otwartym koncercie Rolling Stones *(Gimme Shelter)*, albo przez historię rodziny podzielonej wobec alternatywy czy głuchemu dziecku należy dać szansę odzyskania słuchu, czy też nie *(Sound and Fury)* – to nie ma nic lepszego jak film dokumentalny.

Niektóre z dokumentów wywołują niezwykłe skutki. Jeanne Jordan i Steven Ascher dowiedzieli się, że ich nominowany do Nagrody Akademii film, *Troublesome Creek: A Midwestern* o wysiłkach rodziców Jordan w celu uratowania ich farmy w stanie Iowa przed „wykluczeniem", wpłynął na politykę agrarną w Australii. Film Johna Else *Cadillac Desert*, opowieść o wodzie i zmianach w środowisku Amerykańskiego Zachodu, był pokazany w celach informacyjnych politykom Kongresu USA. Alex Gibney dowiedział się, że jego *Taxi to the Dark Side* (Kurs do Krainy Cienia), wyróżnione Nagrodą Akademii spojrzenie na to, jak amerykańska armia traktuje więźniów w Iraku i Iranie, było oglądane przez kandydatów biorących udział w wyborach prezydenckich 2008 roku, oraz przez amerykańską armię szkolącą pracowników Wojskowego Biura Śledczego (Judge Advocate General – JAG). Dla uzyskania takiego poziomu znaczenia i wpływu, filmy muszą dotrzeć do widza nie tylko przez frapujące pełne niuansów opowiadanie, lecz muszą także zdobyć jego zaufanie prezentując treść rzetelnie i uczciwie.

Choć narzędzia służące tworzeniu opowiadania, które są rozpatrywane w tej książce, można odnieść do wszystkich podgatunków niefabularnej produkcji medialnej, projektów każdej długości i różnych tematycznie, przykłady omawiane tutaj biorą się przeważnie z form dłuższych, włącznie z godziną telewizyjną czy seansem kinowym. Jak wyjaśniono we wstępie ten rodzaj filmów i ich twórcy, mają swoje odpowiedniki w świecie literatury faktu i kreacyjnego reportażu, gdzie autorzy używają narzędzi pisarza i dramaturga, dla twórczości opartej na faktach i reporterskiej treści.

NIEFABULARNA KREACJA NA EKRANIE

Przyjrzyjcie się tej liście pięciu wyznaczników czyniących niefabularne pisarstwo *kreatywnym*, tak jak to opisał autor książki pt: *Creative Nonfiction: Researching and Crafting Stories of Real Life* (Kreatywna Literatura Faktu: Dokumentowanie i Formowanie Opowieści z Życia Wziętych), Philip Gerard:

- ■ „Po pierwsze, jeden temat ma być oczywisty, drugi ukryty...
- ■ Po drugie, częściowo z powodu tej dwoistości, takie niefabularne pisarstwo uwalnia się od obowiązku *aktualności* opowiadania, typowego dla dziennikarstwa...
- ■ Po trzecie, kreatywne pisarstwo niefabularne ma charakter narracyjny, winno zawsze opowiadać dobre historie (Gerard cytuje innego pisarza, Lee Gutkinda, który wyjaśnia, że aby temu sprostać, pisarz tworzący literaturę faktu „korzysta z takich uniwersalnych narzędzi pisarskich jak bohater, intryga i dialog... Orientuje to wszystko na akcję. Większość dobrych, kreatywnych, przykładów literatury faktu jest budowana poprzez sceny")...

- Po czwarte, kreatywna literatura faktu zawiera w sobie nastrój *refleksji* odautorskiej.... To myśl *zamknięta*...
- Po piąte, taka literatura faktu cechuje się dużą dbałością o formę”.

Jak powyższa wyliczanka odnosi się do filmów dokumentalnych?

Temat oczywisty i temat ukryty

Istnieją zwodniczo proste historie, które *organizują* film, opowiadane w gruncie rzeczy po to, by odkryć coś głębszego. *Sound and Fury*, w warstwie powierzchniowej, to dokument o małej dziewczynce, która chce implant słuchu (Cochleara), chce operacji, mogącej przywrócić jej słuch. Jednak opowiadając tę historię, filmowcy w gruncie rzeczy eksplorują kulturę ludzi niesłyszących, znaczenie przynależności do rodziny i środowiska, odkrywają jak przyswajana jest mowa i wiele innych spraw. *The Donner Party* na poziomie najbardziej podstawowym, opowiada historię partii osadników, którzy obrali fatalną trasę przez góry Sierra Newada, zostali uwięzieni przez opady śniegu i w ostateczności dopuścili się kanibalizmu. Jednak reżyser Ric Burns zdecydował się opowiedzieć tę historię nie ze względu na jej szokujące aspekty, tylko dlatego, że odkrywała jakiś aspekt amerykańskiego ducha.

Uwolnienie od dziennikarskiego obowiązku aktualności

Nawet, gdy filmy dokumentalne wywodzą się z newsów, nie ciąży na nich obowiązek opowiedzenia historii, gdy jeszcze jest newsem. Odwrotnie, mogą dysponować czasem, aby wyważyć zdarzenia, ustawić je w bardziej szczegółowych i zróżnicowanych kontekstach. Na przykład finansowe roztopienie się Enronu; maltretowanie więźniów w Bagram, Abu Ghraib i Guantánamo; samobójstwo pisarza Hunter S. Thompsona – to wszystko, w swoim czasie, było newsem i wszystko zostało użyte jako pożywka dla nieprzemijających, zmuszających do myślenia dokumentów zrealizowanych przez Alexa Gibneya.

Dobrze opowiedziana historia

Oznacza, że filmowiec używa narzędzi kreatywnego pisarstwa dla *wyłuskania* i *uformowania* dobrego opowiadania, takiego, które wiernie odzwierciedla prawdę. To na pewno nie oznacza wymyślania czy naginania postaci lub wątków czy też konfliktów - w celu wzmocnienia atrakcyjności filmu dokumentalnego.

Zawiera ziarno autorskiej refleksji

Dokument nie jest reportażem newsowym. Jest przemyślaną prezentacją tematu, który został zbadany, zdokumentowany, rozważony i uformowany przez realizatora w dość długim okresie czasu, a następnie w niepowtarzalnym stylu podany głośno do wiadomości. Kto jest autorem filmu? Powszechny pogląd głosi, iż jest nim reżyser, ponieważ reżyser jest głównie odpowiedzialny za prezentowane opowiadanie; od zarysowania go przed zdjęciami, po doglądanie jak kształtowany jest w montażowni. Dokładnie rzecz biorąc, wiele filmów ma kilku autorów, co odzwierciedla bliskie związki między producentem (producentami) a reżyserem, scenarzystą i montażystą, albo jakąś konfiguracją wyżej wymienionych. Autorem staje się ten, którego wizja, ostatecznie, znajduje odbicie na ekranie.

Cechuje się dużą dbałością o sztukę filmowego opowiadania

Paleta środków, jaką dysponuje filmowiec jest różna od tej, którą dysponuje pisarz lub dramaturg, ale kryteria leżące u podstaw pozostają takie same. Sztuka polega na posługiwaniu się w najlepszy sposób właściwymi dla danego medium środkami, bez zapędzania się za daleko. Historia opowiedziana dobrze, będzie bez szwów i będzie jakby oczekiwana, angażując czynnie i bez reszty widza.

SUBIEKTYWIZM

Siła filmów dokumentalnych bierze się z tego, iż są zbudowane na faktach, a nie na fikcji. Co wcale nie oznacza, że są z natury rzeczy „obiektywne". Jak każdy sposób komunikacji, czy to werbalnej, czy to pisanej, w postaci malarstwa czy fotografii - tworzenie filmu dokumentalnego polega na wyborze, na selekcji dokonywanej przez twórcę. Dlatego, niezależnie od wysiłków twórcy każdy film jest obciążony grzechem pierworodnym – subiektywizmem reżysera. Jakie tematy się podejmuje i dlaczego? Jakie informacje i materiały wchodzą, a jakie wylatują? Jakie wybory są dokonywane w odniesieniu do stylu, punktu widzenia i zakresu tematycznego? „Pewnie, wielu dokumentalistów deklaruje swój obiektywizm", zauważa Barnouw, „co oznacza rezygnację z interpretowania. Deklaracja ma charakter strategiczny, ale jest pustosłowiem".

W ramach tak rozumianego subiektywizmu można jednak wypunktować pewne etyczne zasady, obowiązujące przy robieniu dokumentów. Widzowie pokładają zaufanie w filmach dokumentalnych; ta wiara jest kluczem do ich siły i oddziaływania. Wystawienie tego na szwank przez sugerowanie, że konkretne wydarzenia miały inny przebieg niż miały naprawdę, metodą wybiórczego doboru faktów pasującego do twojej tezy, albo naginanie faktów dla uczynienia filmu mocniejszym - podważa wartość twojego filmu. To wszystko nie oznacza, iż nie wolno ci mieć i prezentować bardzo silnego, nieskrywanego punktu widzenia, albo odwrotnie, że nie możesz stworzyć pracy, która jest zdecydowanie neutralna. Znaczy to po prostu tyle, że twoje argumenty, albo twoja neutralność, muszą wyrastać z rzetelności. Jak to czynić, jest przedmiotem rozważań od początku do końca tej książki.

NA ILE WAŻNA JEST OPOWIEŚĆ?

Na dzisiejszym rynku filmów dokumentalnych, tym czego szukają redaktorzy programujący, jest opowiadanie. Stąd, mniemam, tworzenie opowiadań filmowych stało się koniecznością dla filmowców. Oto kilka przykładów:

- Ze strony internetowej Sundance Institute Documentary Film Program: „Program zachęca do zgłębiania innowacyjnego opowiadania niefabularnego oraz promuje prezentowanie filmów dokumentalnych szerokiej widowni". Tygodniowe warsztaty dla zapraszanych filmowców; Montaż Dokumentu oraz Laboratorium Scenariuszowe, dają filmowcom „okazję skupienia się na opowiadaniu, rozwinięciu postaci i struktury dramaturgicznej, pracując intensywnie pod okiem doświadczonych montażystów i reżyserów nad wybranymi scenami z ich realizowanych właśnie filmów". (www.Sundance.org)
- W telewizji BBC, *Storyville* (Świat w opowieści) pozostaje wybitnym, jedynym w swoim rodzaju, przykładem pasma dla zagranicznych filmów dokumentalnych. „Pasmo szuka ambitnych, narracyjnych, współczesnych filmów z całego świata, w których produkcję może wejść razem z innymi partnerami...". (www.bbc.co.uk/commissioning/tv/network/genres/docs_stran ds.shtml#storyville)
- The Australian Broadcasting Corporation „pozyskuje filmy dokumentalne z wysoce konkurencyjnego australijskiego rynku produkującego filmy dokumentalne", dowiadujemy się z ich strony (www.abc.net.au/tv/documentaries/about/). „Szukamy różnorodnych filmów dokumentalnych wysokiej jakości, opowiadających dramatyczne historie, dobrze zdokumentowanych, dobrze zrobionych, które będą stanowiły rozrywkę i dawały

informację naszym widzom. Mogą być monotematyczne seriale i filmy pojedyncze".

■ Z ZDF Enterprises (prywatne przedsiębiorstwo zależne od ZDF): „Znakiem firmowym od wielu lat, pozostaje nadawane w niedzielne popołudnie pasmo Wyprawy ZDF z redakcji Historia i Nauka... Każdy dokument wymaga dobrze ukształtowanej struktury dramaturgicznej i klarownej linii opowiadania; pytania, na które rozwijający się film odpowiada, winny być na początku jasno i wyraźnie postawione. W trakcie filmu mogą być przekazywane skomplikowane zagadnienia, w przystępnej i zrozumiałej formie". (www.zdf-enterprises.de/en/documentaries.672.htm)

■ Pasmo „International Call" (Rozmowa Międzynarodowa) należące do The Independent Television Service (www.itvs.org/producers/international_guidelines.html) oznajmia: „Za pośrednictwem ITVS International Call, realizatorzy z innych krajów prezentują amerykańskim widzom globalnych sąsiadów, otwierając okno na nieznane losy, doświadczenia i perspektywy". Pasmo poszukuje „filmów pojedynczych, napędzanych ciekawą historią, w wersji wypełniającej godzinę emisji". Zwróćcie uwagę, że chodzi tutaj nie o zakupy czy udział w produkcji, tylko o umowy licencyjne.

KTO ROBI FILMY DOKUMENTALNE?

Skala i rozmach produkcji dokumentalnej na świecie nabrała rozmiarów zdumiewających. Niektórzy dokumentaliści pracują w ramach wytwórni, studiów, czy telewizji. Znacznie więcej pracuje niezależnie, zdobywając w różnych zakresach finansową i techniczną pomoc ze źródeł krajowych lub lokalnych, ze stacji zamawiających, ośrodków nadawczych oraz/albo z fundacji lub korporacji. Niektórzy dokumentaliści dążą do ogólnokrajowej dystrybucji kinowej lub telewizyjnej, inni celują w rynek regionalny, lokalny, czy wręcz konkretne społeczności; zwiększająca się liczba wpuszcza swoje prace do sieci docierając do wirtualnego odbiorcy.

OPOWIADANIE FILMEM, NIEKONIECZNIE PISANIE

Konstruowanie opowiadań w fimach dokumentalnych nie ma szczególnego związku z pisaniem, nie jest też wyłączną domeną kogoś, kto określany jest mianem scenarzysty. Narzędzia opisane w tej książce są wykorzystywane przez wszystkich zaangażowanych w produkcję dokumentów; producentów, reżyserów, montażystów, operatorów, dźwiękowców, asystentów prowadzących dokumentację. „Dokumentalne opowiadanie" opisuje proces wymyślania, który zaczyna się w momencie, gdy rodzi się idea i stosowany jest dalej i jeszcze raz na etapie zdjęć i montażu, wyobrażania sobie i burzy mózgów, układania drabinki i przekładania szczebelków. Przed zdjęciami, w czasie zdjęć i w trakcie montażu reżyser rutynowo zadaje podstawowe pytania: „Które z postaci są głównymi bohaterami? Do czego zmierzają? Jakie powstaną rafy, jeśli nie osiągną swojego? Gdzie rodzi się napięcie? Dokąd zmierza opowiadanie? Dlaczego kierunek opowiadania jest ważny?". Nawet, jeśli film ma strukturę eseju, powinno w nim być narastające poczucie zaniepokojenia, odkrywania i doniosłości, w miarę jak odsłaniane są odpowiedzi na kolejne pytania.

Bardzo rzadko film dokumentalny ma pełny scenariusz przed zdjęciami (nie istnieje odpowiednik hollywoodzkiego „rynku scenariuszowego"), a dzieje się tak generalnie dlatego, że wprowadzałoby to rozległą „dramatyzację" tekstów. Z drugiej strony „scenariusz" rozwija się organicznie w trakcie całego procesu twórczego i bywa tekstem odzwierciedlającym gotowy film.

W uznaniu znaczenia, jakie do filmu dokumentalnego wnosi opowiadanie, Gildia Pisarzy Amerykańskich Zachodniego Wybrzeża oraz Gildia Pisarzy Amerykańskich Wschodniego Wybrzeża (związki zawodowe reprezentujące pisarzy wobec przemysły filmowego i pokrewnych) rozpoczęły w 2005 roku przyznawanie „Documentary Screenplay Award" (Nagroda za Scenariusz w Dokumencie). Musi to być scenariusz do filmu co najmniej czterdziestominutowego, który w postaci w jakiej był rozpowszechniany, „musiał mieć w napisach końcowych fakt istnienia scenariusza odnotowany w odpowiedniej formie (jak na przykład: scenariusz, albo autor scenariusza lub scenariusz dokumentu, albo autor komentarza), wyczerpującej zagadnienie autorstwa tekstu jako podstawy filmu". Laureatami do dzisiaj zostali między innymi *Super Size Me* – Morgan Spurlock, *Enron: The Smartest Guys in the Room* – Alex Gibney, *Deliver Us From Evil* – Amy Berg *Taxi to the Dark Side* – Alex Gibney (Kurs do Krainy Cienia), *Waltz with Bashir* - Ari Folman (Walc z Bashirem), oraz *The Cove* – Mark Monroe (Zatoka delfinów). Monroe jest jedynym scenarzystą, który nie był reżyserem nominowanego filmu; warto przy tym zauważyć, że nieliczne z tych filmów mają komentarz czy narrację.

O KSIĄŻCE

Pomysł na tę książkę wyrósł z mojej praktyki filmowca dokumentalisty, scenarzystki, konsultantki produkcji przy wielu większych i mniejszych projektach. Pracowałam zarówno z doświadczonymi jak i początkującymi filmowcami przy projektach przeznaczonych nie tylko do telewizji czy do kin, ale także dla muzeów czy szkół. Stało się dla mnie jasne, że wszędzie u podstaw pojawiających się problemów, leżało opowiadanie i jego struktura, niezależnie od gatunku i długości filmu. Stało się również jasne, iż niezależnie od wzrastającej popularności filmów dokumentalnych i zwiększającej się liczby twórców, dyskusja na temat formy była zbyt często owiana mgłą dezinformacji i nacechowana brakiem wspólnego aparatu pojęciowego. Ta książka została napisana w szczególności po to, aby odeprzeć dwa powszechne, a równie fałszywe poglądy: Po pierwsze, że jest lepiej i bardziej „prawdziwie" najpierw zrobić zdjęcia do filmu, a potem szukać linii opowiadania i po drugie, że potrzeba „opowiadania" pozwala reżyserowi nałożyć powierzchowną, zewnętrzną strukturę na temat.

CZYTELNIK

Film dokumentalny jest przewidziany dla tych, którzy chcą zrozumieć na czym polega opowiadanie i struktura, a szczególnie dlaczego niektóre filmy niefabularne charakteryzują się tak wielką siłą oddziaływania i czy ta siła bierze się z ich wiarogodnej treści. Mam nadzieję, że czytając jak uwarunkowane są wybory podejmowane przez filmowca na każdym kroku, widzowie będą lepiej przygotowani do krytyki twórczości dokumentalnej. Będą wyraźniej dostrzegać, dlaczego coś niesie poczucie prawdy lub jest jej pozbawione, dlaczego niektóre filmy mają większy ciężar intelektualny albo emocjonalny, dlaczego po obejrzeniu niektórych czują się zmanipulowani lub znudzeni, oraz jak zmiany punktu widzenia albo tonu opowiadania mogą zmienić naturę prezentacji. W dzisiejszym świecie przesyconym telewizją, umiejętność odczytania przekazu medialnego ma coraz większe znaczenie.

Dla filmowców - ta książka zajmuje się głównie formami dłuższymi, jednak ogólne zasady dokumentalnego opowiadania w całej rozciągłości przystają do różnych form i formatów. Stosowałam omawiane tu narzędzia związane z opowiadaniem i strukturą do sześciominutowych dokumentów historycznych, ośmiominutowych filmów o Ziemi, a nawet dziewięćdziesięciosekundowych prezentacji dźwiękowych. Brett Culp, z którym wywiad znajduje się w Rozdziale 18, zajmujący się rejestracją wydarzeń na zlecenie, stosuje te narzędzia, formując opowiadania na bazie kluczowych momentów z życia swoich klientów.

ZAKRES I METODOLOGIA

Podział na rozdziały ma jedynie charakter porządkujący; strategie opisane w Części I odnoszą się do prac w toku z Części II, a koncepcje omawiane w dwu częściach początkowych, są rozwijane w wywiadach zamieszczonych w Części III. W tekście całej książki rozrzucone są dodatkowe fragmenty tych wywiadów oraz rozmowy z innymi filmowcami.

Produkcja filmu opisana tutaj, została podzielona na następujące etapy: dokumentacja i rozwój projektu, okres przygotowawczy, okres zdjęciowy, okres montażu (wybór materiału, pierwsza układka, układka ostateczna, zmontowany film). W większości przypadków nie ma wyraźnego przejścia pomiędzy tymi etapami; na przykład filmowcy mogą jeszcze zabiegać o pieniądze - będąc już dobrze zaangażowanymi w proces montażu. Tak samo dyskusja na temat opowiadania i struktury może się ciągnąć przez cały czas. Bardzo często się zdarza, że zespół pracujący w montażowni dokonuje zmiany założeń wstępnych (czynionych na papierze), nawet „sprzedanego" projektu, aby osiągnąć pewność, że opowiadają historię tak jak się rozwijała w czasie dokumentacji i produkcji. Przytłoczeni godzinami materiału – ruchomych i statycznych obrazków, nagraniami wywiadów, muzyką, archiwaliami – filmowcy często czują, że odarcie projektu z wszelkich naleciałości do gołego szkieletu, do struktury narracyjnej – drabinki, jest najlepszą i najefektywniejszą drogą na znalezienie ostatecznej i optymalnej konstrukcji.

Omówione w tej książce przykłady związane z konkretnymi filmami, są wymienione z tytułu. Jeśli jest inaczej i przykłady wymyśliłam dla lepszego zilustrowania problemu, jakiekolwiek podobieństwo do filmów istniejących bądź będących w toku produkcji czy też planowanych, jest przypadkowe. Na końcu książki, zamieściłam listę omawianych tytułów, które w większości można znaleźć w wypożyczalniach, bibliotekach, a niektóre z nich ciągle pojawiają się na antenie. Dodatkowo, zajrzenie do Internetu w poszukiwaniu danego tytułu da natychmiast odpowiedź czy nie można go gdzieś kupić lub obejrzeć, oraz skieruje czytelnika do indywidualnych stron internetowych poszczególnych twórców.

SZTUKA, NIE RECEPTA

Dokumentalne opowiadanie opisuje organiczne redaktorskie podejście do zagadnienia dokonywania wyborów w odniesieniu do struktury filmu, punktu widzenia, równowagi, stylu, doboru postaci i wielu innych - na każdym etapie tworzenia filmu. Używa języka przyjaznego każdemu, kto pracował tam, gdzie dąży się do kreacji, ponieważ jednak operuje paletą pojęć świata filmu, jest w najogólniejszym sensie zbliżona do słownictwa scenariopisarstwa fabularnego. Różnica polega na tym, że dokumentaliści nie mają nieograniczonej swobody w tworzeniu punktów zwrotnych opowiadania, czy punktów zwrotnych postaci, zamiast tego muszą je znaleźć w surowcu realnego życia. Nasze opowieści rodzą się nie tyle z kreatywnego wymyślania, ile z kreatywnego aranżowania, a nasze opowiadania muszą powstawać z pełnym poszanowaniem dziennikarskiej uczciwości. To wstępne założenie legło u podstaw napisania tej książki – pierwszej, która wszechstronnie odniosła zasady hollywoodzkiego scenariopisarstwa do twórczości dokumentalnej. Tu nie chodzi o recepty. Zrozumienie czym jest opowiadanie i jak może pracować na twoją korzyść, może doprowadzić do znalezienia własnego filmowego stylu, kreatywnego, ale jednocześnie etycznego.

REFLEKSJE

Przygotowując kolejne wydania tej książki, przejrzałam wiele różnych filmów i rozmawiałam z szeroką reprezentacją filmowców. Zarysowały się wspólne, bazowe problemy:

■ To nie będzie rzecz o technologii. Zbyt często filmowcy padają ofiarami używanych narzędzi. Najlepszy sprzęt na świecie, najlepiej zrealizowane *ujęcia* - same przez się nie uchronią filmu od porażki, gdy brak mu skupienia na temacie.

■ Czas jest dobrem, którego brakuje najbardziej, szczególnie w okresie przygotowań do produkcji oraz w montażowni. Dostatek czasu na dokumentację jest tym co może dać filmowi głębię, dać bogactwo wątków i warstw narracyjnych; czas daje szansę na kreatywność. Jako środowisko powinniśmy się przeciwstawiać tendencji do tworzenia *programów* dokumentalnych, które wypierałyby *filmy* dokumentalne.

■ Opowiadanie nie musi oznaczać od razu trzyaktowej dramaturgii i na pewno nie oznacza konieczności budowania napięcia z niczego. Opowiadanie wyrasta z istoty materiału oraz ze sposobu, w jakim ty, reżyser, go ułożysz.

■ Filmowcy dokumentaliści coraz częściej tworzą bardzo wymowne uzupełnienie, albo odwrotnie, silnie przeciwstawiają się informacjom masowych środków przekazu. Dlatego warunkiem podstawowym jest, aby nasza praca była etyczna i wiarogodna, pomimo tego, że winna być jednocześnie kreatywna i innowacyjna.

■ Daj się pośmiać. Niezależnie od tego jak ponury może być temat albo sytuacja, widownia nie jest w stanie przyjąć bezgranicznego nieszczęścia. Przyjrzyjcie się najgłośniejszym dokumentom ostatnich lat i przypomnijcie sobie nie tylko jak często byliście na granicy łez, ale także, nawet w ramach tego samego filmu, jak często się śmialiście.

■ Wyluzujcie. Niektóre z dokumentów, które powstały ostatnio są ciągnione przez bardzo prostą lokomotywę i często właśnie temu zawdzięczają wielopiętrowość struktury.

Jest wiele sposobów na tworzenie wysokiej jakości dokumentów, jest wiele tematów godnych realizacji i jednocześnie zwiększa się liczba filmowców gotowych do podjęcia trudu tworzenia. Jest wysokiej jakości - lecz coraz tańsza – technologia, przy pomocy której można te historie opowiadać. Tak więc opowiadaj uczciwe i dobre historie. Buduj powszechne zrozumienie tego kim jesteśmy, skąd przychodzimy i dokąd zmierzamy. Zabierz widza w inne światy. Bądź otwarty. Bądź wnikliwy. Czerp z pracy przyjemność. I trzymaj wysoko podniesione czoło. Twórz piękne, prawdziwe, olśniewająco kreatywne i ciekawe filmy niefabularne, aby na końcu nadać im ich właściwą i jedyną nazwę: *dokumenty*.

Część 1

ISTOTA
OPOWIADANIA

ROZDZIAŁ 2

Podstawy opowiadania

O powiadanie to gawęda, czyli bajanie o wydarzeniu lub sekwencji zdarzeń, podane w sposób interesujący dla odbiorców, niezależnie czy to są czytelnicy, słuchacze, czy widzowie. U samych podstaw opowiadania leży założenie, iż winno mieć ono: początek, środek i zakończenie. Winno mieć frapujących bohaterów (lub pytania), wzrastające napięcie oraz konflikt, który osiąga takie czy inne rozwiązanie. Winno wciągać odbiorców na płaszczyźnie emocjonalnej i intelektualnej, budząc w widzach chęć dowiedzenia się co dalej.

Niech cię nie zmyli fakt, że festiwale i szkoły filmowe powszechnie używają terminu „narracyjne" tylko w odniesieniu do filmów fabularnych. Większość dokumentów ma również charakter „narracyjny", co oznacza po prostu, że opowiadają historie (a czy te historie są lub nie są *opowiedziane* to zupełnie inna kwestia). Jak opowiadają te historie, czy też jakie historie opowiadają, dzieli filmy na podkategorie wedle rodzaju i stylu, począwszy od cinema verite po film noir.

Strategie prowadzące do dobrego opowiadania nie są nowe. Grecki filozof Arystoteles już w roku 350 p.n.e., jako pierwszy sformułował ogólne zasady dla, jak to nazwał, „dobrze skonstruowanej intrygi". Od tego czasu niewzruszenie, zasady te leżą u podstaw opowiadania dla potrzeb sceny, literatury i filmu. Oczekiwania na obszarze działania mechanizmów dramaturgii są już w jakimś sensie zakodowane u odbiorców, więc stawianie im wyzwań, wystawianie na próbę tych oczekiwań, jest nie mniej istotne dla dokumentalisty jak i dla fabularzysty.

KILKA NAZW ZWIĄZANYCH Z BUDOWĄ OPOWIADANIA

Ekspozycja

Ekspozycja to zbiór informacji, który osadza cię w opowiadaniu: kto, co, gdzie, kiedy i dlaczego (od tłumacza: popularna w świecie języka angielskiego zasada „5 W"; who, what, where, when, why). Daje odbiorcom niezbędne narzędzia dla śledzenia rozwijającego się opowiadania i co ważniejsze, pozwala im zanurzyć się w tym opowiadaniu. Cały figiel związany z ekspozycją, polega na nieujawnianiu zbyt wiele - zbyt wcześnie, a z drugiej strony na nieskrywaniu informacji niezbędnej. Obejrzyj filmy, które ci się podobają i zwróć uwagę nie tylko na to czego się dowiadujesz, ale na to, kiedy się tego dowiadujesz.

Ekspozycja na scenie bywa załatwiana przez pokojówkę, która czyniąc rwetes pojawia się na początku sztuki i mówi (do nikogo w szczególności, albo do kamerdynera, który akurat znalazł się w pobliżu): „O matko, tak się martwię o kochankę Pana, teraz gdy Pan pojechał na polowanie ze swym bratem nicponiem, nie mówiąc jej, że jego ojciec Lord Pembrokeshire, już zaaranżował sprzedaż tej posiadłości z całym inwentarzem przed upływem dwu tygodni!". W filmach dokumentalnych następstwem dokładnie takiego postępowania, mogłyby być programy przeładowane informacją na samym początku, podające tą informację nieprzygotowanemu na to odbiorcy, lub odbiorcy, który nie potrzebuje jej w tej chwili – a w miejscu gdzie ta informacja byłaby potrzebna, byłaby już zapomniana. Przeładowanie ekspozycji ma również często miejsce, gdy reżyser postanawia umieścić całą informację poprzedzającą – tę część historii, która doprowadziła do punktu, w którym rozpoczyna się jego opowieść – na początku filmu.

Ekspozycja może być udziergana na wiele sposobów. Czasami wstępna informacja pojawia się w wyniku kłótni pomiędzy ludźmi, których filmujesz. „Tak? Nie znaleźlibyśmy się w tej sytuacji, gdybyś nie wziął czeku swojej wypłaty tutaj do Las Vegas!". Czasami można ją zbudować pokazując nagłówki gazet albo inne materiały drukowane, tak jak to zostało zrobione w znacznej mierze w ekspozycji filmu *The Thin Blue Line* (Cienka niebieska linia). Dobrze konstruowana narracja może zręcznie wpleść ekspozycję do opowiadania, dając widzom niezbędne minimum informacji (offy z wywiadów mogą spełnić również taką rolę). Ekspozycję można zbudować także obrazami: informacyjny plan ogólny miejsca lub tabliczka; ujęcie szeryfa przybijającego nakaz eksmisji na drzwiach *(Roger & Me,* Roger i Ja); rozpoczęcie aukcji (*Troublesome Creek*). Zabawki zaśmiecające trawnik na przedmieściu mówią: „Tu mieszkają dzieci". Czarny trznadel i upleciony z kwiatów ołtarzyk z samochodzikami przed remizą strażacką mówią: „Miała miejsce tragedia". Ogólny plan elegancko ubranej kobiety w dużym, ascetycznym biurze wysoko w wieżowcu mówi: „Ta kobieta ma władzę". Mężczyzna czytający w wagonie metra *The Boston Globe*, informuje nas gdzie jesteśmy, tak samo jak by uczynił na przykład napis na stacji metra – The Eiffel Tower. Fotografie pokazujące upływ czasu, plansze i animacja – to wszystko można używać dla zbudowania ekspozycji, czasami nawet z elementem niespodzianki i humoru – przypomnijcie sobie animację w *Super Size Me.*

To wielka sztuka sprzedawać kluczowe informacje we właściwych momentach. Podana zbyt wcześnie, będzie wyglądała na mało istotną i zostanie szybko zapomniana. Podana zbyt późno, może się okazać informacją, której widzowie już się domyślili, albo wywołać złość na reżysera za to, że ukrywał informację, która była potrzebna już jakiś czas temu. Każda ekspozycja przedstawiona we właściwym momencie, wzbogaca nasze rozumienie postaci, buduje napięcie w odsłanianiu ich losów. Obejrzyjcie *Daughter From Danang* (Córka z Danang) zwracając uwagę na to, kiedy dowiadujemy się, iż ojciec Heidi był amerykańskim żołnierzem, a mąż jej matki był bojownikiem Wietkongu; oraz, że matka adopcyjna Heidi zerwała z nią kontakty. Obejrzyjcie *The Way We Get By* i zwróćcie uwagę, jak i gdzie w filmie dodawane są okruchy informacji, budujące historię trójki staruszków spędzających całe dnie (a czasami również noce) na lotnisku Bangor w Maine, witając wracających żołnierzy. Kiedy dowiadujemy się, że Bill jest zadłużony i że walczy z rakiem prostaty? Że Jerry stracił synka z powodu dziecięcej choroby? Że Joan wkrótce będzie żegnała dwóch wnuków udających się do Iraku? Te detale pomagają zrozumieć kim są te postacie, dlaczego czynią to co czynią, a informacja funkcjonuje, ponieważ jest sączona bardzo starannie przez cały film.

Temat

W kategoriach literackich, temat to podmiot danej historii, często ulotna idea oświetlająca jakiś aspekt ludzkiej kondycji. *Eyes on the Prize*, w czternaście godzin opowiada przebogatą historię amerykańskiego ruchu praw obywatelskich. Wyodrębnione tematy to: rasa, bieda oraz siła zwykłych ludzi w doprowadzeniu do wielkich zmian. Tematy w *The Day After Trinity*, historii stworzenia bomby atomowej przez J. Roberta Oppenheimera, przedstawiają ambicje naukowe, pogoń za władzą oraz wysiłki dla osiągnięcia pokoju i rozbrojenia, gdy jest już za późno.

„Temat to jak krew tętnicza filmu", mówi reżyser Ric Burns (Zajrzyjcie również do Rozdziału 17). „Temat to główny wątek filmu. Temat mówi o czym to jest". Jak już wspomniano, Burns zdecydował się na opowiedzenie historii feralnej Grupy Donnera i ich próby przejścia na skróty do Kalifornii w 1846 r., nie z powodu kanibalizmu, którego się dopuścili - który mógłby być atrakcją dla chorobliwej publiczności - lecz dlatego, że ich historia oświetlała blaski, cienie i skłonności amerykańskiego charakteru. Te tematy są zapowiedziane w otwierającym film cytacie z Aleksandra de Tocqueville, francuskiego autora, który podróżował po Stanach Zjednoczonych w 1831 r. Pisał o „gorączkowym ferworze" z jakim Amerykanie gonili za dobrobytem o „dręczącej ich obawie, że może nie wybrali najkrótszej drogi dla jego osiągnięcia", oraz sposobu w jakim „rozpatrują ziemskie sprawy", nawet w obliczu nieuchronnej śmierci. Te słowa zapowiadają los Grupy Donnera, którego ambitna pogoń za nowym życiem w Kalifornii doprowadziła do tragicznych konsekwencji.

Wątki tematyczne mogą narodzić się z pytań, które legły u podstaw danego projektu. Na jednym poziomie, *My Architect* opowiada o poszukiwaniach prowadzonym przez filmowca w średnim wieku, o poszukiwaniu wiedzy na temat ojca, którego stracił 30 lat temu, w wieku 11 lat. Jednak pomiędzy wątkami filmu są i takie, jak niestałość i dziedzictwo. „Można się w jakimś sensie zastanawiać; po naszym odejściu - co pozostaje?", głośno zastanawia się Kahan w dodatkowym materiale zawartym na płycie DVD. „Jak wiele z mojego ojca mógłbym tam odnaleźć?... Wiem, że są budynki. Lecz ile z ducha, jak wiele - tak naprawdę zostało? I myślę, że tym co mnie w jakimś sensie zaszokowało, jest obecność jakiejś szczególnej relacji pomiędzy moim ojcem i tak wielką rzeszą ludzi. Rozmawiają z nim jakby wciąż był obecny. Myślą o nim każdego dnia. To jest dla mnie w jakiś sposób krzepiące".

Zrozumienie tematu pomaga określić zarówno „co" jak i „jak" będziesz filmował. Znany filmowiec Jon Else wyjaśnia to na przykładzie swojego filmu *Yosemite: The Fate of Heaven*, omawiając planowanie zdjęć do sceny następującej po scenie, gdzie robotnicy budują kolej w Parku Narodowym Yosemite. „Co to ujęcie, czy ta sekwencja powie nam jako kolejne ogniwo narracyjne, a co to ujęcie, czy ta sekwencja mówi nam o świecie?". Else wyjaśnia: „Czy towarzyszymy brygadzie robotników kolejowych pracującej z dynamitem dlatego, że to jest niebezpieczne?

Czy jesteśmy tam dlatego, że cały dynamit świata nie będzie w stanie uczynić najmniejszego uszczerbku tym potężnym górom, gdzie obecność ludzi nie ma żadnego znaczenia? Czy jesteśmy tam dlatego, że ludzie pracują za grosze i próbują założyć związek?". Alternatywnie, Else mówi: „jeśli scena miałaby być o braterstwie brygady robotników kolejowych, którzy żyli razem w tych górach, w obozie, już od wielu miesięcy – staralibyśmy się zrobić wiele ujęć pokazujących fizyczny kontakt między nimi". W tym przypadku, robotnicy nie myśleliby o zakładaniu związku zawodowego. Dalej Else mówi: „Jednak gdybyśmy robili sekwencję o warunkach pracy robotników kolejowych w Yosemite, prawdopodobnie postaralibyśmy się sfilmować długi dzień pracy, aby pokazać jak bardzo długi jest ten dzień, pokazalibyśmy ich jedzących trzy posiłki na torach, wracających na spanie na ostatnich nogach, po ciemku. Generalnie rzecz biorąc, im lepiej wiesz co zdjęcia mają wyrażać, tym w rezultacie będą bogatsze".

Mostek

Mostek łączący (arc) odnosi się do sposobu lub sposobów, w jaki wydarzenia opowieści zmieniają koleje losu twojego bohatera. Przepracowany dyrektor pojmuje, że powinien postawić rodzinę na pierwszym miejscu; sekretarz „szara myszka" stawia się, dzięki czemu staje na czele firmy; nikomu nieznana łachmaniarska grupa dzieciaków zwycięża w ogólnokrajowym turnieju szachowym. Dążąc do celu, bohaterowie odbierają cenne lekcje na swój temat, o swoim miejscu w świecie. Te lekcje zmieniają ich - a mogą także zmienić ich apetyt na osiągnięcie celu.

W filmach dokumentalnych, może być trudno wskazać mostki łączące. Nigdy nie zakładaj, dla dobra budowanej opowieści, że wiemy co bohater myśli lub czuje, nie przedstawiaj zmiany, jeśli nie powiedziałeś w filmie skąd się wzięła. Jeśli takie wpływy istnieją, powinieneś je odkryć przez solidną dokumentację i obecność licznych dających się zweryfikować okruchów informacji. Na przykład, w filmie *The Day After Trinity* fizyk J. Robert Oppenheimer, lewicujący intelektualista, tworzy pierwszą w świecie broń atomową, a następnie ogarnia go przerażenie niszczycielskimi siłami, do których rozpętania się przyczynił. Resztę życia poświęca walce o nierozprzestrzenianie broni nuklearnej w rezultacie stając się ofiarą Zimnej Wojny, do której rozpoczęcia walnie się przyczynił. Najpierw obwołany bohaterem Ameryki, później zostaje oskarżony o szpiegostwo na rzecz Związku Radzieckiego.

W *The Thin Blue Line* (Cienka niebieska linia) słyszymy i oglądamy różne wersje historii zaczynającej się, gdy w sobotnią noc samochód Randalla Adamsa psuje się i nastolatek David Harris proponuje mu podwiezienie. W dalszej części nocy ginie od kuli policjant postrzelony przez kogoś, kto używa samochodu Harrisa. Adams zostaje oskarżony o morderstwo. Im głębiej zanurzamy się w śledztwie, tym jaśniej widzimy, że uwięzienie Adamsa i w następstwie oskarżenie go, ma podłoże polityczne, nie wynika ze śledztwa. Przeistacza go z wolnego obywatela w osądzonego zbrodniarza i ta przemiana stanowi wyzwanie dla poczucia sprawiedliwości widza i pokazuje, iż każdy jest niewinny, dopóki wina nie zostanie udowodniona.

W *Murderball* (Gra o życie), dokumencie pokazującym sparaliżowanych sportowców, grających na wózkach rugbistów, kilka postaci przechodzi transformację. Ich ewolucja buduje film. Mamy tu Joe Soaresa, ostrego trenera drużyny kanadyjskiej, byłego mistrza Ameryki, którego relacje z własnym synem zmieniają się, gdy przechodzi atak serca. Gracz Mark Zupan odnajduje się z przyjacielem, który prowadząc samochód spowodował wypadek, w którym Mark został ranny. Keith Cavill, który uległ wypadkowi niedawno, przystosowuje sie do nowego życia i próbuje grać w rugby. Wszystkie te transformacje dokonały się w trakcie okresu zdjęciowego, a filmowcy zadbali o zebranie wystarczającej ilości materiału, aby pokazać te przemiany w sposób niejako organiczny, niewymuszony.

Intryga i bohater

O filmach mówi się często, że są napędzane przez intrygę, albo przez bohatera. Akcja filmu napędzana przez bohatera oznacza, iż rodzi się z potrzeby budowania postaci, jakby z jego zachcianek i potrzeb. Napędzanie akcji przez intrygę oznacza, iż bohaterowie są wtórni wobec wydarzeń budujących fabułę (wiele dreszczowców i filmów akcji jest napędzanych przez intrygę). W dokumencie istnieją oba te rodzaje filmów, ale jest również duży obszar przejściowy, przenikający się. Sytuacja przypadkowego spotkania, które prowadzi Randalla Adamsa do skazania na śmierć w filmie *The Thin Blue Line* (Cienka niebieska linia) Errola Morrisa, naśladuje napędzany intrygą czarny dreszczowiec. Okoliczności świadczą przeciwko Adamsowi; swoją osobą nie uruchamia wydarzeń poza jednym nieumyślnym, gdy psuje mu się samochód i przyjmuje ofertę podwiezienia ze strony Davida Harrisa. W gruncie rzeczy, częściowa siła filmu bierze się z niemożności odmienienia swojego losu przez Adamsa, nawet wtedy, gdy staje się oczywiste, że to najprawdopodobniej Harris, nie Adams jest mordercą.

Zupełnie inaczej, akcja *Daughter From Danang* (Córka z Danang) jest napędzana losami głównej bohaterki Heidi Bub, która urodziła się w Wietnamie i została oddana do adopcji w 1975 r. Wychowana w stanie Tennessee, nauczona odwracać się od swojego azjatyckiego dziedzictwa, Bub jednak odseparowuje się od swojej adopcyjnej matki i uruchamia bieg filmowych zdarzeń, gdy postanawia odszukać i zobaczyć się ze swoją naturalną matką.

Analogicznie w *Waltz with Bashir* (Walc z Bashirem) izraelski reżyser Ari Folman wprawia akcję w ruch, gdy postanawia spojrzeć na swoją przeszłość wypartą z pamięci.

Z *Walca z Bashirem*. Zdjęcie dzięki uprzejmości Bridget Folman Film Gang.

Jak wspomniano, różnice między napędzaniem akcji filmu przez intrygę albo przez bohatera, mogą być bardzo cienkie i często jeden rodzaj budowania opowiadania ma silne elementy drugiego. Bohaterowie *The Thin Blue Line* (Cienkiej niebieskiej linii) wyróżniają się i długo się ich pamięta; intryga w *Daughter From Danang (*Córka z Danang) i *Waltz with Bashir* (Walc z Bashirem) jest mocna i pełna nieoczekiwanych zwrotów. Trzeba przyznać, że wiele znakomitych dokumentów, które pozostały w naszej pamięci wcale nie jest „napędzanych", w takim sensie jak to rozumie się w Hollywood. Na przykład *When the Levees Broke* (Kiedy puściły wały: Requiem w 4 aktach), czterogodzinny dokument o Nowym Orleanie w czasie i po przejściu huraganu Katrina, w zasadzie chronologicznie przedstawia wydarzenia, które zniszczyły miasto i jego mieszkańców. Tak jak mówi o tym kierujący montażem współproducent cyklu Sam Pollard w Rozdziale 23, każda godzina ma swoisty mostek narracyjny dla odcinka i dla całej serii. Jednak to raczej złożoność czterogodzinnego filmu i dziesiątki wywiadów prezentujących losy ludzi, niż postawienie na kilka wybranych historii, odróżnia go od bardziej tradycyjnych form narracyjnych.

Krótsze filmy prezentują najczęściej „kawałki z życia" poprzez portret ludzi lub miejsc. Jednak przy dłuższych filmach istnieje potrzeba nadrzędnej struktury. Dokumenty Fryderyka Wisemana są elegancko zbudowane lecz nie są oparte na intrydze, w tym sensie, że każda sekwencja jest nieodzowna, aby zaistniała następna, choć jest tam zazwyczaj element porządkujący, taki jak „rok w życiu" jakiejś instytucji. Dalej, istnieją filmy napędzane nie przez bohaterów czy intrygę, lecz przez pytania – podążając za strukturą eseju; przykłady obejmują *Fahrenheit 9/11* Michaela Moora oraz *Imaginery Witness: Hollywood and the Holocaust* (Domyślny Świadek: Hollywood wobec Holocaustu) Daniela Ankera (patrz Rozdział 21). Niektóre filmy mieszają style: *Super Size Me* zbudowany jest wokół trzydziestodniowej diety McDonalda jakiej poddał się reżyser, jednak w znacznej mierze napędzany jest pytaniami, upodabniając go do eseju. Takie połączenie podróży i eseju można także znaleźć w *My Architect* Nathaniela Kahn.

Punkt widzenia

Punkt widzenia to perspektywa, czy też pozycja z jakiej historia jest opowiadana. Można to interpretować na różne sposoby. Na przykład, punkt widzenia może oznaczać postać, poprzez którą opowiadasz daną historię. Wyobraź sobie, że opowiadasz historię Goldilocks (złotowłosa dziewczynka) i trzech niedźwiadków z perspektywy Złotowłosej, a potem opowiadasz drugi raz z perspektywy Taty Niedźwiedzia. Złotowłosa mogła sprzedać tę opowieść z pozycji całkowicie niewinnego dziecięcia, które wędrowało przez las, zrobiło się głodne i weszło do opuszczonej na pozór chatki, gdzie rzuciły się na nią niedźwiedzie. Zupełnie na odwrót: Tata Niedźwiedź mógłby to opisać, jako niespodziane wtargnięcie kogoś obcego.

Dając widzowi możliwość spojrzenia na sprawę z zaskakującej perspektywy, filmowiec może go zmusić do ogarnięcia świeżym spojrzeniem znanej historii. Film Jona Else *Sing Faster: The Stagehands' Ring Cycle* dokumentuje wystawienie w Operze w San Francisco *Ring Cycle* (Pierścienia Nibelungów) Ryszarda Wagnera z perspektywy maszynisty sceny. *The Way We Get By* w reżyserii Arona Gaudet, obrazuje wojny w Iraku i w Afganistanie poprzez historię trojga staruszków „witających powracające wojsko" w Maine.

Punkt widzenia można rozumieć również bardziej wprost, jako perspektywę z jakiej pracuje kamera, włącznie z tym, kto robi zdjęcia i z której strony barykady. Na przykład znaczna część *The War Tapes* (Filmy z linii frontu) Deborah Scranton, była fotografowana przez samych żołnierzy, a nie ekipę *filmującą* żołnierzy. Czasami, punkt widzenia może odnosić się także do perspektywy czasowej i medium użytego do opisu wydarzenia. Jako przykład; *The War Tapes* (Filmy z linii frontu) opisują żniwo ataku bombowego przy użyciu samochodu pułapki przed bazą lotniczą Al Taji. Materiał pokazuje wydarzenie w miarę jak się rozwija (z kamery sierżanta Steva Pink, ktory był na miejscu), przez wywiad z Pinkiem zarejestrowany 24 godziny po wydarzeniu przeprowadzony przez wojskowego specjalistę Mike Moriarty, dalej użyta jest ścieżka dźwiękowa wywiadu zarejestrowanego przez Scranton po powrocie Pinka do Stanów, oraz głos Pinka czytającego (po powrocie do domu) fragmenty dziennika, który prowadził będąc w Iraku. „Wszystko tam się nawarstwiło, ten wielopiętrowy zapis samego wydarzenia", wyjaśnia Scranton w Rozdziale 24.

Oczywiście, może być również „punkt widzenia" reżysera i/lub realizatorów filmu.

Detal

Pojęcie detalu obejmuje szeroką gamę pojęć mających związek ze szczegółowością. Nade wszystko chodzi o tzw. „znaczący detal". Wypełniona popielniczka obok uwięzionego w łóżku mężczyzny wskazuje, że albo ten mężczyzna albo jego pielęgniarz, są nałogowymi palaczami. Wybór tego co palić, co pić, kiedy to pić (whisky na śniadanie?), w co się ubrać, jak udekorować mieszkanie, biuro, samochód – to wszystko stanowi klucz do człowieka. Można kreować wskazówki wprowadzające w błąd: afrykańska rzeźba mogła być raczej zostawiona przez byłego narzeczonego, niż należeć do właścicielki mieszkania; drogi garnitur mógł zostać wypożyczony na potrzeby rozmowy o pracę. Najważniejsze, abyśmy jako tworzący opowiadania, mieli oczy i uszy otwarte na detal mogący dodać piętro w budowli i w znaczeniach. Pisanie komentarza wymaga również skupienia się na szczegółach. Zdanie „Organizacja rozprzestrzeniała się jak wicher", jest kliszą i jest puste, znacznie lepiej dostarczyć dowody: „W ciągu 10 lat, organizacja, która zaczęła działalność od 20 członków w Paryżu, założyła oddziały w 12 państwach i zyskała 2500 członków".

„DOBRA HISTORIA DOBRZE OPOWIEDZIANA"

W swojej książce, *The Tools of Screenwriting* (Narzędzia Scenariopisarstwa) autorzy David Howard i Edward Mabley podkreślają, że fabuła to nie tylko opowiadanie o kimś doświadczającym trudności w dążeniu do celu; to także „sposób w jaki widownia doświadcza tej opowieści". Wymieniają następujące elementy „dobrej historii, dobrze opowiedzianej":

1. Opowieść jest o *kimś*, do kogo odczuwamy empatię.
2. Ten ktoś chce *coś* bardzo mocno.
3. To coś jest *trudne*, ale możliwe do zrobienia, dostania, zdobycia.
4. Historia jest opowiedziana dla największego *wzbudzenia emocji* i *wciągnięcia widza* w akcję.
5. Historia musi osiągnąć *satysfakcjonujące zakończenie* (co wcale nie musi oznaczać szczęśliwego rozwiązania).

Chociaż książka Howarda i Mableya skierowana jest do scenarzystów filmów fabularnych, którzy mają pełną swobodę w wymyślaniu nie tylko postaci, ale również zdarzeń - jak im się żywnie podoba - które przydałyby się w danym miejscu opowiadania, to jednak sporządzona lista jest użyteczna również dla scenarzystów dokumentów. Twój konkretny temat lub sytuacja może nie wpasowywać się w powyższe parametry, stąd garść dalszych wyjaśnień.

Kto (lub co) jest tematem opowieści

Ktoś jest twoim protagonistą, twoim bohaterem, jednostką, której historia będzie opowiadana. Zwróć uwagę, że twój bohater może być sam z siebie całkiem „antyheroiczny" i widownia może usilnie starać wczuć się w niego czy w nią. Aby tak było, los oczekujący bohatera czy bohaterkę, musi robić odpowiednie wrażenie. Na przykład w filmie *The Execution of Wanda Jean*, Liz Garbus prezentuje sympatyczny, ale nieretuszowany portret kobiety skazanej na śmierć za morderstwo. Może także istnieć grupa bohaterów, jak to miało miejsce w *Spellbound* (Mistrzowie ortografii).

Głównym bohaterem nie musi być osoba. Na przykład w siedmioodcinkowym serialu Ricka Burnsa: *New York*, bohaterem jest samo miasto. Fortuny tworzą się i rozpadają, rosną wraz rozwojem siedmioodcinkowej historii (jednak w trakcie serialu pojedyncze postacie i historie, wybijają się na czoło). Często, znalezienie głównego bohatera, poprzez którego można opowiedzieć skądinąd skomplikowaną historię, czyni ją łatwiejszą do ogarnięcia w robocie i w rezultacie bardziej przystępną dla widza. W filmie *I'll Make Me a World*, sześcioodcinkowej historii afroamerykańskiej sztuki XX wieku, producent Denis Green badał Black Arts Movement (Ruch Czarnej Sztuki) lat sześćdziesiątych, patrząc nań oczyma zdobywczyni Pulitzera, doświadczonej poetki Gwendolyn Brooks, znanej, będącej w średnim wieku autorki, której życie i praca ewoluowała pod wpływem młodszych od niej artystów, którzy z kolei zostali owładnięci hasłami Black Power (Ruchu Społecznego Czarnych).

Czego chce protagonista

Coś czego ktoś chce, może być również rozpatrywane jako tarcza, jako cel. W filmie *Blue Vinyl*, reżyserka Judith Helfand wypowiada się przed kamerą, aby przekonać swoich rodziców do usunięcia nowego pokrycia (siding) ze ścian ich domu. Zwróćcie uwagę, że pojawienie się na ekranie reżysera, nie czyni go automatycznie protagonistą.

W filmie Jeanne Jordan i Steve Ascher *Troublesome Creek: A Midwestern*, filmowcy podróżują do Stanu Iowa, gdzie rodzina Jeanne ciężko pracuje, by uchronić przed zajęciem obciążoną farmę. Jeanne jest narratorką filmu, ale bohaterami są jej rodzice, Russel i Mary Jane Jordan. Ich celem jest zdobycie środków na spłatę długów przez wyprzedaż tego co się da – i to napędza film.

Aktywne kontra pasywne

Scenarzyści mówią o aktywnych (wciągających) i pasywnych (obojętnych) celach oraz o aktywnych i pasywnych bohaterach. Powszechnie wolimy wciągające cele i dynamicznych bohaterów w opowiadaniu, co w praktyce oznacza, iż wolimy protagonistę, który panuje w pełni nad swoim losem: wyznacza cel, a następnie robi wszystko co trzeba, aby go osiągnąć. Cel bierny to na przykład: sekretarka chce podwyżki, żeby sobie powiększyć piersi. Biernie na nią czeka, mając nadzieję, że ktoś wpadnie na to, że jej praca winna być doceniona. Będąc aktywną, zrobiłaby coś, aby dostać tę podwyżkę, bądź podjęłaby pracę na drugim etacie.

Wyjątkiem od tej reguły jest, gdy bierność *jest* sednem historii. Na przykład w *The Thin Blue Line* (Cienka niebieska linia) Randall Adams, zamknięty w oczekiwaniu na wykonanie wyroku, jest protagonistą biernym, ponieważ niczego nie może uczynić, bo nikt nie wierzy w jego zapewnienia o niewinności. Jednak najczęściej chciałbyś, aby twój bohater był aktywny, chciałbyś, aby ona lub on mieli do wykonania godne zadanie. W przykładzie z sekretarką, czy widzów naprawdę obchodzi czy uda jej się powiększyć piersi, czy nie? Raczej nie. Gdybyśmy mieli powód, żeby jej współczuć – na przykład doznała obrażeń w wypadku samochodowym – być może przejęlibyśmy się tym. Jej cel jest taki sobie. Godny cel nie oznacza automatycznie celu szlachetnego – sprawa nie musi być od razu o wyrugowaniu głodu na ziemi, albo zapewnieniu pokoju na świecie. Ale musi być warta poświęcenia na nią czasu i środków. Jeśli tobie zależy tylko trochę na twoich bohaterach i na tym czego pragną, najprawdopodobniej twoim redaktorom, a potem widowni pozostanie to zupełnie obojętne.

Trudność i wyrazistość

To pożądane coś – cel – musi być *trudny* do osiągnięcia, do zrobienia. Gdy coś przychodzi łatwo, wtedy nie ma napięcia po drodze, a bez napięcia widzom brak podniety, aby się angażować. Napięcie to odczucie, które się pojawia, gdy sprawy lub wydarzenia nie dają się rozwiązać, szczególnie w sytuacji, kiedy byśmy bardzo chcieli, żeby zostały rozwiązane. To motywuje nas do domagania się odpowiedzi na pytanie: „Co dalej? A *po tym*, co się wydarzy?". Chcemy wiedzieć, tracimy spokój *nie* wiedząc. Wyobraź sobie dreszczowiec, w którym ty zostałeś ostrzeżony – ale bohaterka nie – że niebezpieczeństwo czai się w piwnicy. Gdy bohaterka zmierza do piwnicy, odczuwasz narastające napięcie, gdyż zmierza *ku* niebezpieczeństwu. Gdybyś nie wiedział, że czarny charakter jest w piwnicy, to byłaby to po prostu dziewczyna schodząca po schodach. Bez wykreowania napięcia, opowiadanie staje się płaskie, byłoby ci wszystko jedno; prawo czy lewo.

Więc gdzie leży napięcie? Czasami jest nieuchronne, tak jak to ma miejsce w przypadku członka Gwardii Narodowej odbywającego roczną służbę w Iraku w filmie *The War Tapes* (Filmy z linii frontu) Deborah Scranton. Czasami napięcie bierze się z konfliktu między protagonistą i przeciwstawnymi siłami, czy to człowiekiem (zwanym wtedy *antagonistą* lub *oponentem*), siłami natury, społeczeństwem lub jednostką (konflikt domowy).

Na przykład w filmie Barbary Kopple *Harlan County, U.S.A.* strajkujący górnicy są w konflikcie z właścicielami kopalni. W filmie Heidi Ewing i Racheli Grady *The Boys of Baraka* (Szkoła specjalna w Kenii) napięcie płynie ze świadomości, iż korzyści płynące z wykształcenia, czy po prostu przyszłość bez kryminału czy śmierci - nie będą udziałem grupy afroamerykańskich chłopców z centrum Baltimore (USA). Gdy wąska grupa chłopców otrzymuje szansę uczenia się w szkole w Kenii, jako drogi prowadzącej do uzyskania wstępu do lepszych liceów w Baltimore, życzymy im z całego serca sukcesów i jesteśmy załamani widząc rozpadanie się tych szklanych domów. Podobnie w *Born into Brothels* (Przeznaczone do burdelu), wysiłki w celu uratowania grupki dzieciaków są zagrożone przez społeczne naciski (włączając nie tylko trudności na podłożu ekonomicznym, ale także dążenia poszczególnych członków rodzin, którzy nie podzielają zaangażowania filmowców na rzecz zabrania tych dzieci z ich niestabilnych domów), oraz przez fakt, że podejmującymi ostateczne decyzje w kilku przypadkach są same dzieci. Widzowie doświadczają frustracji – i być może samoidentyfikacji – gdy niektóre z tych dzieci dokonują wyborów, które z dużą dozą prawdopodobieństwa zaważą na ich całym życiu.

Zwróćcie uwagę, że konflikt może oznaczać bezpośredni spór dwu stron, za i przeciw (albo; ona powiedziała, on powiedział). W gruncie rzeczy to może osłabiać napięcie, szczególnie jeśli strony prezentują swoje racje jedna po drugiej, albo reprezentanci stron konfliktu nie zostali uprzednio jasno ustawieni. Jeśli nie wiemy kto z kim walczy, jaka jest stawka dla każdej ze stron, wynik będzie nam zupełnie obojętny. I odwrotnie, jeśli widownia zagłębia się w spór dzieląc zaangażowanie z osobami na ekranie, szczególnie, gdy przejmuje się *wszystkimi* osobami biorącymi udział w konflikcie, jest to najlepsza droga do pełnej emocji, mocnej konstrukcji opowiadania. Pod koniec filmu *Daughter From Danang* (Córka z Danang), w radosne spotkanie między adoptowaną w Ameryce, a jej wietnamską rodziną wkrada się uczucie złości i zawodu, wywołane przez prośbę o pieniądze. Wyczuwalne napięcie widowni nie wynika ze stawania po jednej czy drugiej stronie konfliktu, lecz z empatii dla *obu* stron.

Pogoda, choroby, wojna, zwątpienie, brak doświadczenia, nieposkromiona pycha – to wszystko może budować przeszkody na drodze waszego bohatera ku wyznaczonym celom. Tak jak może być przydatne dla opowiedzenia złożonej historii, znalezienie jednej lub więcej postaci poprzez które można to uczynić, tak samo może być przydatna personifikacja opozycji. Tak jak krajowe środki przekazu odkryły w latach sześćdziesiątych, że znacznie łatwiej uzmysłowić Amerykanom z Północy niesprawiedliwość segregacji rasowej na Południu, gdy skupiły się na szefie policji Bull Connorsie z Birmingaham w Alabamie, gdy skierował psy i armatki wodne na młodych afroamerykańskich demonstrantów.

Godny oponent

Tak jak chcesz, aby twój protagonista miał wartościowy cel, powinno ci zależeć, aby konfrontował się z godnym antagonistą. Słabością wielu filmowców jest konstruowanie jednowymiarowych postaci oponentów; jeśli bohater jest dobry, oponent musi być zły. Często w praktyce, twoim najlepiej zapamiętanym oponentem nie będzie proste przeciwieństwo twojego bohatera, tylko dopełnienie jego czy jej. W filmie *Sound and Fury*, rodzice młodziutkiej Heater są przeciwni jej dążeniu do wszczepienia implantu słuchu, nie ze złośliwości, tylko z powodu najgłębszej miłości ku niej i ich silnego zaangażowania w kulturę ludzi głuchych, w którą oni sami i ich córka wrośli. Burmistrz Chicago Richard Daley był trudnym przeciwnikiem dla dr Martin Luter Kinga, Jr. w filmie *Eyes on the Prize*, przede wszystkim dlatego, że nie był Bull Connorem; Daley był bystrzakiem z północy, z kontaktami w Partii Demokratycznej, był także zwolennikiem ruchu praw obywatelskich na południu. Historia jego wysiłków, aby nadwyrężyć kampanię wyborczą dr Kinga w Chicago w roku 1966, pokazała dobitnie znaczące różnice między używaniem haseł „non violence" (bez przemocy) jako strategii wyborczej w południowych Stanach, gdzie segregacja rasowej istniała z *mocy prawa*, a używaniem tych haseł na Północy, gdzie istniała *de facto*.

Tak jak zostało to powiedziane wcześniej, bardzo ważne jest zrozumienie, iż w żaden sposób nie należy beletryzować postaci będących prawdziwymi ludźmi. Oceniasz sytuację z pozycji opowiadającego daną historię i pracujesz tylko na tym, co jest ci dane. Jeśli nie ma oponenta, nie możesz go stworzyć. Zgodnie z faktami, burmistrz Daley był rzeczywistym, formalnym oponentem. Jednak powitał Kinga z otwartymi ramionami i był zaledwie drobnym utrudnieniem dla całego ruchu. Byłoby nieuczciwe przedstawiać go jako istotną przeszkodę na drodze wyboru Kinga na burmistrza Chicago.

Wyraźny cel

Choć z trudnościami, jednak cel powinien być możliwy do realizacji czy do osiągnięcia, co oznacza, że winien być zarówno konkretny jak i realistyczny. „Zwalczanie rasizmu" albo „leczenie raka" czy „ochrona lasów tropikalnych" to problemy warte zachodu, jednak żaden nie jest na tyle konkretny, aby mógł być tematem filmu. Poszukując tematu na film kieruj się swoimi zainteresowaniami, aby w następnym kroku znaleźć historię, która mogłaby ten temat wyciągnąć na światło dzienne. *The Boys of Baraka* (Szkoła specjalna w Kenii) jest oskarżeniem rasizmu i braku równości, ale tak konkretnie, to historia grupy chłopców, którzy przystąpili do dwuletniego programu realizowanego w niewielkiej szkole w Kenii. *Born into Brothels* (Przeznaczone do burdelu) objaśnia trudne wyzwania stające przed dziećmi zubożałych, prostytuujących się ludzi w Kalkucie, choć bezpośrednie cele w opowiadaniu są bardziej konkretne. Na początku dowiadujemy się, że realizatorka Zana Briski, chcąc sfotografować prostytuujących się ludzi w Kalkucie, skierowała się ku ich dzieciom. „Chciały się nauczyć jak używać kamery", mówi zza kadru. „Pomyślałam wtedy, że byłoby ciekawe nauczyć je tego i zobaczyć ten świat ich oczyma". Kilka minut później w filmie pojawia się poważniejszy cel, choć wciąż konkretny: „One nie mają żadnych szans bez nauki", mówi Briski. „Pytanie, które się rodzi, czy jestem w stanie znaleźć szkołę – dobrą szkołę – która przyjmie dzieci prostytutek?". W tym momencie to właśnie staje się głównym tematem, głównym celem do osiągnięcia w filmie, celem wzbogacanym przez fotografie wykonywane przez dzieci, dającym całości szersze horyzonty.

Zwróćcie uwagę, że cel do osiągnięcia nie musi być tym najbardziej „dramatycznym" albo oczywistym celem. W filmie Kate David *Southern Comfort* (Transseksualistów śmiech i łzy), o transseksualiście umierającym na raka jajników, celem bohatera, Roberta Ead nie jest znalezienie lekarstwa, celem jest utrzymanie się przy życiu wystarczająco długo, aby wraz ze swoją dziewczyną, Lolą, która jest także transwestytką, wziąć udział w Southern Comfort Conference w Atlancie, krajowym spotkaniu transwestytów.

Emocjonalny wpływ i współuczestnictwo widzów

Sprawa budowania opowiadania dla osiągnięcia największego emocjonalnego oddziaływania oraz zdobycia współuczestnictwa publiczności jest najtrudniejsza. Często podsumowuje się ją słowami „pokaż to, nie opowiadaj", co po prostu oznacza, że powinieneś pokazać widzom świadectwa lub informacje, które pozwolą im samym przeżyć daną historię, przewidywać nadchodzące zawiłości i zwroty, pozwolą podążać w sposób aktywny, za nicią opowiadania, a nie pozostawać biernymi. Zbyt często filmy wykładają kawa na ławę to, czego powinniśmy się domyślać sami, dzięki źródłom jakimi są rzeczowa narracja, grafika czy sceny setkowe.

Pomyśl o doświadczeniu, jakim bywa przygwożdżenie do fotela przez oglądany film. Nie patrzysz na postacie na ekranie; ty jesteś z nimi, podążając po widocznych śladach, które układają się w opowieść. Tracisz poczucie czasu, starając się przewidzieć, co wydarzy się za chwilę, co kto zrobi, co zostanie odkryte. Poszukiwanie sensu w wydarzeniach, których doświadczamy - leży w ludzkiej naturze - tak samo jak radość, gdy inteligentnie ktoś nas zrobi w konia, albo rozweseli. W przypadku *Enron: The Smartest Guys in the Room* myślisz, że Enron sięgnął dna, że całe te manipulacje z cenami przygwoździły ich i padną od długów – dopóki ktoś w Enronie nie uzmysłowi sobie, że złoto da się wycisnąć jeszcze z energetyki w Kalifornii.

Budowanie opowiadania dla osiągnięcia emocji oznacza, że reżyser buduje strukturę filmu w taki sposób, że punkty konfliktu, kulminacji i rozwiązania – miejsca osiągnięcia sukcesu, straty, odwrócenia itp. – współgrają na ile to możliwe z wewnętrznym rytmem budowanego opowiadania. Widzowie oczekują, że napięcie opowieści będzie wzrastało w miarę rozwoju opowiadania; sceny będą miały tendencję do skracania się, akcja będzie bardziej zwarta, stawka wyższa. W miarę jak poznajemy bohaterów i pojmujemy ich potrzeby i dążenia, martwimy się o nich, wciągamy się bardziej w śledzenie ich losów. Większość procesu budowania tej struktury odbywa się w montażowni. Lecz w pewnym zakresie dokonuje się to także w trakcie zdjęć, których planowanie może mieć istotne znaczenie. Wiedząc, że gdy Heidi Bub wysiądzie z samolotu w Danang, będzie witana przez rodzoną matkę, której nie widziała od 20 lat, jakie przygotowania musieli podjąć filmowcy, aby być pewnymi, że zarejestrują tę chwilę na taśmie? Co mieliby filmować, zarówno wcześniej jak i później po spotkaniu, aby zbudować właściwą kulminację dla tej sceny? (nakręcili wywiad z Heidi, oraz zrobili trochę zdjęć z nią już w Wietnamie „wyrzuconą na obcy brzeg", przed spotkaniem z matką). W zmontowanym filmie, zanim Heidi spotyka się z matką, my zdajemy sobie sprawę (wcześniej niż to dotrze do niej), jak w pełni jest zamerykanizowana i jak obca wyda się jej rodzina. Wiemy także, że oczekiwania jakie mają zarówno Heidi jak i jej matka, związane z tym spotkaniem, są niezwykle wysokie.

Jednakże bądźcie czujni, by nie kreować przesadnych dramatów, które zamieniłyby ciekawą historię w operę mydlaną. Nie ma powodu, aby wpychać dodatkowe szczegóły, jakkolwiek smutne albo szokujące, gdy nie mają bezpośredniego związku z głównym wątkiem. Na przykład, jeśli opowiadasz historię badaczki rozszyfrowującej kod genetyczny dający klucz do jakiejś choroby psychicznej, nie będzie istotne dla opowiadania, że prowadzi batalię ze swoim byłym mężem w sprawie opieki nad dziećmi, mimo że ten szczegół mógłby dodać odrobinę pieprzu do tej historii, czy uczynić bohaterkę „sympatyczniejszą". Natomiast, jeśli sądzenie się o opiekę ma związek z chorobą psychiczną męża i obawą, że dzieci mogły ją odziedziczyć po swym ojcu, to co innego, staje się to wątkiem mogącym dobrze przysłużyć się filmowi. Bez istnienia tego „linku", ryzykujesz tworzenie warstwy informacyjnej raczej rozpraszającej niż budującej opowiadanie.

Fałszywe emocje – podkręcona na maxa muzyka i efekty oraz narracja, która ostrzega przed niebezpieczeństwem kryjącym się za każdym rogiem – to częste zjawiska, szczególnie w telewizji. Jak w historii chłopca, który wył jak wilk, co u widza zamieniło się tylko w przykry nadmiar decybeli. Gdy niebezpieczeństwo jest realne, znajdzie najsilniejszy wyraz w strukturze opowiadania, rodząc się nijako organicznie z materiału.

Podbijanie stawki

Innym narzędziem służącym budowaniu emocjonującego opowiadania jest posiadanie czegoś w zanadrzu i podbijanie stawki aż do końca. Spójrzcie na początek *Control Room*. Widzimy montaż plansz tekstowych i obrazków codziennego życia. Napisy: *Marzec 2003 / Stany Zjednoczone i Irak są na krawędzi wojny / Satelitarny Kanał Al Jazeera będzie pokazywał woję.... / czterdziestu milionom arabskich telewidzów. / Arabski świat patrzy... / i czeka. / STANOWISKO DOWODZENIA.* Bez wątpienia, tu stawka będzie wysoka.

W rękach dobrego scenarzysty, nawet mały czy bardzo osobisty cel do osiągnięcia, może nabrać dużej wartości, gdy jego przydatność przenosi się na innych w tym opowiadaniu. Na przykład, dla ilu ludzi w Stanach Zjednoczonych lub poza nimi ma jakiekolwiek znaczenie, kto wygra lub przegra National Spelling Bee (ogólnokrajowe dyktando) rozgrywane co roku w Waszyngtonie? Jednak dla grupy dzieci biorących udział w *Spellbound* (Mistrzowie ortografii), dla ich rodzin i lokalnej społeczności, konkurs jest najważniejszy. Prowadząc zręcznie opowieść, filmowcy zwracają naszą uwagę nie tylko na te dzieciaki, ale także na konkurs i w miarę zwężania się ścieżki zdarzeń, nie możemy oderwać wzroku od ekranu.

Stawka może wzrastać, ponieważ (prawdziwe) niebezpieczeństwo rośnie albo kończy się czas. W filmie *Sound and Fury* stawka rośnie w miarę upływu czasu, ponieważ dla dziecka głuchego od urodzenia wszczepienie implantu Cochleara jest najbardziej efektywne, gdy robi się je w okresie nauki mówienia. Jak filmowcy przekazują tę wiedzę? Obserwujemy znacznie młodszą kuzynkę Heather, której wszczepiają implant, dzięki czemu nabiera umiejętności mowy; dowiadujemy się również, że matka Heather, niesłysząca od urodzenia, doświadczyłaby pewnych dobrodziejstw, gdyby zdecydowała się na implant teraz. Skoro Heather, bez wszczepionego implantu, wstępuje do szkoły dla dzieci niesłyszących, pojmujemy, iż podjęta decyzja będzie rzutować na jej całe przyszłe życie.

Biorąc pod uwagę twoją kreacyjną funkcję w tworzeniu filmu, stawka będzie rosła w zależności od tego, jak będziesz organizował materiał, jak będziesz budował strukturę: co widzowie wiedzą, kiedy dowiadują się tego, co te progi opowiadania znaczą dla twoich postaci oraz na ile dobrze je komunikujesz – wszystko to razem stanowi o tym, jak głęboko zaangażuje się widownia w twój film, czy bardzo będą chcieli, a może nawet potrzebowali, poznać zakończenie filmu.

Satysfakcjonujące zakończenie

Satysfakcjonującym zakończeniem lub rozwiązaniem, będzie nieoczekiwane i jednocześnie nieuchronne zakończenie. Ono musi rozwiązać intrygę, którą postanowiłeś opowiedzieć. Powiedzmy, rozpocząłeś film od postawienia problemu. Mała dziewczynka ma zagrażającą życiu wrodzoną wadę serca, której współczesna chirurgia nie potrafi zaradzić. Film wkracza w świat eksperymentalnej chirurgii, gdzie znajdujesz charyzmatycznego lekarza, którego wysiłki na drodze ratowania najróżniejszych trudnych przypadków doprowadziły do rozwiązań, które mogą zafunkcjonować w sytuacji dziewczynki. Jednak umiejscowienie przełomu w chirurgii na końcu filmu, nie byłoby satysfakcjonujące dla widza. Ludzie zostali wciągnięci w historię małej dziewczynki i praca chirurga musi być ostatecznie powiązana z jej historią. Czy mogą jego osiągnięcia przełożyć się na jej przypadek? Powinieneś zamknąć historię, od której zacząłeś opowiadać swój film. Co powiedziawszy chcę zwrócić uwagę, że nigdy nie ma tylko jednego prawidłowego zakończenia.

Załóżmy, na przykład, że planowana emisja filmu ma się odbyć kilka miesięcy przed terminem rozprawy sądowej, która pozwoli na przeprowadzenie eksperymentalnego zbiegu chirurgicznego na dziewczynce. Wtedy uczyń z tego zakończenie filmu, pozostawiając widownię ze świadomością, że wszyscy się modlą w nadziei dotrwania dziewczynki do tego terminu. Albo, być może operacja jest już możliwa, tylko rodzice wycofują się w ostatniej chwili uważając, że jest zbyt ryzykowna. Albo podejmują to ryzyko, a rezultat jest pozytywny. Albo negatywny. Albo przełom w pracy chirurgów przychodzi za późno dla tego dziecka, lecz przyniesie szansę dla setek następnych. Każde z tych zakończeń będzie satysfakcjonujące, pod warunkiem, że będzie oparte na faktach. Manipulacja faktami dla zbudowania „mocniejszego" czy bardziej emocjonalnego zakończenia, niezgodnego z twoją wiedzą na temat tego co będzie - byłaby zabiegiem wysoce nieetycznym. Załóżmy na przykład, że rodzice, niezależnie od tego jak wielkie postępy poczyniła eksperymentalna chirurgia, nie wyrażą zgody na dalsze operacje swojej córki. Nie możesz sugerować, że ta kwestia pozostaje otwarta (np. wstawiając zdanie typu: „Czy operacja małej Candy ocali jej życie, pokaże przyszłość").

Kończenie filmu w sposób satysfakcjonujący nie oznacza automatycznie potrzeby zamykania wszystkich otwartych wątków opowieści, czy ich optymistycznego kończenia. Finał *Daughter From*

Danang (Córka z Danang) oddziaływuje bardzo silnie dokładnie dlatego, że wiele spraw pozostaje zawieszonych: Heidi Bub osiągnęła cel, spotykając swoją prawdziwą matkę, ale nawet dwa lata po wizycie, pozostaje w głębokim rozdarciu czy tę więź podtrzymywać. W zakończeniu filmu *The Thin Blue Line* (Cienka niebieska linia), Randall Adams pozostaje nadal mordercą skazanym i oczekującym na wykonanie wyroku, gdy reżyser Errol Morris kasuje powracające wątpliwości jakie rodzą się u widzów co do jego możliwej niewinności.

ROZDZIAŁ 3

Budowa opowiadania w dokumencie

W jaki sposób, mając pełną świadomość danej historii, przełożysz ją na dokumentalną opowieść filmową? Załóżmy na przykład, że myślisz o zrobieniu filmu o Elvisie Presleyu, albo o budce z jedzeniem w twoim rodzinnym mieście, albo o obrazach Islamu w amerykańskiej kulturze masowej. Coś w danym temacie przyciągnęło twoją uwagę i zaczynasz myśleć o następnym kroku.

Najpierw zadaj sobie pytanie, cóż takiego jest w tym temacie, co przyciągnęło twoją uwagę. Jako wstępny odbiorca pomysłu (czyli przyszłego filmu), powinieneś dobrze przeanalizować swoją spontaniczną reakcję. Jest nadzieja, że twoją uwagę zwróciło nie to, że był ktoś taki jak Elvis Presley, tylko na przykład, jego służba wojskowa. Nie chodzi o fakt, że w twoim mieście jest budka z jedzeniem, tylko o to, że rosnące podatki i zmniejszająca się liczba klientów uczyniła podatnymi właścicieli tej budki na kuszące oferty deweloperów, chcących wybudować w tym miejscu centrum handlowe, mimo że okoliczni mieszkańcy tego nie chcieli. Nie myślałeś zbyt dużo o obrazach Islamu w Ameryce, dopóki nie zobaczyłeś w szkole swojego syna kilku uczniów świeżo przybyłych z Iraku i z Sudanu, jak starali się wyróżnić na szkolnym spotkaniu. To spowodowało, że spojrzałeś na kulturę Ameryki – kulturę na poziomie liceum – oczami obcokrajowców.

Tematy, które mają w sobie potencjał na dokumentalne opowiadanie, leżą wokół nas na ulicy. Bieżące wydarzenia mogą być inspiracją dla pomysłów filmowych, tak samo jak popołudnie spędzone w bibliotece czy księgarni na przeczesywaniu półek z książkami. Są filmowcy, którzy znajdują tematy w kręgu rodziny. Alan Berliner zrobił *Nobody's Business* o swoim ojcu, Oscarze; Deborah Hoffman zrobiła *Confessions of a Dutiful Daughter* (Wyznania oddanej córki) o walce jej matki z Altzheimerem. Jednak, gdy jesteś bardzo blisko tematu, powinieneś się zdystansować, powinieneś rozważyć bezstronnie czy film który może powstać, będzie interesujący dla szerokiego odbiorcy. Ta zasada odnosi się także do sytuacji, gdy chcesz zaczerpnąć temat ze źródeł drukowanych - gdyż coś dobre w czytaniu nie musi się dobrze przenieść na ekran. Przy robieniu serialu *Cadillac Desert* na podstawie książki Marka Reisnera o tym samym tytule, producent Jon Else wybrał trzy spośród około 40 historii z książki Reisnera. Else i jego zespół przeprowadzili po tym swoją własną dokumentację i wybrali optymalny sposób przeniesienia tych historii na ekran.

PRAWA DO OPOWIADANIA

Generalnie, jeśli używasz książek i czasopism jedynie w celach dokumentacyjnych, nie musisz nabywać do nich żadnych praw. Jednak jeśli film czerpie w widoczny sposób z książki, jak to miało miejsce w przypadku filmu Errola Morrisa opartego na książce Stephena Hawkinga *A Brief History of Time*, albo filmu Laurie Kahn-Levitt opartego na książce Laurel Ulrich *A Midwife's Tale* – będziesz musiał uzyskać prawną zgodę na czerpanie z danej pozycji od autora lub właściciela praw (nie należy tego mieszać z książkami „wtórnymi", które powstają w czasie produkcji albo po zakończeniu filmu. Tak jak w przypadku *Eyes on the Prize*, pod którą podpisał się zespół wydawnictwa Blackside i dziennikarz Juan Williams, która powstała w okresie postprodukcji filmu na bazie dokumentacji i wywiadów do filmu. Takie książki powstają raczej na podstawie filmów, a nie odwrotnie).

Zwróć uwagę, aby prowadząc negocjacje co do nabycia praw do danej historii, zapewnić sobie kontrolę nad kształtem artystycznym przyszłego filmu. Autor może być ekspertem w danym temacie, ale ty jesteś ekspertem w przekładaniu tego na film dla szerokiej publiczności. Nie musisz mieć stopnia naukowego, aby zrobić świetny dokument naukowy, czy też mieć doktoratu z socjologii, żeby zrobić poruszający dokument o dzieciach-uciekinierach. Natomiast to czego szukasz u ludzi, którzy *są* ekspertami w danych dziedzinach, to inteligencja, dociekliwość, umiejętność szybkiego przekazywania wiedzy oraz gotowość do konsultacji. Optymalnie, powinna istnieć twórcza współpraca pomiędzy ekspertem i filmowcem przekładająca się na bogatszy film.

„ZNALEZIENIE" TEMATU W TRAKCIE PRODUKCJI

Jednym z większych nieporozumień na temat tworzenia filmów dokumentalnych jest myślenie, że to dzieje się spontanicznie. Bierze się stąd, że dość często można usłyszeć jak filmowcy mówią o „znalezieniu" tematu, czy wręcz o temacie przychodzącym do nich w trakcie realizacji, nawet w montażowni. W przypadku doświadczonych reżyserów, bynajmniej *nie* oznacza to, że zdjęcia były realizowane bez ukierunkowania na jakąś historię, oznacza jedynie zmianę punktu ciężkości, albo co znacznie częstsze, zmianę *struktury* opowieści w trakcie produkcji i postprodukcji. Nawet projekty polegające na obserwacji życia, formowane w przeważającej mierze dopiero w montażowni, rozpoczynane są jednak z jakimś poczuciem tematu i kierunku jego rozwoju. Nie możesz wiedzieć dokąd zaprowadzi cię życie, ale z jednej strony możesz przewidywać paletę wyników pracy ekipy, a z drugiej strony analizować czy zbierany materiał niesie pokładane w nim nadzieje.

Czasami okazja pojawia się nagle, uniemożliwiając kompleksowe przygotowania. Filmowcy Gail Dolgin i Vincente Franco mieli zaledwie kilka dni na podjęcie decyzji czy jechać do Wietnamu, po tym jak dowiedzieli się o mającym nastąpić spotkaniu Heidi Bub z prawdziwą matką, która oddała ją do adopcji w ramach operacji „Dziecięcy Most" w 1975 roku. „Żywiliśmy przekonanie, że będziemy świadkami szczęśliwego zjednoczenia, nie mieliśmy pojęcia czy wrócimy z czymkolwiek więcej", mówi Dolgin. „Przyciągnęła nas możliwość doświadczenia wielkich emocji i namiętności, a to przecież najlepsze składowe dokumentu. Podejmowaliśmy realizację nie wiedząc co się wydarzy – mieliśmy pomysł i z tym pojechaliśmy". W najgorszym razie filmowcy mieli prostą historię o adoptowanej za granicę, która wraca do ojczystego kraju, a czy da się z tego zrobić film dokumentalny, pozostawało kwestią przyszłości. „Przypuszczam, że można by zrobić film, który by badał co się dzieje, gdy tracisz tożsamość na skutek odcięcia od ziemi, z której pochodzisz", mówi Dolgin. „Heidi dorastała na południu stanu Tennessee, więc wyobraziliśmy sobie, że pojedziemy tam z nią i sprowokujemy w jakimś stopniu do odkrycia na nowo tych korzeni. Ale to naprawdę było bardzo mgliste - i z tym pojechaliśmy. I oczywiście, gdy tyko znaleźliśmy się na miejscu okazało się, że wszystko co sobie wyobrażaliśmy jest na odwrót". Natomiast już w Wietnamie, ekipa zanurzyła się w wielowymiarowej historii, którą opowiedzieli w *Daughter From Danang* (Córka z Danang).

Fredrick Wiseman, znany dzięki filmom penetrującym amerykańskie instytucje życia publicznego (*Hospital* – Szpital, *Basic Training* – Szkolenie Podstawowe, *Welfere* – Na zasiłku, *Public Housing* – Mieszkania Socjalne,

Domestic Violence – Przemoc domowa) powiedział dziennikarzom, że gdy otrzyma już zgodę na robienie zdjęć, rusza szybko, robi zdjęcia tygodniami i dopiero po tym, pracując długie miesiące w montażowni znajduje wątki i punkty widzenia. Jednak zwróćcie uwagę na strukturę cechującą filmy Wisemana – jest to rytm codziennego życia oraz rytm poszczególnych historii, które wyłapuje w czasie zdjęć – a także, wyróżniający styl, który nadaje swoim filmom. W wywiadzie z 1998 roku (opublikowanym w gazecie *The Boston Phoenix)* na temat filmu *Public Housing* (Mieszkania socjalne) scenarzysta i reżyser Gerald Peary zapytał Wisemana czy szuka „dramatów" w trakcie zdjęć. „Pierwsza myśl: Staram się zrobić film", odpowiedział Wiseman. „Film musi mieć dramatyczne sekwencje i strukturę... Tak więc, ja szukam dramatyzmu, chociaż nie oznacza to koniecznie szukania bijących się, czy strzelających do siebie ludzi. W szarej codzienności zawiera się dużo dramatyzmu". Warto tu odnotować, że sposób zbierania materiału przez Wisemana nieodłącznie wiąże się z bardzo dużym współczynnikiem taśmy (stosunek ilości materiału nakręconego do długości ekranowej) i długim okresem montażu.

ŚLEPY TRAF

W praktyce filmowej, nie jest niczym nadzwyczajnym rozpoczęcie projektu tylko po to, aby zostać przekierowanym przez bohaterów i sytuacje w jakich się znajdują, na zupełnie nowe tory, ku realizacji innego, mocniejszego filmu niż się spodziewano. W materiałach prasowych filmu *Sound and Fury*, reżyser Josh Aronson mówi, że początkowo zamierzał sfilmować pięć głuchych osób, reprezentujących pełne spektrum problematyki niesłyszenia. Lecz w trakcie dokumentacji zetknął się z rodziną Artinian, w której dwaj dorośli bracia, jeden słyszący drugi głuchy, mają po jednym niesłyszącym dziecku. To stworzyło możliwość przyjrzenia się konfliktowi wewnątrz tej „szerokiej" rodziny, spojrzenia jakie były różnice w wychowywaniu niesłyszących dzieci. W innym przykładzie, reżyser Andrew Jarecki robił film o urodzinowych clownach, gdy odkrył poprzez jednego ze swych bohaterów historię, która stała się ostatecznie treścią jego filmu, *Capturing the Friedmans* (Sprawa Friedmanów) – o rodzinie znęcającej się nad dzieckiem.

Wiesz, że takie rzeczy się zdarzają, są nawet wielce *prawdopodobne*, więc powinieneś w takiej sytuacji określić nowy temat, szukając najlepszej historii w tym, co przyniósł ci los – tak jak to dostrzegasz. Wypracowanie przynajmniej drabinki opowieści, pomoże przewidzieć to, co będziesz potrzebował, aby zrobić film pod kątem postaci i miejsc zdjęciowych. Jon Else prowadząc zajęcia ze studentami na Uniwersytecie Kalifornijskim w Berkeley wymaga, aby wyruszając na zdjęcia mieli „odporny na trzęsienie ziemi plan awaryjny", aby, kiedy znajdą się w sytuacji, gdy w czasie zdjęć wszystko idzie nie tak, mimo wszystko wrócili mając coś.

OCENA TEMATÓW I POMYSŁÓW

Przechodząc do porządku nad twoją niewzruszoną wiarą, że temat, który przygotowujesz jest wielce filmowy, poniżej znajdziesz garść praktycznych rad–pytań, które na pewno ci pomogą, jeśli je weźmiesz pod uwagę.

Dostęp i wykonalność

Czy twój film ma zaoferować wstęp do nowych albo interesujących światów, czy możesz uzyskać wstęp do tych światów? Niezależnie, czy będzie to świat kubańskich emigrantów, zarówno przed jak i po przybyciu do Stanów Zjednoczonych *(Balseros)* albo życie niedoszłych gwiazd koszykówki *(Hoop Dream* – W obręczy marzeń), film, który przenosi widzów w świat doznań przekraczających to co znają - najczęściej będzie dobrze przyjęty. Nie mówiąc o dostępie zupełnie wyjątkowym i zupełnie szczególnym, każdy film, nawet realizowany w kuchni twojej babci, będzie zależał od rodzaju uzyskanego dostępu, czy to będzie dostęp do człowieka (twoja babcia), do miejsca (zgoda na wejście ze sprzętem do jej domu) albo dostęp do archiwów (dostęp do jej rodzinnych zdjęć, albo do wierszy, które pisała całe życie). W niektórych sytuacjach, *brak* dostępu może stać się częścią opowiadania, jak w przypadku pościgu Michaela Moora za prezesem Rogerem Smith, w filmie *Roger & Me* (Roger i Ja).

W miarę jak rozwijasz swój pomysł, musisz ocenić czy to co byś chciał uzyskać jest osiągalne. Czy możesz wejść do środka cyklotronu, żeby wykonać zdjęcia? Czy ten znany autor, laureat nagrody Pulitzera, udzieli ci wywiadu? Czy uzyskasz zgodę na towarzyszenie z kamerą twojemu studentowi trzeciego roku w czasie krajowego dyktanda? Kilka lat temu pracowałam nad naukowym dokumentem, dla którego chcieliśmy sfilmować kolarzy Tour de France dla zilustrowania zagadnień zachowania masy i energii. Powodzenie filmu w znacznej mierze wiązało się z dostępem do wyścigu i z uzyskaniem materiałów z sieci CBS Sport, która miała wyłączne prawa do filmowania tego wydarzenia. Gdybyśmy nie byli w stanie tego załatwić, musielibyśmy szukać czegoś innego dla ilustracji.

Podkreślam przy tym, zdobycie dostępu, oznacza zazwyczaj ustalenie wzajemnych stosunków i zbudowanie zaufania z ludźmi, którzy ten dostęp dają. To relacje profesjonalne, choć często jest tak, że filmowcy wzrastali obok swoich bohaterów. Ważne, aby uszanować te zaufanie, by być od samego początku prawdomównym na swój temat i na temat swojego projektu. Ludzie, nawet gdy wiedzą, że nie podzielasz ich poglądów, będą z tobą rozmawiać tak długo, jak mają przekonanie, że dajesz im się wypowiedzieć i szanujesz ich punkt widzenia (jak zawsze, są tutaj wyjątki. Tacy filmowcy jak Nick Broomfield *(Kurt & Courtney)* czy Michael Moore, mogą przesuwać granice tego co dopuszczalne, czyniąc z tego swój znak firmowy; mogą z pełnym wyrachowaniem pojawiać się z włączoną kamerą, wprowadzając celowo postacie przed kamerą w sytuacje krańcowe).

Osiągalność

W kategoriach kosztów i harmonogramu trzeba myśleć realistycznie; czy masz środki na opowiedzenie historii, o której myślisz? Nawet, gdy technologie cyfrowe wyposażą cię w stosunkowo tanie kamery, samo wykonanie zdjęć, montaż, opracowanie końcowe dla emisji telewizyjnej lub kinowej, będzie bardzo drogie. Dzisiaj, nawet znani filmowcy mają kłopoty z zebraniem funduszy. Czy nie stawiasz sobie za wysoko poprzeczki? Nie chodzi o myślenie minimalistyczne, tylko o myślenie realistyczne. Wiecie doskonale, że jedne kategorie dokumentów są tańsze, inne droższe, że czasami malutki elemencik taki jak pojedyncze ujęcie, do którego prawa są w prywatnych rękach, albo kilka taktów muzyki z ulubionej płyty – mogą kosztować krocie.

Pasja i ciekawość

Czy naprawdę obchodzi cię temat (podmiot) twojego filmu? Pasja będzie twoją najlepszą bronią przeciwko zniechęceniu, znużeniu, frustracji i zamętowi. Pasja nie powinna jednak stać się przysłowiowymi różowymi okularami, przez które patrzysz na świat i nabierasz przekonania, że tylko ty masz rację i wszyscy muszą podzielić twój punkt widzenia. Z pasji winno rodzić się zaangażowanie i przekonanie, że idea jest ekscytująca, dobrze osadzona i ważna. I być może najważniejsze, że jest to sprawa, którą będziesz miał ochotę zajmować się przez najbliższe miesiące, a może i lata.

Pasja to twój początkowy kapitał, który chcą widzieć redaktorzy programujący, czy ci, którzy mogą dofinansować twój projekt, kiedy się u nich zjawisz, szukając źródeł wsparcia. Filmowiec Hans Otto Nicolayssen, aktualnie ekspert w Norweskim Instytucie Filmowym, recenzował projekty krótko i średniometrażowych filmów dokumentalnych w imieniu Filmkontakt Nord (FkN), którego był współzałożycielem. Jego pierwszy krok ku przyznaniu dotacji? „Pasja" powiada. „Zawsze zaczynam od pytania, 'Dlaczego opowiadasz mi tę historię dzisiaj?'". Nicolayssen stwierdza, że wniosek winien być komunikatem nie tylko o fachowości filmowca, ale także o jego powiązaniu z materiałem.

Widownia

Do jakiego widza kierujesz swój film? Wiele dokumentów, czy to produkowanych niezależnie czy to w ramach studia, powstaje dla określonego odbiorcy. Zawsze istnieje możliwość, że film skrojony na miarę twojego kraju, stanie się międzynarodowym hitem. Jednak z zasady powinieneś mieć jakieś wyobrażenie, do kogo *chcesz* dotrzeć ze swoim filmem: wiek, region, poziom wykształcenia itp. Niech to jednak nie zamyka myślenia o szerszym odbiorcy, orientując się na widza MTV nie zapominaj o widzach kanału Kultura czy Historia. Czy twój film będzie przewidziany tylko dla grup edukacyjnych czy społecznych, a nie do emisji telewizyjnej? Czy chcesz rozpowszechniać go w kinach? Czy niesie potencjał stania się kolejnym *Super Size Me* albo *March of the Penguins* (Marsz pingwinów). Te pytania warto stawiać zawczasu.

Z drugiej strony, mnóstwo filmowców po prostu bierze się do roboty nie myśląc na początku o potencjalnym odbiorcy, a nawet o źródłach finansowania, tak jak to miało miejsce w przypadku *(The Kidnapping of Ingrid Betancourt)* (Rozdział 16). Czasami rozwój wydarzeń wymusza szybkie działania – okazja minie bezpowrotnie, jeśli nie podejmie się działań. Temat może być zbyt nieokreślony, albo zbyt osobisty, aby w tym wczesnym stadium szukać sponsorów. Z drugiej strony propozycja będzie bardziej przekonująca, gdy będzie można pokazać jakiś materiał. W niektórych przypadkach filmowcy niemal zamykają produkcję filmu i w takiej „prawie skończonej" formie zgłaszają je na wezwania ogłaszane przez „okienka" różnych stacji telewizyjnych, dysponujące określonym czasem antenowym (od tłumacza: niestety praktyka w Polsce jeszcze niestosowana), albo na festiwale filmowe – w ten sposób torując sobie drogę do widza i do pieniędzy na dokończenie filmu.

Doniosłość

Czy ktokolwiek zwróci uwagę na twój film, czy ty sam możesz wywołać zainteresowanie? To trudna sprawa. Możesz być pasjonatem sztuki chińskiej XIV wieku albo użyciem grzybków w kuchni dla smakoszy, jednak czy potrafisz tak naprawdę znaleźć historię przykuwającą uwagę, która będzie warta ze strony innych ludzi nie tylko wsparcia finansowego, ile poświęcenia czasu na obejrzenie? Można ludzi zainteresować najróżniejszymi sprawami, a zbuduje je ciekawe podejście i solidna historia.

Właściwy czas

Jednym z aspektów trafienia z tematem, choć nie zawsze najważniejszym, jest właściwy czas, czego nie należy rozumieć jako newsową aktualność. Redaktorzy zamawiający w stacjach telewizyjnych budują ramówkę programu tak, aby współgrała z ważnymi wydarzeniami, rocznicami, czy nawet premierami wielkich filmów – wszystkim, co może przełożyć się na zainteresowanie prasy i widzów. Jednak fakt, że temat jest topowy albo może nim się stać, nie musi oznaczać, że warto się nim zajmować, bowiem zanim skończycie film, zainteresowanie tematem może minąć. W rzeczy samej jakość, którą określamy mianem „evergreen" – ponadczasowy, oznaczająca, że film będzie miał potencjał ekranowy liczony na lata, nie na miesiące – może być mocnym punktem w rozmowach handlowych dotyczących filmu. Filmy o zachowaniach słoni, albo o mechanizmach wyborczych w USA, można traktować jako ponadczasowe, podczas gdy film opisujący konkretną batalię o stan środowiska, albo cienie i blaski kampanii roku 2004 – prawdopodobnie takimi filmami się nie staną.

Opowiadanie obrazem

Czy projekt opiera się na obrazie, a jeśli nie, jak to osiągnąć? To ważne pytanie, niezależnie od tego czy opowiadasz współczesną historię związaną z technologią albo biurokracją, czy też sięgnąłeś tematu historycznego poprzedzającego wynalezienie fotografii lub filmu. Temat, który z przyczyn oczywistych nie dysponuje obrazami, wymaga szczególnej zapobiegliwości ze strony filmowca, musisz dokładnie zaplanować *jak* zobrazować swoją historię na filmie. Odwrotna sytuacja też może się przytrafić: temat może być wizualnym z natury – na przykład dzieje się tak w miejscach szczególnie fotogenicznych, albo gdy wykonujemy zdjęcia mikroskopowe na najnowocześniejszym sprzęcie – bez określonego wątku narracyjnego.

Hak

Inne pytanie, które warto sobie postawić, gdy oceniasz swój temat i pomysł brzmi: czy jest w nim hak? W najprostszym rozumieniu, haczyk to to co spowodowało na samym początku twoje zainteresowanie tematem. To ten okruch, który sygnalizuje sedno informacji o historii i jej bohaterach, to puzderko, które trzeba otworzyć, aby uwolnić dramat. Na przykład *Sound and Fury* opowiada historię małej dziewczynki, która chce dostać implant słuchowy Cochleara. Hak nie polega na tym, że ona chce ten implant, ani na tym, że implant jest niezwykłym osiągnięciem inżynierii medycznej. Haczykiem jest fakt, że jej rodzice, wbrew temu co większość widzów oczekiwałaby, wahają się czy ich córka powinna

mieć tę operację. Właśnie ta część opowiadania rodzi w widzach
ciekawość – co będzie dalej?

Istniejące filmy

Co już powstało na dany temat? Warto, zanim znajdziesz się za daleko,
wyszperać, kiedy i jakie filmy powstały już na twój temat. Częściowo,
mogą one stać się dla ciebie źródłem informacji. Co się sprawdziło albo,
co zawiodło w filmach zrobionych przez innych reżyserów? Czym twój
film może się odróżniać oraz/albo dodać coś nowego? Nie chodzi o to,
że nie możesz podejmować tematu, który już był robiony; ileż powstało
filmów o prawach człowieka, o Jerzym Waszyngtonie, czy dinozaurach.
Nie oznacza wcale, jeśli HBO wyemitowała film o ataku bombowym na
kościół w Bimingham w 1963 roku *(4 Little Girls)*, że nie można podjąć
tego tematu z innej perspektywy, realizując film dla History Channel.
Zdobywanie wiedzy na temat, który cię interesuje, oznacza po prostu
imperatyw poznania filmów już istniejących.

Czy planujesz film, który sam chciałbyś zobaczyć?

Studenci, którzy z natury rzeczy mają swobodę wyboru tematu,
kierują się najpierw ku tematom „ważnym", ku filmom, którymi
w najlepszej wierze chcą powielić stereotyp filmu dokumentalnego.
W gruncie rzeczy, tak jak zostało to omówione w Części II, powinni
popatrzeć dookoła siebie nie tylko dla oceny tego, co jest realne przy
bardzo ograniczonych środkach i ograniczonym czasie zdjęć, ale przede
wszystkim pod kątem tego, co im sprawi *przyjemność* w robocie –
i najważniejsze, jaki film z chęcią obejrzeliby sami. Nie każdy film ma
pokazywać okrucieństwo albo podejmować najgłębsze zagadnienia.
Niektóre z tych, które sięgnęły najgłębiej, należały do filmów
najprostszych.

ROZWÓJ POMYSŁU

Gdy masz już pewność, że twoja idea jest warta pracy nad nią, musisz zacząć zawężać obszar po którym się poruszasz, zacząć planować jak to opowiedzieć. Nie ma jedynie słusznej drogi, co gorsza, szukanie to proces nieustający od chwili, gdy idea zagnieździła się w twojej głowie, aż do ostatnich etapów postprodukcji. Jednak generalnie, w zależności od charakteru projektu, w zależności od budżetu i harmonogramu, będziesz musiał napisać jakiś konspekt, treatment, wreszcie scenariusz. Musisz wiedzieć – zanim zaczniesz poświęcać czas i wydawać pieniądze na zdjęcia – że masz dobrze skonstruowaną historię, oraz planując zdjęcia będziesz wiedział, dlaczego je planujesz.

SKORO ZNASZ SWOJĄ HISTORIĘ, TO CZY OPOWIADANIE NIE BĘDZIE STRONNICZE?

Znajomość twojej historii (a przynajmniej jej zarodka), na początku całego projektu, nie musi wcale oznaczać posiadania dokładnej wizji co i jak zostanie w filmie powiedziane. Oznacza jedynie posiadanie pomysłu na narracyjny szkielet, na którym można zawiesić opowiadanie, oraz posiadanie jakiegoś wyobrażenia o paru wątkach wartych eksploracji. Z tego miejsca startujesz z dokumentowaniem, grzebaniem głębiej, albo zaczynasz zdjęcia, mając oczy i uszy otwarte. Wsłuchaj się uczciwie w argumenty przeciwne. Rozwijając wcześniejszy przykład, tak jak możesz sympatyzować z właścicielami budki z jedzeniem rozpoczynając swój film, tak możesz przejść na pozycje sympatyzowania z deweloperami, albo dostrzec, że trzecia opcja – oznaczająca w praktyce zamknięcie budki z jedzeniem – jest najlepsza dla miasta.

Wyobraźmy sobie, że postanowiłeś zgłębić historię związku Thomasa Jeffersona z niewolnicą, Sally Hemings. To złożona historia, którą można rozpatrywać z wielu punktów widzenia, historycznych i współczesnych. Jeśli rozpoczynasz pracę nad filmem, żywiąc przekonanie o tym, że Jefferson był jedynie wyzyskującym, a Hemmings ofiarą, to prawdopodobnie byłoby lepiej, gdybyś nie robił tego filmu. Jest niemal gwarantowane, że film, który by powstał byłby skrajnie jednostronny, niewciągający i nie przynosiłby nic nowego. A poza tym, jeśli nie ma tam dla ciebie jako filmowca tworzywa – nic do odkrycia, do nauczenia się, do zadziwienia, do zmieszania, nic co stanowiłoby wyzwanie – to po co tracić energię?

Filmy, które kończą jako wizytówka jakiejś idei albo postawy, że tych środków chemicznych nie należało po prostu wyrzucać, że wprowadzeniu prawa towarzyszyło użycie zbyt dużych środków przymusu, lub, że nie przestrzega się prawa – mogą tak chwytać za serce, albo tak ośmieszać, albo być osobistymi, jak tylko chcecie. Jednakże w trakcie realizacji, powinniście być otwarci na nowe, a nawet sprzeczne informacje, niezależnie czy miałyby znaleźć swoje odzwierciedlenie na ekranie, czy nie. Im w większej zgodzie ze stanem faktycznym naświetlisz swój przypadek, tym lepiej będzie mógł oprzeć się krytyce.

BUDOWANIE WCIĄGAJĄCEGO OPOWIADANIA

Obecnie, znaczący procent dokumentów w telewizji dotyczy spraw zamkniętych. Jak zawsze, musisz jednak zastosować jakiś typ narracji, aby opowiedzieć film; jednym z rozwiązań jest utrzymanie narracji (włącznie z wywiadami) w czasie teraźniejszym. Konstruujesz opowiadanie, rozwiasz je, w taki sposób, aby zakończenie nie było pewne na żadnym etapie tej konstrukcji. Na przykład świadkowie nie powinni mówić: „Dowiedziałem się później, że nic mu się nie stało, ale najpierw ktoś do mnie zadzwonił, to był chyba Andy, później został

sołtysem i Andy powiedział, że mój chłopak Jimmy był w tej studni".
Tak skonstruowana wypowiedź mówi zbyt dużo o tym, co wiadomo
w danej chwili. Natomiast: „Ktoś do mnie zadzwonił, że Jimmy był w tej
studni. Wybiegłem wzywając pomocy", jest drogą do zbudowania
napięcia. Rozpoczęcie od: „Dowiedziałem się później, że nic mu się nie
stało", wypłukuje napięcie z twojego opowiadania. Taki błąd pojawia się
zdumiewająco często nie tylko w przypadku redagowania wywiadów, ale
także w pisanych komentarzach, jak np. „Jimmy nie został ciężko ranny,
mimo że wpadł do głębokiej studni". Zwróćcie uwagę, że przestrzeganie
czasu teraźniejszego nie oznacza, że nie można odnosić się do
przeszłości. Na przykład: „Ludzie narzekają na nadmiar przepisów,
że jest ich za dużo. Jednak są regulacje prawne, które czyniły
budowniczych odpowiedzialnymi za zabezpieczenie tej studni. Zamiast
tego, tylko ją zasłonili i mały chłopiec do niej wpadł". Fachowiec jeszcze
nie powiedział, kiedy i jak chłopiec się wydostał.

Gdy rozważasz podjęcie tematu lub historii osadzonej w przeszłości,
niezależnie odległej czy bliskiej, będziesz musiał w pierwszej kolejności
rozważyć sposób wizualizacji tego opowiadania na ekranie. Na przykład,
członkowie jakiegoś towarzystwa historycznego zwracają się do ciebie
z propozycją realizacji filmu dokumentalnego o początkach ich miasta
założonego w roku 1727 i chcą przy tym, abyś włączył materiały na
temat pochodzenia kilku obiektów architektonicznych istniejących do
dzisiaj. Ma dla nich ogromne znaczenie fakt, że wiele zamieszkujących
tu rodzin to potomkowie pierwszych mieszkańców. Dzięki temu mają
dostęp do przyzwoitej kolekcji starych olejnych portretów i fotografii,
a nawet kilku zachowanych listów. Cóż to daje? Niewiele, co by mogło
zainteresować szeroką widownię, czyli ludzi niebędących krewnymi
występujących w filmie, ponieważ jak na razie nie ma jeszcze materiału
na żadną historię. Za to, kiedy Ken Burns, Rick Burns i Geoffrey Ward
użyli w filmie *The Civil War* rekwizytów i fotografii z XIX wieku, użyli je
dla dobra filmowego opowiadania – Północ kontra Południe. Jakie
opowiadanie zawarte jest w historii tego miasteczka?

Poszukując chwytu narracyjnego, niektórzy reżyserzy posługują się „kluczem" do przeszłości – na przykład pod postacią burmistrza miasteczka, który powie: „Popatrzmy razem skąd wzięło się to wielkie miasto" – i startujemy. Ale często używa się bardziej wymyślnych narzędzi. Co by było, gdyby uczniowie lokalnej szkoły średniej grzebali w historii ich miasta, aby napisać sztukę teatralną, do wystawienia pod koniec roku? To możliwa osnowa. A co by było, gdyby lokalny przedsiębiorca budowlany starał się odrestaurować najstarszy miejski zabytek, który był już wielokrotnie malowany w minionych latach? Chcąc zrobić to porządnie, zdziera kolejne warstwy farby, dając tym pretekst do zajęcia się zmianami w architekturze miasteczka, dając nam jednocześnie szansę na śledzenie odbudowy na sposób, który publiczność uwielbia. To nie są pomysły wywołujące trzęsienie ziemi, jednak pokazują możliwe drogi postępowania, gdy temat na pierwszy rzut oka wydaje się być nie do ugryzienia.

Ken „Spike" Kirkland, w *Sing Faster: The Stagehands' Ring Cycle*
Zdjęcie dzięki uprzejmości Jona Else.

„Przystępując do filmu, zawsze staram się znaleźć co najmniej dwie historie, które rozwijają się równolegle", mówi reżyser Jon Else. „Jedna z nich jest zazwyczaj bardzo prosta, linearna, rozwija się zgodnie z chronologią czasu. Na przykład w *Sing Faster* (Śpiewając szybciej) ruch postępowy do przodu, zapewnia proste libretto oper Wagnera *Ring Cycle* (Pierścień Nibelungów). To ta zwariowana opera mydlana o walczących bogach, wielki Arystotelesowski dramat z wyrazistymi bohaterami, konfliktami, rozwiązaniami – i wszystkim co trzeba. A potem, równolegle do tego jest znacznie mniej linearna opowieść o maszynistach sceny przygotowujących premierę".

PATRZ NA KONIEC

Rada zawarta poniżej dotyka wszystkich spraw poruszonych już w tym rozdziale, idąc jednocześnie krok dalej. Po pierwsze, zrozumcie, że ograniczenia mogą być źródłem twórczych pomysłów, podczas gdy zbytnia swoboda może dać odwrotny efekt. Po drugie, patrz prawdzie w oczy wszędzie tam, gdzie napotykasz ograniczenia; w kategoriach doświadczenia, dostępu do sprzętu i personelu, oraz środków które masz do dyspozycji (włączając w to obok pieniędzy także czas). Bez solidnych finansów, nie będziesz w stanie stworzyć wszechstronnego filmu o II wojnie światowej. Zamiast tego, przymierz swoje zamiary do sił. Znajdź w swoim sąsiedztwie weterana II wojny światowej, a jeszcze lepiej grupę, która spotyka się codziennie na brydża, lub coś takiego. Jeśli tak się składa, że jednym z tych weteranów będzie twój dziadek, albo pradziadek, to nawet lepiej; zużyjesz mniej czasu na zdobycie ich zaufania.

Pomyśl na początku o tym, w jakiej formie twój film będzie rozpowszechniany i czego ci potrzeba, aby do tego doprowadzić - w kategoriach czasu i pieniędzy. Upewnij się, że wpisałeś do kosztorysu wszelkie koszty związane z postprodukcją, szczególnie gdy będziesz musiał stworzyć kopię wzorcową oraz opłacić prawa licencyjne. Zwróć baczną uwagę na harmonogram. Jeśli nie masz zbyt wiele czasu na montaż, nie przesadzaj z ilością materiału – fotografuj mniej, za to mądrzej. „Myślenie do przodu polega na nieustannym braniu pod uwagę długości ekranowej filmu, nad którym się pracuje", zauważa reżyserka z Bostonu Tracy Heather Strain, która ma w dorobku wyprodukowanie jako redaktor zamawiający dla PBS seriali *American Masters* (Amerykańscy Mistrzowie) oraz *Race: The Power of an Illusion* (Rasa: Siła Stereotypu). Pewnego razu, na początku swej kariery, rozmawiała z producentem serii o tym, co zamierza umieścić w swoim godzinnym filmie i jak widzi rozwój tematu. Producent cyklu ściągnął ją na ziemię stwierdzając, że jej film razem z napisami może trwać 55 min. „Myśl o tym poraziła mnie", mówi Strain. „Faktycznie wszystko, co chciałam tam wsadzić, nie zmieściłoby się w 55 minutach. Od tej pory zaczynam od zebrania myśli, ile mam czasu ekranowego i sporządzam szybciutko szkic trzyaktowej struktury". Na przykład w klasycznej trzyaktowej strukturze (patrz Rozdział 4) akt pierwszy i trzeci zajmują około jednej czwartej czasu ekranowego, akt drugi w przybliżeniu połowę. Tak więc dwudziestominutowy film potrzebuje 5-6 minut na zawiązanie opowiadania, z rosnącym napięciem przez akty drugi i trzeci – mniej więcej 10 do 12 minut – aby na końcu osiągnąć szybkie rozwiązanie. Im bardziej opowiadanie trzyma się tematu, tym są większe szanse na osiągnięcie dobrego rezultatu.

Realizacja zdjęć z wyznaczoną w głowie linią opowiadania, mając świadomość, że w przyszłości może się nawet zmienić główny wątek historii, jest zawsze znacznie bardziej efektywne niż wyruszenie na zdjęcia z niejasno zarysowanym tematem. „Budżetów nie przekracza się z powodu przyznania zbyt wysokiego honorarium dla dźwiękowca albo przytrzymania ekipy o jeden dzień dłużej w hotelu", mówi Jon Else, prowadzący zajęcia z filmu dokumentalnego na University of California, Berkeley. „Budżety się przekracza, ponieważ ludzie spędzają dwa miesiące w montażowni, usiłując zorientować się o czym mogą zrobić swój film. Jeśli mówimy o oszczędnej produkcji, to to jest właśnie ten najważniejszy element, znalezienie historii z jasną linią opowiadania. Największa oszczędność wydatków jest wówczas, gdy znamy naszą opowieść przed rozpoczęciem zdjęć".

Minus polega na tym, dodaje Else, że „jest prawie niemożliwe zrobienie tanio filmu typu cinema vérite – polegającego na odkrywaniu historii". Nawet jeśli filmowiec starannie wybiera temat ze względu na ciekawe i wyraziste postacie oraz potencjał tkwiący w linii opowiadania, to jednak filmy takie jak *Salesman* (Sprzedawca) albo *Control Room*, które opierają się na cierpliwej obserwacji, dla nadania właściwego kształtu, wymagają znacznej ilości czasu w montażowni.

ROZDZIAŁ 4

Struktura opowiadania

Jednym z najlepszych sposobów oceny stopnia zaawansowania pracy nad filmem w trakcie jego realizacji, jest zapytanie reżysera o czym to będzie. Jeśli ona czy on zaczyna od długiej dywagacji na temat ujęcia otwierającego opowieść, albo opisuje wspaniałą scenę – a tak się dzieje bardzo często – film jest prawdopodobnie w ślepym zaułku. Obrazy *służą* opowiedzeniu historii, nie są treścią samą w sobie. Jak to ujął reżyser Ronald Blumer: „Film nie jest tylko obrazowym środkiem przekazu - to coś więcej, to opowiadanie".

W poprzednich rozdziałach rozważaliśmy ogólnie czym jest opowiadanie. W tym rozdziale zgłębimy drogi prowadzące do uchwycenia czym jest opowiadanie na poziomie podstawowym, na poziomie struktury. Jedną z dobrych dróg prowadzących do tego celu jest uczestniczenie ze swym projektem w pitchingach – nie tylko gdy projekt się rozpoczyna, ale także w trakcie zdjęć, a szczególnie montażu. Pitching - poddanie swojego projektu publicznej ocenie na swoistym targu - zmusza cię do zebrania wszystkiego co wiesz na jego temat, z jednoczesnym ukierunkowaniem. Jak zauważył scenarzysta i reżyser David Mamet, cytując innego reżysera Georgija Tovstogonova: „Reżyser może wpaść w czarną dziurę, zaczynając układkę od rozwiązań obrazowych, formalnych". Mamet wyjaśnia: „Dobry scenarzysta staje się jeszcze lepszym scenarzystą, ucząc się *skracania*, usuwania ornamentów, ozdobników, opisów, dywagacji, *szczególnie* tych głębokich i wieloznacznych. Co zostaje? Zostaje opowiadana historia".

Prostota struktury umożliwia zbudowanie złożonego filmu. Jeśli masz mocny szkielet narracyjny, będziesz mógł zawiesić na nim naprawdę dużą ilość różnych treści, a widzowie będą za tobą podążać. Ta strategia, to właśnie to co w znacznej mierze wyróżnia i określa najlepsze kreacyjne filmy niefabularne: nie dość, że opowiadają, to opowiadają historię wnikliwie, ze szczegółami, miarodajnie.

SZKIELET NARRACYJNY, ALBO LOKOMOTYWA

Film rozwija się w czasie stopniowo, wciągając widza. Ty także powinieneś zdążać do opowiadania kroczącego do przodu, do wyjaśnienia zapowiedzi zawartej w ekspozycji. To oznacza zaciekawianie widza podawanymi informacjami. Kiedy ekspozycja zawiera prehistorię – w jaki sposób znaleźliśmy się tu gdzie jesteśmy – często bardzo dobrze zafunkcjonuje popchnięcie akcji teraźniejszej do przodu (nawet jeśli w ogóle cała historia rozgrywa się w przeszłości), zanim obejrzymy się do tyłu. Ta ogólna, nadrzędna, historia będzie twoim szkieletem narracyjnym, jest *lokomotywą*, która przeciągnie nas przez całą opowieść.

Lokomotywa reprezentuje pojedynczy wątek, temat, który pcha twój film do przodu, od początku do końca. Jeśli dobrą lokomotywę wprawiłeś w ruch, będziesz mógł zrobić każdy objazd, czy to na potrzeby ekspozycji, czy to dla wyjaśnienia zawiłej teorii lub przedstawienia postaci – czegokolwiek byś nie potrzebował. Czasami te objazdy pozwalają wrzucić widzowi informację, która zaprocentuje w dalszej części filmu. Czasami te objazdy są zainicjowane przez samą lokomotywę i widownia chce wjechać na boczny tor, aby dowiedzieć się więcej. Lokomotywa, to twoja historia, wyciśnięta jak sok z cytryny do najprostszej formy. Lokomotywa dla *Super Size Me* mogłaby wyglądać następująco: *Dla sprawdzenia, czy jedzenie w fast-foodach jest naprawdę tak szkodliwe dla zdrowia jak ludzie o tym mówią, filmowiec postanawia jeść przez 30 dni tylko jedzenie z McDonalda, monitorując stan swego zdrowia przy pomocy lekarzy.* Lokomotywa dla filmu *Daughter from Danang* (Córka z Danang) mógłby brzmieć tak: *Młoda Azjatoamerykanka wraca do Wietnamu, aby spotkać swoją naturalną matkę, która oddała ją do adopcji 22 lata temu, w 1975 roku, w czasie ewakuacji Sajgonu.* Lokomotywa reprezentuje wątek, który ma jasno określony początek i zakończenie, którego w pewien sposób można oczekiwać. Albo dieta McDonalda uczyni krzywdę realizatorowi, albo nie. Albo powrót do normy pójdzie dobrze, albo nie.

Interesującym przykładem filmu o niezbyt wyraźnie zarysowanej lokomotywie jest *An Inconvenient Truth* (Niewygodna prawda). Film został zbudowany wokół prezentacji PowerPoint przygotowanej przez byłego wiceprezydenta Al Gora, którą prezentował na rozlicznych forach. Oglądamy go w czasie wykładów, które (również jako offy) są zmontowane z długim wywiadem (setki i offy) jakiego udzielił reżyserowi Davisovi Guggenheim na temat swojego życia, kariery i rodziny. Lokomotywa tego filmu, napędzający film wątek, nie bierze się z zagadnienia zmian klimatycznych, ani z wykładów jako takich. To z wywiadu została zrobiona lokomotywa, a właściwie z otwierającego ten wywiad zdania: „W swoim czasie byłem drugim po prezydencie Stanów Zjednoczonych". Osobisty, introspekcyjny esej o Gore niesie ten film, chociaż w kategoriach czasu ekranowego i ważności sprawy, znajduje się w tle, za ostrzeżeniem o globalnym ociepleniu.

Lokomotywa może się zmienić

Bywa, że - w trakcie produkcji, a szczególnie w trakcie montażu - okazuje się, iż lokomotywa, która była świetna, przestaje funkcjonować, albo co najmniej wymaga korekty. Tu nie ma żelaznych zasad; są jednak *narzędzia* diagnostyczne i zwykły zdrowy rozsądek. Jeśli widzisz, że twój film rozwija się w inną stronę, albo po prostu nie rozwija się wcale, spróbuj sobie wyobrazić inne wątki w charakterze lokomotywy. Bardzo pożytecznym ćwiczeniem mogłoby być prześledzenie kilku powszechnie cenionych, zdecydowanie różnych pod względem treści i formy dokumentów, aby wyłowić i opisać w jednym lub dwu zdaniach lokomotywy tych filmów.

Czasami, możesz potwierdzić swój domysł na temat lokomotywy filmu zerkając na okładkę DVD. Na przykład *Waltz with Bashir* (Walc z Bashirem) „stanowi kronikę ataku bohatera na własną, na wpół zapomnianą przeszłość" (jeśli prezentowałbyś jako reżyser taki temat, musiałbyś zapewne uszczegółowić: atak *Izraelczyka,* na wpół zapomnianą przeszłość *jako żołnierza w Libanie). Alexander Hamilton* jest „utalentowanym mężem stanu doprowadzonym do upadku przez fatalną cechę - upór, skrajną otwartość i arogancję" (ten film uruchamia swoją lokomotywę w początkowej scenie: Hamilton zostaje ranny w pojedynku i gdy leży w agonii, koledzy i przyjaciele kłócą się o słowa, które najlepiej będą go wysławić). *Man on Wire* (Człowiek na linie) pokazuje jak Philippe Petit „sprostał wyzwaniom na pozór nie do pokonania dla osiągnięcia artystycznego występku stulecia".

Pamiętaj jednak, że główny wątek wcale nie musi być starannie opisany na pudełku płyty, nawet więcej, lokomotywy w takim rozumieniu jakie tu przedstawiam, może wcale nie być. Film Eugeniusza Jareckiego *Why We Fight* (Dlaczego walczymy) ma dobrą i złożoną strukturę, ale opis na pudełku („bezkompromisowe spojrzenie na anatomię amerykańskiego prowadzenia wojny") wcale nie opisuje głównego wątku - lokomotywy. Film posługuje się pogrążonym w smutku ojcem jako mostkiem. Przemiana emerytowanego policjanta Wiltona Sekzera jest narracyjną strukturą tego filmu. Straciwszy syna w ataku na World Trade Center 9/11, Sekzer domaga się odwetu i przyjmuje argumentację rządu, że celem odwetu winien stać się Irak. Jednak zanim film się skończy, jego poglądy się zmienią. Trudno byłoby to nazwać lokomotywą, to przemiana duchowa, która organizuje materię filmowego eseju. Nieco podobnie Alex Gibney posługuje się kierowcą taksówki w *Taxi to the Dark Side* (Kurs do Krainy Cienia) dla stworzenia struktury narracyjnej – czynnika organizującego – w tym filmie. Tak jak Sekzer, taksówkarz Dilawar z rodziną, tworzą coś w rodzaju opoki dla całego filmu, przydają ludzkiej twarzy polityce, są bohaterami, z którymi widzowie mogą się identyfikować. To są niewinni ludzie gnębieni przez policjantów i siły porządkowe, popychani do działania przez innych.

Lokomotywa ma jednocześnie charakter uniwersalny jak i konkretny

Na ogół filmy odwołują się w pierwszej kolejności do naszych emocji, w drugiej kolejności do rozumu. Lecz w gruncie rzeczy przyczyną, dla której staramy się stworzyć przekaz maksymalnie emocjonalny, jest dotarcie z naszym przekazem do ludzkich głów. Przypomnij sobie dokumenty, ale także fabuły, które przemówiły do ciebie. Na poziomie podstawowym pytania, które stawiają są następujące: czy chłopak zdobędzie dziewczynę? Czy kataklizm uda się powstrzymać? Czy /miasto/kotka/zakładnika/ uda się uratować? Czy drużyna/pierwszorocznik/bezrobotny ojciec/ wygra rywalizację?

Lokomotywa jest narzędziem, które prowadzi cię do serca filmu, czy to jest historia rywalizacji, czy pytanie wymagające odpowiedzi. Wskazuje drogę do stworzenia filmu ciekawego i wciągającego widzów, nawet gdy im się zrazu zdaje, że temat jest nieinteresujący.

Oto przykład. Nie kręci mnie specjalnie podbój kosmosu. Doceniam to i rozumiem, że to sprawa złożona, ważna itd. Ale kiedy ludzie zaczynają gadać o pojazdach księżycowych, orbitach i tarczach cieplnych, moje oczy zachodzą mgłą. Oczywiście są tacy, którzy kupują każdą nową książkę albo wideo na temat podboju kosmosu, ludzie, którzy dowiedzieli się wszystkiego, co było możliwe na temat Sputników, Goddarda i księżycowego Morza Spokoju. Tak więc powstaje pytanie, jak zrobić film, który przemówi do obu grup? Nie powinieneś go robić zbyt powierzchownie, aby nie znudzić miłośników tematu, albo z drugiej strony niezbyt naukowo, żeby nie odrzucić takiego widza jakim ja jestem (zwróćcie uwagę, że nie użyłam sformułowania „niezbyt technicznie", ponieważ jeśli uruchomilibyście dobrą lokomotywę, to może być zdumiewająco techniczna i mimo wszystko *dotrzeć* do widza). Jeden z moich studentów zaproponował, jak się zdaje, niezłe rozwiązanie.

Wyznaczone zadane polegało na napisaniu treatmentu do historycznego dokumentu w jakiś sposób związanego ze Stanami Zjednoczonymi. Student wybrał tragiczną misję Apollo 1 (w 1967, na miesiąc przed tym, jak mieli zostać pierwszymi ludźmi na księżycu, amerykańscy astronauci zginęli w pożarze, w trakcie rutynowych testów). Jedną z lokomotyw, które brał pod uwagę było rządowe śledztwo, jakie nastąpiło po pożarze, jednak bardzo prędko okazało się, że idąc tym tropem film ugrzęźnie w biurokracji — komisje, raporty, zeznania — i straci widzów nie przywiązujących wagi do takich szczegółów. Zamiast tego, użył dnia pożaru jako lokomotywy dla filmu, odsłaniając wydarzenia krok za krokiem w taki sposób, że skłaniały do spojrzenia wstecz na historię i politykę związaną z programem kosmicznym oraz na sylwetki astronautów, biorących udział w projekcie. Ponieważ zaprezentował historię z pozycji tych, którzy w rezultacie stracili wszystko, udało mu się przyciągnąć „początkowo obojętnych" widzów na swoją stronę, dając nam powód do przejmowania się, do stawiania sobie pytania, jak to naprawdę było?

Bądź konkretny

Bycie konkretnym oznacza tworzenie wyraźnej wizji tego co ciągnie, czym jest - twoja lokomotywa. Na przykład, można by uznać za trafne stwierdzenie, iż film Stanleya Nelsona *The Murder of Emmett Till* opowiada o brutalnym morderstwie na podłożu rasowym, dokonanym w 1955 roku na nastolatku z Chicago, gdy był z wizytą u krewniaków w Mississippi. Jednak ta propozycja nie zawiera w sobie w pełni zarysowanego głównego wątku – lokomotywy, która ciągnie film - którą poznajemy w pierwszych minutach. Morderstwo Tilla i pospieszne uniewinnienie ludzi za nie odpowiedzialnych, stało się przypadkiem, który „wystawił cały system (ucisku i segregacji rasowej) na krytykę reszty kraju, całego świata", jak to ujął na początku filmu były gubernator Mississippi William Winter. Dziennikarz Rose Jourdain rozwija tę myśl. To była iskra, która zainicjowała „potężne ruchy na rzecz praw obywatelskich... Wszyscy wiedzieli, że atak na tego czternastoletniego chłopca był atakiem na każdego z nas". Lokomotywą ciągnącą film jest nie tylko historia mordu na nastolatku, ale w równej mierze to co działo się później. Punktem bez powrotu, swoistym przesileniem, jest sytuacja gdy matka Tilla, widząc zmasakrowane ciało syna, upiera się, aby otwartą trumnę wystawić na widok całego świata – dając tym początek nowożytnemu amerykańskiemu ruchowi na rzecz praw obywatelskich. Lokomotywę, czy główny wątek tego filmu, można by zapisać następująco: *Gdy nastolatek z Chicago, afroamerykanin, zostaje zakatowany na śmierć w stanie Mississippi, jego rodzina podejmuje walkę, ściągając zainteresowanie całego świata na skorumpowany system wymiaru sprawiedliwości – zapoczątkowując tym samym amerykański ruch na rzecz praw obywatelskich.*

ELEMENTY STRUKTURY

Lokomotywa streszcza w zwięzły sposób strukturę filmu. Utrzymanie klarownej struktury przez cały film, niezależnie dwudziesto czy studwudziestominutowy jest wyzwaniem z wyższej półki. Wszyscy znamy jałowe, toczące się bezładnie, dokumenty. Może jeszcze miały dobry początek, ale potem zaczynały się jeszcze raz i jeszcze raz i jeszcze raz. Wydawało się, że film będzie o jednej sprawie, a podsumowanie było zupełnie o czym innym. Opowieść zaczynała się w dniu dzisiejszym, aby następnie pogrążyć się w historii i nigdy nie dotrzeć na powrót do dnia dzisiejszego. Albo sytuacja i bohaterowie są tak słabo zarysowani, że nie wciągamy się w historię, przestaje nas interesować dokąd zmierza. Takie przypadki znamionują problem ze strukturą filmu.

Struktura jest właściwa, gdy spotyka się z rozbudzanymi stopniowo oczekiwaniami widowni. Doszukiwanie się sensu w aranżacjach i układankach, wypełnianie białych plam i zgadywanie co będzie dalej, jest cechą natury ludzkiej. Filmowcy mogą budować lub obalać te oczekiwania, tym samym zwiększając zaangażowanie widzów w przebieg historii i oczekiwanie na finał. Nie istnieje coś takiego jak zupełny brak struktury; nawet w przypadku filmu eksperymentalnego, kolejne ujęcia są klejone ze sobą, coś je nawleka na oś czasu. To coś, na dobre czy na złe, tworzy strukturę.

Cegiełkami budowli, jaką staje się film są ujęcia, sceny, sekwencje i w niektórych przypadkach, ale nie zawsze, akty. Choć określenia te są powszechnie używane, bywają jednak różnie rozumiane, dlatego poniższe opisy jednoznacznie definiują, w jakim znaczeniu będą występować w tej książce.

Ujęcie

Ujęcie jest pojedynczą „całostką" obrazową. W trakcie ujęcia kamera może się przemieszczać, albo może być statyczna. Ujęcie może zawierać zbliżenie lub plan ogólny, być panoramą poziomą lub pionową. Ujęcie zaczyna się i kończy od włączenia i wyłączenia kamery przez operatora; później montażysta podcina ujęcie, dając mu nowe punkty początku i końca. Poszczególne ujęcia przekazują dużą ilość informacji istotnych dla opowiadania, takich jak: punkt widzenia, porę dnia, nastrój, emocję, właściwość, rytm, temat. Pojedyncze ujęcie może także zawierać „odwrócenie", będące zwrotem akcji, czasami nazywane przejściem od jednego do drugiego stanowiska. Przykład ujęcia zawierającego odwrócenie znajduje się w *Yosemite: The Fate of Heaven*. Obserwujemy wodospad przez, jak nam się wydaje, nieskażoną przyrodę, aż lądujemy w wagoniku wypełnionym hałaśliwymi turystami. Odwrócenie w ramach tego ujęcia polega na przejściu od odosobnienia do tłumu, od natury do cywilizacji, od czystego do zanieczyszczonego.

Scena

Scena, to następujące po sobie ujęcia, które łączy jedność miejsca akcji. Może być „scena w sądzie", albo „scena na łodzi". Jednak scena to zazwyczaj więcej niż pokazanie miejsca akcji, to opisanie całej akcji w danym miejscu. Scena może być zbudowana z szeregu *członów*. W *Born into Brothels* (Przeznaczone do burdelu), scena „Dzieci jadą autobusem na plażę", może zostać podzielona w następujący sposób:

- Kilka ujęć (wnętrze, później plener) pokazują podniecenie dzieciaków z tej racji, że autobus przyjechał i czeka.
- Ze środka pojazdu, widzimy dziewczynkę, która pyta, czy może usiąść przy oknie, ponieważ chce robić zdjęcia. Wszyscy są w środku; krótkie spojrzenie i reżyserka Zana Briski upewnia się czy wszystkie dzieci mają swoje kamery.
- Wraz z klaksonem przyjmujemy punkt widzenia kierowcy na rozpoczynającą się podróż. Oglądamy szereg ujęć ze środka i z zewnątrz autobusu: dzieci patrzące, robiące zdjęcia, ich punkt widzenia gdy patrzą na zewnątrz, autobus przemieszczający się do przodu.
- Wnętrze autobusu, dzieci jedzą i zaczynają śpiewać (różne ustawienia).
- Jedno dziecko choruje.

- Muzyka zmienia swój charakter w miarę jak autobus dociera do wiejskich okolic (oglądany z różnych punktów widzenia).

- Wnętrze autobusu, kilkoro dzieci zasnęło (różne ustawienia), montowane z ujęciami z jazdy, gdy krajobraz zrobił się bardziej wiejski.

- Autobus stanął, dzieci zabierają swoje rzeczy i patrzą na ocean.

Innymi słowy, scena zaczęła się od podnieconego głosu: „Pospieszcie się, autobus przyjechał" i skończyła z okrzykiem „Patrzcie na wodę!". Tak jak ujęcia, sekwencje czy akty, sceny jak ta: zawierają początek, środek i koniec i często kulminują w punkcie odwrócenia akcji, zwanym punktem zwrotnym, wywołującym zmianę kierunku akcji w całej historii. W tym przypadku odwrócenie akcji jest powiązane z kilkoma wątkami filmowej opowieści. Wsiadając do autobusu w przeludnionym brudnym mieście, dzieci osiągają otwartą jasną przestrzeń morza. To odwrócenie napędza następną scenę – radość bycia i fotografowania plaży.

Aby dać widzowi poczucie zadowolenia, scena winna robić wrażenie kompletnej, co oznacza w praktyce realizatorskiej, że ci, którzy filmują muszą cały czas mieć świadomość, iż wydarzenia, które rejestrują będą musiały ulec kondensacji w montażowni – muszą to odpowiednio filmować. Reżyser Steven Ascher (*So Much So Fast*) dodaje: „Filmowanie obrazów z życia, to ciągła walka o przedestylowanie rzeczywistości w jej znaczący zamiennik... w znaczące momenty, w znaczące gesty, w dialogi, które będą sugerowały dalszą część sceny bez potrzeby jej pokazywania".

Sekwencja

Sekwencja to zbiór ujęć i scen, które razem opowiadają mniej więcej ciągłą historię wydarzenia, które jest częścią twojej większej całości, filmu. Na przykład *Frankie idzie na bal*, to (hipotetyczna) sekwencja, która mogłaby się zacząć od Frankie spieszącej z pracy w centrum handlowym do domu, następnie wynurzającej się z sypialni w długiej białej sukni, tańczącej z chłopakiem, następnie płaczącej w toalecie, ponieważ została porzucona, wreszcie przybywającej do domu, aby paść w ramiona mamusi.

Sekwencje tym różnią się od scen, że ich akcja może rozgrywać się w wielu miejscach, a punkt zwrotny na końcu sekwencji będzie zazwyczaj bardziej znaczący niż ten, który był na końcu sceny czy na końcu ujęcia. Ekspert scenariuszowy Robert McKee stwierdza, że w układzie idealnym to każda scena winna zawierać przynajmniej niewielką zmianę kierunku albo odwrócenie, każda sekwencja winna zawierać zmianę umiarkowaną, a każdy akt, winien mieć zmianę o dużym ciężarze gatunkowym.

Jak rozdział w książce, sekwencja ma początek, środek i koniec. I jak rozdziały w książce, twoje sekwencje powinny się różnić od siebie, każda powinna mieć unikalną rolę do odegrania w całości opowiadania, a równocześnie popychać naprzód lokomotywę filmu – jego wątek przewodni, narracyjny. Jeśli na przykład tworzysz film o Frankie, pracującej zawzięcie, aby zdobyć stypendium uczelniane, sekwencja o tym, że Frankie idzie na bal może nie mieć dla ciebie zbyt wielkiego znaczenia, w odróżnieniu od takiej sekwencji jak *Frankie dostaje się na staż* albo *Frankie zdaje ponownie egzamin maturalny* (ta ostatnia mogłaby się zacząć od Frankie znajdującej korepetytora, a dalej przedstawić następującą montażówkę; uczy się nocami i w sobotę, szykuje się do egzaminu, wchodzi na salę egzaminacyjną, a zakończyć, jak nerwowo wyjmuje ze skrzynki pocztowej kopertę zawierającą wyniki). Jeśli wyjście Frankie na bal jest tylko przyjemnym zakłóceniem jej drogi do celu – zakłóceniem twojego opowiadania – to może nie warto poświęcać na to filmowego czasu. A jeśli dwie sekwencje są właściwie o tym samym, to jedna będzie musiała wylecieć (sceny i sekwencje są w znacznej mierze tym co ustala stałość, czy raczej zmienność, rytmu danego filmu. Jeśli wszystkie odczuwane są podobnie, jeśli nie różnią się tonem, nastrojem, tempem, a nawet całą zawartością, film stanie się ciężki w odbiorze).

Wracając do przykładu *Born into Brothels* (Przeznaczone do burdelu), łatwo dostrzec jak scena autobusowa wpisuje się w sekwencję, którą można nazwać „dzień na plaży". Sekwencja zaczyna się od dwóch krótkich ujęć plenerowych, zanim dziewczynka oznajmi przybycie autobusu i toczy dalej przez jazdę autobusem, długi pobyt dzieci na plaży zbudowany z zabawy na falach, fikołków i robienia zdjęć. A potem jest noc i dzieci tańczą w autobusie zmierzającym z powrotem do Kalkuty. Na miejscu widzimy dzieci na ulicy, jak przekraczają „linię" prostytutek i dalej w wąskich zaułkach prowadzących do ich domów (cała sekwencja zaczyna się od rozjaśnienia w 36'48" – licząc od pierwszej klatki obrazu – i kończy ściemnieniem w 43'53").

Ta sekwencja przynosi wiele spraw, które służą całemu filmowi. Pokazuje dzieciaki w grupie, ale także jako niezależne, żywe, pełne optymizmu indywidualności. Fotografie, szczególnie „Wiadro" wykonane przez Avijit, znajdą swoje miejsce w dalszej części filmu. Dalej, radość zbudowana w tej scenie, zostaje złamana sceną następną, w której obserwujemy bitego chłopca i jego matkę (i babkę), miotające przekleństwa na chłopca i sąsiadów. W kolejnej scenie widzimy kilkoro dzieci w samochodzie i słyszymy off Briski: „Ja nie jestem pracownikiem socjalnym, nawet nie jestem nauczycielką. Boję się, rozumiecie, że naprawdę nie mogę niczego zrobić, że nawet ta pomoc w zdobyciu podstaw wykształcenia skończy się na niczym. Lecz bez pomocy, one są skreślone". Oglądając dzieciaki na jednodniowej wycieczce, życzymy jej ze wszystkich sił, aby się powiodło.

Akt

Akt to seria sekwencji, która prowadzi do głównego punktu zwrotnego – kulminacyjnego momentu, który wyskakuje, pojawia się z dotychczasowej opowieści – w którym następna grupa sekwencji w kolejnym akcie, staje się wprost nieodzowna. Każdy akt odgrywa istotną rolę w strukturze opowiadania, a napięcie i impet kolejnego aktu, winien być większy od poprzedniego. W tradycyjnej, trzyaktowej strukturze (zwanej czasami teatralną), pierwszy akt zawiera ekspozycję opowieści oraz, posłużę się tutaj obrazową metaforą zmarłego niedawno scenarzysty i aktora Georga M.Cohan, sadza twojego bohatera na pierwszym konarze drzewa. W drugim akcie, ciskasz w niego kamieniami, zmuszając do wspinania się wyżej. W akcie trzecim, stawiasz go na końcu cienkiej gałęzi, która lada chwila może się złamać..., aby wreszcie całkowicie odwrócić sytuację i pozwolić mu zejść na dół.

Są trzy ważne sprawy, które należy wiedzieć na temat aktów. Po pierwsze, w samym sposobie - odbierania i znajdywania satysfakcji w przyswajanych opowieściach - zakodowany jest jakiś rodzaj dramaturgii. Po drugie, wiele filmów dokumentalnych nie da się elegancko wpasować w strukturę trzyaktową, zaledwie w jakieś przybliżenie. Po trzecie, w filmie dokumentalnym jest wiele możliwości stworzenia frapującej struktury dramaturgicznej – co scenarzysta filmów fabularnych Madison Smartt Bell nazywa „projektem narracyjnym" – nie zbliżając się nawet do tradycyjnej struktury trzyaktowej. Film wymaga ciekawych postaci i rosnącego napięcia, każda scena winna popychać narrację do przodu, wreszcie film powinien w sposób dający satysfakcję zakończyć historię (albo misję, podróż, czy esej), która legła u początków. Lecz nie musi uczynić tego koniecznie w trzech aktach.

Zanim przejdziemy do omówienia szczegółów struktury aktowej, przedstawię jeszcze kilka innych użytecznych terminów.

Wydarzenie inicjujące

Wydarzenie inicjujące to takie zdarzenie, które wprawia w ruch ciąg zdarzeń o których opowiadamy (zdarzeń związanych z lokomotywą, nie z samym tematem). To może być coś, co wydarzyło się, zanim rozpoczęliście zdjęcia. Na przykład w *Troublesome Creek: A Midwestern* (omówionym w Rozdziale 15) czymś takim jest decyzja rodziny Jordanów, tonącej w długach, aby uprawiać ziemię jeszcze jeden sezon, zanim ich majątek zostanie zlicytowany. To ta decyzja wprawia w ruch całe opowiadanie. W *Spellbound* (Mistrzowie ortografii), wydarzeniem inicjującym dla każdego z zawodników, których obserwujemy, jest start w eliminacjach, albo zakwalifikowanie się do ogólnokrajowego dyktanda.

W *Super Size Me* wydarzeniem inicjującym, prawdopodobnie, była powzięta przez Morgana Spurlocka informacja o sprawie sądowej wytoczonej koncernowi McDonald's, w rezultacie której przychodzi mu do głowy pomysł na sfilmowanie efektów trzydziestodniowej McDiety.

Punkt ataku

Punkt ataku, którego nie należy mylić z wydarzeniem inicjującym, znajduje się tam, gdzie ty jako filmowiec wchodzisz w opowiadanie. Powszechnie uważa się, że jest to jedna z najtrudniejszych decyzji do podjęcia w trakcie całej realizacji. W praktyce, jest ta decyzja wielokrotnie zmieniana, podejmowana i odwoływana, aż do chwili znalezienia tej jedynie słusznej. Potem, gdy patrzysz wstecz, często nie możesz się nadziwić, że w ogóle rozpatrywałeś inne możliwości.

Punkt ataku wprowadza widza w świat twojego filmu, jego wątków i bohaterów. Ric Burns dyskutując o otwierającej scenie swojego filmu *The City and the World* odcinek siódmy serialu *New York* (1945 – dzisiaj) stwierdza: „Dopiero gdy byliśmy dość mocno zaawansowani w montaż, zdaliśmy sobie sprawę, że początkiem tego odcinka jest moment w 1944 roku, kiedy Helen Leavitt pożycza kamerę filmową16mm i zabiera ją na ulice Wschodniego Harlemu, gdzie z paroma przyjaciółmi, włączając w to Jamesa Agee, rozpoczyna realizację materiałów, które w końcu stają się jej wspaniałym filmem *In the Streets*. Moim zdaniem, ta scena jest najlepszym początkiem filmu, jest bezdyskusyjnie na miejscu – a nie było to oczywiste w tym sensie, że przecież znaliśmy tan materiał od zawsze".

Czym zacząć film, to bardzo istotna decyzja, ponieważ od tego rozpoczyna jazdę twoja lokomotywa, zabierając widzów do środka opowiadania, do wątków filmu. O swoim doświadczeniu opowiadają w Rozdziale 16 realizatorki Victoria Bruce i Karin Hayes, które zwróciły na siebie uwagę na Slamdance Film Festival filmem, wówczas noszącym tytuł *Missing Peace*, o kandydatce w kolumbijskich wyborach prezydenckich, która została porwana przed wyborami i ciągle nie było wiadomo gdzie się znajduje. Zaprezentowany wówczas film charakteryzował się „miękkim" początkiem. „Proces poznawania tej kobiety toczył się zbyt wolno", mówi Bruce. „Gdy po festiwalu, HBO Cinemax kupił ten film do emisji, montażysta HBO Geof Bartz przyspieszył scenę porwania". Teraz film zaczyna się obrazami bohaterki w czasie kampanii, a napis mówi: *W styczniu 2002, Ingrid Betancourt prowadziła kampanię prezydencką w wyniszczonej wojną Kolumbii.* Na ekranie oglądamy jeszcze trochę materiałów z kampanii, po czym następuje cięcie do obrazków z gór, na których tle pojawiają się napisy początkowe i nowy tytuł: *The Kidnapping of Ingrid Betancourt.* Dalej film prezentuje wcześniej nakręcony materiał z Betancourt i jej dziećmi, rozpoczynając opowieść (a to było dużo wcześniej niż miało miejsce porwanie). „To było wspaniałe" stwierdza Bruce, przyznając autorstwo tego pomysłu producentce HBO Sheili Nevins, która przekonywała, że widownia z większym zaangażowaniem będzie oglądała obrazki Betancourt z dziećmi, jeśli będzie świadoma, ze niebawem zostanie porwana. Innymi słowy, punktem ataku jest porwanie. Po nim, film cofa się w czasie i tak jak w wersji pokazanej na Slamdance, pierwszy akt rozwija się poprzez wyjaśnienie kim jest Betancourt i jak doszło do jej startu w wyborach prezydenckich. Wasz punkt ataku może się zmieniać w miarę jak wrastacie w materiał, jak widzicie, które wątki najlepiej służą budowanemu opowiadaniu. Recepta jest prosta, zacząć od najlepszego otwarcia, jakie macie w danym momencie i pozwolić mu się rozwijać.

Tło

Tło to jedna z form ekspozycji, lecz te dwa określenia rzadko można traktować jak synonimy. Tło zawiera opis wydarzeń, które miały miejsce przed okresem, w którym rozgrywa się opowiadanie właściwe (czasami dużo wcześniej); często zawiera materiały, które reżyser uznaje za niezbędne widzom do zrozumienia i „wejścia" w historię.

Tło można przekazać na różne sposoby, włącznie z planszami tekstowymi, wywiadami, komentarzem i przez dialogi. Do pewnego stopnia, tło zawiera szczegóły ekspozycji, które są następnie odsłaniane przez cały film, dodając pięter opowiadaniu i bohaterom. Na przykład w filmie *Grizzly Man* (Człowiek niedźwiedź) nijako mimochodem dowiadujemy się, że Timothy Treadwell był bliski dostania roli w serialu *Cheers*, którą w końcu otrzymał aktor Woody Harrelson. To jest tło – elemencik złożonej drogi, która doprowadziła Treadwella do życia na krawędzi, na pustkowiach Alaski. Informacja, tam gdzie została umieszczona w filmie, buduje jeszcze jedną warstwę informacyjną dla widzów, tak jak dla reżysera, o siłach, które doprowadziły do śmierci Treadwella.

Często, niejednokrotnie z wielkim żalem, tło wyrzucamy w montażowni, ponieważ opowiadanie samo w sobie stało się na tyle frapujące, a wątki tak klarowne, że tło stało się bardziej przeszkadzającym wtrętem niż pożądaną informacją. Tło powinno być zachowane, gdy bezpośrednio wzmacnia i wzbogaca historię rozwijającą się na ekranie, pogłębiając motywacje bohaterów, rzucając światło na poszczególne wątki i zagadnienia, lub podkreślając ironię czy ciągłość historii. Jednak kropla może rozkruszyć skałę. Jeśli opowieści z tła zaczynają panoszyć się w twoim filmie, to wskazówka, że musisz przemyśleć powtórnie, którą historię chcesz tak na prawdę opowiedzieć, tę dzisiejszą, czy tą z przeszłości.

Być może, trzeba również przyjrzeć się miejscu, w które wkładasz informację o tle. W *The Kidnapping of Ingrid Betancourt* tło (detale przedstawiające kim jest porwana kandydatka, oraz jak doszło do tego, że startowała w wyborach prezydenckich) funkcjonowało najlepiej, gdy lokomotywa opowiadania była już w pełnym biegu: kandydatka została porwana, a rodzina prowadzi kampanię pod jej nieobecność. W *When the Levees Broke* (Kiedy puściły wały) segment przedstawiający tło, tj. historię Nowego Orleanu, pojawił się dopiero w trzecim odcinku serialu. Ten odcinek „dotyczy pytania: wracać, czy nie wracać? Czy ludzie wrócą do Nowego Orleanu, czy pozostaną tam gdzie rzucił ich los, czy może tam żyje im się lepiej?", wyjaśnia koproducent Sam Pollard. Wgląd na historię i kulturę miasta usprawiedliwia spojrzenie wstecz na Nowy Orlean, na lata przed huraganem.

TRZYAKTOWA STRUKTURA DRAMATYCZNA

Trzyaktowa struktura dramaturgiczna jest fundamentem systemu hollywoodzkiego, lecz jak to się powszechnie przyznaje, pierwszym, który tę zasadę wyartykułował był Arystoteles. Ujmuje ona sposób w jaki wielu ludzi opowiada i konstruuje opowieści: zawiązanie akcji, komplikacje, rozwiązanie. „Myślę, że to jakoś odzwierciedla sposób w jaki ludzie są ukształtowani, neurologicznie i kulturowo", mówi scenarzystka Susan Kim (patrz Rozdział 21), dodając, że nawet w czasie snu umysł wytwarza ciągi narracyjne. „Myślę, że w tej właśnie formie dramatycznej zawiera się jakaś siła. I sądzę, że dlatego właśnie, nam jako ludziom opowiadającym historie, jako ludziom tworzącym filmy dokumentalne albo piszącym sztuki, wypada rozumieć potencjał zawarty w tej strukturze".

Wiele jest książek opisujących strukturę trzyaktową, jednak najlepszą drogą do jej poznania jest wzięcie na warsztat konkretnych filmów. Który z wątków (lub kręgosłup czy lokomotywa) *napędza* strukturę aktu? Gdzie umieszcza się przełomy aktów, jak podczepia się je do lokomotywy? Jak sekwencje wpasowują się w akty i jak wygląda rola każdego aktu w ogólnym rozwoju opowiadania? Być może, nie będziesz w stanie „zobaczyć" struktury aktowej, dopóki nie obejrzysz całego filmu, ale w przybliżeniu będzie to zmierzało ku podziałowi, który jest opisany poniżej.

Akt pierwszy

Pierwszy akt trwa zazwyczaj ¼ długości całego filmu. W tym akcie następuje prezentacja bohaterów oraz problemu lub konfliktu (innymi słowy, ten akt będzie zawierał większość, albo najważniejszą część ekspozycji). Akt pierwszy bardzo często zawiera „wydarzenie inicjujące" – zdarzenie, które wprawia wszystko w ruch – choć to zdarzenie czasami miało miejsce, zanim zaczęło się nasze opowiadanie. Istnieje tendencja do umieszczania przy nim „pierwszego punktu zwrotnego", nieco mniejszego niż punkt zwrotny umieszczany na końcu aktu. Zanim skończy się pierwszy akt, publiczność powinna wiedzieć o kim i o czym jest historia którą będziesz opowiadał, oraz powinna otrzymać sygnał, o jaką stawkę będzie szła rzecz. Pierwszy akt prowadzi do emocjonalnego szczytu, najwyższego jak dotąd w filmie, wymuszając akcję, która rozpocznie drugi akt.

Akt drugi

Drugi akt w filmie jest najdłuższy, około ½ czasu całego opowiadania. Miejsce akcji zostało ustalone w pierwszym akcie, tak samo jak został zarysowany konflikt. W drugim akcie, w miarę pojawiających się komplikacji, nieoczekiwanych zakrętów i zwrotów oraz piętrzących się wyzwań, tempo opowiadania wzrasta. Drugi akt bywa trudny, ponieważ pojawia się ryzyko ugrzęźnięcia opowiadania albo przeistoczenia w wyliczankę typu „wtedy zdarzyło się to, a potem tamto". Drugi akt winien rozwijać się przez dodawanie informacji oraz stawianie nowych wyzwań. Drugi akt prowadzi do emocjonalnego szczytu większego niż był na końcu pierwszego aktu, analogicznie, wymuszając akcję, która rozpocznie trzeci akt.

Akt trzeci

Trzeci akt ma zazwyczaj nieco mniejszą długość niż ¼ długości całego filmu. W tym akcie dochodzi do tego, że bohater staje wobec przegranej; on czy ona osiąga najczarniejszy moment swojego życia, akt wydaje się dobiegać końca. Panuje tu dość powszechna nadinterpretacja, że trzeci akt zamyka opowiadaną historię - lecz tak nie jest. On wzmaga jej intensywność; napięcie na końcu trzeciego aktu winno być nawet większe niż w końcówce aktu drugiego. To napięcie prowadzi do rozwiązania, do tych kilku finałowych chwil, gdzie wszystko się wyjaśnia, domykasz otwarte wątki jeśli trzeba, i pozwalasz swojemu bohaterowi zleźć z drzewa, na które się wspinał przez cały film.

Kształtowanie historii wielowątkowej

Choć należy opowiadać tylko jedną, główną historię, zdarza się nam śledzić dwa, a nawet trzy wątki w ramach opowieści. W terminologii Hollywoodu nazywamy je wątkami „A", wątkami „B", a nawet wątkami „C". Opowieść „A" niesie główny ciężar i jest tym opowiadaniem, na którym oparta jest struktura filmu, choć inne wątki również winny mieć swoje emocjonalne szczyty i doliny.

Najważniejsze, aby poszczególne wątki dopełniały się nawzajem w sensie informacyjnym, aby w jakimś momencie łączyły się tworząc spójną całość i popychały do przodu powstającą wspólną linię opowiadania. Na przykład w filmie *Yosemite: The Fate of Heaven* zestawione są ze sobą stare Yosemite, które przetrwało aż do XIX wieku - z parkiem narodowym, który przyjmuje kilka milionów turystów rocznie. Filmowcy prowadzą równolegle dwa wątki, z których jeden wyraźnie ma bardziej narracyjny charakter niż drugi. Pierwszy zbudowany jest wokół pamiętnika Lafayetta Bunnel z 1854 roku, który był członkiem oddziału walczącego z Indianami w Yosemite. Drugi, o charakterze znacznie bardziej impresyjnym, przedstawia codzienną walkę o zachowanie równowagi pomiędzy potrzebami turystów odwiedzających park narodowy a potrzebami strażników i tych wszystkich, którzy pracują nad zachowaniem go dla przyszłych pokoleń.

Posłużenie się wieloma wątkami częstokroć umożliwia twórcom tworzenie filmów o ciekawszej strukturze, niżby to było możliwe przy opowiadaniu czysto linearnym, jednowątkowym. Zamiast pilnować rygorystycznie chronologii, można się skupić na pojedynczym wydarzeniu, używając go do zaakcentowania głównego wątku narracyjnego. Jednocześnie daje to swobodę spojrzenia w przeszłość, albo w przyszłość. Takie konstrukcje można znaleźć na przykład w filmach *Daughter from Danang* (Córka z Danang) albo *Murderball* (Gra o życie) czy *The Way We Get By*.

Czym nie jest struktura trzyaktowa

Struktura trzyaktowa nie oznacza formalnego podziału filmu na trzy części i nazwanie ich aktami. Akt jako taki może zaistnieć dopiero wtedy, gdy posuwa do przodu twoje opowiadanie (czy esej). Na przykład film, który podejmuje temat początków osadnictwa w Stanach Zjednoczonych, nie może zostać podzielony; „Akt pierwszy, Plymouth, Massachusetts; akt drugi, Jamestown, Virginia; akt trzeci New York, New York". Tu nie ma wspólnego mianownika, jednego opowiadania. Mogą być wspólne wątki, z których można by uczynić jakąś nić przewodnią filmu, ale to nie są akty. Z drugiej strony, można by opowiedzieć trzy osobne i dramatyczne historie w ramach takiego podziału, każdą w jednym miejscu, a następnie połączyć je w jeden film.

Trzy akty - w pięciu, jednym, a może dwu aktach

Niezależnie, czy o twoim filmie mówi się jako o dziele jednoaktowym czy pięcioaktowym, może ono jednak posiadać tradycyjną strukturę dramaturgiczną (tzn. trzyaktową). Jest wiele powodów praktycznych, aby dzielić narrację, takich jak przerwy na reklamy (w telewizji) albo przerwy w kinie. Tak więc zarówno sceniczna „jednoaktówka", jak i „pięcioaktowy" program telewizyjny, mogą jednak być skonstruowane według zasad budowy trzyaktowej. Na przykład, nawet jeśli David Auburn napisał *Proof* (Dowód) jako dwuaktową sztukę sceniczną, w akcji z łatwością można wyodrębnić trzy akty dramatu. „Pierwszy akt" Auburna zawiera całość jego aktu pierwszego i pierwszą połówkę aktu drugiego. Jego „drugi akt" zawiera pozostałą część aktu drugiego i cały akt trzeci. Gdzie przerywać twoje opowiadanie na reklamy, lub na bufet i papierosa - pozostaje ciągle decyzją z obszaru struktury, która jednak niekoniecznie musi zakłócić istotę konstrukcji twojego opowiadania.

Na odwrót, prosty podział dający miejsce na reklamy, nie tworzy podziału na akty. O wielu dokumentach tzw. zleconych, mówi się, że mają cztery, pięć aktów, które przystosowują całość do przerw na reklamy. Przerwy robi się w momentach kulminacji, lecz nie odzwierciedla to struktury całości (na przykład, wiele biografii realizowanych na zlecenie przedstawia chronologicznie życie bohatera, prowadząc do momentów kluczowych i nie są uformowane według zasad trzyaktowej struktury).

Jeśli pracujesz nad filmem, który nie będzie dzielony reklamami, a twój montażysta uparcie twierdzi, że dzieło wymaga czterech, pięciu, czy nawet więcej aktów, sugerowałabym mocno zrobienie drabinki dla każdego aktu. Gdzie się zaczyna, ku czemu prowadzi, jaki ma związek z lokomotywą twojego filmu? Podczas gdy jest możliwe stworzenie ciekawego filmu w czterech czy więcej częściach, nie muszą one być aktami – a jeśli są aktami, to zapewne często przedstawiają obszary zachodzące na siebie.

NAKŁADANIE STRUKTURY NA FILM

Niektórzy filmowcy myślą o strukturze filmu przez cały czas realizacji, lecz na serio zaczynają się tym zajmować dopiero w montażowni. Inni myślą o niej bardzo konkretnie od początku, piszą drabinki i szkice, do których wracają w czasie zdjęć i w postprodukcji, weryfikują je i wywracają do góry nogami w miarę postępów pracy.

Przy projektach gdzie szkic i/albo treatment jest wymagany przed rozpoczęciem zdjęć, czy to w celu zapalenia zielonego światła przez redaktora zamawiającego, czy to dla pozyskania funduszy z publicznych lub prywatnych źródeł, można antycypować jakąś strukturę aktową. Tak się dzieje na przykład z filmami historycznymi, ale może to również działać w przypadku filmów o niedającym się przewidzieć zakończeniu, które jednak można sobie wyobrażać, gdy lokomotywa jest dobrze ustawiona. Innymi słowy, podczas gdy filmowiec szuka wsparcia dla filmu o czymś co ma ewidentną linię opowiadania – jak współzawodnictwo (na przykład; wydarzenie sportowe albo krajowe dyktando), wydarzenie o znanym momencie zakończenia (targi, szkolny bal, kampania wyborcza, a nawet dzień z życia) – taki filmowiec może z dużą dozą prawdopodobieństwa wyobrażać sobie bohaterów, problemy i wątki, które zwróciły jego uwagę, w rezultacie móc *antycypować* strukturę aktową, nawet jeśli ostatecznie miałaby się zmienić.

Znajdowanie struktury aktowej w montażowni

W niektórych przypadkach, realizatorzy będą filmować historie z wyraźnymi ścieżkami narracyjnymi, jednak z budowaniem struktury poczekają do momentu wejścia do montażowni. Oznacza to zazwyczaj dłuższy okres montażu. Na przykład Susan Froemke tak opisywała współpracę z montażystką Deborah Dickson przy nominowanym do nagrody Akademii filmie *Lalee's Kin: The Legacy of Cotton* zrealizowanym dla HBO. Kanał HBO zlecił firmie producenckiej Maysles Films zgłębienie problematyki ubóstwa u schyłku XX wieku. Firma spędziła wiele miesięcy dokumentując temat, wynajdując historie, które mogłyby ten problem zilustrować. Wybrali dwie powiązane ze sobą historie: o Reggie Barnes, inspektorze oświaty z Delty Mississippi, który starał się niedofinansowany system oświaty wyjąć spod władzy centralnej i przekazać administracji lokalnej (jedna ścieżka narracyjna), oraz o Lalee Wallace sędziwej głowie rodu, walczącej o edukację wnuków i prawnuków, które znalazły się pod jej opieką (wątek roku szkolnego).

Filmowcy mieszkali w Nowym Jorku i do Mississippi jeździli od czasu do czasu przez kilka miesięcy, zaliczając w sumie 42 dni zdjęciowe. Współczynnik taśmy był raczej skromny, około 70:1 (długość ekranowa: 90 min). Montaż rozpoczął się jeszcze w czasie zdjęć, półtora roku przed zakończeniem produkcji. Zdaniem Froemke lepiej jest mieć całość materiału, zanim się wejdzie do montażowni, ponieważ można budować szczyty w całości, do końca. Jednak przy *Lalee's Kin*, zaczęli od montowania scen. „Powiedzmy, że będzie dziesięć, albo dwadzieścia motywów, które wydają nam się ciekawe jako potencjalne sceny, więc je montujemy", mówi. „A potem robimy pierwszą układkę, powiedzmy cztery godziny. Od razu widać jak sceny mają się do siebie... Od razu dostrzegasz, które wątki są w porządku, a które są słabe. I ścinasz, rzeźbisz, krócej i krócej".

Jednym z elementów tego rzeźbienia jest podejmowanie kolejnych decyzji - jaką rolę ma wypełniać w posuwaniu opowiadania do przodu poszczególna scena czy sekwencja. Na przykład sceny opisujące bohatera albo dotyczące tła, mogą być używane na różne sposoby (pod warunkiem, że każde użycie będzie zgodne z prawdą). Scena może zawierać dwa albo trzy punkty kluczowe, z których tylko jeden będzie ważny w danym momencie. „Często starasz się przypisać jakieś znaczenie danej scenie", mówi Froemke. „Na przykład, ta scena objaśni przeszłość Lalee, jej domowe wychowanie. Albo, ta scena wyjaśni na czym polega dylemat Reggiego. Albo, po tej scenie zrozumiała się stanie rozpacz Babci".

Froemke stwierdza, że struktura aktowa rodzi się w znacznej mierze właśnie z tego jak zorganizowany jest ten etap pracy. „Często mówimy akt pierwszy, akt drugi, akt trzeci. Tych określeń używamy w czasie przeglądania materiału. 'To jest do aktu pierwszego informacyjnego' – objaśnia sytuację. Jeszcze nie wiemy, w które miejsce aktu pierwszego to wsadzimy, ale wkładamy to do tej części. A potem tak samo z aktem drugim i trzecim. Zawsze akt drugi jest najtrudniejszy w filmach typu *cinema vérité,* to w ogóle jest najtrudniejsza część filmu. Nie ma zmiłuj, muszą się w nim znaleźć sceny z charakterem". Inny problem, który podnosi, polega na szczególnym zwróceniu uwagi na sceny posuwające intrygę do przodu, których wcale nie ma zbyt wiele w przypadku filmów opartych na obserwacji życia. Wówczas trzeba nimi gospodarować ze szczególną uwagą.

Film *Lalee's Kin* był koniec końców montowany prawie dwa lata. Wcześniejsza produkcja Mayslesów, *Grey Gardens* (Szare ogrody) był montowany dwa i pół roku dodaje Froemke: „Potrzeba było roku na poznanie materiału i wyłowienie linii przewodniej opowiadania. Przecież w domu, który jest sportretowany w *Grey Gardens* (Szare ogrody) nic się nie dzieje. Więc jaką znaleźć strukturę dla filmu o czymś takim? Zajęło sporo czasu, aby dostrzec rodzaj równowagi władzy pomiędzy Dużą i Małą Edie" (Edie Beale i jej matka, Edie Bouvier Beale, samotnicze kuzynki Jacqueline Kennedy Onassis).

Korekta struktury aktowej w montażowni

Bardziej prawdopodobna jest taka sytuacja, że nie tyle tworzysz od początku strukturę aktową w montażowni, ile korygujesz strukturę, którą wymyśliłeś w czasie dokumentacji, rozwoju i produkcji. Jednak pilnuj się, aby robiąc zmiany, nie naginać materiału zdjęciowego do opowiadania historii, której wcale nie miał opowiadać. Tak się dzieje najczęściej, gdy realizator robi zdjęcia do jednej historii (albo nie ma tematu, tylko kręci), a potem w trakcie pracy w montażowni natyka się na temat, który wypiera ten planowany.

ANALIZA FILMÓW DOKUMENTALNYCH PRZEZ PRYZMAT STRUKTURY AKTOWEJ

Trzyaktowa struktura może służyć za siatkę, na której rozplanujesz, albo na bazie której będziesz krytycznie oceniał rytmy opowiadania. Powinieneś rozplanować swój film na etapie pierwszej lub drugiej układki, a następnie analizować go w taki sam sposób, jak to się robi z gotowymi filmami (postaraj się spojrzeć na swój film świeżym okiem, jakbyś go oglądał pierwszy raz). Jak to odbierasz, co za historię on opowiada? Gdzie znajdują się punkty zwrotne? Czy przerwy pomiędzy aktami umieszczone są we właściwym wątku narracji (lokomotywa)? Czy film przynosi satysfakcjonujące zakończenie wątku, od którego zaczęła się cała opowieść?

To naprawdę ciekawe, jak wiele udanych dokumentów, różniących się znacznie w stylu i podejściu (włącznie z esejami filmowymi), można analizować w kategoriach struktury aktowej. Ale niezależnie od tego czy ta struktura w filmie istnieje, czy jej brak, najważniejsze o czym należy pamiętać to to, że jeśli film „się ogląda" – nawet jeśli wykresy i stoper mówi, że powinno być marnie – zostawcie to co uzyskaliście. Opowiadanie filmem to sztuka, a nie nauka ścisła. Idź za głosem serca. Jeśli film będzie naprawdę udany, kogo będą obchodziły złamane „reguły"?

Indonezyjscy kopacze siarki ze Wschodniej Jawy z filmu *Workingman's Death* (Śmierć człowieka pracy). Zdjęcie © M. Iqbal, dzięki uprzejmości Michael Glawoggera / Lotus Film.

INNE KONSTRUKCJE

Można znaleźć wiele przykładów udanych, ciekawych dokumentów, gdzie człowiek nie będzie nośnikiem dramatu. Spójrzcie dla przykładu na dwugodzinny film austriackiego reżysera Michael Glawoggera pt: *Workingman's Death* (Śmierć człowieka pracy), który *New York Times* opisał trafnie jako film „o strukturze i tonacji epickiego, historycznego poematu". To jest film niefabularny, ale jednocześnie jest literacki – innymi słowy, to kreacyjny dokument – przy czym reżyser stworzył zupełnie unikalną strukturę. Między wieloma wyróżnieniami film zdobył nagrodę imienia Griersona, przyznawaną przez Brytyjski Instytut Filmowy i Nagrodę Jury na Festiwalu Filmowym w Gijon. Glawogger wyruszył, aby pokazać *pracę*. „Chciałem zrobić taki film, żeby widz kiedy już zasiądzie w kinie, poczuł na karku jego ciężar", mówił w wywiadzie z 2005 roku. Film portretuje pięć rodzajów ciężkiej ludzkiej pracy dzisiejszej doby, która jednak jest poza zasięgiem widzenia większości ludzi. *Heroes* (Bohaterowie) wizytuje górników Krasnej Lutczy na Ukrainie; *Ghosts* (Duchy) przygląda się mężczyznom znoszącym potężne ładunki ze szczytu siarkowej góry na Wschodniej Jawie w Indonezji w dolinę u stóp; *Lions* (Lwy) dotrzymuje towarzystwa robotnikom w Port Harcourt, w Nigerii, którzy zabijają i obrabiają kozły i byki na mięso na handel; *Brothers* (Bracia) towarzyszy robotnikom z Gaddani, w Pakistanie, którzy ryzykują życie, zamieniając przerdzewiałe statki w kupę złomu; wreszcie *Future* (Przyszłość), znacznie krótszy segment, przygląda się robotnikom zakładów metalowych i rozwojowi przemysłu w Chińskiej prowincji Liaoning. W epilogu filmu odwiedzamy Park Krajobrazowy Duisburg-Nord w Niemczech, ośrodek rekreacji zbudowany na terenach byłych zakładów metalurgicznych Duisburg-Meiderich.

Innym przykładem filmu podzielonego na rozdziały jest *City of Cranes* (Miasto żurawi) niemieckiej reżyserki Ewy Weber, wyprodukowany dla Channel 4, który zdobył nagrodę za najlepszy film dokumentalny na Festiwalu Filmowym w Los Angeles (obok wielu innych wyróżnień).

W przeciwieństwie do filmu Glawoggera, treść wszystkich czterech rozdziałów jest taka sama, czternastominutowy film przenosi widza do świata operatorów żurawi budowlanych, którzy wspinają się codziennie do maleńkich kabin, aby pracować cały dzień kilkadziesiąt metrów nad ziemią. Każdy z czterech rozdziałów ma objaśniający tytuł: *Miasto pod chmurami, Ostatni wysokościowiec, Balet żurawi* oraz *Pojedynczy*. Oprócz tego, jeśli idzie o strukturę, film został wyposażony w rodzaj spinającej klamry – pierwsze ujęcie przedstawia mężczyznę wspinającego się do góry, na początku dnia pracy, zaś film kończy kontemplacyjne ujęcie o zmierzchu, z punktu widzenia operatora dźwigu zawieszonego gdzieś wysoko ponad miastem.

Film *Betty Tells Her Story* zrealizowany w 1972 roku przez amerykańską reżyserkę Liane Brandon, składa się z dwu dziesięciominutowych wywiadów sklejonych jeden po drugim. Brandon spotkała swoją bohaterkę, gdy obie były konsultantkami Wydziału Oświaty Massachusetts. Wciągnęła się w tę historię, gdy Betty opowiedziała jej jak kupiła sukienkę, a następnie straciła, zanim miała szansę włożyć na siebie. „Pożyczyłam kamerę od Ricky Leacocka, a John Terry, który pracował razem z Rickiem na M.I.T (Massachusetts Institute of Technology) zgłosił się do nagrania dźwięku", opowiada Brandon. W domu Betty, ekipa załadowała pierwszą z trzech, dziesięciominutowych kaset z czarno-białym filmem, a Brandon po prostu poprosiła Betty, żeby opowiedziała swoją historię. „Pierwsza wersja, którą oglądacie to właśnie to pierwsze ujęcie, które zrobiliśmy. Nie uprzedzałam jej ile czasu rejestracji daje kaseta, ale w jakiś magiczny sposób skończyła swoją opowieść, zanim zeszła taśma". W ogólnym zarysie, była to opowieść taka, jaką usłyszała Brandon przy pierwszej okazji: inteligentna anegdotka o tym, jak Betty znalazła idealnie pasującą sukienkę – i jak to się stało, że jej nigdy nie włożyła.

Drugi dubel został przerwany przez ciężarówkę. Przy trzecim dublu, Brandon poprosiła Betty, aby ta spróbowała opowiedzieć o tym tak, jak to odczuwała wtedy, gdy wydarzenie miało miejsce, żeby nie mówiła o tym jak o odległym wspomnieniu. „Wszystko się zmieniło: mowa ciała, kontakt wzrokowy", mówi Brandon. „Nie sądzę, aby ona kiedykolwiek mówiła, może nawet myślała, o tej sprawie w taki sposób". Opowiedziana z wnętrza i raczej nie na pokaz historia, przestała być dowcipną anegdotą, stała się bolesną spowiedzią zwyczajnej, mocno puszystej kobiety, która znalazła sukienkę dzięki której poczuła się księżniczką, aby ją zgubić przed pierwszym nałożeniem.

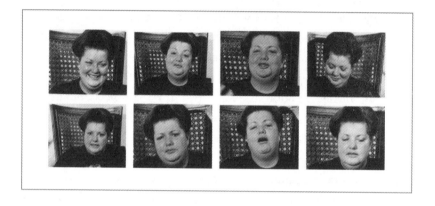

Betty, z *Betty Tells Her Story*. Zdjęcie dzięki uprzejmości Liane Brandon.

W ostatecznej wersji filmu, pierwsze i trzecie ujęcie następują po sobie, oddzielone jedynie planszą, która mówi: *Później tego samego dnia, realizatorzy poprosili Betty, aby jeszcze raz opowiedziała swoją historię.* Tym co dało niezwykłą siłę wyrazu temu filmowi, był kontrast pomiędzy tymi dublami.

ROZDZIAŁ 5

Czas na ekranie

W poprzednich rozdziałach przyglądaliśmy się zasadom opowiadania filmowego i randze jaką ma struktura. Kluczowy element w strukturze to sposób, w jaki twórca zaaranżuje przedstawienie chronologii czasu bez uszczerbku dla przyczyn i skutków. Większość z nas jest wychowana na takich właśnie wzorcach narracyjnych. Na przykład film w telewizji może zacząć się od ludzi, którzy odkrywają zwłoki, ruszyć do przodu z chwilą przybycia detektywów, a następnie cofnąć się w czasie do wydarzeń, które poprzedzały morderstwo, w miarę jak odkrywają je detektywi. Bez wątpienia są takie historie, które opowiada się po prostu w porządku chronologicznym. Rzadko, ale bywają historie, które się opowiada *wstecz*, od końca do początku. Przykładu dostarcza dramaturg Harold Pinter ze swoją sztuką *Betrayal* (Zdrada), a scenarzysta Christoper Nolan zaadaptował w ten sam sposób dla potrzeb filmu krótkie opowiadanie Jonathana Nolan *Memento* (Pamiętać).

Sposób traktowania czasu na ekranie jest ważny ze względu na to jak doświadczamy filmu. Film odbieramy linearnie. Widzowie oglądają go od początku do końca, ujęcie po ujęciu, scena po scenie, zanim się nie skończy. „Nie widziałem nawet najmniej udanego dokumentu, który nie proponowałby widzom podróży przez czas", mówi reżyser Jon Else, przytaczając szereg zróżnicowanych przykładów. „*Night and Fog*" ma całkowicie tradycyjną, postępującą do przodu narrację, której początek tkwi w latach trzydziestych, a koniec następuje z końcem II wojny światowej. *Tongues Untied* film Marlona Riggs, zrazu wydaje się być pozbawionym chronologii ciągiem myśli o tym co to znaczy być młodym gejem, w dodatku czarnym, w Ameryce lat osiemdziesiątych, lecz w gruncie rzeczy przedstawia podróż przez życie bohatera. Nawet film *Sans Soleil* (Bez słońca) Chrisa Markera, który często jest przedstawiany jako film o budowie nielinearnej, płynie do przodu poprzez czas. Sądzę, że ta cała sprawa intrygi rozwijającej się do przodu jest nierozerwalnie związana z naszym kulturowym DNA". Film Michaela Glawoggera, *Workingman's Death* (Śmierć człowieka pracy) opisany w poprzednim rozdziale, ma zarówno rozwijającą się do przodu strukturę wewnątrz każdej historii, jak i w całym filmie.

Zgodnie z tym, co jest już prawdopodobnie jasne dzięki omówieniu problematyki struktury, popychanie historii do przodu w czasie, nie czyni koniecznym uciekania się do mozolnej recytacji wszystkich wydarzeń w kolejności, w jakiej miały miejsce. Zamiast tego i to dość często, obejmuje to przeplatanie elementów ułożonych chronologicznie z elementami niebędącymi w kolejności, w imię stworzenia spójnej i zadawalającej całości. *Daughter from Danang* (Córka z Danang) prezentuje wydarzenia zgodnie z chronologią życia Heidi Bub - jej podróżą do Wietnamu w 1997 roku w celu spotkania matki, która wydała ją na świat - jako szkieletem albo lokomotywą, poprzez którą zgłębiamy zagadnienia i wydarzenia z całego życia Heidi, włącznie z narodzinami w 1968 roku, a szczególnie z decyzją jej matki o oddaniu do adopcji w 1975 roku. *Jonestown: The Life and Death of Peoples Temple* zaczyna się konkretnego dnia w 1978 roku, prezentuje następnie scenę nieoznaczoną dokładnie czasowo, aby dalej cofnąć nas do lat trzydziestych i od tego miejsca podążać chronologicznie aż do tego feralnego dnia w 1978.

Trzeba w tym miejscu uczynić jedno bardzo istotne zastrzeżenie. Nie wolno ci *zniekształcać* czy wręcz *fałszować* chronologii. To o czym tutaj dywagujemy to porządek w jakim ty przedstawiasz historię, a nie porządek w jakim ty mówisz, że ona się wydarzyła.

OPOWIADANIE CHRONOLOGICZNEJ HISTORII, ALE NIECHRONOLOGICZNIE

Będąc twórcami dokumentów, to jednak wy decydujecie, w którym miejscu zacząć i gdzie skończyć opowieść. Możecie zacząć w środku, cofnąć się do początku, a następnie podjąć je tam gdzie zostało przerwane i doprowadzić do końca. Możecie zacząć na końcu, zanim przeskoczycie do początku stawiając pytanie „Jak do tego doszło?". Możecie skakać do przodu, albo do tyłu. Jedyną rzeczą, której wam nie wolno zrobić w filmie dokumentalnym, którego narracja napędzana jest określoną sekwencją wydarzeń, byłaby zmiana kolejności podstawowych faktów wątku opowiadania, na którym zbudowana jest chronologia.

Załóżmy, że wygrzebałeś temat z archiwum lokalnego towarzystwa historycznego. Następujące wydarzenia miały miejsce w porządku chronologicznym:

- ■ Zaręczyny młodego człowieka
- ■ Jego starszy brat zaciąga się na front II wojny światowej
- ■ Młody człowiek zaciąga się także
- ■ Umiera ich ojciec

- Młody człowiek zostaje wysłany na front
- Dowiaduje się, że zginął jego brat
- Narzeczona zawiadamia go listownie, że zrywa zaręczyny.

Te fakty nie przydarzyły się w kolejności budującej jakąś szczególną dramaturgię, a poza tym nie ma sposobu określenia na pierwszy rzut oka ich związków przyczynowo-skutkowych. Możliwy jest wariant, iż młody człowiek poczuł się zobligowany iść na wojnę, ponieważ uczynił to jego brat, ale przyczyny w gruncie rzeczy mogły być wielorakie.

Jeśli jesteście w stanie zweryfikować motywy działań waszego bohatera, dzięki świadectwom lub relacjom świadków, możecie je przytoczyć, ale w każdej innej sytuacji przedstawcie fakty i pozwólcie widzom wyciągać wnioski. Z tych samych powodów, nie wolno wam zmieniać leżącej u podstaw opowiadania chronologii dla uzyskania ciekawszych i wzbudzających większe zainteresowanie efektów. Na przykład, odwołując się do podanego wyżej przykładu, możecie mieć pokusę, aby:

- Pokazać zaciąganie się obu braci dopiero po śmierci ich ojca, co stworzyłoby wrażenie, że zaciągnęli się w imię honoru
- Nakręcić rekonstrukcję sytuacji, w której młody człowiek, już w mundurze wojskowym, oświadcza się
- Przytoczyć list od narzeczonej czytany przez lektora na tle sceny, gdy młody człowiek zgłasza się do poboru, sugerując w ten sposób, że jego zaciąg jest reakcją na jej zerwanie.

Każdy z tych przykładów ma potencjał dramatyczny, ale wszystkie prowadzą widzów do fałszywego odczytywania przyczyn i skutków. A przecież, szanując prawdziwe związki przyczynowo-skutkowe, można w powyższej sytuacji znaleźć dramatyczne rozwiązania. Na przykład, można zacząć od odrzucenia młodego mężczyzny przez narzeczoną, a następnie ujawnić, że jest to jedno z doświadczeń, które go dotykają z całego łańcucha strat. Zostaw ojca i narzeczoną na jakiś czas, skup się na obu braciach na wojnie. Opowiedz, jak młody człowiek wyruszył na wojnę, a następnie cofnij się, aby opowiedzieć historię jego zaręczyn. Jest tu dużo możliwości twórczych.

Przykładem dokumentu, który tworzy fałszywe odczucie chronologii, z uszczerbkiem dla skądinąd mocnego pod każdym względem filmu, jest *Roger & Me* (Roger i ja) Michaela Moora. Krytyk filmowy Harlan Jacobson napisał w *Film Comment* szczegółową amalizę, podkreślając te właśnie kwestie. Narracja w czasie teraźniejszym rozpoczyna się pod koniec 1986 roku, gdy jak to podaje Moore, prezes General Motors Roger Smith, zamknął 11 fabryk w miejscowości Flint w stanie Michigan, wyrzucając na bruk 30 000 ludzi, wsadzając miasto na równię pochyłą upadku.

Następnie Moore przedstawia ciąg zdarzeń wymienionych poniżej, w następującym porządku:

- General Motors otwiera jedenaście fabryk w Meksyku, gdzie jak podaje Moore, robotnikom płaci się 70 centów za godzinę.
- Ostatni pojazd zjeżdża z taśmy montażowej we Flint.
- Flint odwiedza Ronald Regan. Na newsowych materiałach archiwalnych Moore kładzie swój komentarz: *Gdy sprawy zaczęły wyglądać naprawdę ponuro, do Flint przybył Ronald Regan.* W końcówce sceny Moore mówi, że ktoś *pożyczył kasę fiskalną wychodząc za bramę.*
- We Flint odbywa się parada, w trakcie której Moore przeprowadza wywiad z Miss Michigan, która w nadchodzących wyborach zostanie Miss Ameryki.
- Głoszący Słowo Boże Robert Schuller przybywa do Flint, aby dać ludziom nadzieję.
- Moore, pokazując opuszczone i rozpadające się miasto, mówi: *Miasto stało się stolicą krajowego bezrobocia.* Kiedy wydawało się, że wszystko stracone, ojcom miasta przyszła do głowy ostatnia deska ratunku. Plan zakładał wybudowanie w centrum hotelu Hyatt Regency, parku wodnego, centrum handlowego i otwarcie Auto World.

Nie zapominajcie, że film zaczął się od zamknięcia we Flint 11 fabryk w końcówce 1986 roku. Harlan Jacobson w swoim artykule przytacza faktyczną chronologię wydarzeń:

- W 1980 roku Ronald Regan pojawił się w mieście jako kandydat na prezydenta i zjadł pizzę w pizzerii, gdzie dwa dni wcześniej została skradziona kasa fiskalna.
- W 1982 roku Wielebny Schuller był w mieście, a hotel Hyatt Regency został otwarty.
- Auto World został otwarty w połowie roku 1984 i zamknięty na początku 1985.
- W 1986 roku został otwarty park wodny jako zwieńczenie planów, które sięgają wczesnych lat siedemdziesiątych. W roku 1986 liczba zwolnionych z zakładów General Motors nie wynosiła 30 000 tylko, jak stwierdził Jacobson, 10 000. Prawdziwa lawina zwolnień miała miejsce znacznie wcześniej, w roku 1974. Całkowita redukcja zatrudnienia od roku 1974 wyniosła około 32 000.
- U schyłku roku 1988, wkrótce po paradzie, Miss Michigan zdobyła koronę Miss Ameryki.

Innymi słowy, wiele spośród wydarzeń przedstawionych przez reżysera jako program naprawczy po zwolnieniach z 1986 roku, miało w rzeczywistości miejsce, albo zostało rozpoczęte na długo przed tymi zwolnieniami. Materiał Jacobsona zawiera wywiad z Moorem, w którym pyta reżysera o te sprawy. „Film jest w zasadzie o tym co spotkało to miasto w latach osiemdziesiątych", odpowiada Moore. „Jeśli o mnie chodzi, okres siedmiu czy ośmiu lat... jest całkiem bliski i całkiem niszczycielski" (wykropkowane opuszczenie w oryginale). Moore przekonywał, że starał się „zrobić film dokumentalny w sposób w jaki ich się zazwyczaj nie robi. Ludzie odwracają się od dokumentów dlatego, że mają po dziurki w nosie komentarzy typu: 'Teraz w 1980... a następnie w 1982 pięć tysięcy ludzi zostało zatrudnionych... a w osiemdziesiątym czwartym zwolniono dziesięć tysięcy... i potem w osiemdziesiątym szóstym zatrudniono z powrotem trzy tysiące, aby w osiemdziesiątym szóstym zwolnić dalsze dziesięć tysięcy".

Tak naprawdę, rzetelne opowiadanie nie oznacza konieczności brnięcia w szczegóły czy konieczności opowiadania sekwencyjnego. Prawdopodobnie, można by zostawić układkę *Roger & Me* tak jak jest, zmieniając jedynie komentarz Moora. Na przykład, nic nie stoi na przeszkodzie użyciu materiałów z kandydującym na prezydenta Reganem, jak przechadza się sztywno po Flint kilka lat przed zamknięciem zakładów przemysłowych, po prostu trzeba to tak napisać, żeby kilkuletnia różnica w czasie tych wydarzeń była oczywista. Oto komentarz Moora odbijający się od zwolnień z roku 1986. *Dokładnie, gdy sprawy zaczęły wyglądać ponuro, do Flint przyjechał Ronald Regan i wziął tuzin bezrobotnych na pizzę. Powiedział im, że przyjechał z dobrym planem i że jeśli podejmą wyzwanie, będą mieli znowu pracę* (w materiale archiwalnym, który po tym został użyty, kobieta tłumaczy, że Regan sugerował, aby się przeprowadzili do innego stanu w poszukiwaniu pracy).

Oto możliwy, alternatywny komentarz: *Przez lata starano się pomóc bezrobotnym z Flint. W roku 1980 jeszcze jako kandydat, przyszły prezydent Ronald Regan wziął tuzin robotników na pizzę, żeby im coś podpowiedzieć, doradzić.*

Narracja winna reprezentować czas teraźniejszy filmu – w tym przypadku, gdzieś pomiędzy 1986 a 1988 – oraz informować nas wyraźnie, że coś co oglądamy jest z przeszłości i jak to wpływa na teraźniejszość. Co zrobić z kradzieżą kasy fiskalnej? Brzmi to jak sprawa, która jest „tak piękna, że musi być prawdziwa". Jednak to musi być zweryfikowane. Jeśli masz pewność, że kradzież miała miejsce dwa dni przed wizytą Regana, a koniecznie chcesz o tym powiedzieć, musisz być nieco kreatywny.

Komentarz Moora: *Żaden z gości Regana na tym lunchu, nie wrócił do fabryki w późniejszych latach i jedyny jasny promyk, który wyniknął z tej całej sprawy dotknął gościa, który wychodząc z lokalu pożyczył sobie kasę fiskalną.*

Nie jest jasne, czy uczestnicy lunchu byli już na bezrobociu przed wizytą Regana (i pozostali bezrobotnymi), czy też pracowali w czasie pomiędzy wizytą Regana i późniejszymi zwolnieniami w latach osiemdziesiątych. W każdym bądź razie (a przynajmniej w sytuacji, gdy w materiale archiwalnym nie można znaleźć szczegółów na temat tych postaci), można było powiedzieć coś bardziej ogólnego, jak na przykład: *W latach, które miały nadejść, goście Regana na lunchu, być może woleliby zamiast go słuchać wziąć przykład z faceta, który obrabował dwa dni wcześniej restaurację, wynosząc kasę fiskalną.*

Moje propozycje nie są błyskotliwe, to po prostu szybki przykład tego, jak można coś opowiedzieć nie po kolei, wyrażając lekceważenie w stopniu, jaki będzie potrzebny lecz bez kreowania faktów o lichych czy wręcz fałszywych podstawach. Insynuowanie, że wizyty Wielebnego Schullera i Ronalda Regana oraz otwarcie hotelu Hyatt Regency i Auto World miały miejsce po, oraz z powodu zamknięcia fabryk w roku 1986 jest najdelikatniej mówiąc niewłaściwe. Na swoją obronę Moore powiedział Jacobsonowi, że *Roger & Me* nie jest dokumentem tylko „filmem rozrywkowym, który być może zachęci ludzi do myślenia o tym co się dzieje wokół" (mówiąc uczciwie, to był jego pierwszy duży film, rozpowszechniany w 1989. Od tego czasu zrobił kilka dokumentów, które stały się hitami kinowymi). Jednak widzowie i krytycy odbierali ten film jak dokument i tak się go traktuje. Siła dokumentu bierze się z jego prawdomówności, zostanie podważona, gdy widzowie odkryją, że w imię uatrakcyjniania film mija się z prawdą.

Nie wszystkie dokumenty, czy sekwencje w nich, muszą niewolniczo oddawać chronologię. Reżyserzy mogą inaczej zaaranżować filmowane sekwencje jeśli przedstawiają rzeczy typowe, a niekoniecznie zgodne z chronologią czasu, takie jak wydarzenia powtarzające się (ćwiczenia na deskorolce, niedzielna msza, coroczne wakacje). Gdzie umiejscowisz taki materiał w filmie, nie bacząc na to kiedy był filmowany, zależy wyłącznie od ciebie. Na przykład jeśli przedstawiasz grupę ludzi, podopiecznych domu dziennej opieki, twój wybór które sceny, które historie i w jakiej kolejności zaprezentować w filmie, będzie zależał raczej od przebiegów emocjonalnych, które budujesz w filmie, niż od chronologii czy po prostu kolejności w jakiej te sceny były filmowane (jednakże wewnątrz każdej sceny żelazna zasada przyczyny i skutku ma ciągle zastosowanie. Jeśli kobieta doświadcza ataku serca, wychodzi z tego, a następnie tańczy z mężem w trakcie oficjalnego przyjęcia, byłoby nieuczciwe zmontować scenę w sposób sugerujący, że tańczenie doprowadziło do ataku serca).

Materiały o charakterze uzupełniającym mogą również znajdować się poza drabinką chronologii. Taki przykład znajduje się w filmie *Troublesome Creek: A Midwestern*. Chronologia zbudowana została na czynionych przez Jordanów wysiłkach, żeby spłacić bankowy dług drogą wyprzedaży na aukcji całego ich majątku. Z przyczyn tematycznych, dla uatrakcyjnienia filmu, filmowcy poprosili Jordanów by ci odwiedzili swoją poprzednią farmę, którą dzierżawili przez wiele lat, zanim przenieśli się na farmę, którą teraz mieli stracić. Miejsce wklejenia tej sceny do filmu gdziekolwiek - byle przed sceną aukcji, nie miało znaczenia. Głos reżyserki Jeanne Jordan po prostu informuje: „Któregoś ranka pojechaliśmy do Rolfe, na farmę, na której się wychowałam". Rodzice Jordan są zmartwieni widząc, że miejsce jest opuszczone, lecz ich wizyta nie wywołuje żadnych skutków w filmie. Zamiast tego, służy filmowi jako całości, rzucając snop światła na historyczny kontekst, pracując także w temacie „zmian i nieszczęść".

ZAGĘSZCZANIE I ROZSZERZANIE CZASU

Tworzenie filmu, od zdjęć aż do montażu, to nieustający proces rozszerzania i/albo zagęszczania czasu realnego. Wydarzenie trzeba fotografować z myślą o montażu, trzeba zrobić zróżnicowane ujęcia, wykonywać przebitki, ujęcia – łączniki, aby umożliwić swobodny i twórczy montaż.

Już prosty montaż w znacznym stopniu pociąga za sobą upływ czasu. Twoi bohaterowie są w domu, przy śniadaniu, a następnie są na szkolnym boisku do gry w kosza, albo jeden z nich jest na przymiarce smokingu na bal. Jeśli akcja dzieje się latem, a ty robisz cięcie do dzieci bawiących się na śniegu, oznacza to zmianę pory roku. Czasami filmowcy podkreślają upływ czasu za pomocą przenikań, zdjęć poklatkowych, przerywnika z muzyką, albo jakiś zabiegów montażowych. Jeśli upływ czasu jest elementem narracji, realizator może zbudować scenę obrazową. Errol Morris pokazywał tarczę zegara dla odhaczania mijających godzin przesłuchania, jakiemu poddawany był Randall Adams w filmie *The Thin Blue Line* (Cienka niebieska linia).

Poszczególnym scenom można nadać większą lub mniejszą wartość emocjonalną, pozwalając im trwać na ekranie dłużej lub krócej. Na przykład, możesz poświęcić dwie minuty czasu ekranowego na przedstawienie dziesięciu lat życia kandydatki, które doprowadziły do momentu startu w wyborach prezydenckich. A dalej poświęcić 45 minut na przedstawienie ośmiomiesięcznej kampanii wyborczej. Oznacza to praktycznie pominięcie pierwszej części chronologii życia, na korzyść kampanii jako takiej. A czasami istnieje potrzeba wydłużenia (zatrzymania) czasu ekranowego, aby pozwolić na wybrzmienie emocjom, które nabudowałeś wcześniej, jak to miało miejsce w finale *Bridge to Freedom* (Most ku wolności), ostatniego odcinka pierwszej serii *Eyes on the Prize: America's Civil Rights Years*.

DOKRĘTKI - ZDJĘCIA PO FILMIE

Bywają sytuacje, gdy wartość filmu dokumentalnego nie rodzi się bezpośrednio z opowiadanych wydarzeń, ale z wykorzystanej możliwości przyjrzenia się losom bohaterów miesiące, a nawet lata, później. Taki przykład znajduje się w hiszpańskim filmie *Balseros*. Film rozpoczyna się w roku 1994 i podąża za grupą zdeterminowanych kubańskich emigrantów, którzy narażając życie, starają się dotrzeć do wybrzeży Stanów Zjednoczonych na skleconych przez siebie tratwach. Niektórym nie udaje się odpłynąć zbyt daleko od brzegów Kuby, innych podejmuje amerykańska Straż Przybrzeżna i osadza na długie miesiące w Guantanamo. Jednak bohaterom filmu udaje się koniec końców wylądować w Stanach, obserwujemy ich jak osiadają zarówno w małych miejscowościach, jak i dużych miastach na terenie całego kraju. Filmowcy odwiedzają ich wszystkich dziewięć miesięcy później, by popatrzyć jak im się wiedzie, a następnie powtarzają ten zabieg po pięciu latach. Końcowy rezultat to spojrzenie na imigrację i „amerykański sen", na ograniczane i zaprzepaszczone możliwości, na błędne wybory o długoterminowych skutkach.

Innym znamienitym przykładem będzie serial *Up,* brytyjskiego reżysera Michaela Apted. W 1960 zrobił dokument pt: *Seven Up!,* w którym czternaścioro siedmiolatków z różnych kręgów społecznych, zostało odpytanych na temat ich życia i nadziei na przyszłość. Apted, realizujący także filmy fabularne (*Coal Miner's Daughter* (Córka górnika)*, The World is Not Enough* (Świat to za mało) podjął kontynuację projektu, wracając do swoich bohaterów co siedem lat, aby zobaczyć jak dziecięce marzenia wytrzymują próbę czasu w wieku 14, 21, 28, 35, 42 i ostatnio w wieku 49 lat. Kilka postaci na przestrzeni lat odpadło z projektu, jednak większość uczestniczy dalej, a w ich osiągnięciach i frustracjach, publiczność może odnaleźć przenikliwy obraz zarówno zwyczajnego, jaki i niepospolitego życia.

REDAGOWANIE WYWIADÓW

Dwa podstawowe powody zmuszające do redagowania wywiadów to: skupienie się na głównym nurcie wypowiedzi oraz skrócenie czasu przekazywania informacji. Człowiek może wypowiadać się przed kamerą

10 minut, godzinę a nawet dwie lub trzy. Do filmu zazwyczaj wejdzie kilka zdań, chyba że cały film oparty jest o „rozmowę z". Wywiad musi ulegać kondensacji, jednak należy to czynić w taki sposób, aby nie wypaczać intencji mówiącego, żeby nie zmieniać istoty przekazu. Oto transkrypt opisu twojego bohatera Sandersa, dokonany przez świadka (przykład fikcyjny):

> *CHARLIE: Sanders nie był złym człowiekiem, w gruncie rzeczy muszę powiedzieć, że gość był całkiem w porządku, tak ogólnie, i dlatego nikt nie mógł się zorientować – przynajmniej ja nie mogłem się zorientować – tego, co on robił, a nawet myślał w sprawie defraudacji. Nie wiem, ale myślę, to znaczy, kto to wie, ale moim zdaniem, on po prostu spanikował przez te pieniądze. Rozumiesz, zaczął głośno płakać, facet ma trójkę, tego, troje, tego, rozumiesz, ma trójkę dzieciaków, i jeszcze jedno tego, w drodze – może to dotarło do niego, nie wiem, może nie mógł sobie wyobrazić jak zdoła utrzymać tyle drobiazgu czy jakoś tak, rozumiesz? Sprzedawał części do samochodów, używane części. Oprócz tego, defraudacja to robota „białych kołnierzyków", a on jest gościem od niebieskiego kołnierzyka – więc, może nie do końca, on nie pracuje bezpośrednio z tymi częściami, jest bardziej kierownikiem tego sklepu, który jeździ do roboty swoim, zaraz, co to było, Tercel, swoim niebieskim Tercelem, w koszuli pod krawatem i takie tam i myśli sobie, przypuszczam, że nikomu pond nim nie będzie żal tych trzydziestu patyków. Arogancja, myślę sobie, Tak. Arogancja.*

Czego nie należy używać? Niezależnie od tego jak atrakcyjnie to brzmi, z dwu powodów nie użyłabym, „defraudacja to robota „białych kołnierzyków", a on jest gościem od niebieskiego kołnierzyka". Sanders w gruncie rzeczy nie należy do kategorii „niebieskich kołnierzyków", a ponadto sam świadek poprawia swoją wypowiedź.

Z kolei jeśli chodzi o skróty czasowe tej wypowiedzi, dla wyciśnięcia jej jak cytryny, można wykonać każdą ilość cięć, w zależności od tego, jaki kierunek będziesz chciał nadać wypowiedzi Charliego, oraz w której części filmu będziesz chciał umieścić tę wypowiedź. Po jakim materiale będzie następował wybrany fragment wywiadu? A jaki będzie poprzedzał? Jedna z metod na przekonanie się o tym przed wejściem do montażowni, polega na wykonaniu sklejek na papierze i przekazaniu ich montażyście. Trzeba pamiętać o dwu sprawach. Po pierwsze, nie denerwuj montażysty, wycinając co trzecie słowo oczekując, że on czy ona sklei zdanie czy paragraf z pozostałych okruchów. To bardzo trudne i czasochłonne, a co ważniejsze, każda wypowiedź zbyt gęsto pocięta musi zostać przykryta jakimś obrazem. W każdym bądź razie, gdy tniesz wywiad na kawałeczki to może oznaczać, że albo rozmawiałeś z niewłaściwą osobą, albo chcesz, żeby ten wywiad zafunkcjonował w filmie inaczej niż planowałeś go użyć, więc pewno byłoby lepiej gdybyś poszukał innych rozwiązań.

Druga rzecz o której musisz pamiętać to fakt, że sklejka na papierze może nie funkcjonować na żywym materiale. Wypowiedź spisana na papierze nie odzwierciedla sposobu mówienia danego człowieka. Ludzie zamieniają zdanie oznajmujące na pytające przez podniesienie głosu na końcu, albo łączą dwa zdania razem, bekają albo stękają, albo słychać przelatujący samolot, albo energia wypowiadanych zdań różni się tak diametralnie, że nie daje rady ich skleić ze sobą. Robisz co tylko możesz, żeby pozaznaczać ważne fragmenty, kiedy ze spisanym tekstem w ręku oglądasz materiały (surowy materiał), lecz nie uchroni cię to od niespodzianek w przyszłości.

Powiedziawszy szczerą prawdę, przedstawię teraz kilka trików na zwiększenie szans, aby praca na papierze funkcjonowała w montażowni. Ogólnie rzecz biorąc sklejka łatwiej przechodzi, gdy doklejamy twardą spółgłoskę, jak b, t lub v. Słowa, które zaczynają się od miękkiej spółgłoski jak s, lub h, gorzej wchodzą po takiej sklejce. Zauważ, że choć wyrzuciłbyś „Więc" ze zwrotu „Więc myślę, że to się zaczęło", to wcale nie oznacza, że montażysta będzie mógł faktycznie to uczynić. Zazwyczaj jeśli takie usunięcie, taka sklejka, źle funkcjonuje, będzie można znaleźć coś w zamian, coś bliskiego.

Niezależnie od tego czy przykrywasz sklejki przebitkami czy nie, będzie to wybór z obszaru zwanego stylem narracji filmowej. Kiedy sklejasz dwa fragmenty wywiadu, lecz nie zmieniła się wielkość planu (ogniskowa obiektywu), wówczas sklejka – nazywana powszechnie skokiem montażowym – może drażnić. Bywają realizatorzy, którzy dopatrują się surowej elegancji, a przynajmniej uczciwości w stosowaniu skoków montażowych; nie kamuflują przed widzem dokonanych skrótów redakcyjnych. Inni maskują sklejki przebitkami, tworząc wrażenie ciągłości ścieżki dźwiękowej (na przykład, jesteś na twarzy mówiącego; gdy on mówi dalej, wklejasz drżącą nerwowo rękę, pokazujesz sąsiada na krześle obok, zegar na ścianie i wracasz do twarzy mówiącego). Czas na jaki schodzisz z mówiącej twarzy, to sprawa gustu oraz wielu innych czynników. Analogicznie sprawa ma się z offem, od którego zaczynasz wypowiedź danej postaci, jak długo widzowie mogą słuchać nie widząc twarzy mówiącego. Czasami, pozwalasz setce trwać, dlatego, że nie chcesz przerywać wypowiedzi. Czasami cały wywiad prezentujesz jako off (v/o - voice over) szczególnie w sytuacjach, gdy masz jednego bohatera i jest oczywiste kogo słuchamy. Tak robiono portrety pracujących postaci – dozorcy w ZOO, czy nurka.

Oczywiście, montowanie w obrębie danego wywiadu, to tylko jedno z rozwiązań. Można tworzyć syntezę opowiadania, montując ze sobą wywiady z wieloma ludźmi, można zastosować komentarz zamiast setki, aby wybrnąć z zawiłości i nieskładności wywiadu. W tym rozdziale zajmujemy się skracaniem wywiadu zgodnie z ogólnie przyjętymi zasadami etyki w tej dziedzinie. Jako przykład, znajdziecie poniżej skróty w wypowiedzi Charliego opisującej Sandersa:

CHARLIE: *Sanders nie był złym człowiekiem, w gruncie rzeczy muszę powiedzieć, że gość był całkiem w porządku, tak ogólnie, i dlatego nikt nie mógł się zorientować* ~~przynajmniej ja nie mogłem się zorientować~~ *tego...* ~~że~~

co on robił, a nawet myślał w sprawie defraudacji. Arogancja, myślę sobie,
Tak. Arogancja.

CHARLIE: (początek na offie) on po prostu spanikował przez te
pieniądze. ~~Rozumiesz, zaczął głośno płakać, facet ma trójkę, tego, troje,~~
~~tego, rozumiesz,~~
(od tego miejsca możliwa setka) ma trójkę dzieciaków, i jeszcze jedno tego,
w drodze — może to dotarło do niego, nie wiem, może nie mógł sobie wyobrazić
jak zdoła utrzymać tyle drobiazgu czy jakoś tak, rozumiesz?

CHARLIE: (przejście na off) Sprzedawał części do samochodów, używane
części. ~~Oprócz tego, defraudacja to robota „białych kołnierzyków", a on jest~~
~~gościem od niebieskiego kołnierzyka — więc, może nie do końca, on nie pracuje~~
~~bezpośrednio z tymi częściami, jest bardziej kierownikiem tego sklepu,~~ *który*
jeździ do roboty swoim, zaraz, co to było, Tercel, swoim niebieskim Tercelem,
w koszuli pod krawatem i takie tam i myśli sobie, przypuszczam, że nikomu
pond nim nie będzie żal tych trzydziestu patyków.

W zależności od tego co jest sednem twojego opowiadania, albo
w jakim kierunku zmierza, każde z tych cięć ma rację bytu. Pierwsze
prowadzi do sedna problemu - dlaczego Sanders to zrobił, przynajmniej
w opinii Charliego - do arogancji. Drugi skrót wydobywa bardziej ludzkie
motywy przestępstwa. Trzeci maluje ogólny obraz Sandersa, dostarcza
informacji o nim i o jego pracy. Jeśli miałeś wcześniej żonę Sandersa,
opisującą jego nocne napady strachu z powodu niezapłaconych
rachunków, być może nie będziesz chciał użyć wersji # 2. Jeśli on tak
naprawdę nie był arogancki, tylko śmiertelnie przerażony, być może nie
użyjesz wersji # 1. Jeśli w dodatku odkryjesz, że jeździł używanym BMW,
nie powinieneś używać # 3, ponieważ to nieprawda. Twoje gadające
głowy muszą zostać zweryfikowane pod względem faktów, nie możesz
przepuszczać błędów, usprawiedliwiając je faktem, że to nie ty, realizator,
je wypowiadasz. Zostawiając je w filmie, podpisujesz się pod nimi.

Jedyna sytuacja, która to usprawiedliwia występuje wówczas, gdy wypowiadane kłamstwo jest elementem opowiadania, tak jak miało to miejsce z „naocznymi świadkami" otoczonymi przez stróżów prawa w filmie *The Thin Blue Line* (Cienka niebieska linia).

Inny problem, na który należy zwracać uwagę, gdy dokonuje się oceny przydatności wywiadu (jak też każdego innego materiału setkowego z mówiącymi ludźmi), to znaczenie danej wypowiedzi w oderwaniu od kontekstu w jakim została wypowiedziana. Wypowiedź oceniana w montażowni naprawdę może znaczyć zupełnie co innego, niż zapamiętali ludzie, którzy byli na planie przy jej rejestracji. Dlatego tak ważne jest, aby ktoś kto uczestniczył w zdjęciach, był obecny przy montażu, a przynajmniej miał szansę popatrzeć na układany materiał. Najczęściej reżyser i/albo producent sprawują taki nadzór, lecz niestety brak funduszy prowadzi nierzadko do paranoicznych cięć, gdzie praktycznie gubi się personalna łączność pomiędzy zdjęciami a montażem. Gdy powstaje taka sytuacja, wszystkie decyzje montażowe są podejmowane przez ludzi, którzy nie mieli żadnego bezpośredniego związku z ludźmi filmowanymi – a to staje się wielce ryzykowne (z tego samego powodu, piszący komentarz, albo konsultant, którzy włączają się w tok produkcji na etapie zaawansowanego montażu, winni sięgnąć do oryginałów transkrypcji wywiadów na papierze, a nawet do materiałów zdjęciowych).

W trakcie całego montażu, a szczególnie przy skracaniu wywiadów, filmowcy muszą bardzo dbać o zachowanie „ducha wypowiedzi". Tak prosty technicznie zabieg jak wstawienie pojedynczego zdania z końcówki na początek wywiadu, dla dobra całego filmu – jeśli będzie jednocześnie przeinaczał znaczenie danego wywiadu – jest nie do przyjęcia. „Zawsze powinieneś być świadom, kiedy robisz krok za daleko", mówi reżyser Sam Pollard (Rozdział 23) „żebyś nie zaczął manipulować tekstami w takim stopniu, że zaczynają znaczyć co innego".

ROZDZIAŁ 6

Podejście twórcze

D ajcie grupie filmowców wspólny *temat* — nawet tę samą *historię* — a otrzymacie filmy różniące się stylem, tonem opowiadania, punktem widzenia, uwypukleniem wątków itp. Te różnice opisują *podejście*: sposób prezentacji historii na ekranie. Czy ma to być półgodzinny film o charakterze specjalnym, czy też serial dziesięciogodzinny? Czy utrzymany w lekkim tonie? Z jakich elementów składowych ma powstać: zdjęcia filmowe, rekonstrukcja, narrator, zdjęcia poklatkowe, animacje? Czy film ma być szybki i tani, czy pozwala na bardziej przemyślane podejście zarówno do treści jak i formy?

Nawet w ramach wąskiej grupy dokumentów z najwyższej półki, planowanych do rozpowszechniania kinowego, można dostrzec całkiem różne podejścia. Przyjrzyjcie się na przykład licznym nagradzanym dokumentom kinowym, które podejmują temat amerykańskiej interwencji w Iraku i Afganistanie od 2001 roku. Można tu wymienić

Iraq for Sale (Irak na sprzedaż, reż. Robert Greenwald), *Standard Operating Procedure* (Zwykła procedura operacyjna, reż. Errol Morris), *Control Room* (reż. Jehane Nounaim), *Taxi to the Dark Side* (Kurs do Krainy Cienia, reż. Alex Gibney), *Why We Fight* (Dlaczego walczymy, reż. Eugene Jarecki), *The Way We Get By* (reż. Aron Gaudet), *The War Tapes* (Filmy z linii frontu, reż. Deborah Scranton).

Sierżant Zack Bazzi rozmawia przez radio w Hummerze, w filmie *The War Tapes*
(Filmy z linii frontu). Zdjęcie: SenArt Films/Scranton/Lacy Films.

Nawet jeśli filmy skupiają się na podobnym wątku (jak w przypadku dokumentów Gibneya i Morrisa, biorących pod lupę problem poniżania więźniów), ich podejście było całkowicie różne. Morris skoncentrował się na historii, która wyłoniła się zza haniebnych zdjęć z Abu Ghraib, podczas gdy Gibney wziął pod lupę politykę i procedury, które doprowadziły w Bagram do śmierci niewinnego taksówkarza. Aby zrealizować film *Control Room*, Jehane Nounaim ulokowała się w redakcji satelitarnej stacji Al Jazeera, aby uzyskać spojrzenie na wojnę inne od tych, które oferowały amerykańskie stacje telewizyjne. Dla filmu *The War*

Tapes (Filmy z linii frontu) Deborah Scranton „ulokowała się wirtualnie" w Iraku za pośrednictwem kamer, które włożyła w ręce wysłanych tam żołnierzy Gwardii Narodowej, z którymi utrzymywała łączność za pośrednictwem e-maili i komunikatorów internetowych. Jarecki i Greenwald obaj postanowili przyjrzeć się całemu kompleksowi militarno-przemysłowemu i niebezpieczeństwom związanym z czerpaniem nadmiernych korzyści. Jednak film Greenewalda ma szybką narrację i pełen jest suchych danych pozbawionych kontekstu, tworząc obraz nie tyle racjonalny, ile emocjonalny. Zupełnie inaczej, film Jareckiego jest bardziej rzeczowy i wywarzony. I tak dalej.

KIEDY MYŚLEĆ O TWÓRCZYM PODEJŚCIU

Najlepiej jest zacząć myśleć o podejściu do tematu od samego początku, od momentu, kiedy przyjdzie ci do głowy temat czy historia. Na przykład, jeśli zainteresuje cię bitwa, która miała miejsce w XVIII wieku, musisz przemyśleć sposób wizualizacji wydarzenia, mającego miejsce przed wynalezieniem fotografii (Peter Watkin w swoim filmie *Culloden* zainscenizował bitwę pod Culloden z roku 1746 i sfotografował ją w stylu czarno-białych reportaży telewizyjnych z roku 1950). Jeśli chcesz zająć się grupą mieszkańców osiedla, musisz wiedzieć od początku, dlaczego oni cię interesują; towarzyszenie im w tygodniowej podróży do Izraela będzie czymś innym niż roczne obserwowanie ich w domu, gdy sąsiedzi starają się o ich eksmisję. Twoje podejście może się zmieniać w miarę zbierania materiałów i zdobywania szerszej wiedzy, jednak dobrze jest zaczynać mając jakieś pomysły.

Jedną z dróg prowadzących do znalezienia podejścia do tematu jest oglądanie jak największej ilości filmów i rozmowa z twoimi współpracownikami o tym, jakie elementy wam się podobają, a jakie nie i które z nich mogłyby najlepiej sprawdzić się w waszym projekcie. Czy chcecie stworzyć intymny portret czy też stylowy kryminał? Dokument historyczny w oparciu o materiały archiwalne, czy rekonstrukcje (a może oba rodzaje materiałów)? Obejrzenie kilku filmów tego samego realizatora też może pomóc wam w wyobrażeniu sobie, jak zmienia się styl i podejście w zależności od projektu. I odwrotnie, zauważycie, że niektórzy realizatorzy stosują swój styl realizacji do zupełnie różnych tematów, po prostu dlatego, że są przywiązani do takiego stylu.

Podejście do tematu to istota tworzenia filmu. Załóżmy dla przykładu, że wciągnąłeś się w temat maltretowanych, porzucanych i zabłąkanych zwierzaków oraz tego, co się z nimi dzieje w schroniskach. Możesz zdecydować się na:

- Stworzenie dziennikarskiego kawałka o opiece społecznej dla zwierząt, z użyciem ekspertów i materiałów w newsowym stylu, który będzie badał kontrowersyjne wątki, takie jak nieetyczne rozmnażanie, kulturę „psich walk", oraz eutanazję.

- Stworzenie werystycznego obrazu jednego schroniska i jego personelu, dla którego te sprawy są chlebem powszednim, jak to zrobiły Cynthia Wade i Heidi Reinberg w pełnometrażowym dokumencie *Shelter Dogs*.

- Napisanie scenariusza i stworzenie filmu przy współudziale rodziny poszukującej w lokalnym schronisku psa, którego zabiorą do domu, aby następnie za pośrednictwem specjalistów pokazać proces ponownego oswajania, wygaszania agresji w psach, które były maltretowane.

- Uczynienie siebie przewodnikiem w filmie, uczynienie swojej wędrówki po lokalnych schroniskach w poszukiwaniu idealnego psa jest „lokomotywą" filmu, podróżą, która pozwoli na wjazd na boczne tory i zobaczenie jak psy trafiły do schroniska, ile ich jest w schroniskach w całym kraju, oraz jaki los je czeka jeśli nie znajdą nowych opiekunów. I na końcu, znalezienie albo nie znalezienie wyśnionego psa.

Załóżmy, dla innego przykładu, że wiesz z jakich elementów będziesz budował film historyczny, ale nie masz koncepcji jak je użyć. Masz zbiór pamiętników, listów i wycinków prasowych, odnoszących się do twojej historii z przeszłości. Możesz uczynić co następuje:

■ Użyć aktorów-lektorów do przeczytania tych tekstów jako offów, gdy będziesz prezentował ikonografię lub archiwalia, być może wzbogacone o sugestywne obrazki współczesne.

■ Użyć aktorów w kostiumach z epoki, wcielających się w autorów tych historycznych tekstów, mówiących do kamery tak jakby udzielali wywiadów. Takie podejście można odnotować w produkcji Middlemarch Films, takiej jak *Liberty! The American Revolution* (Wolność! Amerykańska rewolucja) i w ostatnio zrealizowanych filmach o Benjaminie Franklin, Alexandrze Hamilton, oraz Dolley Madison.

■ Użyć aktorów do przedstawienia na żywo, do kamery, słów zawartych w historycznych dokumentach – lecz bez kostiumu i charakteryzacji. Takie podejście zaprezentowano w filmie HBO *Unchained Memories*, w którym aktorzy czytali słowa starych, byłych niewolników, zebrane przez pracowników organizacji Works Progress Administration.

Inny przykład. Kto będzie opowiadał w twoim filmie? Co będzie napędzało narrację?

■ W filmie *Grizzly Man* (Człowiek niedźwiedź) narracja napędzana jest dążeniem Wernera Herzoga do zrozumienia życia i pracy przyrodnika Timothy Treadwella. W swoim odautorskim komentarzu spoza kadru i przed kamerą, Herzog ujawnia się, aby polemizować z poglądami Treadwella na temat natury.

■ W *Enron: The Smartest Guys in the Room* mamy do czynienia z opowieścią z punktu widzenia „wszechwiedzącego", niezależnie od tego, iż wyprowadzona została do pewnego stopnia z książki pod tym samym tytułem autorstwa Petera Elkind i Bethany McLean, którzy występują także przed kamerą. Komentarz czytany przez aktora Petera Coyote, ma charakter bezosobowy i informacyjny. Ten styl jest najbardziej „typowy" dla dokumentów telewizyjnych. Użycie wszechwiedzącego narratora w filmie ma jednak głęboki sens: nawet kilka plansz informacyjnych nie byłoby w stanie dostarczyć szczegółów potrzebnych widzom do śledzenia rozgrywającej się na ekranie mocno skomplikowanej historii. W roli opowiadającego mógłby się obsadzić realizator, jednak nie ma oczywistych przyczyn, aby tak czynić, za to jest wiele przyczyn, aby tego nie robić (pierwsza z nich, liczba postaci występujących na ekranie jest i tak znaczna: trzej kierownicy z górnego szczebla Enronu, handlowcy Enronu, ci którzy podnieśli alarm, oraz dwaj dziennikarze, autorzy książki).

■ W filmie *Kurt & Courtney* o śmierci gwiazdy rocka Kurta Cobaina, rysującym niepochlebny obraz wdowy po nim, Courtney Love, Nick Broomfield (jak Herzog) czyni siebie i swoje dążenie do zrobienia filmu – wątkiem przewodnim. Lecz styl działania jest wyraźnie inny: Broomfield, podobnie jak Judith Helfand w filmie *Blue Vinyl* oraz Michael Moore w *Bowling for Columbine* (Zabawy z bronią), posługuje się konfrontacją, w stylu zbliżonym do telewizyjnego dziennikarstwa śledczego.

■ W nagrodzonym przez Akademię Filmową *Born into Brothels* (Przeznaczone do burdelu), realizatorka Zana Briski nie tylko pojawia się przed kamerą, a także komentuje cały film spoza kadru, ale jest także jedną z istotnych postaci kreujących wydarzenia na ekranie, tak jak wszystkie inne postacie, nieznająca końca historii w momencie rozpoczynania zdjęć. Innymi słowy, historia którą opowiada film, to nie jest historia o robieniu filmu, tylko opowieść o jej pracy z dziećmi w dzielnicy czerwonych latarni w Kalkucie, o jej usiłowaniach otwarcia drzwi do wykształcenia i w ogóle wyjścia z tego zamkniętego kręgu.

■ *Murderball* to przykład filmu, który podobnie jak zresztą wiele innych, jest mieszanką stylu vérité i innych stylów realizacji. Choć nie ma tu narratora, film jest „opowiadany" kilkoma sposobami, począwszy od wywiadów (oglądanych na ekranie i słyszalnych jako off), skończywszy na planszach informacyjnych (jak np. *Po raz pierwszy Joe spotka swoich kolegów z drużyny USA*). Filmowcy śledzą rozwijającą się rywalizację pomiędzy rugbistami na wózkach, reprezentantami Stanów Zjednoczonych i Kanady; tworzą intymne portrety głównych graczy drużyny amerykańskiej, oraz amerykańskiego trenera kanadyjskiej drużyny, zestawiają materiały filmowe o sportowcach w akcji z materiałami z życia codziennego – ubierania się, jazdy, randek – które dają nam pełną wiedzę o nich jako ludziach. Pokazują różnice między nimi, wynikające z faktu przejścia przez niektórych rehabilitacji i terapii w następstwie chorób lub wypadków, a przez innych nie, na przykładzie młodzieńca, dla którego szok bycia kaleką wciąż trwa, co pozwala widzom docenić drogę, jaką pokonali gracze. Styl tego filmu można określić „bez ograniczeń", biorąc pod uwagę również ścieżkę dźwiękową, i rozszerzyć na gotowość uczestników do dzielenia swoich intymnych przeżyć. Filmowcy nie pozostawiają śladu swojej obecności na ekranie.

■ W niektórych spośród popularnych seriali biograficznych, nacisk położony jest nie tyle na opowiadanie historii, ile na stworzenie ilustrowanego „albumu z wycinkami" będącego kluczem do historii celebryty, przedstawiającego chronologicznie węzłowe momenty życia, wzloty i upadki; jak choroby, małżeństwo czy skandale. Takie filmy w mniejszym stopniu służą szlachetnej sztuce opowiadania, bardziej schlebiają zainteresowaniom widzów. Jak rodzinne zdjęcia (które najczęściej interesują najbliższą rodzinę i nikogo więcej), są przedmiotem zainteresowania szerszej publiczności dlatego, że ludzie widzą celebrytów na ekranie, a nie z powodu szczególnie ciekawej historii.

Sama decyzja o opowiedzeniu danej historii już kreuje podejście do niej, równolegle z pytaniem jak ją opowiadać. Michael Ambrosino, który stworzył wieczną serię popularnonaukową na PBS *Nova* w 1973 (inspirowaną cyklem BBC, *Horizon*) powiedział: „Cykl *Nova* pomyślany był jako poznanie i objaśnianie funkcjonowania świata. Chcieliśmy używać nauki jako narzędzia, myśląc o sobie jako o dziennikarzach, którzy szukają ciekawych historii na obszarze nauki". Po co szukać historyjek? „Byłoby niemożliwe zrobienie filmu o Mgławicy Raka tak, żeby to cię zainteresowało i żebyś to jeszcze zrozumiał", mówi Ambrosino. „Natomiast *jest* możliwe opowiedzieć historię dwunastki ludzi, którzy starają się odkryć co jest jądrem Mgławicy Raka. Opowiadając o tym jak odkrywali to jądro, masz historię zrozumiałą dla każdego".

Dla potrzeb niektórych filmów aranżuje się jakieś sytuacje, aby je potem rozwikłać na ekranie. Nabierają w ten sposób cech filmów obserwacyjnych. Na przykład, Alan Berliner zaprosił tuzin innych ludzi nazywających się „Alan Berliner" na obiad w swoim nowojorskim mieszkaniu. Zebrany na przyjęciu materiał włączył później do filmu *The Sweetest Sound* (Najsłodszy dźwięk). Wyobraźmy sobie, że ty chcesz włączyć do filmu jakiegoś rodzaju aranżację-inscenizację. Dla potrzeb serialu popularnonaukowego pt: *The Ring of Truth* (Koło prawdy) zostałam zaangażowana w przygotowanie sekwencji, gdzie wziętą z wypożyczalni żółtą ciężarówką przejechaliśmy dokładnie na południe 183 mile, aby dokonać pomiaru położenia gwiazdy Antares (najjaśniejsza z gwiazdozbioru Skorpiona) na początku i na końcu naszej podróży. Wszystko to było współczesną rekonstrukcją starożytnego pomiaru obwodu Ziemi. Dla potrzeb *A Brief History of Time*, Errol Morris sfilmował roztrzaskującą się filiżankę od herbaty po to, aby móc żonglować pojęciem filiżanki nierozbitej (Morris sfilmował także przewracające się domino i użył jako powracający motyw w *The Fog of War* (Mgły wojny: jedenaście lekcji z życia Roberta S. McNamary). Takie wysublimowane sposoby wizualizacji tematów czy pomysłów stają się coraz bardziej popularne. Na przykład zostały zrealizowane dzięki magii montażu, w oparciu o materiały z kasyna, w filmie *Enron*).

Są pewne zasady szukania podejścia do filmu, które mają charakter uniwersalny. Czy będziesz rozmawiał z ludźmi pojedynczo, czy w grupach, we wnętrzach czy w plenerze, a może nieformalnie? Czy pytający będzie na ekranie, czy poza kadrem? Jeśli poza kadrem, to czy zadawane pytania pozostaną w filmie? Nie na każde z tych pytań musisz znać odpowiedź od samego początku, jednak, jeśli na przykład opowiadasz historię oddziału żołnierzy, może zamiast rozmawiać z nimi indywidualnie, byłoby lepiej zgromadzić ich razem, obserwując interakcje przy założeniu, że tak zaaranżowana sytuacja będzie naturalna. Nikt nie chce słyszeć z ekranu sytuacji, gdy pytający zna odpowiedź na zadawane przez siebie pytanie: „Nie zgodzisz się ze mną Jim, że to była świetna sprawa, kiedy skonstruowaliśmy ten aparat do oddychania? – Masz rację Pete, bez niego, znacznie mniej ludzi dawałoby się ratować".

DOKUMENT CZY KAZANIE Z TEZĄ?

Są ludzie, którzy zdecydowali się na tworzenie dokumentów, ponieważ pasjonują ich tematy z życia, ożywia wiara, że poznając sprawę, muszą wiedzę o niej przekazać innym. To może być świetnym punktem wyjścia przy założeniu, że jesteś otwarty na nowoodkrywane fakty i uczciwy w ich przedstawianiu. Jeśli zaczynasz od tezy – „badania na zwierzętach są złe i ja to udowodnię" – jesteś na drodze do stworzenia dzieła będącego albo ilustrowanym wykładem albo imitacją rozprawy.

Zamiast powyższego postaraj się, w związku ze sprawą, która cię zainteresowała, postawić hipotezę, którą miałbyś ochotę udowodnić. Na przykład stwierdzenie: „Nie potrafię sobie wyobrazić ani jednej sytuacji, w której testy na zwierzętach byłyby usprawiedliwione", otwiera zagadnienie na dyskusję z najróżniejszymi ludźmi (naukowcy, pacjenci, obrońcy praw zwierząt i inni), którzy podzielają twój punkt widzenia, są mu przeciwni, albo znajdują się pomiędzy. To nie oznacza konieczności umieszczenia tych wszystkich ludzi w filmie. Mówimy tu po prostu o konieczności „odrobienia pracy domowej", niezbędnej przy każdym filmie prezentującym złożony problem.

Jest różnica między sytuacją, gdy zaczynasz pracę, mając gotowe końcowe wnioski, a tym, gdy zaczynasz pracę, mając skrystalizowany punkt widzenia jako twórca, albo jako autor filmu. Na przykład, znalazłam się w gronie producentów odpowiedzialnych za duży serial kanału PBS *Eyes on the Prize: America's Civil Rights Years* (odcinki 1–6). Nie przyjęliśmy założenia wstępnego, że „pokazujemy", iż cały ruch walki o prawa był potrzebny i był w porządku, choć wątpię, aby ktokolwiek z nas myślał inaczej. Zamiast tego, postawiliśmy przed sobą zadanie spojrzenia na historię i jej odkrywanie się przed naszymi oczami – szczególnie oczami młodszych widzów, którzy nie doświadczali jej bezpośrednio – za pośrednictwem poszczególnych opowieści. Producenci serialu przypominali nam nieustannie, że zdolność do zrobienia tego dobrze i atrakcyjnie, zrodzi się z naszej woli umożliwienia świadectwom historycznym mówienia samym za siebie. W tym zawierało się pełne prawo głosu dla tych, którzy (w owym czasie) nie uznawali ani potrzeby ani praw tego ruchu. W rezultacie serial był znacznie bogatszy i ciekawy, nieprzypadkowo lepiej oddając złożoność historii.

Bezstronność

Istnieje także różnica między byciem *bezstronnym* a *wyważonym*. Spójrzcie na laureata Akademii Filmowej, film *The Fog of War* (Mgły wojny: jedenaście lekcji z życia Roberta S. McNamary) Errola Morrisa. Film daje trybunę niekwestionowanym i w swoim czasie pozornie zrozumiałym samo przez się poglądom bohatera, byłego Sekretarza Obrony US, Roberta S. McNamary. Tu leży *sedno* filmu: Morris pozostawia widzom decyzję o przyjęciu bądź odrzuceniu słów McNamary. To podejście jest bezstronne i uczciwe, bo reguły gry w tym filmie zostały jasno określone. Gdyby Morris planował film jako podsumowanie amerykańskich konfliktów zbrojnych XX wieku, wtedy oczywiście jeszcze inne opinie byłyby konieczne.

Bycie bezstronnym znaczy także włączenie niezbędnych informacji, potrzebnych do porządnego zrozumienia twojego tematu i twojej argumentacji. To *nie oznacza* potrzeby włączania wszystkiego, przytaczania poglądów wszystkich osób, czy nawet, koniecznie, znajdowania poglądów przeciwstawnych. Film *The Boys of Baraka* (Szkoła specjalna w Kenii) nie proponował alternatywnych programów wychowawczych dla zagrożonej młodzieży z Baltimore, tak jak nie prezentował głosów krytycznych odnośnie takich programów. W filmie *Born into Brothels* (Przeznaczone do burdelu) nie poświęcono czasu ekranowego na tłumaczenie, jak i gdzie Zana Briski poznała tajniki fotografii, albo czym się kierowała, wybierając konkretny model aparatu dla dzieci z Kalkuty. Nie przytoczono także opinii ludzi, którzy uważali, że Briski nie powinna ingerować w obcą kulturę. Nawet jeśli takie wątpliwości powstawały, tworzenie filmu pozostaje pasmem wyborów, a wątpliwości nie miały wpływu na opowiadaną historię.

Przytaczając odkryte przez siebie dowody przeciwne, wszędzie tam, gdzie *oznacza* to dotknięcie twojego głównego wątku i związanej z nim argumentacji, paradoksalnie, często możesz uzyskać efekt wzmocnienia swojej argumentacji. Częściowo dlatego, że doceniasz w ten sposób inteligencję widza i budujesz w nim przekonanie, że nie jest manipulowany. Spójrz na *Super Size Me,* omówiony szczegółowo w Rozdziale 7. Rozpoczynając swoją trzydziestodniową dietę, reżyser Morgan Spurlock miał stosunek krytyczny, ale jednocześnie trochę dwuznaczny, do sprawy sądowej, którą McDonald'sowi wytoczyły dwie dziewczyny, podając „śmieciowe jedzenie" jako przyczynę swojej otyłości. Przedstawia przed kamerą zarys planowanego eksperymentu i wprowadza trzech niezależnych lekarzy, mających oceniać rezultaty diety (niektórzy krytycy argumentowali, że sztuczność eksperymentu ustawiała całość przeciwko McDonald's, ale ja się z tym nie zgadzam. Skrajność eksperymentu jest oczywista, ale publiczności przedstawiono zasady tak, że mogła oceniać jego przebieg sama). Spurlock, przez cały film pozwala odpytywanym osobom, które z założenia mogłyby być jego sprzymierzeńcami – doktorom, prawnikom, nauczycielom, ludziom na ulicy – przedstawiać się jako (w pewnych momentach) interesowni, niedoinformowani, czy ignoranci. Czy tak trudno zrozumieć, że 1,5 litra wody sodowej zawiera mnóstwo cukru? Albo spojrzeć na stołówkę, aby dostrzec, że żywione dzieciaki jedzą głównie śmieciowe jedzenie o dużej zawartości tłuszczu i soli? Zanim film się skończył, Spurlock odnalazł i przekazał nam ogromną ilość niepodważalnych dowodów godzących w przemysł wytwarzający śmieciowe jedzenie, ale wołanie o zmiany skierowane zostało do konsumentów.

Oszustwo

Film to medium, którego *doświadczamy,* zarówno z powodu ilości zmysłów zaangażowanych w jego odbiór (widzimy i słyszymy rozgrywające się wydarzenia własnymi oczami i uszami), jak i dwupłaszczyznowego oddziaływania samego opowiadania, na masz intelekt i na nasze emocje. Film może skutkować silnie i przekonywająco, a jeśli nie jesteśmy ostrożni może nas zwieść, gdy celowo (albo w swojej naiwności) zniekształca lub zwodzi. Tak się może stać w następujących przypadkach:

- Gdy stawiamy retoryczne albo nieumotywowane pytania, kierujące widza w niewłaściwym kierunku.
- Gdy przedstawiamy fakty wyrwane z kontekstu, albo przedstawiamy je celowo w fałszywym kontekście prowadzącym do opacznej interpretacji. Załóżmy, że staram się was przekonać o tym, że Joe zamordował swoją żonę i na dowód mówię, że zapłacił mordercy $25.000. To brzmi paskudnie do momentu, gdy ktoś zauważy, że morderca pracuje w fabryce należącej do Joe i że była to po prostu zapłata za dniówki.

- Gdy przedstawiamy dowody wyrwane z kontekstu i/albo przemieszane w taki sposób, że wywołują fałszywe wrażenie.
- Gdy tworzymy fałszywe świadectwa, takie jak np. informacja, która brzmi jak doniesienie newsowe, albo dokument wyglądający „jak prawdziwy".

Trzeba dysponować aparatem krytycznym względem mediów (a po stronie odbiorców także chęciami), aby wyłowić i oddzielić tego typu filmy od innych, które zachowują dziennikarską dyscyplinę lecz zajmują się kontrowersyjnymi sprawami. One z natury napotykają opór w odbiorze. Jak rozpoznać, jak nauczyć się dostrzegania tych różnic?

- Po pierwsze, zrób wszystko co tylko możesz, aby dowiedzieć się nie tylko kto robi dany film, ale także kto go finansuje? W jakim celu film powstaje? Czy stworzyły go nastolatki na domowym komputerze? Powstał z inicjatywy społecznej grupy obrony albo nacisku? Niezależnego politycznego ośrodka analiz, czy zorganizowanej grupy mającej za cel wpływanie na wybory do organów przedstawicielskich (nie daj się zwieść naklejkami neutralności czy akademickości – tworzy się je bardzo łatwo).
- Sprawdź jaki jest dorobek realizatorów. Najczęściej portfolio każdego twórcy jest dość różnorodne, jednak jeśli masz do czynienia z kimś, kto zrobił karierę na filmach o porwaniach przez istoty pozaziemskie i teoriach spiskowych, jest wielce prawdopodobne, że film o zmianach klimatycznych, który miałby wyprodukować, nie będzie zbyt rygorystycznie przestrzegał teorii naukowych.
- Przyjrzyj się uważnie filmowi, od strony prezentowanych dowodów. Jeśli sfotografowana gazeta wygląda dziwnie, sprawdź czy ona faktycznie istnieje. W przypadku prezentowania dokumentów, czy jesteś w stanie odczytać i potwierdzić istnienie biura, które je wydało, czy możesz do nich dotrzeć niezależnie? Czy film stawia

nieuzasadnione i ukierunkowujące pytania? Z jednej strony chodzi tutaj o pytania formułowane tak, aby sugerować ciężar gatunkowy hipotezy niemożliwej do udowodnienia, np.: „Czy mogło być tak, że tych śladów nie pozostawili ludzie lub zwierzęta, tylko obcy przybysze, których jak twierdzi Dr Smith, sam widział?". Z drugiej strony chodzi o pytania, które nie wynikają ze świadectw prezentowanych w filmie, tylko służą rozwijaniu tez, które realizator stara się doprowadzić do finału. Na przykład: „Dlaczego analitycy tak się bali rozważyć alternatywę?", sugeruje jako pewnik, że analitycy *bali się* rozważyć alternatywę, niezależnie od tego czy było to prawdą czy nie.

Nieścisłości mogą znaleźć się w najlepiej przygotowanym filmie (i często tak bywa), jednak nie mają prawa pojawiać się tam intencjonalnie.

FILMY Z ARCHIWALIÓW

Kiedy w Stanach powiesz „film z archiwaliów", większość ludzi pomyśli o *The Civil War* Kena Burnsa. Choć jest to jeden z wielkich filmów, który powstał w oparciu o archiwalia, obok, powstała cała masa filmów, które używają archiwalne materiały filmowe lub zdjęcia (inaczej: surowce lub wykopiowania, czyli zawodowe materiały zrealizowane przez osoby trzecie). Używając słów *archiwalia* bądź *surowce* (w rozumieniu: oryginały, materiały wyjściowe) odnosisz je do materiałów osiągalnych w archiwach państwowych lub prywatnych i/albo ze źródeł komercyjnych. Jednak w pojęciu bardziej ogólnym określenia te (plus termin *wykopiowania*) odnoszą się do wszelkich obrazów, których nie wytworzyli sami realizatorzy. Na przykład filmy rodzinne, filmy amatorskie, taśmy nadzoru, materiały zrealizowane dla potrzeb reklamy, edukacji, szkolenia, mogą być ogólnie nazwane surowcami (materiałami do montażu).

Wykopiowań (obrazu i dźwięku) używa się w bardzo wielu rodzajach dokumentów. Realizacja filmu *Grizzly Man* (Człowiek niedźwiedź) nie byłaby możliwa bez materiałów zrealizowanych przez samego Timothy Treadwella. Film *Enron* przytacza, mające zasadnicze znaczenie, nagrania dźwiękowe rozmów handlowców Enronu, manipulujących systemem energetycznym Kalifornii, materiał, który realizatorzy odkryli w archiwach spółki energetycznej w Stanie Washington. Alan Berliner latami zbierał rodzinne zdjęcia i filmy obcych ludzi, historię zaklętą w obrazach, aby w sposób pełen wyrazu wykorzystać je w filmach *Nobody's Business* oraz *The Sweetest Sound* (Najsłodszy dźwięk). Archiwalne obrazy w filmie Jay Rosenblatta *Human Remains* (Ludzkie bestie) nie zostały wybrane pod kątem prezentowanej treści, lecz dlatego, że postacie które przedstawiały na ekranie – w tym Mao, Hitlera i Stalina, zapisanych w historii z powodu okrucieństw które popełnili – są oglądane w trakcie wykonywania nieznośnie zwykłych czynności, jak jedzenie, zabawa z psami lub z dziećmi.

Ważny jest sposób używania materiałów archiwalnych. *The Civil War* używał archiwalnych obrazów (w większości fotografii) dla ilustrowania i posuwania do przodu przejmującej i bogatej narracji. Serial dał początek wielkiej liczbie naśladownictw. Weź dwie szczypty archiwaliów, które dają asumpt do myślenia, dodaj szczyptę nastrojowej muzyki z domieszką głosów znanych aktorów do czytania komentarza i masz prawie pewny sukces. Tym czego często brakuje jest scenariusz z pomysłem.

Nierzadko w filmach archiwalnych narracja napędzana jest komentarzem, obrazy spełniają pomocniczą, ilustracyjną rolę. Rzadko, bywają jednak sytuacje odwrotne, gdy istnieje dużo ciekawych archiwaliów i mogą one stać się lokomotywą opowiadania. Tak było w przypadku dwóch seriali historycznych: *Vietnam: A Television History* oraz *Eyes on the Prize*. Oba seriale prezentowały wydarzenia, które miały bardzo szerokie pokrycie w materiałach newsowych, z poszczególnymi historiami opisanymi bardzo dogłębnie i na przestrzeni dłuższego czasu. Przygotowując projekt *Eyes on the Prize* producent Henry Hampton wraz ze współpracownikami postanowili, aby zamiast swoistego przeglądu wydarzeń związanych z ruchem obrony praw obywatelskich w latach 1950 – 1980, skupić się na opowiedzeniu kilkunastu historii reprezentatywnych dla tego okresu i opowiedzieć je na ekranie w sposób bez mała fabularny. Montażyści serialu *Eyes* najczęściej mieli wystarczające ilości materiału, aby uformować pełne sceny, które mogły być następnie obudowane współczesnymi wywiadami (zrealizowanymi przez producentów *Eyes)*. Komentarza użyto tylko w miejscach, które wymagały łącznika pomiędzy różnymi elementami.

Producenci *Vietnam* i *Eyes* rygorystycznie przestrzegali zasad używania materiałów archiwalnych. Obraz nie mógł być użyty przykładowo i dla ilustracji czegoś innego, a zasada chronologii i potwierdzania faktów odnosiła się do materiałów obrazowych w takim samym stopniu, jak do treści wywiadów i komentarza. W praktyce oznaczało to, że jeśli opowiadana była historia demonstracji w Detroit w 1967, to nie mogłeś użyć wspaniałych zdjęć, o których wiedziałeś, że pochodzą z czwartku, jeśli twoja opowieść w tym momencie traktowała o wydarzeniach z wtorku. Z równą troską traktowano również efekty przy tworzeniu ścieżki dźwiękowej dla niemych skądinąd materiałów. „Posłaliśmy cały nasz materiał archiwalny do Imperial War Museum w Londynie dla podłożenia efektów synchronicznych", mówi Ken Rabin, opisując swoją pracę archiwisty przy *Vietnam*. Jeśli w obrazie był konkretny model helikoptera, albo strzelający konkretny typ broni, podłożony efekt synchroniczny był stuprocentowo prawdziwy. „Nie pozwalaliśmy sobie na kształtowanie przestrzeni poza kadrem", dodaje Rabin. „Na przykład, nigdy nie dodaliśmy krzyku czy płaczu dziecka", o ile źródło dźwięku nie było widoczne na ekranie.

Wiele dokumentów i seriali historycznych obejmuje wydarzenia, które nie mają tylu i tak dobrych obrazów archiwalnych. A poza tym, istnienie takich materiałów nie nakłada automatycznie obowiązku ich używania, producenci mogą decydować się na użycie innych sposobów wizualizacji, np. rekonstrukcja. Jednakże tam, gdzie używane są zdjęcia i filmy archiwalne trzeba sobie postawić pytanie, do jakiego stopnia jest ważne i niezbędne to, aby przedstawiały naprawdę to co wyrażają i znaczą? To pytanie jest źródłem nieustających dyskusji pomiędzy filmowcami i historykami. Producenci *The Civil War* musieli zmierzyć się z tym problemem robiąc swój serial, ponieważ zapis obrazu wojny na fotografiach był bardzo skromny. Ken Burns, na konferencji w 1993 roku („Opowiadanie historii: Środki przekazu, Odbiorcy, oraz Amerykańska Historia") zaprezentował urywek z *The Civil War,* po czym stwierdził, że za wyjątkiem dwóch, żadna z ilustracji fotograficznych nie przedstawiała tego, co sugerował komentarz. „Widać ulicę miasteczka w stanie Connecticut, sfotografowaną w 1850 roku, której użyliśmy do zilustrowania lamentu Horacego Greeleya z 1864 roku na temat przelanej krwi w Wojnie Secesyjnej" - Burns wyjaśnił. „Położyliśmy relacje żołnierzy Południa na obrazach żołnierzy Północy. Żaden z wymienionych z nazwy szpitali nie został pokazany, szczególnie chodzi o Chimborazo w Richmond... Zdjęcie Walta Whitmana jest późniejsze o kilkanaście lat, tak samo zresztą jak zdjęcie Dixa" – dodał Burns. „Nie ma choćby jednego zdjęcia z potyczki czy bitwy z całej Wojny Secesyjnej, a przecież około 40% serialu opowiada o walce. Co czynić? Na jakie patenty możesz sobie pozwolić?".

Pytanie, które postawił jest bardzo ciekawe i nieprzepracowane do końca zarówno przez filmowców jak i publiczność. W zręcznych rękach filmowców dysponujących środkami, oddanych pracy i niebojących się współpracy z wybitnymi ludźmi mediów i nauki, narracja jako taka może zniwelować braki materiału obrazowego (odsyłam do Rozdziału 17 zawierającego refleksje Ric Burnsa). Jednak zbyt często i coraz częściej, substytuty tworzy się nie z powodów historiografii lub wymogów opowiadania, a dlatego, że brak pieniędzy i czasu. Oczywiście, nie każdy obrazek musi dokładnie odpowiadać czasowi i miejscu. Jednakże, jeśli używacie starych zdjęć lub filmów jako obrazowego świadectwa przeszłości, wtedy to co wybierzecie ma znaczenie.

Inny problem, z którym borykają się filmowcy, polega na ogromnych kosztach pozyskiwania materiałów archiwalnych ze źródeł komercyjnych (dotyczy to również archiwalnych nagrań muzyki, szczególnie popularnej). Są sytuacje, gdy chroniona muzyka i obraz używane są przez realizatorów celowo i z rozmysłem – potem znajduje to odzwierciedlenie w napisach. Bywają jednak i takie sytuacje, gdy chronionych utworów nie można uniknąć nawet, gdy występują tylko w tle. Jeśli filmujesz jakąś postać w trakcie aresztowania, a z radia pobliskiego samochodu ryczy najnowszy hit, możesz stanąć wobec konieczności uiszczenia poważnych opłat za użycie tego skrawka piosenki, albo będziesz musiał użyć obraz bez setkowego dźwięku. W którym momencie problem praw autorskich zaczyna krępować swobodę twórczości dokumentalisty dążącego do chwytania życia na gorąco, czy do zgłębiania przeszłości za pośrednictwem historycznych nagrań? Tymi ważnymi problemami, między innymi, zajął się American University Center for Social Studies w swoim raporcie ogłoszonym w listopadzie 2005 roku, który jest do wglądu w Sieci: *Documentary Filmmakers' Statement of Best Practices in Fair Use* (Oświadczenie realizatorów filmów dokumentalnych w sprawie dobrej praktyki stosowania Dozwolonego Użytku), (patrz także: Wikipedia – Dozwolony Użytek).

REKONSTRUKCJA I DOCUDRAMA

Wielu filmowców dla przybliżenia historycznych wydarzeń, robi coś co określamy mianem rekonstrukcji - aby powiększyć skąpy materiał obrazowy, albo dlatego, że rekonstrukcja lepiej służy opowiadaniu (czasami z przyczyn finansowych). Jest wiele sposobów realizacji rekonstrukcji; nie od rzeczy będzie zrobić przegląd różnych stylów, aby wybrać ten najlepszy dla twojego filmu, albo móc odbić się tworząc coś innowacyjnego. Możesz wybrać realizację typu „część zamiast całości"

– ręka tutaj, noga w marszu, koło wagonu. Ludzkie postacie mogą być trzymane w oddali, lub jako sylwetki na tle nieba. Ludzie wyrażający silne emocje mogą być fotografowani w dużych zbliżeniach. Można inscenizować całe sceny, posługując się grupami rekonstruktorów zajmującymi się poszczególnymi bitwami z przeszłości, albo angażować zawodowych aktorów. Musisz z góry określić jaką rolę rekonstrukcje będą odgrywać w twoim filmie, czy będą służyły przywołaniu przeszłości, czy też będą grały istotną role dramaturgiczną, narracyjną? W filmie Errola Morrisa *The Thin Blue Line* (Cienka niebieska linia) rekonstrukcje służą do podkreślenia sprzecznych relacji niewiarygodnych, stronniczych świadków.

Niektóre filmy zawierają rekonstrukcje z tak prozaicznych powodów, jak brak archiwaliów dla uniknięcia opłat licencyjnych, albo dlatego, iż producenci wierzą, że widzowie chętniej obejrzą aktorów wcielających się w rzymskich legionistów, głodnych pielgrzymów lub chińskich wojowników. Te rekonstrukcje (czy inscenizacje) mogą częściowo bazować na prawdzie historycznej. Na przykład reżyser może zainscenizować z aktorami scenę morderstwa. To oznacza jednak, że reżyser wybiera jedną wersję tego zdarzenia, które mogło naprawdę mieć inny przebieg. Czy morderca był aż tak zły? Czy ofiara naprawdę widziała jego wejście. Jeśli do inscenizacji dołożono dialogi i jeśli nie są one oparte na wiarygodnym przekazie – są fikcją.

Inne filmy, jak np. *The Thin Blue Line* (Cienka niebieska linia) stosują rekonstrukcje dla podbudowania dramaturgii. W *Taxi to the Dark Side* (Kurs do Krainy Cienia), Alex Gibney wykreował scenę dającą obraz przesłuchania Mohameda al-Qahtani, udokumentowaną w sześćdziesięciopięciostronicowym raporcie. Scena weszła w skład sekwencji, która daje przekrój naukowy i historyczny strategii torturowania, która zmusza widzów do skonfrontowania się z wymyślnymi metodami zastosowanymi w stosunku do al-Qahtaniego. Jest sfotografowana w sposób niepozostawiający wątpliwości, że jest to inscenizacja dla potrzeb filmu, nie może być wzięta za zdjęcia dokumentujące prawdziwe przesłuchanie. Film *Waltz with Bashir*, jest wedle niektórych definicji w całości rekonstrukcją - gdyż jest animowany. Wybór stylu błyskotliwie podkreśla naturę tego filmu, będącego przecież jednym wielkim wspomnieniem, wciągając nas do środka nie tylko wspomnień, ale również snów i halucynacji poszczególnych postaci.

ROZDZIAŁ 7

Analiza przykładów

Jeśli chcesz zrozumieć jak coś zostało zbudowane – stół, auto, sweter, film – często musisz rozebrać to na czynniki pierwsze, przyjrzeć się temu i *zrozumieć* na poziomie podstawowym: z czego to jest zrobione, dlaczego części pasują do siebie i jak to wszystko razem działa. O tym będzie ten rozdział, jednakże uczenie się na cudzych przykładach nie umywa się do doświadczeń własnych. Twórcy w innych dziedzinach czynią takie studia metodą określaną czasami mianem „analizy pogłębionej". Badają zagadnienia warsztatu: jak autor coś osiąga za pośrednictwem dialogu, detalu, tempa, poprzez używanie szczególnych słów czy rytmizowanie zdań i paragrafów.

Ciesząca się uznaniem pisarka Francine Prose napisała książkę na temat analizy pogłębionej, zatytułowaną *Czytając jak pisarz: przewodnik dla ludzi, którzy kochają książki i dla tych, którzy chcieliby je pisać*. W pewnym sensie ten rozdział, tak jak zresztą cała książka, mogłyby być nazwane:

Patrząc jak filmowiec: przewodnik dla ludzi, którzy kochają filmy dokumentalne i dla tych, którzy chcieliby je tworzyć. Po przeczytaniu tych analiz, gorąco polecam spędzenie trochę czasu – jeśli by to robić przyzwoicie to zajmie trochę więcej czasu - na obejrzeniu paru filmów według własnego uznania, analizie i sporządzeniu notatek. Popatrz na zysk: umiejętności, które nabędziesz wykonując dobrze taką robotę zaprocentują, gdy będziesz oglądał, opisywał i analizował swoje kolejne układki, starając się wyłuskać miejsca dobre, a słabe przemienić w świetne.

JAK ZACZĄĆ

Bywa, że na stronie internetowej filmu znajduje się lista dialogowa, co może być użyteczne, lecz nie jest nieodzowne dla analizy dzieła (na przykład filmy z serii PBS *American Experience* – Doświadczenie Amerykańskie i *Frontline* - Na linii frontu, publikują listy dialogowe) (PBS – Public Broadcasting Service, Kanał telewizji publicznej w USA). Oglądaj film w taki sposób, abyś mógł śledzić licznik czasu ekranowego, z możliwością zatrzymywania i cofania. To może być DVD, albo strona internetowa on-line, taka jak Netflix.

Daj sobie szansę, odseparuj się od świata na kilka godzin. Przygotuj blok papieru i pióro, albo otwórz drugie okienko na ekranie komputera, abyś mógł jednocześnie oglądać film i robić notatki. Najpierw powinieneś obejrzeć film bez zatrzymywania, aby ocenić go jako całość. Nie staraj się zapamiętać wszystkiego, chodzi o pierwsze wrażenia. Które partie ci się podobały, które nic nie pozostawiły? Jak byś określił temat filmu, o czym on jest? Z czego się składa? Jaka jest historia, którą opowiada? Co ci utkwiło w pamięci? Z jakiej tkanki jest zbudowane opowiadanie – wywiadów, zdjęć filmowych, archiwaliów...? Gdybyś miał wskazać lokomotywę filmu, to *jak myślisz* – na podstawie tej pierwszej projekcji bez zatrzymywania - co nią jest? Czy pamiętasz początek filmu?

Jeśli film robi wrażenie struktury trzyaktowej, czy potrafisz wskazać przerwy i co napędzało przechodzenie z jednego aktu do następnego? Teraz, przygotuj się do drugiego przeglądu z zatrzymywaniem.

■ Zapisz, jaka jest długość filmu. Dla uzyskania pierwszego wskaźnika podziel liczbę minut na cztery. W filmach, których konstrukcja oparta jest o klasyczną strukturę trzyaktową (lub po prostu rozwija się w takim rytmie), jest wielce prawdopodobne, iż w wielu wypadkach – ale na pewno nie zawsze – koniec pierwszej ćwiartki będzie z grubsza odpowiadał końcowi pierwszego aktu. Koniec trzeciej ćwiartki będzie z grubsza odpowiadał finałowi drugiego aktu. Koniec czwartej ćwiartki, albo tuż przed, będzie finałem trzeciego aktu, a czas który pozostał - poświęcony będzie na rozwiązanie (rzadko bywa to tak proste, ale sprawdziło mi się jako punkt wyjścia dla wyłowienia obrazu struktury). Odtwarzając film, miej w pamięci ten plan. Gdy projekcja zbliży się do ¼ czasu ekranowego, zacznij wypatrywać przerwy między aktami (w domyśle: przerwy na reklamy). Jeśli się pojawi, czy współgra z dramaturgią, z drogą lokomotywy?

■ Jakie pytania zostały postawione w ekspozycji filmu, czyli w zawiązaniu opowiadania? W jaki sposób reżyser chwyta cię za gardło i mówi: *Oto powód,* dla którego warto, abyś poświęcił następne 20, 60 lub 90 minut swojego życia, to jest sprawa, którą się zajmiemy i masz tu kawa na ławę, dlaczego to jest ważne.

■ Jak film jest obsadzony? Jakie postacie pojawiają się na ekranie, jaką rolę pełnią w opowiadaniu, czy są różne od siebie?

■ Czy dostrzegasz sekwencje (rozdziały) - dające odczucie pełni, a które jednocześnie przenosiłyby cię dalej? Czy sekwencje różnią się od siebie w kategoriach tempa, emocji, muzyki?

■ Od czasu do czasu zastopuj projekcję, aby zapytać samego siebie jak rozwija się film? Pytania do postawienia: *Kim albo czym przejmuję się w tym momencie, dlaczego? Jak myślę, dokąd film zmierza i o czym jest?*

■ W jaki sposób ekspozycja jest rozwijana w filmie i w jakim stopniu czas gdy to następuje, pokrywa się z powstającymi w twojej głowie pytaniami?

■ Jak film daje sobie radę z chronologią historii która jest opowiadana? Jeśli opowieść filmowa zaczęła się w 2009 roku, a następnie cofnęła do 1968, aby wrócić do 2009 i znowu cofnąć do 1973, przejść do 1984 i znowu wrócić do 2009 – to czy te skoki w czasie były dobrze umotywowane, a jeśli tak, to w jaki sposób?

■ W jaki sposób film daje sobie radę ze szczegółowymi informacjami związanymi z opowiadaną historią, które delikatnie mówiąc są niefilmowe (z grubsza, to obejmuje wszystko co dla laików może być trudne do pojęcia, na co nie zwróciliby normalnie uwagi, gdyby nie miało to bezpośredniego związku z opowiadaniem tej historii i nie służyło budowaniu zainteresowania. To mogą być zawiłości i szczegóły biurokracji wielkich firm lub administracji, informacja naukowa i technologiczna itp).

Gdy zrobisz to wszystko, poświęć trochę czasu na uporządkowanie notatek, następnie przeczytaj je uważnie i wróć do spraw podstawowych. Co jest lokomotywą filmu? Ile zawiera scen i jak są ułożone? Ile jest głównych postaci? Jaki jest mostek całej historii (spinająca klamra)? Jeśli ma strukturę aktową – jaka ona jest? Jak poszczególne akty się kończą, a jak punkt środkowy ma się do lokomotywy, którą zidentyfikowałeś?

ANALIZA PRZYKŁADU: *DAUGHTER FROM DANANG* (Córka z Danang)

Długość filmu *Daughter from Danang,* nominowanego do nagrody Akademii w roku 2003, wynosi bez mała 78 minut. Omówiony był już wcześniej, przedstawia historię Heidi Bub, amerykańskiej Azjatki wychowanej w Tennessee, która podróżuje do Wietnamu, aby się spotkać ze swoją naturalną matką, która oddała ją do adopcji. Elementy składowe filmu to zdjęcia filmowe, materiały archiwalne i fotografie (włącznie z całkiem prywatnymi) oraz wywiady.

Realizatorzy Gail Dolgin i Vincente Franco przez tydzień robili zdjęcia Bub w Wietnamie, a potem zostali jeszcze na kilka dni po jej wyjeździe do domu. Po powrocie do Stanów przeprowadzili z nią obszerny wywiad. „Wszystko działo się tak szybko, że po prostu zbieraliśmy materiał", mówi Dolgin. „Wróciliśmy z materiałem o historii, która rozegrała się przed naszymi oczami i dopiero po tym zaczęliśmy dokumentować początki całej sprawy, życie Bub w Stanach Zjednoczonych, operację „babylift" (masowa ewakuacja południowowietnamskich dzieci pod koniec wojny w Wietnamie – 1975). Jak mogło wyglądać życie jej matki? Dopiero po tym, kiedy zebraliśmy to wszystko razem i zaczęliśmy przeglądać, stwierdziliśmy: 'Mamy masę materiału, co z tym zrobić?'".

W tym momencie realizatorzy rozpoczęli poszukiwanie źródeł finansowania. Wszystkich interesowała przyszła struktura filmu. „Nie pytali o scenariusz" - mówi Dolgin, „tylko chcieli uzyskać od nas jasną wizję tego, jak zamierzamy opowiedzieć całą historię?". Filmowcy nie zamierzali trzymać się sztywno chronologii zdarzeń, zaczynając od wietnamskiej mamy Bub, która oddaje córkę do adopcji (1975), kończąc na ponownym połączeniu (w 1997). „Pomysł, który się rodził, miał związek z samą ideą pamięci, tak przecież kapryśnej" – stwierdza Dolgin, „Chodzi o najwcześniejsze wspomnienia Heidi, dotyczące czasu spędzonego z matką – o czym mówi w różnych miejscach filmu; 'miałam takie piękne wspomnienia' albo 'wspomnienia są tak bolesne, wszystkie odejdą kiedy wrócę do Wietnamu'". Wychodząc z tych przesłanek, postanowili zbudować strukturę filmu w oparciu o podróż Bub do Wietnamu, używając sytuacji z podróży do wywołania jej wspomnień z przeszłości. „Praca na takiej strukturze pozwoliła nam wyłonić i uformować klarowny wątek samej podróży, którą odbyliśmy wszyscy razem" – mówi Dolgin.

Montaż filmu trwał około roku (montażystka Kim Roberts), a ostateczna wersja jest doskonałym przykładem zastosowania klasycznej trzyaktowej struktury dramatycznej w odniesieniu do filmu dokumentalnego. Zwróćcie jednak uwagę, że metrowanie (opis podziałów czasowych) oraz opis struktury dzieła pochodzi ode mnie, nie od realizatorów. Dolgin mówiła o procesie budowania konstrukcji jako czymś organicznym i chociaż starali się nadać literacki kształt całemu projektowi w edytorze tekstu, „ostatecznie, mając do dyspozycji Avida i inne systemy nieliniowego montażu, można zacząć robić wstępne układki od razu na materiale zdjęciowym, ponieważ nie ma żadnego ograniczenia w ilości podejmowanych prób i czynionych poprawek – wdrożyliśmy taki system pracy".

Akt pierwszy / Sekwencja napisów początkowych

Wyzerujmy licznik (00:00) na pierwszej klatce obrazu. Film zaczyna się planszą informacyjną (na muzyce), która przekazuje podstawowe fakty: W roku 1975 rząd Stanów Zjednoczonych zorganizował „Operację Babylift" dzięki której ponad 2 000 dzieci mieszanej krwi amerykańsko–wietnamskiej, zostało przeniesionych do Stanów i oddanych do adopcji. Dalej są archiwalia pokazujące wojnę w Wietnamie, na których zaczyna się off w języku wietnamskim tłumaczony na angielski napisami: „Było tyle różnych plotek. Byłam przerażona. Jeśli nie oddałabym dziecka" – teraz rozpoczyna się setka, mówi starsza kobieta – „obie, ona i ja byśmy zginęły". Wracamy do zdjęć archiwalnych, na których został położony inny głos, który okazuje się należeć do młodej kobiety wspominającej jak została wydarta swojej rodzinie. „Jak mogła mi to zrobić? Jak można tak po prostu pozbyć się dziecka"? Po kilku archiwalnych ujęciach samolotów pojawia się napis tytułowy: *Daughter from Danang*. Krótko mówiąc, w otwierającej sekwencji zobaczyliśmy wydarzenie inicjujące (rozdzielenie), protagonistę i antagonistę (córka i matka) oraz ujawniony został cień konfliktu rodzącego się między nimi.

Po tytule i napisach początkowych, film rozpoczyna się na plaży w Danang, a my dowiadujemy się nieco więcej o matce Heidi, która tęskniła za swą córką przez dwadzieścia lat: „Spotkanie będzie jak danie jej życia po raz drugi" – mówi. Dowiadujemy się, że również Heidi miała nadzieję na spotkanie i że szykuje się do wyjazdu i spotkania z tą, która dała jej życie „twarzą w twarz, po raz pierwszy - po 22 latach". To oczekiwane zjednoczenie jest lokomotywą filmu: to kręgosłup, na którym zawieszone są wydarzenia z płaszczyzny czasu teraźniejszego, to co napędza filmowe opowiadanie. Gdy lokomotywa jest już w pełnym biegu, realizatorzy są w pełni uprawnieni zbaczać z głównego toru i zagłębiać się w przeszłość. Na przykład, gdy lecą samolotem – „jadąc do domu", jak to nazywa - Heidi Bub mówiąc nam, że podróż przywołuje wspomnienia i dodaje: „Urodziłam się w Danang w 1968". Realizatorzy używają tego jako otwarcia na przeszłość. Dowiadujemy się więcej o okolicznościach narodzin Bub (jej matka mówi, że Bub „nie miała ojca"), o wojnie, o tym dlaczego jej matka zdecydowała się ją oddać. Zwróćcie uwagę, że realizatorzy podają tylko to co w danej chwili jest nam potrzebne. Później na przykład, poznamy istotne szczegóły na temat ojca Bub.

Matka Bub przyprowadziła ją do sierocińca mówiąc, że „nie może nigdy zapomnieć" (6:02). To pierwszy duży punkt zwrotny, dający jednocześnie realizatorom motywację do zajęcia się historycznymi aspektami Operacji Babylift i jakie ta operacja miała znaczenie w kategoriach politycznych dla Stanów Zjednoczonych. Wśród narratorów tej części filmu znajduje się Tran Tuog (T.T.) Nhu, przedstawiona jako dziennikarka. Wraz z mężem opowiadają o swoim ówczesnym stanie świadomości, o tym, że niektóre z tych „sierot" miały rodziny w Wietnamie. Na materiałach archiwalnych widzimy amerykańskich pracowników socjalnych, naciskających na wietnamskie matki, aby oddały swoje dzieci – szczegół, który nadaje historii Bub i jej matki dodatkowy wymiar. Nhu jest nie tylko ekspertem biorącym udział w filmie, jest także osobą, która odegrała pewną rolę w odnalezieniu się Heidi i jej matki.

Po około 10 minutach filmu, Bub opisuje spotkanie ze swoją adopcyjną matką, z którą przenosi się do Tennessee, przyjmując tym samym amerykańską tożsamość. Kulminacja tej sceny następuje wówczas, gdy Bub słyszy: „Jeśliby ktoś cię pytał gdzie się urodziłaś, odpowiadaj, w Columbia w stanie Południowa Karolina" (16:27).

Jednak naturalna matka Bub rozpoczyna poszukiwania swojej córki i przez przypadek daje list Amerykance, która zna T.T. Nhu. Za pośrednictwem Nhu, list trafia do Holt Adoption Agency. W międzyczasie, dwudziestoletnia Bub także rozpoczyna poszukiwania swojej naturalnej matki i także trafia do Agencji Holt. Kontaktuje się z Nhu i zaczynają planować wspólny wyjazd do Wietnamu w celu spotkania z matką Bub. To jest koniec pierwszego aktu, w przybliżeniu, po ¼ projekcji filmu. Zwróćcie uwagę, że gdy filmowcy wprawili lokomotywę w ruch, mogą sobie pozwolić na poświęcenie pierwszego aktu na opowiedzenie prehistorii, czyli tła wydarzeń, przedstawiając kim są bohaterki, jak zostały rozdzielone i co musiało się wydarzyć, aby znalazły się w przededniu spotkania.

Akt drugi

Akt drugi rozpoczyna się w samolocie, którym T.T. Nhu i Heidi Bub udają się do Wietnamu. W Bub rodzi się niepokój; została „zamerykanizowana w 101 procentach" i nie ma „bladego pojęcia" czego się spodziewać. W tym akcie, filmowcy pokazują, jak bardzo Bub nie pasuje do swojego rodzinnego Wietnamu, pokazują narastające zdenerwowanie wobec oczekującego ją spotkania z matką, a jednocześnie wielkie nadzieje z nim związane. „To będzie miało leczniczy skutek dla nas obu, gdy się spotkamy" – mówi Bub. „To wymaże wszystkie złe wspomnienia i te ostatnie lata przestaną mieć jakiekolwiek znaczenie".

W 24:00 minucie, Bub i realizatorzy spotykają matkę Bub i innych członków jej rodziny w Wietnamie. Gdyby ten moment nastąpił wcześniej, widzowie nie byliby tak dobrze przygotowani jak są w tej chwili, po obejrzeniu dotychczasowej części filmu. Zainwestowaliśmy nasze emocje w to spotkanie, ponieważ zdobyliśmy pewną dozę wiedzy na temat Bub i jej matki, jednocześnie budzą naszą ciekawość rodzące się pytania, na razie bez odpowiedzi: gdzie jest adopcyjna matka Bub? Kim był jej ojciec? Czy jej oczekiwania się spełnią?

Mai Thi Kim i jej córka Heidi Bub w filmie *Daughter from Danang* (Córka z Danang).
Zdjęcie dzięki uprzejmości realizatorów.

Scena spotkania trwa na ekranie jakiś czas, po czym kolejny fragment wywiadu jest pretekstem dla realizatorów dla powrotu do przeszłości. „Zawsze marzyłam o tym, żeby ktoś mnie kochał niezależnie od wszystkiego", mówi Bub. „Z Ann nigdy tego nie doświadczyłam" (jej matka adopcyjna). Tym razem odkrywanie przeszłości odsłania bolesną rewelację. Narastające napięcie między Bub a jej adopcyjną matką, doprowadziło, gdy Bub była jeszcze na studiach, do zerwania ich więzów. Podając tę informację w tym miejscu, realizatorzy podnieśli wagę spotkania rozgrywającego się w Wietnamie: Bub miała poczucie odrzucenia przez obie matki, więc temu spotkaniu z pierwszą, dodano znaczenia. Tę nową informację mamy w głowie gdy powracamy do Wietnamu, a wizyta trwa dalej.

Akt drugi rozwija się w tej manierze, balansując pomiędzy historią na ekranie a wydarzeniami, które do niej doprowadziły. Dowiadujemy się więcej o mężu i dwójce dzieci Bub, o amerykańskim żołnierzu - jej naturalnym ojcu. Dostrzegamy także nowe aspekty tej wizyty. Bub dopada nostalgia za domem; jest przytłoczona biedą i brakiem perspektyw, które dostrzega w Wietnamie, inaczej zaczyna patrzeć na możliwości, jakie zgotował jej los dzięki temu, że żyje w Stanach Zjednoczonych.

W tym miejscu, wydarzenia same z siebie windują napięcie opowiadanej historii - gdyż jej wietnamska rodzina zaczyna prosić ją o pieniądze. T.T. Nhu, która spełnia dla widzów rolę tłumacza międzykulturowego, tak samo zresztą jak dla Bub, wyjaśnia, że dla Wietnamczyków posiadanie krewnych za oceanem może być deską ratunku. Ale Bub stwierdza, że nie ma zamiaru być zbawieniem dla nikogo; przyjechała tutaj, aby się ponownie zjednoczyć (50:00). Napięcie wzrasta, gdy zdajemy sobie sprawę, że oczekiwania Bub i oczekiwania jej rodziny co do możliwych wyników tej wizyty, są całkowicie odmienne. Coraz bardziej krytyczna w stosunku do swojej matki, czując się jednocześnie przytłoczona nieustającą troską rodziny, Bub w końcu mówi: „Nie mogę doczekać się wyjazdu".

Akt trzeci

Najgorsze, będące istotnym składnikiem czyniącym akt trzeci tak mocnym, ma dopiero nadejść (odwrotnie niż się powszechnie uważa, napięcie powinno dalej wzrastać w trzecim akcie, dopóki sprawa lub konflikt nie osiągną skrajności. Dopiero wtedy, w ostatnich minutach, powinno nastąpić rozwiązanie). T.T. Nhu musi wyjechać, więc pojawia się nowy tłumacz, aby pomóc Bub przebrnąć przez długie i bolesne spotkanie rodzinne, w trakcie którego wszystkie nieporozumienia wychodzą na wierzch. Bracia Bub proszą, aby zabrała ich matkę do Stanów Zjednoczonych; później wysuwają sugestię, aby przyjęła na siebie „odpowiedzialność córki" i przesyłała jej miesięczny zasiłek. Bub jest dotknięta do żywego, znieważona, nie daje matce się pocieszyć (63:36). Rozmawiając z filmowcami, Bub przyjmuje postawę odwrotną od tej jaką prezentowała na początku podróży: „Żałuję, że nie zachowałam tych wspomnień, które miałam – były takie piękne. Żałuję, że ta podróż w ogóle się odbyła". Opuszcza Wietnam, a gdy realizatorzy odwiedzają ją wkrótce na Rhode Island w jej domu, nie wie nawet czy chce napisać do matki. „Nie wiedziałabym co napisać". Jest sprawą dyskusyjną czy akt trzeci powinien się skończyć, gdy Bub opuszcza Wietnam (znika z ekranu), czy dopiero tutaj, mniej więcej w 75:00 minucie. Choć osiągnęła swój początkowy cel; odnalezienie i spotkanie z matką, nie udało się jej odbudować więzi czy wymazać złych wspomnień. W pewien sposób, te dwie kobiety wydają się być dalej od siebie niż na początku opowieści, ponieważ ich nadzieje na ponowne zjednoczenie rozwiały się.

Rozwiązanie

Rozwiązanie w tym filmie ma formę krótkiego epilogu, który zaczyna się następującym napisem: *Dwa lata później. Bub i jej dzieci z wizytą u swej adopcyjnej babci.* W wywiadzie Bub podsumowuje swoje aktualne uczucia w stosunku do wietnamskiej rodziny. „Myślę, że zamknęłam za nimi drzwi" – mówi. „Ale nie przekręciłam klucza. Są zamknięte, ale niezaryglowane" - dodaje. Zakończenie, częściowo z powodu swej niejednoznaczności, jest satysfakcjonującym rozwiązaniem dla historii, od której rozpoczął się film.

ANALIZA PRZYKŁADU: *MURDERBALL – GRA O ŻYCIE*

Zwycięzca Nagrody Publiczności oraz laureat Nagrody Specjalnej Jury za montaż na Sundance Film Festival w 2005 roku *Murderball – Gra o życie*, jest świetnym przykładem nowoczesnego dokumentu. Pod energetyczną ścieżką dźwiękową, pod sportową rywalizacją znajduje się naukowa informacja o urazach rdzenia kręgowego oraz pozbawione sentymentalizmu spojrzenie na niepełnosprawność. Tak jak *Córka z Danang, Murderball* wpisuje się w trzyaktową strukturę dramatyczną. „W czasie zdjęć, rozmawialiśmy o filmach fabularnych, nie o dokumentach", mówi współreżyser i operator filmu Henry-Alex Rubin, w opublikowanych online materiałach prasowych. Przytaczając fabuły, między innymi *The Great Santini* (Wielki Santini) oraz *Rocky,* powiedział: „Ciężko pracowaliśmy nad tym, aby postępować zgodnie z podstawową zasadą scenariopisarstwa: pokazuj, nie gadaj". Film ma wielu protagonistów i dwa wątki opowiadania. Pierwszy, najbardziej widoczny, to rywalizacja między drużynami USA i Kanady, ucieleśniona przez amerykańskiego gracza Marka Zupana i trenera drużyny kanadyjskiej, Joe Soaresa, będącego również Amerykaninem. Drugi wątek podąża za Keith Cavillem, który został kaleką i ukazuje go, jak próbuje powrócić do życia będąc sparaliżowanym. Film ma około 82 minuty, składa się ze zdjęć reportażowych (vérité), wywiadów i animacji.

Akt pierwszy / Sekwencja napisów początkowych

Z rozjaśnienia ukazuje się mężczyzna na wózku (zidentyfikowany później jako Zupan), który zmienia jeansy na ubranie robocze. Nie ma muzyki ani komentarza, tylko efekty naturalne. Napis czołowy przerywa obraz, po czym mężczyzna ściąga podkoszulek i zaczyna wyjeżdżać z kadru. Dalej, w serii ujęć oddzielonych od siebie napisami tytułowymi, poznajemy kolejnych trzech mężczyzn. Dwaj opowiadają historyjki, w których wykpiwają reakcje ludzi na widok wózka: „Ludzie mówią, o jak dobrze widzieć cię wśród nas" – opowiada jeden, dodając: „A niby gdzie jest moje miejsce, w szafie?". Trzeci, który ma tylko kikuty kończyn, pokazany jest gdy wsiada do samochodu. „Ludzie sobie nawet nie wyobrażają, ile rzeczy jestem w stanie zrobić"- mówi, „mogę gotować, mogę prowadzić auto". W końcu otwierają się drzwi od garażu i widzimy pierwszego mężczyznę (Zupana), siedzącego na specjalnym krześle, wyglądającego groźnie. Zaczyna mówić na offie (kontynuacja na setce w sali gimnastycznej): „Startuję do ludzi, wciskam kit, oni na to 'oh, jejku, jejku'. Ciągnę dalej, no co nie uderzysz dzieciaka na krzesełku? Jak mnie pieprzniesz, ja ci oddam". Dynamicznie wchodzi muzyka i wkrótce widzimy graczy w rugby na wózkach w hali sportowej jak wpadają na siebie, wywracają się i cieszą. Pojawia się tytuł: *Murderball* (2:55). Ta początkowa sekwencja skutecznie prezentuje kilka, ale nie wszystkie, główne postacie (z postawy, nie z imienia) oraz ustanawia ton rozpoczynającego się opowiadania; zuchwali, twardzi faceci.

Bezpośrednio po tytule, dwaj sędziowie omawiają rugby niepełnosprawnych z niedowładem wszystkich kończyn, wymyślone w Kanadzie i nazwane tam „murderball" (zabójcza piłka). Widzimy serwisowanie wózków graczy, podczas gdy mężczyzna (przedstawiony na ekranie jako *Marty/ kierownik techniczny)* mówi o sprzęcie. Zupan (ciągle nienazwany z imienia) mówi o tym, że większość graczy jest po urazach kręgów szyjnych, co jest pretekstem do pokazania rysunkowej animacji pokazującej miejsce urazów oraz „pręty, płytki, śrubki" umieszczane wewnątrz. Odpowiednio dopasowane przenikanie z kadru animacji do szramy na karku zawodnika, przenosi nas do następnej ważnej części ekspozycji, do sceny uprzedzającej zażenowanie przynajmniej części widowni: „Największe nieporozumienie" – mówi Zupan, „polega na tym, 'Masz porażenie wszystkich kończyn? Myślałem, że tacy ludzie nie ruszają rękoma'. Na co muszę wyjaśniać: „Nie, mam zmniejszoną wydolność wszystkich kończyn'". Materiał filmowy z gry na boisku znowu przenika w animację, z której dowiadujemy się, że im wyżej kręgi szyjne są uszkodzone, tym mniejsza będzie zdolność ruchu danej osoby.

Gracze czteroosobowego rugby są oceniani w skali od 0,5 do 3,5 punktu, „na podstawie tego, czym mogą poruszać" (czwórka mężczyzn poznanych do tej pory pozuje, a nad ich głowami pokazują się liczby: 3,0; 2,0; 2,0; 1,0). Przy jednoczesnej obecności czwórki graczy na boisku, suma punktów nie może przekroczyć ośmiu.

Wyjaśniwszy podstawy gry (ekspozycja), realizatorzy zaczynają przedstawiać graczy (przedłużona ekspozycja), zarówno przez rozmowy z nimi, jaki i krótkie informacje tekstowe: *ANDY/wypadek samochodowy /10 lat temu, HOGSETT / pierwsza walka /13 lat temu, ZUPAN / wypadek samochodowy /11 lat temu*. Dowiadujemy się nieco więcej o Zupanie, dzięki rozmowie z jego rodzicami (4:12), kolegami z drużyny rugby i przyjaciółmi w barze. Zupan pokazany jest jak się wygłupia z kolesiami w czymś, co wygląda jak recepcja hotelowa. Kiedy przewraca się do tyłu razem z wózkiem, para niezbyt pewnie stojących obok starszych państwa zwraca się do operatora, „Czy pan chce, żebyśmy wezwali security?". Nie ma znaczenia kiedy albo gdzie ta scena została zarejestrowana. Ciekawe jest natomiast włożenie jej w to miejsce, ponieważ nie tylko charakteryzuje Zupana, agresywnego wariatuńcia, ale pokazuje także to o czym Andy wspomniał wcześniej, „ludzie potrafią mówić kompletne głupstwa".

Po sześciu minutach filmu, realizatorzy otwierają pierwszy wątek opowiadania, rywalizacji, która się rozgrywa pomiędzy drużynami USA i Kanady. Za pośrednictwem napisów, zdjęć transparentów („Mistrzostwa Świata w rugby na wózkach", 2002 Goteborg) oraz ujęć graczy, dowiadujemy się, że w turnieju uczestniczy 12 państw, a Stany Zjednoczone były na czele przez ostatnich 10 lat. To jest wyzwanie, to jest pozycja, której będą bronić.

Po siedmiu i pół minutach filmu spotykamy wreszcie antagonistę Zupana: *JOE /Polio /43 lata temu*. Odwiedzając jego dom, widzimy ścianę chwały, a z ust siostrzeńca i żony, oraz za pośrednictwem newsów sportowych dowiadujemy się, że Joe Soares był prawdopodobnie najlepszym graczem w rugby czteroosobowe na świecie. Jednak robił się coraz starszy i skreślono go z reprezentacji USA, więc zaczął trenować drużynę kanadyjską (9:08), przenosząc tam metody treningowe ze Stanów. „Ameryko, będziesz musiała uczyć się od nowa", stwierdza bez cienia sympatii. Zupan odpowiada na to w wywiadzie: „Gdyby Joe leżał w rowie w palącym się samochodzie, nie zatrzymałbym się nawet, żeby nasikać na ogień".

W 9:55, Kanada i USA kwalifikują się do finału turnieju w Goteborgu. Realizatorzy podbijają bębenek, umieszczając na ekranie informację: *Po raz pierwszy Joe stanie przeciwko swoim byłym kolegom z reprezentacji USA.* Innymi słowy, to nie jest zwykły mecz. Jednakże, podniósłszy napięcie w głównym wątku opowiadania, filmowcy robią teraz woltę, pozwalając Bob Lujano (opatrzonemu wizytówką, ale tylko z nazwiskiem – ciągle nie wiemy w jaki sposób stracił kończyny) przedstawić więcej detali odnośnie zasad gry, z pomocniczym użyciem animacji. Usytuowanie tej informacji jest bardzo słuszne; wcześniej te detale by umknęły, otoczone rywalizującymi informacjami przyciągającymi uwagę widza. Teraz wiemy, że to będzie drużyna przeciw drużynie, mężczyzna przeciw mężczyźnie i mamy ochotę w tym momencie wziąć oddech i dowiedzieć się bardziej szczegółowo, jak ta walka będzie się rozgrywała. Dodatkowo, ponieważ zasady zostały przedstawione tylko co, widownia jest przygotowana do *oglądania* rozpoczynającego się meczu pomiędzy USA i Kanadą. Gra jest szybka i wściekła, kamery są zamontowane na i pod wózkami, a montaż (Geofrey Richman przy współpracy Conor O'Neill) jest najwyższej próby. Poprzez kombinację napisów na ekranie, zegarów oraz przebitek trenerów i trybun, realizatorzy kondensują tę idącą łeb w łeb rozgrywkę. W 13:21 na filmie, Kanada zwycięża. Amerykanie ubliżają Soaresowi: „Stary, jakie to uczucie zdradzić swoją ojczyznę?". Wygląda na zranionego, co dodaje jeszcze jedną warstwę w wielopiętrowej opowieści.

Filmowi daleko do końca – jesteśmy dopiero w połowie pierwszego aktu – więc realizatorzy muszą szybko ruszyć do przodu z opowiadaniem i ze stawianymi wyzwaniami. Zwróćcie uwagę, że dotychczas nie przedstawili wyraźnego celu, zamiast tego ujawniali rywalizację między

USA a Kanadą oraz w mniejszym stopniu między Zupanem a Soaresem. Natychmiast po zwycięstwie w Goteborgu, realizatorzy informują nas (zą pomocą tekstu na ekranie), że Stany Zjednoczone i Kanada staną naprzeciwko siebie ponownie w roku 2004, w czasie paraolimpiady w Atenach w Grecji – tak więc rywalizacja zyskuje nowe ukierunkowanie, nowy cel. To usprawiedliwia cięcie do Birmingham, Alabama, na obóz treningowy reprezentacji USA.

Dowiadujemy się, że spośród 500 graczy trenerzy wybiorą dwunastkę, która będzie rywalizowała w Grecji. Samo w sobie nie staje się to źródłem dodatkowego napięcia w opowiadaniu. Obóz staje się okazją do lepszego poznania bohaterów, a co ważniejsze, do pogłębienia tematu niepełnosprawności. W 17:40, Andy wypowiada następujący tekst: „Każdy kto został ranny myśli, że będzie jeszcze chodził” – wyjaśniając, że taka postawa hamuje rehabilitację. Hogsett opowiada o tym, jak ciężkie są pierwsze dwa lata po urazie rdzenia kręgowego. W krótkich ujęciach realizatorzy rozpoczynają prezentację nowego miejsca, ośrodka rehabilitacji i w 18:30 stajemy za młodym człowiekiem z dużą blizną na karku; i to on beznamiętnie obejmuje główną rolę w „teatrze szpitala”: to jest KEITH / Wypadek na motocrossie /4 miesiące temu.

Obsadzenie Keitha ma zasadnicze znaczenie dla całego filmu. Bez niego, widzielibyśmy tylko znakomitych sportowców, którzy zostawili daleko za sobą najtrudniejszy odcinek drogi, która wiodła od wypadku do ułomnej sprawności. „On zakotwicza film – narracyjnie i emocjonalnie – gdyby jego nie było, nie widzielibyście od czego ci inni faceci zaczynali”, mówi w materiałach prasowych Dana Adam Shapiro, producent i współreżyser filmu. W Instytucie Rehabilitacji Kesslera (ujęcie z zewnątrz umiejscawia go), wysiłki, które czyni Keith, aby wykonać najprostsze czynności – na przykład, żeby usiąść, albo odpiąć rzepy przy butach – pokazują, stokroć wymowniej niż jakiekolwiek słowa, jak daleko zaszli gracze rugby. Co ciekawe, to właśnie wątek opowiadający o Keith, a nie wątek rywalizacji, buduje podział na akty w tym filmie. Na końcu aktu pierwszego widzimy Keitha rozpoczynającego swoją rehabilitacyjną podróż.

Akt drugi

Drugi akt (nie zapominajcie, że jest to moja analiza, z którą twórcy niekoniecznie muszą się zgodzić) zaczyna się w momencie, gdy film powraca do głównego wątku opowiadania, to jest do rywalizacji. Około 21 minuty projekcji widzimy trenera Joe Soaresa w jego domu na Florydzie. Odbywa się party z okazji Super Bowl (finałowy mecz rozgrywek amerykańskiego footbolu), po raz pierwszy widzimy jego syna, Roberta. Relacja pomiędzy tym bezkompromisowym, atletycznym mężczyzną a jego synem, pilnie uczącym się gry na skrzypcach, dodaje głębi wątkowi Soaresa, zarówno w płaszczyźnie osobistej jak i zawodowej. W scenie grillowania, jawi się jako wymagający i zdystansowany ojciec - wkrótce po tym mówi do graczy swojej kanadyjskiej drużyny: „W ciągu półtora roku, staliśmy się jak rodzina, o więzach tak silnych, jakich nigdy nie miałem, najmocniejsza druga rodzina. Chłopaki jesteście dla mnie jak synowie". Ta sekwencja z Soaresem, jego rodziną i przyjaciółmi trwa prawie pięć minut.

Około 26:30, filmowcy przenoszą swoje zainteresowanie na rywala Soaresa, na Marka Zupana. Widzimy Marka także prywatnie, pływającego w basenie, przebywającego ze swoją dziewczyną, co otwiera film na problem seksualności po urazie. Cięcie do szpitala, gdzie Keith pyta lekarza czy powróci do aktywności seksualnej? Doktor, osoba sprawna, przedstawia instruktarz na wideo (jest prowadzącym na tym filmie). Cięcie do własnych materiałów ekipy, gdzie niepełnosprawni mówią o seksie. Andy Cohn, a potem Scott Hogsett odpowiadają na pytanie: „Czy możesz to robić?". Ich odpowiedź jest twierdząca, po czym oni (oraz doktor Keith na taśmie wideo), wdają się w szczegóły. Przy czym, ta sekwencja trwa nieco więcej niż pięć minut, po czym film przy pomocy napisu na ekranie wraca do lokomotywy, do wątku rywalizacji drużyn USA i Kanady (31:40): *Trening drużyny kanadyjskiej / 8 miesięcy do paraolimpiady* (zwróćcie uwagę na skuteczne użycie informacji tekstowych w tym filmie, okazjonalne przypominanie kto, co, szczególnie wtedy, gdy film wraca do lokomotywy, gdy warto przypomnieć widzowi, że jesteśmy z powrotem w głównym wątku opowieści).

Nie pozostajemy na zgrupowaniu zbyt długo. Krótka scena z Soaresem, który klaruje drużynie swoje teorie na temat dyscypliny, jest pretekstem do przejścia do wywiadu z nim, w którym ujawnia, że ojciec był policjantem, który czasami go bił „naprawdę mocno". Przekonuje, że sposób w jaki traktuje swojego syna „jest nie do porównania". W kolejnych scenach, widzimy Soaresa na uroczystej kolacji z żoną, jak spotyka się z siostrami, oraz gdy dowiaduje się, że lekarz martwi się jego ciągłym stresem. Po dynamicznie zmontowanej scenie nerwowego treningu, tekst na ekranie informuje, że Soares miał atak serca (35:00). Na szpitalnym łóżku wygląda mały i bezbronny, ale realizatorzy nie prześladzają tej sceny ponad miarę; koło 36:25, dowiadujemy się, że najgorsze jest już za nim, a my przenosimy się na zjazd absolwentów szkoły Marka Zupana, z okazji 10 rocznicy zakończenia nauki.

Zwróćcie uwagę od jak dawna nie widzieliśmy już zawodów sportowych, które są lokomotywą tego filmu, ale nie celem samym w sobie. Tak jak zostało to skonstruowane przez realizatorów, w sekwencji spotkania absolwentów tematem jest w gruncie rzeczy wypadek Marka (11 lat temu) i ochłodzenie stosunków między nim a jego przyjacielem (Christopher Igoe), który prowadził auto tamtej feralnej nocy. Słuchamy kolegów z klasy, rodziców oraz Igoe. Sekwencja prowadzi do wywiadu z Zupanem, w którym wspomina jak było mu ciężko, kiedy opuścił ośrodek rehabilitacji – co z kolei gładko pozwala na przejście (42:15) do Keitha, który znajduje się w takim właśnie momencie swojej rehabilitacji. Po 10 miesiącach w ośrodku, wychodzi do domu. Tu mamy środek filmu (zwróćcie uwagę, że spięty on jest z „podróżą" Keitha). Scena zaczyna się drobnym sukcesem lecz kończy frustracją, gdy Keith uświadamia sobie, że jak mówi „co było kiedyś proste, już nigdy proste nie będzie" (46:12).

Cięcie do bannera (z olimpijskim logo) rozpoczyna nową scenę. „Fundacja Lakeshore USA oficjalny ośrodek szkoleniowy". Na sześć miesięcy przed olimpiadą, reprezentacja zostaje ostatecznie sformowana. Scena wyboru członków drużyny zmontowana jest tak, aby tworzyć napięcie, lecz wszystkie nasze postacie wchodzą do reprezentacji 2004 roku. Wizyta kilku pań z Obozowej Dziewczęcej Straży Pożarnej, daje realizatorom pretekst do opowiedzenia więcej o Bobie Lujano (nie stosuje się tutaj zasady przedstawiania każdego, za pierwszym pojawieniem się na ekranie, tudzież przedstawiania wszystkich w ten sam sposób. Kilka ostatnio zrobionych dokumentów, włącznie ze *Spellbound* (Mistrzowie ortografii) oraz *Born into Brothels* (Przeznaczone do burdelu) również przedstawiają wiele równorzędnych postaci. Warto te filmy obejrzeć, aby ocenić jak rozwiązują problem wprowadzania, czy przedstawiania postaci, oraz jak prowadzą poszczególne wątki, aby uniknąć powtórek).

W 51:40, trener Joe Soares opuszcza szpital. Odwiedzając dom na Rhode Island, w którym mieszkał jako dziecko, opowiada nieco więcej o sobie. Urodził się w Portugalii, a potem żyje - jak to sam określa innymi słowami – amerykańskim snem, co dodaje szczyptę pieprzu do jego aktualnej sytuacji, trenowania reprezentacji Kanady. Jednak obserwując go jak się bawi z dziećmi, zaczynamy odczuwać, że po chorobie Joe się zmienił. Potwierdzają to jego siostry. Słyszymy, jak chwali się swoim synem wobec sąsiadów z dziecinnych lat (taka przemiana, wnosząca bardzo wiele do dobrej sztuki dramatycznej, nie może być sprokurowana ani podrasowana. Jeśli się przydarzyła, fantastycznie; jeśli nie, nie masz najmniejszego prawa uczynić takiej sugestii). W tym przypadku, przemiana Soaresa doprasza się pytania: czy pozostał na tyle twardy, aby doprowadzić Kanadę do zwycięstwa?

W 54:39 przenosimy się do Vancouver w Kanadzie. Plansza kontynuuje wsteczne odliczanie: *3 miesiące do paraolimpiady / Stany spotykają się z Kanadą dla rozstrzygnięcia, kto będzie rozstawiony z #1*. Po raz pierwszy usłyszeliśmy o meczu eliminacyjnym (dotychczas celowaliśmy w paraolimpiadę) i to wszystko staje się nieco ryzykowne. Niedobrze jest pokazywać trzy wersje tego samego, podstawowego dla filmu wydarzenia, rozgrywanego w trzech różnych miejscach. Jeśli już, to za każdym razem powinna być inna stawka, inny styl i powód, które to czynniki winny budować rangę wydarzenia (na przykład, nie powinno się zaczynać od meczu na olimpiadzie, żeby potem wmontować dwa mecze pokazowe, po prostu dla zobaczenia rywali w akcji). Tutaj, realizatorzy bardzo umiejętnie używają meczu w celu przypomnienia nam jaka będzie stawka, jacy są gracze i czym jest gra (nie oglądaliśmy prawdziwych zawodów od ponad 40 minut). Po pierwsze, zestawiają w montażu napiętego Joe Soaresa i równie spiętego Marka Zupana, głównych rywali. Dalej, używają nieco odmiennego stylu w montażu niż stosowali przy poprzednim meczu. Na dodatek, drużyna Stanów tym razem zwycięża, co zmienia układ sił przed wyjazdem na paraolimpiadę. Tuż po meczu, Zupan w setkowym materiale przypomina nam, że do paraolimpiady pozostało jeszcze dwa i pół miesiąca, że to była zaledwie rozgrzewka. Wreszcie - i to jest główną przyczyną umieszczenia tej sekwencji w tym miejscu - koło 58:00, trener przegrywającej drużyny, Soares, dostaje telefon od syna, żeby się spieszył do domu, żeby zdążył na popisowy występ z orkiestrą szkolną. Następna scena pokazuje, znacznie dobitniej niż rozmowy w Providence, że Soares się zmienił.

W kolejnej sekwencji, koło 60:00, wątek „A" i wątek „B" elegancko się splatają, gdy w pokazie czteroosobowego rugby prowadzonego przez Marka Zupana uczestniczy Keith. Drugi akt kończy się przymiarką Keitha do zawodniczego wózka inwalidzkiego. (63:44)

Akt trzeci

Filmowcy wykorzystują „US Olympic media summit" (konferencję prasową) do poszerzenia wiedzy o samej paraolimpiadzie w Atenach, a Mark Zupan opisuje swoją wizytę w centrum rehabilitacji, wskazując jak budującym dla niego przeżyciem było doświadczenie odzewu ze strony jednego z pacjentów (Keitha). Włączenie tego momentu jest piękne, również dlatego, że pokazuje iż sprawy rozgrywają się naprawdę. Od tego punktu film rusza ku: *1 miesiąc do paraolimpiady* (65:14). Realizatorzy dają trochę oddechu, gdy zawodnicy wygłupiają się, wyjaśniają powszechne nieporozumienie; rozróżniają paraolimpiadę i olimpiadę spacjalną. W tym momencie, na tydzień przed, dowiadujemy się, że Zupan zaprosił Christophera Igoe, żeby przyjechał popatrzeć jak ten gra, spinając w ten sposób wcześniejsze sekwencje. Następuje coś na kształt przerywnika, gdy Igoe podróżuje do Aten (niewykluczone, aby dać widzom szansę przypomnienia sobie kim jest Igoe i dlaczego to spotkanie jest ważne).

W 71:00, „rozgrywka" na paraolimpiadzie, kulminacja filmu. Montaż tej sceny jest dość niezwykły. Widzimy graczy zdobywających punkty, rozentuzjazmowaną publiczność, zmieniające się liczby na tablicy wyników – lecz naturalny dźwięk został zastąpiony względnie spokojną muzyką, efekt jest mocny. Muzyka powoli wzmaga się, pod koniec wracają efekty naturalne, napięcie sięga szczytów, a Kanada wychodzi na prowadzenie. W 75:00 jest po wszystkim. Realizatorzy skupiają się na pocieszanych przez rodziny i przyjaciół Amerykanach, po czym następuje słodko gorzkie podsumowanie: Reprezentacja USA nie zdobyła złota (zajęli trzecie miejsce), ale nie zdobyła go także Kanada. Zajęli drugie miejsce, za Nową Zelandią.

Epilog

Jesteśmy z drużyną, która gdzieś jedzie razem. Z offu słyszymy krótkie wypowiedzi, jak każdy z nich został ranny. Stopniowo zdajemy sobie sprawę, że są one kierowane do okaleczonych weteranów z Iraku w szpitalu Walter Reed Army Hospital w Virginii. Po bojowym okrzyku: „USA Rugby!" (79:00) film kończy się ściemnieniem. Przerywając napisy końcowe, realizatorzy pokazują serię okienek pod hasłem: „Co z nimi teraz?". Ukazują główne postacie, włącznie z Keith i młodym Robertem.

ANALIZA PRZYKŁADU: *SUPER SIZE ME*

Nominowany do Nagrody Akademii w roku 2004, jeden z najbardziej dochodowych dokumentów wszystkich czasów *Super Size Me*, jest filmem popularno-naukowym, śmiesznym, prowokacyjnym, wartkim. Najlepiej pasuje do niego określenie esej, choć jest w filmie wyraźny protagonista (reżyser we własnej osobie Morgan Spurlock, który zdobył nagrodę dla Najlepszego Reżysera na festiwalu filmowym w Sundance w 2004 roku) oraz cel (zobaczyć co się stanie, jeśli będzie jadł przez 30 dni jedzenie tylko z McDonald's). Przeciwstawia mu się nie jednostka, tylko zjawisko, efekty jakie może wywołać ta dieta na jego zdrowiu i kondycji, co może zmusić reżysera do wcześniejszego przerwania eksperymentu. Od pierwszych kadrów do napisów końcowych, film trwa około 95 minut.

Akt pierwszy / Sekwencja napisów początkowych

Pierwsza scena pokazuje dzieci śpiewające wyliczankę, przywołującą nazwy restauracji fast-food. Po planszy, która jest cytatem założyciela McDonald's Ray Kroca, zawodowy lektor (którego głos później okazuje się należeć do Morgana Spurlocka) mówi nam, że „w Ameryce wszystko jest największe". W szybko montowanej, pełnej znaczeń scenie, definiuje problem: „Niemal 100 milionów Amerykanów ma nadwagę, albo dużą nadwagę. To więcej niż 60% dorosłej populacji USA". Sugeruje przyczynę: Gdy dorastał, jego matka gotowała obiad codziennie. Dzisiaj, powiada, całe rodziny jedzą ciągle poza domem uszczuplając swoje portfele, ale dodając centymetrów w talii. Wskazuje na skutki: „Chorobliwa nadwaga, tuż po paleniu papierosów, jest główną przyczyną przedwczesnych zgonów w Ameryce".

Dalej, Spurlock przedstawia przypadek sądowy, który stał się inspiracją dla filmu: „W 2002, kilkoro Amerykanów doszło do wniosku, że ich nadwaga nie wzięła się z powietrza i zrobiło coś, w czym naprawdę jesteśmy dobrzy, wnieśli skargę na tych łobuzów". Posiłkując się okładkami tygodników i animacją, przedstawił w zarysie podstawy procesu sądowego, który wszczęto w imieniu dwóch dziewcząt: czternastolatki, która przy wzroście 147 cm ważyła 77 kg, oraz dziewiętnastolatki, która przy wzroście 168 cm ważyła 122 kg. Wyglądając na zadziwionego, Spurlock mówi, że działo się „niewyobrażalne": Ludzie podali McDonald'sa do sądu „za sprzedawanie im jedzenia, o którym wszyscy wiemy, że jest niezdrowe". Dalej, podaje przykłady, iż mimo tej wiedzy, jemy je nadal – miliony ludzi na całym świecie. Wracając do sprawy sądowej, wybija stwierdzenie sędziego parafrazując je: „Jeśli prawnicy reprezentujący nastolatki byliby w stanie wykazać, że McDonald's prowadzi do tego, aby ludzie jedli wszystkie posiłki codziennie u nich, a takie postępowanie byłoby ponad miarę niebezpieczne, wówczas mogliby wnieść pozew". Spurlock zakreśla w ten sposób pole działania i formułuje jednocześnie podstawowe pytanie filmu: „Gdzie kończy się odpowiedzialność jednostki, a zaczyna odpowiedzialność korporacji?".

W 3:48, widzimy go po raz pierwszy na ekranie, jak przedstawia plan całego eksperymentu: „Co się stanie, jeśli będę żywił się wyłącznie jedzeniem z McDonald's, trzydzieści dni pod rząd? Czy znajdę się na prostej drodze do zostania Amerykaninem z nadwagą? Czy przekroczy to granice zdrowego rozsądku? Przekonajmy się. Jestem gotów. Powiększcie mnie". (4:04) Reżim 30 dni wyznacza lokomotywę filmu, jest strukturą, która raz wprawiona w ruch, pozwala realizatorowi na zajmowanie się pobocznymi sprawami, które same z siebie nie przyciągnęłyby widzów do kin na całym świecie (jest wielce prawdopodobne, że taki sam trzydziestodniowy eksperyment w rękach kogoś bardziej zdetermino-wanego, aby „udowodnić" zło śmieciowego jedzenia i samego McDonalda – nie miałby podobnej siły wyrazu. Spurlock jest wiarogodny zabierając nas w tę podróż, wygląda na autentycznie otwartego na wszelkie odcienie szarości, tak jak to widać później).

Po napisach początkowych, Spurlock poświęca trochę czasu na określenie swojej kondycji fizycznej, swojego zdrowia w momencie startu. Trójka lekarzy, oraz dietetyk i fizjolog potwierdzają jego znakomity stan zdrowia. Eksperyment nie budzi ich entuzjazmu, ale nie przewidują, aby w ciągu zaledwie 30 dni mogły wystąpić jakieś negatywne skutki. Mniej więcej w 10,5 minucie filmu, Spurlock dodaje nowy pomysł: Ponieważ ponad 60% Amerykanów nie uprawia żadnych ćwiczeń fizycznych, on również nie będzie zażywał żadnego ruchu poza zwykłym chodzeniem (to rodzi boczny wątek o chodzeniu w ogóle, o chodzeniu po Manhattanie, o tym ile restauracji McDonald's mijamy w czasie takich spacerów).

W 12:03, wracamy z powrotem do głównego wątku, do lokomotywy, spotykając dziewczynę Spurlocka, Alex, która jest weganką, specjalistką od diety bezmięsnej. Przygotowuje *Ostatnią wieczerzę* opatrzoną na ekranie tytułem tak jak wiele rozdziałów w filmie. Minutę później rozpoczyna się cały eksperyment, o czym informuje plansza na ekranie: *Dzień 1*. Spurlock zamawia jajka na toście i zjada je (tutaj, tak jak w kilku jeszcze miejscach w filmie, daje przerwę na muzykę. Te przerwy są ważne, dają szczyptę humoru, dają oddech, stwarzają możliwość przetrawienia dotychczasowej informacji). W szybkiej scenie widzimy jak Spurlock zapisuje co jadł. Istnieje konieczność pokazania przynajmniej raz prowadzenia tych notatek, gdyż są częścią eksperymentu; zapiski dostarczają danych dietetykowi, obliczającemu ilość przyjmowanych kalorii. Następnie widzimy Spurlocka na ulicy, jak zadaje ludziom pytania na temat „fast-food". Te wywiady, rozrzucone po całym filmie, dodają humoru oraz zmieniają rytm opowiadania, reprezentując jednocześnie „opinię publiczną".

Koło 15 minuty, stojąc w kolejce w McDonaldzie, Spurlock poszerza nieco reguły eksperymentu (mówi setkowo do kamery, albo z offu). Po uporaniu się z tymi dodatkowymi informacjami, z wyraźną przyjemnością wbija zęby w Big Maca (strefa półtonów – wyraźnie lubi niektóre potrawy z McDonald's). W 15:47, kolejna plansza graficzna, kolejny podtytuł: *Do sądu łobuzów*. Ponownie widzimy Spurlocka na ulicy jak przeprowadza wywiady, tym razem na temat sprawy sądowej. Trójka zaczepionych ludzi uważa, że pozew sądowy jest śmiechu wart – co w tym miejscu filmu może być zbieżne z odczuciami widowni. Spurlock przeprowadza wywiad z profesorem prawa Johnem F. Banzhaf, „przewodzącym atakowi na przemysł spożywczy", doradzającemu prawnikom sądowym. Spurlock daje pracom Banzhafa pewną dozę wiarogodności (aby zrównoważyć wypowiedzi z sondy ulicznej) zauważając, iż ludzie mieli Banzhafa za wariata, gdy rozpoczynał walkę z przemysłem tytoniowym – „do momentu, gdy odniósł zwycięstwo". Banzhaf wnosi istotny szczegół, wyjaśniając, dlaczego to właśnie McDonald's został wzięty na cel. Firma prowadzi promocję ukierunkowaną na dzieci.

Drugi człowiek – mówi Spurlock - który ma na względzie dobro dzieci, to Samuel Hirsch, adwokat dwóch procesujących się dziewczynek. Lecz przyjrzyjcie się półtonom wyłaniającym się z wywiadu. Na obrazie twarzy Hirscha, słyszymy pytanie Spurlocka zadane spoza kadru: „Dlaczego podał pan do sądu organy zarządzające przemysłu fast-food?". Ujęcie trwa nieprzerwanie, Hirsh uśmiechając się, rozważa. „Chodzi panu o motywy inne niż finansowa rekompensata? To znaczy chce pan usłyszeć jakiś szlachetny powód? Tak?". Wygląda, jakby prawnik zastanawiał się dalej, po czym Spurlock tnie zostawiając na dobre Hirsha. To jest zabawne, ale co ważniejsze, pokazuje wolę Spurlocka do pokazania całego problemu wielowymiarowo, pod różnymi kątami – co czyni cały film tak interesującym. Widzowie muszą oglądać uważnie i mieć chęć nie tylko rozpoznania złożoności problemu, ale wyciągnięcia własnych wniosków.

David Satcher, były konsultant krajowy ds. chirurgii, wprowadza nowy problem, „zwiększania porcji", co pozwala Spurlockowi (jak i ekspertom) zastanowić się nad zagadnieniem wielkości jednorazowej porcji jedzenia. Innymi słowy, Spurlock stawia tezę i pozwala jednej idei rozwijać się ku następnej. Wreszcie, w 21 minucie filmu, po zostawieniu „lokomotywy" na około 5 minut, Spurlock zabiera nas z powrotem do McDonald's, a plansza na ekranie oznajmia *Dzień 2*.

Akt drugi

W drugim akcie eksperyment rozpoczyna się naprawdę. Spurlock ma szczęście, gdy drugiego dnia pytają go czy chce największą porcję - a zgodnie z zasadami, które ustanowił na początku, w takiej sytuacji musi odpowiedzieć twierdząco (w takim filmie istnieje pokusa, aby coś co zdarzyło się naprawdę czwartego dnia, wmontować w dzień drugi. Nie wolno. Poza tym, nie ma przymusu nadawania każdemu dniu takiej samej rangi – niektóre dni są ledwie zaznaczone – nie ma potrzeby pokazywania wszystkich posiłków. Jednak chronologia tych posiłków musi być prawdziwa, tak samo jak zmiany zdrowia Spurlocka). Przyjrzyjcie się jak Spurlock zagęszcza czas w poniższej scenie: Startuje od śmiechu, całując swojego ćwierćkilogramowego hamburgera, nazywając go „okruszkiem nieba". Następuje ściemnienie, pojawiają się białe litery napisu: *5 minut później*. Rozjaśnienie: Ciągle je (przekaz obrazowy, podkreślony napisem wskazującym upływ czasu mówi, że to bardzo duża porcja jedzenia, z pochłonięciem której Spurlock ma trudności). Powtórne ściemnienie: *10 minut później*. Spurlock mówi „Ból McŻołądkowy" pojawia się we wnętrznościach. Znowu ściemnienie: *15 minut później*. Odchyla się do tyłu na siedzeniu. Ściemnienie, a potem: *22 minuty później*. Wyraźnie walczy o zatrzymanie jedzenia w żołądku. Cięcie, widzimy jak wychylony przez okno, wymiotuje. Posiłek, który musiał trwać co najmniej 45 minut został w montażu skrócony do 2,5 minutowej sekwencji.

Około 23:18, widzimy kolejną ozdobną planszę: *Toksyczne środowisko*.

Spurlock wraz z ekspertami przedstawiają problem niczym nieograniczonego dostępu „do automatów z tanim, pełnym tłuszczy jedzeniem i słodzonymi napojami gazowanymi", które są sprzedawane z wędrujących samochodów. Po krótkim omówieniu stanu zdrowia w dniu 3, przeskakuje do dnia 4 i zajmuje się bocznym wątkiem; porównania nadwagi i palenia papierosów, oraz reklamy skierowanej ku dzieciom. Po tej sekwencji ma miejsce kolejne wytchnienie (przerwa na muzykę), gdzie widzimy Spurlocka bawiącego się na placu zabaw McDonald's.

W 28:21, nowy rozdział *Siła uderzenia,* zajmuje się nieodwracalnymi skutkami zdrowotnymi u dzieci, takimi jak niewydolność wątroby i nadwaga. W 30:38, Spurlock przechodzi do szesnastoletniej Caitlin, która pracuje w restauracji fast-food. Tutaj jego ambiwalencja prowadzi do pozostawienia widzom ostatecznego osądu. W wywiadzie, Caitlin opowiada jak ciężko jest takim dziewczynom jak ona, z nadwagą, ponieważ otoczone są zdjęciami „chudych, pięknych znanych dziewcząt" i ciągle zadają sobie pytanie „czy ja nie mogłabym tak wyglądać?". W miarę jak mówi, Spurlock pokrywa ekran zdjęciami smukłych młodych kobiet, aż do całkowitego zakrycia twarzy Caitlin. Tuż przed ostatecznym zasłonięciem, dziewczyna mówi: „To nierealne, to jest w ogóle nieosiągalne".

Czy Spurlock sugeruje, że Caitlin poddaje się zbyt łatwo? Być może, ponieważ w kolejnej sekwencji (32:07), nijaki Jared Fogle, który zrzucił dzięki diecie „Subway" 120 kilogramów, ma spotkanie informacyjne w szkole. Tam, ośmioklasistka z nadwagą skarży się tak jak Caitlin, że na odchudzenie nie ma szans. „Nie stać mnie na chodzenie codziennie (do Subway) i kupowanie tam kanapki dwa razy dziennie, o czym mówił ten facet".

Jakby dla kontrastu, film w następnej sekwencji pokazuje człowieka, który wziął sprawy swojego zdrowia we własne ręce: to John Robbins, spadkobierca firmy lodziarskiej Baskin-Robbins. Z planszy na ekranie dowiadujemy się, że zostawił złotodajną firmę gdyż stwierdził, że lody są szkodliwe.

Robbins, obrońca zdrowia, podaje całą litanię problemów zdrowotnych nie tylko w swojej rodzinie, ale także w rodzinie drugiego z założycieli firmy lodziarskiej Ben & Jerry (ta sekwencja, tak jak wiele ujęć pokazujących, oprócz McDonald's, cały przemysł fast-food, pomaga wyjść w dyskusji poza jedną sieć restauracji, pozwala na szersze spojrzenie na problem jakości odżywiania się i zdrowia).

W 35:09, rozpoczyna się dzień 5 eksperymentu. Widzimy Spurlocka jak zamawia posiłek, lecz nie widzimy jedzenia. Zamiast tego idziemy z nim do dietetyczki, gdzie dowiadujemy się, że przyjmuje około 5000 kalorii dziennie, dwa razy więcej niż wymaga organizm oraz, że przytył już 5 kilo. Z powrotem na ulicy, Spurlock (około 37:00) przepytuje ludzi o fast-food (wszyscy je lubią) oraz o ćwiczenia fizyczne (niewielu ludzi je uprawia).

Minutę później, dzień 6 zastaje go w Los Angeles, jak zamawia kurczaka McNuggets. To danie jest pretekstem do powrotu do procesu sądowego i przytoczenia oświadczenia McDonald's na temat wysoko przetworzonej żywności. Spurlock wzmacnia to przy pomocy kreskówki pokazującej tworzenie McNuggets, co sędzia prowadzący sprawę nazwał „tworzeniem McFrankensteina".

Powrót do eksperymentu, dzień 7, Spurlock marnie się czuje. Za 30 sekund mamy już dzień 8. Odwijanie z papieru kanapki rybnej napełnia go obrzydzeniem. Niecałe 30 sekund później mamy już dzień 9. Spurlock zjada podwójnego Big Maca z serem i czuje się „naprawdę podle". Zaczyna dostrzegać zmiany nie tylko fizyczne, ale także psychiczne. Kolejna sekwencja, z udziałem prawdziwego entuzjasty „Big Mac" nie poszerza racjonalnej argumentacji, ale jest widowiskowa i humorystyczna.

Wraz z tą sceną powracamy (43:00) do problemu sygnalizowanego już wcześniej, do sprawy reklamy adresowanej do dzieci. Ekspert przedstawia dane liczbowe, opisujące reklamę kierowaną ku dzieciom oraz mówi, jak komunikaty od rodziców przegrywają z potęgą tej reklamy. Inny ekspert wskazuje, że większość dzieci zna słowo „McDonald's", więc Spurlock – w scenie zaaranżowanej specjalnie dla filmu – wykonuje test, pytając grupkę pierwszoklasistów, aby zidentyfikowali pokazywane im obrazki Jerzego Waszyngtona, Pana Jezusa, Wendy (postać z restauracji) oraz Ronalda McDonald. Posługuje się również kreskówką, aby pokazać jak ogromne pieniądze przeznaczają na reklamę bezpośrednią największe firmy spożywcze na całym świecie.

W 46:34, jesteśmy z powrotem przy eksperymencie: *Dzień 10*. Ale opuszczamy go bardzo prędko. Przy 47:02, pojawia się nowa plansza graficzna: *Dietetyka*. Właściwie, to ta sekwencja nie zajmuje się wartościami odżywczymi poszczególnych produktów, tylko tym jak trudno w sklepie znaleźć te informacje. Zgodnie z tym co dowodzi John Banzhaf - jak ludzie mieliby sterować świadomie swoją dietą, skoro nie mają podstawowych informacji o kaloryczności produktów? W 49:20 (mniej więcej w połowie filmu) wracamy z powrotem do eksperymentu, gdy Spurlock wykonuje pierwsze badanie krwi. W tej chwili waży 92 kilogramy, o 8 więcej niż na początku.

Koło 50:30 rozpoczyna się nowy rozdział: *To dla dzieci*. Spurlock poszerza swoją narrację bezpośrednią, wygłaszając następujący komentarz: „Szczególnym miejscem, w którym atak świata fast-food jest coraz bardziej widoczny, są nasze szkoły publiczne". W długiej sekwencji, odwiedza trzy szkoły w różnych stanach. W Illinois, personel wydający lunch i przedstawiciele Sodexo School Services (prywatna firma, która dostarcza posiłki do szkół w całym kraju) wydają się wierzyć, że uczniowie dokonują rozumnych wyborów jedzeniowych, choć Spurlock pokazuje, że tak nie jest. W Zachodniej Wirginii, Spurlock odwiedza szkołę obsługiwaną przez amerykański federalny program posiłków szkolnych. Tutaj uczniowie jedzą spreparowane, paczkowane jedzenie, do którego dodawana jest woda, bądź które jest odgrzewane, a pojedyncza porcja rzadko przewyższa 1000 kalorii. W końcu Spurlock odwiedza szkołę w Wisconsin, gdzie firma pod nazwą Piekarnik Natury dostarcza jedzenie uczniom z „zaburzeniami świadomości i zachowań". Tutaj jedzenie nie jest z puszek czy smażone, a szkoła nie ma automatów ze słodyczami czy napojami (w tym momencie to niemal szok, zobaczyć świeże warzywa i owoce, przypomnieć sobie ich żywe kolory). Postępy w rozwoju uczniów tej placówki są bardzo wyraźne, mówią ludzie z administracji. A cały program, zauważa Spurlock, „kosztuje mniej więcej to samo co każdy inny szkolny program żywieniowy. Pytam więc, dlaczego tak właśnie nie postępują wszyscy? (56:02).

Na obrazkach dzieci z Wisconsin czekających w kolejce po jedzenie, słyszmy przeprowadzony przez telefon wywiad, w którym założyciel

Wytwórni Ciast: Piekarnik Natury, odpowiada na pytanie Spurlocka: „W dzisiejszych czasach jest wielki opór ze strony wytwórców śmieciowego jedzenia, którzy czerpią ogromne dochody ze szkół" – mówi. Dla mnie to fałszywy krok w skądinąd bardzo mocnej sekwencji. W przeciwieństwie do kilku ekspertów dotychczas pytanych, kompetencje tego mężczyzny do mówienia na temat lub przeciw śmieciowemu jedzeniu, nie zostały przedstawione (nie twierdzę, że ich nie ma, tylko tutaj nie zostały zaprezentowane). Informacja, którą przekazuje mogłaby być zweryfikowana, może być prawdziwa w 100%, lecz dla mnie, lepszą drogą do przekazania tej informacji byłaby prezentacja faktów, takich jak konkretne kwoty zysków firm przemysłu fast-food czerpanych z terenów szkół państwowych (opór tych firm przeciwko usunięciu ich ze szkół, jest istotnym tematem następnej sceny, gdy Czcigodna Marlene Canter mówi o zakazie ustawiania automatów sprzedających napoje gazowane w szkołach regionu Los Angeles).

W mniej więcej 57:08 – z grubsza po 60% filmu – Spurlock powraca do eksperymentu. To już dzień 13, jest w Teksasie, regionie, w którym znajduje się 15 „najgrubszych" miast Ameryki. dzień 14 zastaje go w mieście Nr 1, Houston, gdzie podejmuje nowy trop: składa wizytę Wytwórcom Żywności Ameryki, firmie lobbystycznej z dyrekcją w Waszyngtonie D.C. Wiceprezes tej firmy stwierdza, że klucz do problemu to oświata, uczenie prawidłowego odżywiania i gimnastyka szkolna. Tu następuje dość „cienkie" przejście, Spurlock potraktował to jako pretekst do zajęcia się faktem, że tylko w stanie Illinois w klasie maturalnej jest obowiązkowa gimnastyka. Wracając do szkolnictwa, w Illinois pokazał wyjątkowy program, aby za chwilę dla kontrastu pokazać szkołę podstawową w Massachusets, gdzie wychowanie fizyczne polega na bieganiu dookoła sali gimnastycznej raz w tygodniu, przez 45 minut. W 61:00, Spurlock wyjaśnia skąd się wzięła taka sytuacja - wywołał ją program reform w oświacie zainicjowany przez prezydenta George W. Busha, „Żadne dziecko nie zostaje z tyłu". Zdaniem ekspertów przyczynił sie do redukcji nakładów na „wychowanie fizyczne, żywienie i zdrowie". To z kolei daje Spurlockowi pretekst do zapytania uczniów dziewiątej klasy z programem medycznym, co to jest kaloria? Mają trudności z odpowiedzią – tak samo zresztą jak wszystkie sześć dorosłych osób przepytanych na ulicy.

W 63:02, rozpoczyna się dzień 16, „wciąż w Teksasie", ale po około 20 sekundach, mamy już dzień 17 – w Nowym Jorku. Dowiadujemy się, że eksperyment zaczyna oddziaływać na Spurlocka. Jego dziewczyna oświadcza, że jest wyczerpany, a ich życie seksualne wyraźnie osłabło. Następnego dnia lekarze stwierdzają podwyższony cholesterol i ciśnienie krwi oraz „stan chorobowy" wątroby. Doradzają mu, żeby przerwał. Widzimy jak rozmawia przez telefon ze swoją matką, oboje są zmartwieni sytuacją. Ją martwi najbardziej niebezpieczeństwo, że negatywne zmiany, które się dokonują, mogą być nieodwracalne. Spurlock zapewnia, iż „oni" sądzą, że wszystko wróci do normy. W tym miejscu kończy się akt drugi.

Akt trzeci

W 69:26, rozpoczyna się akt trzeci (powtarzam, tak jak w przypadku innych filmów, to jest mój podział i analiza, a nie twórców), w którym przyglądamy się zagadnieniu „uzależnienia" od śmieciowego jedzenia. Pojawia się nowy ekspert, oglądamy kreskówkę ilustrującą pojmowanie przez McDonald's pojęć „stały konsument" i „super stały konsument", oraz jesteśmy świadkami nieformalnej sondy telefonicznej. Spurlock dowiaduje się, że firma jego dietetyczki ulega likwidacji, co staje się okazją do porównania nakładów na programy walki z nadwagą i kwot wydawanych na dietetyczną żywność w zestawieniu z kwotami wydawanymi na profilaktykę zdrowotną i fitness. To z kolei prowadzi do pokazania najbardziej radykalnych metod walki z nadwagą, chirurgicznych bypassów w żołądku, które filmowane są w Huston (74:03). Zwróćcie uwagę, że ta sekwencja mogła być zrealizowana gdziekolwiek i kiedykolwiek w trakcie realizacji filmu, lecz umieszczenie jej w tym miejscu filmu ma głęboki sens, gdyż sprawy zaczynają ocierać się o swe ekstrema.

Wyzwania pojawiające się przed Spurlockiem stają się coraz poważniejsze, co czyni akt trzeci naprawdę ciekawym. W 77:33, Spurlock budzi się w Nowym Jorku o 2 w nocy z kołataniem serca i trudnością w oddychaniu. „Chcę to doprowadzić do końca" – mówi, „ale nie chcę też, żeby wydarzyło się coś naprawdę złego". Kolejne wizyty u lekarzy przynoszą nie tyle informację o możliwych następnych symptomach, które powinny go natychmiast skierować do szpitalnej izby przyjęć, ile pokazują, że efekty wykraczają daleko poza to czego spodziewali się lekarze. Lecz w 81:20, Spurlock jest w eksperymencie z powrotem; Dzień 22. Ujmując rzecz krótko, zbiera się do poszukiwania odpowiedzi na nowe pytanie: „Jaki wpływ na prawodawców wywiera lobby przemysłu spożywczego"? Ponownie odwiedza lobbystów z firmy Wytwórcy Żywności Ameryki, zanim (83:26) nie podejmie bezpośredniej próby kontaktu z McDonald's.

Te nieudane wysiłki będą punktować końcówkę filmu. Spurlock szybko przechodzi przez dni 25, 26 i 27. W dniu 29 widzimy, że ma trudności z wejściem na schody. Zanim skończy się dzień 30, jego dziewczyna ma już zaplanowaną strategię diety odtruwającej. Ale przedtem mamy *McKolację* – party w McDonaldzie, w którym bierze udział wiele osób, które przewinęły się przez film. Po tym następuje ostatnie ważenie na lekarskiej wadze. Po piętnastu telefonach, ciągle brak odpowiedzi ze strony McDonald's.

Rozwiązanie

W 89:34, Spurlock zbliża się do końca swojego filmu i opowiadania. Znów powraca do sprawy sądowej. „Po sześciu miesiącach rozważań, sędzia Robert Sweet oddalił skargę przeciwko McDonald's"- stwierdza. „Zasadniczy powód – obie dziewczynki nie zdołały udowodnić, że spożywanie jedzenia McDonald's było bezpośrednią przyczyną ich urazów". Spurlock zestawia to z listą obrażeń jakich doznał po zaledwie 30 dniach. Rzuca wyzwanie firmom fast-food: „Dlaczego nie wycofacie ze swoich restauracji największych porcji jedzenia?". Jednocześnie mobilizuje widzów do zmiany przyzwyczajeń, ostrzegając: „Z upływem czasu możecie się pochorować tak jak ja. Możecie skończyć tutaj (widzimy szpitalną izbę przyjęć) albo tutaj (cmentarz). Zasadnicze pytanie na które powinniście sobie odpowiedzieć, to kto ma być pierwszy; wy czy oni?".

Epilog

Przed napisami końcowymi, realizatorzy dokonują krótkiego podsumowania, włączając w to informację, ile czasu zajął Spurlockowi powrót do normalnej wagi i odzyskanie zdrowia. Informują także, iż sześć tygodni po premierze na festiwalu w Sundance, McDonald's wycofał z jadłospisu swoje największe porcje. W 96:23, rozpoczynają się napisy końcowe.

Część 2

PRACA NAD OPOWIADANIEM

ROZDZIAŁ 8

Dokumentacja

Stworzenia dobrego filmu dokumentalnego zależy, z kilkoma wyjątkami, od dobrej dokumentacji. Ta zasada sprawdza się dla zdumiewająco dużej liczby stylów tworzenia filmów. Reżyser Alan Berliner, w wywiadzie udzielonym Jason Silvermanowi opisuje, jak pracował nad swoim dokumentem *The Sweetest Sound* (Najsłodszy dźwięk). „Zacząłem tak jak zawsze, od ogromnej dokumentacji, zdeterminowany, aby dowiedzieć się i zrozumieć wszystko o sprawie, którą zaczynam się zajmować". Susan Froemke wraz z asystentami z Maysles Films, studia znanego z filmów typu vérite, spędzili blisko sześć miesięcy dokumentując nędzę, szukając potencjalnych historii w kilku stanach: Wisconsin, Maine, Iowa oraz Missouri, zanim wybrali historie i postacie do filmu *Lalee's Kin: The Legacy of Cotton*, zrealizowanego ostatecznie w Delcie Mississippi. Reżyser Jay Rosenblatt tworzy niezwykłe opowieści dokumentalne z urywków starych filmów i „ocalonych taśm". W pakiecie prasowym dostarczonym organizatorom San Francisco Jewish Film Festival, Rosenblatt stwierdza, że dokumentacja do filmu *Human Remains* (Ludzkie bestie), półgodzinnego filmu o banalności zła, trwała osiem miesięcy. W filmie przedstawia czarno-białe wykopiowania, pokazujące pięciu cieszących się złą sławą przywódców – Hitlera, Mussoliniego, Stalina, Franco i Mao – na tle wspomnień odczytanych przez aktorów, ale wziętych z istniejących cytatów oraz/bądź napisanych na podstawie biograficznych informacji.

Czy wszystkie filmy dokumentalne wymagają dokumentacji? Nie. Pamiętny, zwodniczo prosty film Liane Brandon *Betty Tells Her Story* wywołujący ważny temat, zaczął się, gdy realizatorka dostrzegła coś ciekawego w opowieści swojej koleżanki i poprosiła ją, by ta opowiedziała to przed kamerą. Nie każda sprawa wymaga zaangażowania ekspertów i konsultantów oraz badań w terenie. Lecz wiele filmów, jeśli nie większość, nie obędzie się bez jakiejś dokumentacji. Miejcie to w pamięci, czytając poniższe sugestie.

STAWIAJ PYTANIA, DRĄŻ

Niezależnie czy szukasz tematu, czy już szukasz drogi do jego opowiedzenia pamiętaj, że dobry film to taki, który zaskakuje, prowokuje, oraz często - informuje. To oznacza ni mniej ni więcej, że informacja winna być zaskakująca. Zbyt często filmy dokumentalne powielają po prostu informację powszechnie znaną. Najłatwiejszym sposobem ominięcia czychającej pułapki jest przyhamowanie i postawienie przed sobą pytań. „Masa równa się energia"- co to właściwie znaczy? Misja kosmiczna Apollo 13 – dlaczego została nazwana Apollo? „Wszyscy wiedzą", że Rosa Park była zmęczoną życiem czarnoskórą szwaczką, która nie chciała ustąpić miejsca w autobusie w Montgomery w 1955 roku, prawda? Świetna historia, uciemiężona kobieta, która dotarła do krańca wytrzymałości. No ale jeśli dowiecie się, że była aktywnym członkiem oddziału NAACP (*National Association for the Advancement of Colored People* - Krajowe Stowarzyszenie na rzecz Awansu Ludzi Kolorowych) w Montgomery, grupy walczącej o prawa obywatelskie? Wtedy nagle staje się nie tyle ofiarą segregacji rasowej, ile bojowniczką, która dostrzegła okazję do walki. Macie w ręku lepszą historię i odsłaniacie nowe aspekty starej historii, którą każdy myślał, że zna.

SAM PROWADŹ DOKUMENTACJĘ

Jednym z problemów dzisiaj - gdy filmy trzeba robić szybciej i taniej - staje się zjawisko, iż dokumentacja przed rozpoczęciem zdjęć: weryfikacja i aktualizacja, wylatuje z harmonogramu i kosztorysu. Znacznie łatwiej producentom oprzeć się na kilku ważnych artykułach lub książkach, niż szukać co nowego pojawiło się w danym temacie, kto zrobił nowe badania, lub zastanawiać się czy bardziej zróżnicowana grupa znawców tematu nie przybliżyłaby lepiej tematu widzom. Zamknięty krąg wyeksploatowanych ekspertów mówi w kółko na te same tematy, częściowo dlatego, że producenci widzieli ich już w telewizji i wiedzą zarówno jak wyglądają i że dobrze mówią do kamery. Dlaczego jednak opowiadać tą samą historię jeszcze raz, szczególnie, gdy jest nowszy lub pełniejszy punkt widzenia wart eksploracji?

NIE BÓJ SIĘ ZADAWAĆ PROSTYCH PYTAŃ

Choć stać cię na zdobycie niemałej wiedzy w temacie, to jednak w przeciągu kilku dni, tygodni, czy nawet miesięcy, ekspertem się nie staniesz. Nie udawaj wobec profesjonalisty - twojego konsultanta lub eksperta - pełnego zrozumienia tematu. Jeśli zrobiła ci się sieczka w głowie, powiedz o tym. Twoje zawodowstwo ma polegać na przedstawieniu złożonych spraw szerokiej publiczności.

RÓB POSZUKIWANIA PODSTAWOWE

Mój znajomy historyk dostał maila z pewnego studia z zapytaniem sformułowanym w pierwszym zdaniu o, jak to ujęli „jego pogląd" na amerykański ruch abstynencki. Po następnym zdaniu stało się jasne, że chodzi im o pomoc w załataniu dziury: wyobrazili sobie historię procesu sądowego dziejącego się w XX wieku, w którym występuje zamężna kobieta maltretowana (albo zamordowana) przez męża alkoholika, przypadek, który wpłynął na ruch abstynencki. Mieli nadzieję, że uda mu się odnaleźć taki przykład w praktyce sądowej.

Ujawniły się tu dwa problemy. Po pierwsze, jeśli ich poszukiwania (i doradcy od spraw historii) wskazywały, że taki przypadek faktycznie odegrał znaczącą rolę w dyskusji nad abstynencją, dlaczego nie mieli dotychczas w ręku licznych przykładów i nazwisk? Po drugie, choć wyglądało na to, że generalnie rozpoznali obszar na którym ten historyk był ekspertem, to było ewidentne, że nie przeczytali jego pracy, gdyż wiedzieliby, że zapytany, bazując na swoim doświadczeniu, zasugerowałby im inne podejście do tematu.

Tak więc, choć projekt, który mógłby powstać miałby ręce i nogi, co ludzie prowadzący dokumentację mogli zrobić inaczej? Solidniejsza praca domowa mogła doprowadzić ich do wyraźniejszego i bardziej sprecyzowanego sformułowania zagadnienia, które chcieli zilustrować, oraz doprowadzić do konkretnych przypadków i naukowców. Alternatywnie, gdyby rozglądali się za historiami mogącymi oświetlić ruch abstynencki, mogli skontaktować się z różnymi naukowcami, których prace mogli poznać wcześniej i poprosić o pomoc w znalezieniu odpowiednich przykładów, zdaniem tych ekspertów, najlepiej ilustrującymi zagadnienie. A nie odwrotnie.

KIEDY ROBI SIĘ DOKUMENTACJĘ?

Czas i zakres wykonywanej dokumentacji jest różny w każdym przypadku i zależy, w pewnym stopniu, od tematu, twojego podejścia i strategii zdobywania środków na produkcję. Niektóre z instytucji, do których uderzasz o pieniądze na poziomie międzynarodowym czy krajowym, tak samo jak pojedyncze fundacje w kraju, oczekują solidnego podbudowania twojego wniosku rzetelnymi naukowymi materiałami. Projekty, które od samego początku są zakotwiczone w telewizji publicznej lub prywatnej mogą wymagać mniejszej otoczki ekspertskiej, tym nie mniej, jakaś dokumentacja musi być przygotowana, aby producent mógł skutecznie „sprzedawać" projekt na pitchingach, aby mógł doprowadzić projekt do realizacji.

Ogólnie rzecz biorąc, dokumentacja postępuje przez cały okres „rozwoju projektu" od szkicu do ewentualnego treatmentu zdjęciowego - ale także później jeśli potrzeba, nawet w okresie montażu. Potok faktów wymagających sprawdzenia często pojawia się w ostatnich tygodniach montażu.

DORADCY

Wkład konsultantów akademickich i innych, może mieć zasadnicze znaczenie dla projektu. Oni wnoszą swoją przenikliwość i wiedzę poszerzającą; niektórzy z nich mogą pojawić się przed kamerą jako eksperci, jeśli to się mieści w konwencji programu. W każdym filmie, który ma ambicję być choć trochę bardziej rzetelny w stosunku do tematu, rola konsultantów jest nie do przecenienia – to oni zorientują cię w najnowszych badaniach i skierują do właściwych ludzi i miejsc, podsuną treści warte przetrawienia. Oni mogą ci wskazać, w jakim stopniu twój film przyczyni się do upowszechnienia wiedzy ogólnej na dany temat, oraz kto obok szerokiego odbiorcy, mógłby z niego korzystać (szkoły, na przykład). Dobieranie konsultantów i ekspertów reprezentujących różne punkty widzenia jest bardzo ważne.

Dobrzy konsultanci – a bywają wprost fantastyczni – rozumieją, że są konsultantami, a ty jesteś filmowcem oraz, że ich rolą jest wzbogacanie treści, a twoją stworzenie najsilniejszego przekazu jaki jest możliwy. Skuteczność filmu będzie największa wtedy, gdy poruszy widza nowymi i bogatymi materiałami, pozostawiając bibliotekom i Internetowi zaspokojenie głodu szczegółu, który obudziłeś w widzu. Ty nie możesz i nie powinieneś spełnić wszystkich oczekiwań twoich konsultantów, jednak jeśli przemyślałeś dogłębnie ich eksperskie rady i zrozumiałeś ich troski, jest szansa, że odnalazłeś drogę do ich uwzględnienia i przekujesz je na lepszy film.

Kiedy zwracasz się do konsultantów? Jak podsumował to Jon Else, „Czytasz dziesięć najważniejszych i najbardziej poważanych książek w twoim temacie, a następnie dwie skrajne z przeciwnych krańców spectrum. Wtedy robisz podstawową, wstępną dokumentację, rozpoznajesz dziesięciu najważniejszych żyjących ludzi, typujesz dziesięć najważniejszych dokumentów lub filmowych scen archiwalnych. Wówczas jesteś przygotowany, aby zacząć zadzwonić po ekspertach". Jak już wspomniano, niektórzy ludzie z którymi się skontaktujesz jako potencjalnymi konsultantami, mogą się okazać przydatni przed kamerą. Jednak dobrze jest nie mieszać tych ról na samym początku – gdyż na początku potrzebujesz pomocy ogólnej i wieloźródłowej. Jeśli ktoś pyta, czy zostanie również poproszony o wypowiedź do kamery, możesz uczciwie powiedzieć, że jest zbyt wcześnie, aby o tym myśleć.

Spotkania konsultantów

Przy niektórych wysokonakładowych dokumentach albo cyklach dokumentalnych, wydziela się środki na przynajmniej jedno osobiste spotkanie filmowców, konsultantów i zaproszonych ekspertów. Takie spotkania mogą się odbyć na etapie kosztorysowania filmu i po raz drugi być może, gdy rusza produkcja. W przypadku *Eyes on the Prize* i innych dużych seriali produkowanych przez Blackside Inc., produkcja zaczęła się właśnie od czegoś, co zostało nazwane „szkołą". Grupy zdjęciowe, ludzie od dokumentacji i inni, spotkali się z zaproszonymi naukowcami i ekspertami na kilkudniowej dyskusji panelowej, która była nieoceniona przed rozpoczęciem pracy. Jeśli możecie sobie na to pozwolić - bezpośrednie spotkanie ludzi może wywołać wymianę informacji i pomysłów nieosiągalną gdy np. reżyser rozmawia w cztery oczy ze swoim konsultantem. Wartościowe informacje mogą zostać wyłuskane dzięki interakcji nie tylko między tobą a ludźmi, również dzięki interakcji pomiędzy ludźmi w grupie.

DOKUMENTACJA PRZEZ TELEFON

Część twoich poszukiwań, czy to tropiąc ludzi, sprawdzając fakty czy próbując rzucić snop światła na sprawę, będziesz bez wątpienia czynił za pośrednictwem telefonu. Przygotuj się na ile to możliwe do tych rozmów. Dowiedz się (na ile czas pozwala) jak najwięcej o twoim rozmówcy, w jakiej dziedzinie ona czy on są ekspertami. To umożliwi postawienie bardziej ukierunkowanych pytań, czyniąc rozmowę bardziej produktywną. Nie bez znaczenia jest prowadzenie rozmowy w profesjonalnym tonie i z zachowaniem należytych manier.

WERYFIKACJA FAKTÓW

Weryfikacja faktów znaczy ni mniej ni więcej tylko możliwość opatrzenia swoistymi przypisami twojego filmu. Każdy podany fakt, niezależnie czy przez ciebie jako reżysera, czy przez osobę na ekranie – winien być zweryfikowany nie przez jedno, ale przez dwa wiarygodne źródła. Nawet autorzy cieszących się najwyższą reputacja materiałów źródłowych popełniają błędy, a stronniczość i niekompetencje można znaleźć zarówno w źródłach podstawowych jak i pochodnych. Nie zdarzyło wam się być na dużym wiecu, który później w wiadomościach sprowadzony został do „niewielkiej liczby" demonstrantów? Albo wysłuchać na żywo całej palety wystąpień wyrazistych i spójnych, aby w relacji radiowej usłyszeć kilku mówców, którzy najwyraźniej nie mieli nic do powiedzenia? Relacja może mówić o faktach, ale czy odzwierciedla ducha wydarzenia?

Inny przykład: Dziennikarka portretująca działacza ruchu przeciwko ubóstwu może wypunktować, że aktywista wychował się w mieście, które ona nazywa: „bogate przedmieście Nowego Jorku". Stwierdzenie odzwierciedla stan faktyczny, jest prawdziwe - tylko że 50 lat temu miasto miało charakter rolniczy i nie pełniło jeszcze funkcji sypialni dla Nowego Jorku. Dalej, aktywista wywodzi się z rodziny, która dysponowała zasobami finansowymi poniżej przeciętnej mieszkańców tego miasteczka. Tak więc reporterka użyła prawdziwych faktów do stworzenia fałszywego obrazu, celowo lub bezwiednie, że aktywista wzrastał w dobrobycie – wytworzyła wrażenie, które zdeformuje każdy opis jego bieżącej działalności.

Przypuśćmy, że robisz film o życiu tego działacza. Ponieważ sięgasz do różnych źródeł, odkrywasz, że obraz namalowany przez tę reporterkę nie pasuje do innych, które odkrywasz. Tak więc musisz prowadzić swoją własną ocenę prawdopodobieństwa. Na ile jest prawdopodobne, aby opis miasta w roku 2006 był adekwatny do roku 1956. Ponadto, nawet jeśli większość mieszkańców była super bogata w 1956, czy możesz przyjąć bez sprawdzenia, że rodzina aktywisty także była bogata?

Załóżmy, że pożeglowałeś naprzód bez rozważenia tych wątpliwości i przywiązałeś się do idei użycia opisu dzieciństwa działacza w bogatym miasteczku, jako czynnika motywującego, leżącego u podstaw jego pracy na rzecz biednych. Może nawet rozmawiałeś z ekspertami (nieznającymi wypowiedzi aktywisty), którzy racjonalizując mówili, iż wzrastanie w dobrobycie może zasiać ziarno winy u pewnej kategorii dzieci. Tak więc informacja i dalsze wyjaśnienia wchodzą do filmu, niezależnie czy są prawdziwe czy nie. To jest sytuacja, gdy posiadanie konsultantów u boku może okazać się bezcenne. Biograf takiego aktywisty, jeśli da mu się szansę przeczytania treatmentu albo obejrzenia układki filmu, zareaguje na słowa: „Wzrastał w bogatym środowisku X" - z dezaprobatą. Co nie będzie znaczyło, iż masz usunąć tą informację, będzie znaczyło, że masz ją wyposażyć w pełniejszy kontekst.

ZNACZĄCY DETAL

Fakty nie są jedynie gwarancją rzetelności, mogą być również siłą napędową „znaczącego detalu", który może wypełnić i wzbogacić twoje opowiadanie (oczywiście w zależności od rodzaju filmu jaki tworzysz). Fakty mogą być źródłem humoru lub ironii, mogą charakteryzować bohatera, wzmagać napięcie, podkreślać wątki. Prowadząc dokumentację, zacznij prowadzić ewidencję zarówno takich detali i smacznych kąsków, które odwołują się do twojego poczucia humoru, jaki i tych z głównego nurtu opowiadania. Znajdź sposób na zachowanie nie tylko samej informacji, ale również informacji o jej pochodzeniu. Opisz źródłowy materiał najpełniej jak to możliwe, abyś (1) nie musiał powtarzać poszukiwań w celu dotarcia do źródła, (2) żebyś mógł dotrzeć do niego bez kłopotów, jeśli zajdzie taka potrzeba.

DANE LICZBOWE, STATYSTYKI

Dane statystyczne należy oceniać krytycznie i nadawać im kontekst. Gdy dochodzi do użycia danych statystycznych, zawsze będzie dobrym rozwiązaniem odniesienie ich do źródła. Wyobraźmy sobie, znalazłeś artykuł prasowy stwierdzający, iż określona liczba nastolatków w latach pięćdziesiątych paliła. Gdzieś w tekście będziesz mógł znaleźć źródło tej informacji, jak np. „według danych Ministerstwa Zdrowia". Jesteś zawsze zobligowany do uzyskania oceny danych liczbowych przez kogoś jeszcze, co w praktyce oznacza, że jeśli naprawdę chcesz posłużyć się tymi statystykami, musisz sam sięgnąć do danych opublikowanych przez Ministerstwo Zdrowia. Być może paliło X% spośród wszystkich siedemnastolatków, a może to było X% siedemnastolatków i osiemnastolatków z Filadelfii. Przez nieuwagę lub niedbalstwo ludzie często źle interpretują dane statystyczne. Interpretacja może świetnie pasować do twojej historii, ale nie pokładaj w niej zbyt dużej nadziei, dopóki dane nie zostaną potwierdzone przez kogoś z odpowiednią wiedzą.

CHRONOLOGIE

Wszelkie chronologie są bardzo pomocnym, a mało używanym narzędziem przy budowie opowiadania. Dobra, rozpoczynająca się odpowiednio wcześnie i starannie opracowana chronologia, może być niezwykle pomocna w okresie przygotowania produkcji, zdjęć i montażu. Pomaga „widzieć" twoje opowiadanie na nowe i nieoczekiwane sposoby, może otworzyć możliwości stworzenia nieliniowej struktury, dostarczając kluczowego narzędzia, dającego ci pewność pozostania uczciwym. Poziom szczegółowości i zakres informacji na który powinieneś wejść, zależy do rodzaju filmu jaki tworzysz. Dla filmu historycznego, dobra zawierająca dwie kolumny tabela, która pokazuje wydarzenia twojego opowiadania w kontekście wydarzeń historycznych - może być bardzo użyteczna. Takie tabele można tworzyć np. w programie Word, Microsoftu, z wierszem nagłówka powtarzającym się na każdej stronie. Starannie dodawaj nowe informacje; o ile wdrożysz dokładność przy dopisywaniu nowych nazwisk, miejscowości, dat, danych liczbowych itp., o tyle weryfikacja będzie mniej uciążliwa. Bardzo użyteczne może się także okazać opatrywanie przypisami swoich notatek, nawet hasłowo, na przykład: „Bennet str. 44", co pozwoli wrócić do oryginalnego źródła, aby zdobyć więcej informacji, lub sprawdzić fakty.

Formatowanie tabel chronologii

Nie ma jakiegoś uniwersalnego formatu dla tabel chronologii. Używaliśmy kilku przy realizacji sześcioodcinkowego serialu PBS *I'll Make Me a World: A Century of African-American Arts* (serial nie jest dystrybuowany). Zaczęło się od chronologii jako siatki zawierającej 10 kolumn, od lewej do prawej (po jednej na każdą dekadę wieku) i sześciu wierszy (po jednym na literaturę, teatr i taniec, muzykę, sztuki plastyczne, afrykańsko-amerykańską historię polityczną, oraz amerykańskie wydarzenia społeczno-kulturalne. W miarę rozwoju projektu, osobne tablice chronologii zostały utworzone dla każdego odcinka. Na przykład; życie i kariera wodewilowa Berty Williams i Georga Walkera została rozpisana miesiąc po miesiącu, rok po roku obok wydarzeń amerykańskiej historii.

Większość chronologii sporządzanych na potrzeby filmu będzie znacznie prostsza. Tabela 8.1 jest próbką formatowania, przedstawia chronologię z okresu dokumentacji (jedna z dziesięciu stron), ustawia konkurs Miss America w kontekście historycznym, z grubsza jedna kartka na dekadę. Przy bardziej złożonych historiach, może okazać się użyteczne przypisanie każdemu roku osobnego wiersza (właściwie bloku w tabelce) (poniższy przykład ma charakter ściśle roboczy, wewnętrzny, nie był przeznaczony do jakiejkolwiek publikacji).

Tabela 8.1　Ta chronologia z okresu dokumentacji (obejmująca cały wiek) ustawia konkurs Miss America w kontekście historycznym, z grubsza jedna kartka na dekadę.

	Historia U.S.	Historia Kobiet	Społeczno/Kulturalna	Miss America (opis)
1920-1929	Styczeń 1920: Wchodzi 18. Poprawka (Prohibicja)	Sierpień 1920: 19. Poprawka zostaje ratyfikowana (prawa wyborcze dla kobiet) 1920: organizuje się Liga Kobiet Głosujących 1921: zostaje zalegalizowana Liga Kontroli Urodzeń, z Margaret Sanger jako Przewodniczącą 1928: Amelia Erhart jest pierwszą kobietą, która przelatuje nad Atlantykiem	Powojenna dekadencja i nastroje rozczarowania charakteryzują erę nazwaną później „Epoką Jazzu" Fryzura na „chłopczycę" symbolem politycznej i społecznej emancypacji, spopularyzowana przez gwiazdy filmowe – Garbo „page boy", Veronica Lake „peek-a-boo" (włosy zakrywające twarz), Luise Brook „Waleczny Książę" 1922: Emily Post debiutuje ze swoim felietonem „Etykieta" 1923-1928: Era kobiet śpiewających blusa – Ma Rainey, Bessie Smith, itp 1926: „trwała ondulacja" wynaleziona przez Antonio Buzzachino 1927: Potężna Federacja Klubów Kobiecych żąda zawieszenia parady	Wrzesień 1920: Fall Frolic – która stanie się paradą Miss America – zostaje zapoczątkowana przez businessmenów w Atlantic City. Bez konkursu piękności, ale z paradą i balem maskowym Wrzesień 1921: W drugim Fall Frolic w Atlantic City jest dwudniowy „Międzymiastowy konkurs piękności, który wygrywa 16 letnia Margaret Gorman 1921: Pewna liczba dzieci bierze udział w Rewii Bathera – włącznie z profesjonalnym aktorem dziecięcym Miltonem Berle 1923-24: Kobiece i religijne grupy protestują przeciwko paradzie 1927: Pierwszy film dźwiękowy z Al Jolsonem, „The Jazz Singer" (Śpiewak Jazzbandu) 1928: Największa parada, z 80 kandydatek, ale protesty, utrata moralności itd. Właściciele Hotelu Atlantic City cofają poparcie, parada zostaje przerwana.
	1929: Kryzys giełdowy, zaczyna się Depresja			

Dlaczego warto zajmować się chronologiami

Sporządzanie tablic chronologicznych pozwala na śledzenie opowiadanej historii, znajdywanie ukrytej w niej struktury i dostrzeganie znaczących szczegółów, które z jednej strony pozwalają ubogacić opowieść, z drugiej zapobiegają błędom. Piosenka, o której powszechnie się mówi, że była popularna wśród żołnierzy w czasie I wojny światowej, może w gruncie rzeczy być napisana dopiero w 1919 – co dobrze prowadzona tabela chronologii pokarze ci natychmiast, że to było po zakończeniu wojny. Dodatkowo, spisując główne wydarzenia twojego opowiadania w chronologicznym porządku, możesz wyłuskać potencjalne punkty ataku – miejsca, w których możesz rozpocząć opowiadanie – a co z tego wynika, możesz zacząć myśleć, które z wydarzeń wcześniejszych warto włożyć do filmu - i dlaczego, a które wydarzenia pozostawić poza nawiasem filmowej opowieści. Patrząc na takie zestawienia, możesz analizować czego jeszcze, ze spraw ogólnych, powinien dowiedzieć się widz. *Daughter from Danang* (Córka z Danang) przeanalizowana w Rozdziale 7, jest doskonałym przykładem filmu, który starannie dozuje materiały wątku historycznego w trakcie całej narracji.

Inna sprawa, którą daje ci chronologia, to możliwość szerszego spojrzenia, możliwość dostarczenia widzom punktów odniesienia („za miesiąc padnie Mur Berliński") oraz poczucie rzeczywistości otaczającej twoich bohaterów. Na przykład, pierwsze wybory Miss Ameryka odbyły się w roku 1921. Wcześniej, według uczonych w piśmie, konkursy piękności odbywały się na łamach amerykańskich gazet. Jednak to nie było możliwe, zanim nie wprowadzono do poligrafii techniki drukowania zdjęć w półtonach – co miało miejsce w roku 1880, a co odkryłam, gdy zaczęłam to badać. A co oprócz tego działo się od tego momentu po rok 1921? Potok imigrantów oraz migracje wzmagały problemy etniczne i zróżnicowanie rasowe w gwałtownie rosnących miastach amerykańskich, wywołując tarcia na temat rodzącego się „ideału" kobiecego piękna. Dodaj do tego narodziny mass mediów i konsumenckiej cywilizacji, masz gotową scenę do narodzin pierwszego konkursu Miss Ameryka w 1921. Ale przyjrzyj się dacie. Rok wcześniej, w 1920, amerykańskie kobiety zdobyły wreszcie prawa wyborcze. Czy to ma znaczenie? Uczciwa odpowiedź brzmi: „Niekoniecznie". Nawet jeśli wyłapiesz ciekawą zbieżność dat, nie możesz wyciągać z tego zbyt daleko idących wniosków. Przyczyna i skutek to śliskie łącze; fakt, że dwa wydarzenia nastąpiły jedno po drugim, nie musi oznaczać, że coś je łączy. To jest doskonały przykład pytania, które musisz zgłębić wespół z konsultantami, co było udziałem ekipy filmu „Miss America".

Chronologie dla filmów współczesnych

Nie każdy dokument to film historyczny, ale nawet w „portrecie" czy w „pamiętniku" uporządkowanie wydarzeń według dat może bardzo się przydać. Dla przykładu, Tabela 8.2 przedstawia fikcyjną chronologię w rozwoju. Wyobraźcie sobie film, w którym młody mężczyzna, Jeff, postanawia zrobić dokument o sobie, jak poszukuje i być może odnajduje swojego ojca, którego ostatnio widział mając 11 lat. Zanim te dwie kolumny w tabeli chronologii zaczęły biec obok siebie, Jeff rozpoczął składanie okruchów informacji o życiu ojca po jego odejściu.

Zwróćcie uwagę, że nie każdy szczegół jest tu zapisany, zaledwie kilka kluczowych. Umieszczenie ich we właściwym porządku może być odkrywcze. Na przykład Lucy zostawiła ojca Jeffa tego samego dnia, gdy jego matka wyszła powtórnie za mąż. Może pojawić się pomysł na oznaczanie czasu i jego upływu, np. od Windows 2.0 przez Windows 98, 2000, XP do Vista. A co najważniejsze, może podsunąć nielinearne sposoby na opowiedzenie tej historii.

W tym przypadku, po odszukaniu swojego ojca i nawiązaniu kontaktu, Jeff postanawia sprawdzić, czy mógłby być dawcą nerki. To sugeruje znacznie silniejszą lokomotywę dla filmu, niż zwykłe „Chcę go odnaleźć". Czy ojciec Jeffa przyjmie ofiarowaną mu przez syna nerkę?

Czy syn będzie mógł być dawcą? Czy matka Jeffa, albo ktokolwiek z jego otoczenia, wyperswadują mu to? W poszukiwaniu odpowiedzi na te pytania, film mógłby prześledzić te relacje wstecz, a chronologia byłaby bardzo użytecznym punktem odniesienia.

Tabela 8.2 Film portret, vérité

Data	Syn (Jeff) Filmowiec	Ojciec	Inne
1987		Ojciec i matka spotkanie- pierwsza randka, matka myśli, że to był Moonstrack (Wpływ księżyca), ojciec pamięta Niedotykalnych	Microsoft wypuszcza Windows 2.0 Na rynku pojawia się Prozac
2 Styczeń 2000	Jedenastolatek; rodzice uświadamiają go, ojciec wyprowadza się		Y2K, (pluskwa milenijna) okazuje się być niewypałem
Maj 2002	Nie wie, że jego ojciec żeni się ponownie	Żeni się z Lucy	
		Zaczyna jeździć na TIR-ach	
Koniec 2003	Mama wychodzi ponownie za mąż	Lucy zostawia ojca	
Marzec 2005		Rozpoczyna leczenie nerki, wkrótce traci pracę	
Wrzesień 2006	Rozpoczyna studia		
Wrzesień 2009	Postanawia zrobić film o ojcu jako pracę dyplomową		
Listopad 2009	Namierza ojca	Ojciec potrzebuje przeszczepu nerki	

Nie spiesz się, rób to porządnie

Widziałam wielu filmowców, włączając w to studentów, przelatujących galopem przez (albo wręcz omijających) chronologie. Notują kilka detali, ale tak mglistych, że stają się bezwartościowe: *XIX wiek, otwarcie posterunku na Wyspie Ellis, tysiące emigrantów.* Zazwyczaj, to nieporozumienie. Jeśli nie poświęcisz trochę więcej czasu na początku, aby być bardziej konkretnym, jest niemal pewne, że będziesz poświęcał *mnóstwo* czasu na wyjaśnienia w przyszłości, wracając wielokrotnie do tych samych materiałów źródłowych, rozbudowując swoją chronologię. Lecz oprócz weryfikacji faktów, chronologia jest ważnym narzędziem dla znajdowania, kształtowania i dzielenia się informacją o *twojej opowieści* ze współpracownikami, od przygotowań po postprodukcję.

DOKUMENTACJA PRASOWA I INTERNETOWA

Internet wpycha ci do rąk wprost niewiarygodne ilości informacji, aż za łatwo. Internet pomnaża zbiory danych, nie zastępując jednak bibliotek. Użycie słów kluczowych i przeglądarek tematycznych napotyka ograniczenia wynikające jedynie z braku umiejętności znalezienia kombinacji magicznych słów, napisanych bez błędów (albo właśnie z błędem, gdyż zostały źle zapisane przez kogoś innego) - dla znalezienia tego co potrzebujesz. Jeśli nie wstukasz właściwych słów, pozostaniesz z niczym. Być może jeszcze bardziej frustrująca może okazać się sytuacja, gdy przeglądanie sieci zaprowadzi cię do stron mało wiarogodnych. Na przykład Wikipedia może być dobra na początek – *Waterloo, z czym to się kojarzy?* – ale nigdy na niej nie poprzestań. Przejdź do pewniejszych źródeł, do autorów i publikacji godnych zaufania. Zbierz artykuły i książki. Przeczytaj je.

Po co odwiedzać biblioteki, jeśli masz dostęp do książek on-line? Jest co najmniej jeden powód; ponieważ biblioteki i księgarnie są znakomitymi miejscami do szukania pomysłów. Na przykład, myślisz o zrobieniu filmu o muzyce, albo o muzyku, albo coś pomiędzy. I co? Powędruj między półkami biblioteki albo księgarni i zobacz, co przyciągnie twój wzrok. Inny oczywisty argument za tym, żeby szukać w bibliotekach polega na tym, że możesz się natknąć na stare czasopisma lub gazety nieobjęte jeszcze cyfryzacją. A nawet, jeśli *możesz* znaleźć dane artykuły on-line, to tracisz możliwość spojrzenia na nie tak jak widzieli je pierwotni czytelnicy, w kontekście innych informacji zamieszczonych na stronie czy w całym numerze. Na przykład, obok twojego artykułu o artyście z początków XX wieku, Bert Williamsie, widzisz ceny butów i materacy w danym momencie, czytasz recenzje wydarzeń kulturalnych, oraz widzisz jak prezentowano te wydarzenia. Wnikasz w to, jak główne gazety dyskutowały problemy rasy, imigracji, płci. Nie tylko otrzymujesz lepszy wgląd w epokę, ale czerpiesz inspirację jak wizualizować twoją opowieść, zdobywasz narracyjny kontekst.

Zorganizuj się

Będziesz musiał dysponować informacją o pochodzeniu materiału, który przytaczasz. Jeśli przepisujesz fragmenty publikowanych tekstów, zaznacz, że to są kopie czyichś prac. Zanotuj źródło, weź w cudzysłów, zmień kolor czcionki – zrób wszystko, aby mieć pewność, że za sześć miesięcy od tej chwili nie będziesz musiał szukać oryginału, nie pomyślisz o nim jako o tekście własnym, że włączysz go do komentarza – aby stwierdzić, iż zaanektowałeś całe pasaże z cudzych tekstów. Identycznie, uwagi te odnoszą się do materiałów pobieranych z sieci. Nigdy nie będzie przyzwolenia na używanie zasobów Internetu bez podawania źródła.

Kilka innych wskazań „dobrej praktyki":

- *Zanotuj źródło.* Artykuł nieopatrzony przypisami jest stratą czasu wszystkich. Na kopii artykułu odnotuj dane bibliograficzne. Może się przydać informacja, w której bibliotece go znalazłeś – zanotuj nawet numer telefonu. W przeciwnym wypadku może się to dla ciebie skończyć poszukiwaniami od początku.

- *Upewnij się, że masz cały artykuł.* Jeśli go kserujesz, albo robisz kopię z czytnika mikrofilmu lub z sieci, sprawdź czy cały tekst jest czytelny. Jeśli nie jest, powtórz kopiowanie albo uzupełnij długopisem brakujące fragmenty. Jeśli artykuł zaopatrzony jest w przypisy, skseruj je także. Bywa niezwykle frustrujące dla producenta znaleźć ciekawy materiał w tekście artykułu i nie móc go wykorzystać bez posyłania asystenta z powrotem do danej biblioteki.

- *Nie redaguj.* Jako osoba prowadząca dokumentację nie opatruj przypisami kserokopii (chyba że zostałeś o to poproszony). Dziesiątki stron z podkreśleniami czy zaznaczonych flamastrem też mogą być denerwujące. Kieruj swoją załogę do odpowiednich stron, ale pozwól im na formowanie własnych ocen.

- *Bądź zorganizowany.* Na przykład, uczyń co możesz, aby utrzymać bibliografię w porządku alfabetycznym. Uchroni cię to przed zaglądaniem do tego samego źródła niechcący, po raz drugi, kiedy przeglądasz listę wycinków (bibliografię).

- *Używaj koszulek i skoroszytów,* abyś nie skończył ze stosem papierów, które wymagają nieustannego porządkowania.

- *Nadawaj plikom z sieci własne i rozumne nazwy.* Nie ma nic bardziej bezwartościowego jak „France.docx", nawet jeśli sądzisz, że będziesz pamiętał co to znaczy. „Francelocationscout1-17-10.docx" powie ci, nawet za pół roku, co jest w tym pliku i że to coś innego niż „Franceinterviewlist5-17-10."

- *Elegancja się liczy.* Dokumentowanie jest ogromną pracą i wszyscy mają dość. Jednak musisz poświęcić czas na czytelny opis, lub przynajmniej przepisanie nagryzmolonych notatek w krótkim czasie, póki jesteś w stanie je rozszyfrować. A jeśli prowadzisz „dziennik podawczy" dokumentacji, prowadź go na bieżąco.

■ Apel w imieniu wszelkich bibliotek – *nigdy nie zakreślaj na egzemplarzach bibliotecznych*. Nigdy nie zaginaj stron, a jeśli musisz rozłożyć książkę dla skserowania lub zeskanowania, zrób to delikatnie.

■ *Pójdź krok dalej*. Jeśli robisz dokumentację dla osoby trzeciej, przejrzyj materiał, który dla niej pozyskujesz. Jak już mówiono wcześniej, skseruj przypisy jeśli są. I wtedy przejrzyj te przypisy, żeby sprawdzić, czy nie odkrywa się jakiś nowy materiał do wyszukania właśnie w tej bibliotece gdzie jesteś. Czy nie rzuci ci się w oczy nowsza książka tego samego autora? Jeśli jest odniesienie do źródła podstawowego w źródle wtórnym – czy możesz odnaleźć materiał oryginalny. Możesz uszczęśliwić producentów, wracając z takimi niespodziewanym skarbami. Szczególnie, ujawnione źródła podstawowe, mają nieocenioną wartość w stosunku do znlezisk całego Internetu.

■ Jeszcze raz podkreślam, *bądź nieufny w stosunku do informacji z Internetu*. Imponująca z wyglądu analiza ruchów społecznych może się okazać produktem pana, „który zjadł wszystkie rozumy" na poziomie szóstoklasisty; z naukowym sznytem podany raport o „istocie" globalnego ocieplenia może być wytworem i być przeznaczony dla – przemysłu naftowego. Przeglądając sieć, zwracaj baczną uwagę na źródło danej informacji i podchodź do wszystkiego sceptycznie.

MATERIAŁY ARCHIWALNE

W zależności od historii którą opowiadasz, będziesz albo nie będziesz sprawdzał w państwowych archiwach (takich jak Filmoteka Narodowa) albo w prywatnych (typu Studio Video Gdańsk) jaka ikonografia i jakie archiwalia filmowe są osiągalne. Najczęściej zaczyna się poważne poszukiwania archiwaliów, gdy środki na produkcję są przynajmniej częściowo zagwarantowane. Poszukiwania materiałów obrazowych stają się częścią ogólnej dokumentacji i rozwoju projektu prowadzącego do treatmentu zdjęciowego (scenopisu filmu). Bardzo często są kontynuowane (albo rozpoczynają się na nowo), gdy układka filmu nabiera kształtu w montażowni. Tak samo jak w przypadku materiałów drukowanych, organizacja poszukiwań materiałów obrazowych jest bardzo ważna. Nie zapominaj, że archiwalia fotograficzne i filmowe, w stopniu nie mniejszym niż wszelkie druki, winny być opisywane dokładnie i wyczerpująco. Zgodnie z tym, jak zostało to opisane w *Archival Storytelling* (Historyczny film dokumentalny) (Focal Press, 2008), który napisałam wespół z Kennem Rabin, nawet kroniki filmowe, które często są traktowane przez filmowców jako świadectwa historyczne, podlegały w pewnych okresach silnej cenzurze, spełniały funkcje propagandowe, bywały nawet inscenizowane.

KROCZENIE DO PRZODU

Poszukiwania, dokumentacja na różnych polach, to proces trwający przez większość procesu produkcyjnego filmu, no ale przychodzi taki moment, gdy reżyser musi powiedzieć: kończymy przygotowania – rozpoczynamy produkcję. To może być trudne. Ciągle dowiadujesz się czegoś nowego, co warto umieścić w materiałach literackich, żeby wszyscy inni też o tym wiedzieli. Jak powiedział Alan Berliner o swojej pracy nad *The Sweetest Sound* (Najsłodszy dźwięk) w cytacie wywiadu zamieszczonego na początku rozdziału: „jedną z najtrudniejszych rzeczy, które musiałem zrobić, było odrzucenie całego bagażu nabytej wiedzy – pogodzenie się z faktem, że film nie pomieści tych wszystkich postaci, które poznałem”.

ROZDZIAŁ 9

Planowanie

Wybrałeś temat, przeprowadziłeś dokumentację, jesteś przekonany, że film da się zrobić. Co teraz? Ten rozdział ma bardzo pojemny tytuł „planowanie" i mieści opis takich działań jak pitching, projektowanie oraz obsada, czyli dobieranie ludzi, którzy wystąpią w twoim filmie.

PITCHING (Prezentacja)

Prezentacja to klarowne i zwięzłe przedstawienie tematu filmu oraz pomysłu na jego opowiedzenie. Potwierdza tobie samemu, ale także innym, że znalazłeś nie tylko dobry temat, ale przede wszystkim sposób na jego *opowiedzenie*, czyli historię - którą wiesz jak ciekawie przedstawić widzom. Będziesz wystawiał na sprzedaż „swój film" wielokrotnie, rewidując treść prezentacji, będziesz go oferował od etapu, gdy zaczyna się krystalizować pomysł, aż do czasu, gdy twój film ujrzy światło dzienne i będzie wymagał promocji. Dobra wiadomość polega na tym, że prezentacja (pitching) jest bez wątpienia najlepszą drogą do ustalenia, że naprawdę *masz* jasną, spójną opowieść wedle kryteriów omówionych w Części I tej książki. Jeśli nie możesz „sprzedać" swojej historii krótko – powiedzmy w windzie, gdy przez szczęśliwe zrządzenie losu jedziesz cztery piętra z szefem zakupów, albo ustosunkowanym celebrytą – oznacza to ni mniej ni więcej, że ciągle się gmatwasz i będziesz tracił czas i pieniądze na elementy filmu, które okażą się niepotrzebne.

Sztuka prezentacji

Zła prezentacja przedstawia tylko temat, a nie pomysł na opowieść, jak na przykład: „To będzie film o etycznej stronie testów genetycznych i o tym, jak niektórzy stają wobec trudnych wyborów". Dobra prezentacja przedstawi obie składowe. „To będzie film o testach genetycznych, w którym pójdziemy tropem aktorki, podejmującej trudną decyzję o tym, czy poddać się testom na chorobę, która napiętnowała całe życie jej matki". Prezentacja spełnia swoje zadanie, ponieważ zmusza słuchających do zadania uzupełniających pytań: Co zrobi bohaterka, jeśli test da wynik pozytywny? Czy zezwoli na obecność kamery? A co będzie jeśli nie podda się testom?

Oto inny przykład marnej prezentacji: „Cztery lata temu weteran z Wietnamu, Martin Robinson w wieku 53 lat i bez jednej nogi, postanowił zdobyć szczyt Mount Whatsit. Udało mu się, czym zainspirował do podobnych czynów całe grupy weteranów z Wietnamu jak Ameryka długa i szeroka". Gdzie tu historia do opowiedzenia? Tu *była* historia (czyny sprzed czterech lat), jednak jeśli planujesz opowiedzieć ją dzisiaj - to co może spiąć ten film? Pięćdziesięciosiedmioletni kaleki mężczyzna stający przed różnymi grupami weteranów? Nieprzypadkowo, słabość tej prezentacji bierze się stąd, że film nie proponuje lokomotywy (Rozdział 4). Lokomotywa to szkielet, na którym zawieszasz swoje opowiadanie, za pomocą której wciągasz i przytrzymujesz widza. Prezentacja ma zaprezentować lokomotywę.

Innymi słowy: *Jeśli nie wiesz jak jedzie twoja lokomotywa, prawdopodobnie nie za bardzo masz świadomość o czym chcesz opowiadać – tym samym twoja prezentacja nie będzie udana.*

Mając te słowa w pamięci, prezentacja wyżej przedstawionego przykładu mogłaby wyglądać następująco: „Cztery lata temu, weteran wojny wietnamskiej Martin Robinson, z amputowaną nogą, został pierwszym zdobywcą szczytu Mount Whatsit. Dzisiaj chce dokonać tego po raz drugi wespół z dwoma weteranami wojny w Zatoce Perskiej, także bez kończyn, którzy myśleli, że czas wyczynów sportowych jest poza nimi". Niezła prezentacja, szczególnie jeśli będzie poparta dobrym dojściem do tych ludzi i garścią informacji o twoich umiejętnościach zarówno na polu robienia filmów, jak i wspinaczki (aby upewnić się, że będziesz w stanie dotrzymać im towarzystwa w górach). Najczęściej, prezentacja będzie przemawiała silniej, jeśli przedstawisz swoich bohaterów na ekranie, pozwolisz widzom zobaczyć, że są atrakcyjni i sprawdzają się przed kamerą.

Przy niektórych projektach, producenci prezentują swoje historie na wewnętrznych spotkaniach poświęconych rozwojowi projektu, na roboczych giełdach pomysłów. Nie raz, nie dwa, przez cały czas, gdy film czy serial nabiera kształtów. Praktykowaliśmy to na etapie przygotowań *I'll Make Me a World: A Century of African-American Arts.* Zamiast dokonywać przeglądu 100 lat tańca, teatru, sztuk plastycznych, literatury i wszelkich przyległości - sześciogodzinny serial historyczny prezentował dwie lub trzy historie na godzinny odcinek, dobrane w taki sposób, aby chronologicznie posuwały nas do przodu. Założony mostek tematyczno-czasowy jednego wieku, odkrywany poprzez dokumentację, pomógł producentom i konsultantom projektu podjąć decyzje co do historii najlepiej ilustrujących konkretny czas, my z kolei starannie selekcjonowaliśmy artystów i dziedziny sztuki, mające ten czas reprezentować. Poniżej umieściłam prezentację przygotowaną dla jednej z trzech historii, nazwaną „Pan Nikt", przygotowaną jako składnik krótkiej informacji (nieprzekładającej się w żaden sposób na ekran), która miała być uwzględniona przy drugim odcinku serii, *Without Fear or Shame*.

■ „Pan Nikt" podąża za Bertem Williamsem, gdy ten tworzy duet z Georgem Walkerem i wchodzą wspólnie na Broadway, gdzie stykają się z publicznością, której wyobrażenia o rozrywce prezentowanej przez czarnych były kształtowane przez 60 lat tradycji wędrownych pieśniarzy. Czy mogą odrzucić ten stereotyp i pozostać atrakcyjnymi dla publiczności Broadwayu? Opowiadanie ciągnie się poza śmierć George Walkera, aż do występów Berta Williamsa w rewiach Ziegfeld Follies o boku takich gwiazd jak W.C.Fields, Will Rogers, Fannie Brice i jeszcze dalej, gdy aktor Ben Vereen odtwarza go na scenie, również doświadczając niechęci rasowej.

Pozostałe dwie historie w tym odcinku były zbliżone tematycznie. Jedna była o Edwardzie „Kid" Ory i powstawaniu jazzu nowoorleańskiego, druga o filmowcu wczesnej epoki kina, Oskarze Micheaux. *Każda* historia została ułożona jako trzyaktowa struktura dramatyczna. W montażowni, zostały przecięte w węzłowych momentach i sklejone z pozostałymi dwoma opowieściami, lecz na etapie planowania trzymano je osobno, by nie stracić wyraźnego obrazu początku, środka, końca i mostka (czyli spinającej klamry). Warto zauważyć, że były to opowieści historyczne i miały być zbudowane na archiwaliach i wywiadach, więc strukturę można było planować z góry. Nasza dokumentacja, włącznie ze wstępnymi wywiadami, dała jasność, gdzie zaczynamy coś robić wbrew pojawiącym się emocjom, pokazała, które fragmenty biografii czy historii należy podkreślać i jak nimi sterować, budując koniec każdego aktu.

Publiczna prezentacja

Osobista, publiczna prezentacja, bywa trudna. Zbyt często filmowcy wypełniają swoje wystąpienia, wtrącając mimochodem na zasadzie dygresji wszystko, co należy powiedzieć, czy choćby wspomnieć: „Więc, to jest o takim facecie (tego.., 20 lat temu zdobył tą wspaniałą nagrodę za badania naukowe, po czym, jak mu się wydaje, ktoś mu skradł jego pomysł), tak więc ten gość starał się (mówiąc szczerze, ktoś naprawdę go okradł, co w pewnym stopniu wyjaśnia jego motywacje, do których zresztą dojdę w dalszej części filmu..." itd.

Sprawa polega na tym, że jeśli prezentujesz swój projekt osobiście, dobrze jest zrobić wcześniej próbę.

SZKICE

Na etapie planowania, większość filmowców posuwa się dużo dalej w pisaniu, niż wynikałoby to z potrzeb prezentacji (pitchingu). Następnym krokiem jest szkic, który tak jak prezentacja, będzie cyzelowany przez cały okres zdjęć i montażu. Szkic polega na obudowaniu treścią twojej lokomotywy, twojego pomysłu, na wymyśleniu w ogólnych zarysach i uszeregowaniu, *sekwencji*. Jeśli masz zamiar zastosować strukturę aktową, to również ona powinna się uwidocznić.

Szkic pozwala zobaczyć, na papierze, film tak jak go sobie wyobrażasz. Szkic powinien się zacząć od tego, od czego powinien zacząć się film - w odróżnieniu od chronologicznego początku opowiadanej historii. Prowadzi do kluczowych momentów, które sobie wyobrażasz, kończy się tak jak film powinien się kończyć. Winien zaznaczyć postacie, sceny i materiały, które będą ci potrzebne do opowiedzenia historii.

Po co pisać szkic?

Szkic jest narzędziem służącym zarówno planowaniu jak i diagnozowaniu. Pozwala jasno zobaczyć, jaką rolę spełnia sekwencja w całości opowiadania oraz jakie funkcje narracyjne wypełniają twoi bohaterowie. Jeśli coś jest zbyteczne, albo jeśli tworzy się dziura, łatwiej będzie ci to dostrzec na kilkustronicowym szkicu, niż w trakcie oglądania materiałów na ekranie. Pilnuj się, aby ukierunkowywać szkic w taki sposób, w jaki masz zamiar ukierunkować film (przynajmniej na tym etapie na jakim się znajdujesz). Czy opowiadanie ma być o kierowniku ekspedycji, czy o grupie, która się wycofała? Czy ma być o rodzicach toczących prawną walkę przeciwko komercjalizacji szkół publicznych, czy o dyrektorze szkoły, któremu brakuje środków na wszystko, który zabiega o kontrakty na wstawienie automatów do sprzedaży napojów firmowych?

Jak już powiedziano, kluczowa różnica między szkicem a prezentacją czy raportem z dokumentacji polega na tym, że szkic dzieli film na sekwencje. To pomaga ci wyklarować, w sensie konstrukcyjnym, *dlaczego* masz filmować jedno wydarzenie, a drugie możesz odpuścić, dlaczego masz się zająć jedną postacią, a drugą możesz pominąć. Zaufajcie mi. Warto to robić. Szczerze; będziesz poprawiał szkic (a nawet czasem, dla uzyskania świeżego spojrzenia, napiszesz go na nowo) przed, w czasie i po zdjęciach, aż do zaistnienia dobrej układki montażowej. Jeśli jestem angażowana do filmu jako konsultant na etapie montażu, jedną z pierwszych rzeczy, które robię jest napisanie szkicu odzwierciedlającego aktualną układkę materiału i ten szkic używam do udzielenia pomocy realizatorom, do pokazania co gra a co nie gra w ich filmie. To się sprawdza, ponieważ szkic może jasno pokazać, że dwie lub trzy różne sekwencje spełniają te same zadanie, albo, że pierwszy akt ciągnie się przez połowę filmu, lub, że film stoi w miejscu do połowy drugiego aktu.

Co to jest sekwencja?

Jak już powiedziano w Rozdziale 4, sekwencja w filmie dokumentalnym jest równoznaczna z rozdziałem książki. Powinna dawać poczucie całości, ale jednocześnie powinna przenosić cię do następnej sekwencji. Powinna wnosić coś nowego do opowiadania i do filmu: *To* jest sekwencja o eskalacji przemocy, *to* jest sekwencja o szoku uwięzienia, *to* jest sekwencja o „zmianie zasad gry" w dniu 9 września. To nie oznacza, że eskalacja przemocy nie będzie wzmiankowana w innych miejscach, oznacza natomiast, że w tej właśnie sekwencji zostanie wprowadzona i będzie wzięta pod lupę. Najlepsza droga do nauczenia się rozpoznawania sekwencji to obejrzeć dużo dokumentów i wyłowić jak filmowcy dzielą opowiadania na wyraźne rozdziały. Czasami tym rozdziałom nadaje się nazwy („Kilka robaczywych jabłek" albo „Szok uwięzienia" to przykłady tytułów nadanym sekwencjom w filmie Alexa Gibneya *Taxi to the Dark Side* (Kurs do Krainy Cienia) omawianego w Rozdziale 20. Znacznie częściej będziesz mógł zidentyfikować sekwencję dzięki sygnałom rozpoznawczym, płynącym z obrazu lub treści. Na przykład ściemnienie i rozjaśnienie. Sekwencja o zabraniu dzieci nad morze i z powrotem, ustępuje miejsca sekwencji o czymś diametralnie innym. Zmiana rytmu, zmiana muzyki, uprzedzające, głośne wyłonienie się dźwięku synchronicznego – wszystkie te zabiegi mogą wskazywać rozpoczęcie nowego rozdziału.

Przewidujesz i przedstawiasz zarys sekwencji w procesie planowania twojego filmu, myśląc jak gawędziarz. „Oglądasz" film w swojej głowie, wsłuchujesz się w swoje wnętrze. Co *czujesz*, że powinno pojawić się dalej? Na jakie pytania chciałbyś znaleźć odpowiedź właśnie teraz, a nie w nieokreślonej przyszłości? Jakie drzwi obiecuje otworzyć pojawiająca się postać?

Ci z was, którzy są montażystami, albo pracowali blisko z montażystami, rozpoznają w opisanej wyżej metodologii sposób wybierania materiału i tworzenia pierwszej układki. To fakt, szkice są bardzo pomocne w procesie montażu. Znacznie łatwiej jest dokonywać przestawień na papierze, aby je od razu ocenić, niż przemontować cały film i zobaczyć błąd logiczny dokonanej przebudowy. Czy fakt, że coś wygląda dobrze na papierze gwarantuje, że sprawdzi się w montażowni? Niestety nie, zdecydowanie nie. Ale często przeprowadzone manewry pomogą tobie i twojej załodze na ruch w kierunku rozwiązania, które *będzie* funkcjonowało.

Myślenie o sekwencjach

Poniżej znajduje się bardzo *prosta* wersja szkicu dla prostego dokumentu, całkowicie wymyślona na potrzeby tej książki. Film nosi tytuł *Zakowi przybywa siostrzyczka*. W szkicu zakładamy, że dlatego iż wydarzenie było rozbudowane, to zdjęcia już były w toku (zdjęcia z wydarzeń zostały wykonane, ale wywiady ledwo ruszono) - przed przystąpieniem do pisania szkicu.

Synopsis: Te krótkie wideo (około 20 minut) przedstawia pięcioletniego chłopca, do tej pory jedynaka, gdy cały jego świat zmienia się: Rodzice przynoszą do domu malutką siostrzyczkę. Film pokazuje to wydarzenie przez pryzmat dziecka, ma być zarówno śmieszny jak i skłaniający do przemyśleń.

Sekwencja 1: Zbudowanie zainteresowania *(tease)*
(Moją pierwszą sekwencją będzie „zaciekawiacz", mający 1-2 minuty, pokazujący może pięć śmiesznych i znaczących treściowo momentów filmu, jednak bez sprzedawania najlepszych kawałków.

TYTUŁ FILMU: Zakowi przybywa siostrzyczka

Sekwencja 2: „W drodze"
Zak szykuje się do jazdy do szpitala, aby zobaczyć swoją nowonarodzoną siostrzyczkę. Ma prawie pięć lat; dotychczas był jedynakiem; według rodziców

*nie bardzo wie czego się spodziewać, choć przygotowywali go najlepiej jak
umieli. Gramoli się do samochodu babci (materiał nakręcony), sadowi i jest
gotów do jazdy. W samochodzie mówi o dziecku i o tym, że jego koledzy ze
szkoły mają starsze siostry i braci. Używamy tej dyskusji jako pretekstu,
aby przejść do klasy, kilka tygodni wcześniej, do sceny, gdy nauczycielka
mówiła o braciach i siostrach; a także do porad jakich udzielali Zakowi
jego koledzy i koleżanki z klasy, vox pops (wywiady). Wracamy do
samochodu w momencie wjazdu na parking przy szpitalu.*

*Mówiący przed kamerą (poza Zakiem): Jego wychowawczyni, koledzy
i koleżanki z klasy, być może babcia.*

Sekwencja 3: „Cześć dzidziusiu"

*Jesteśmy w pokoju szpitalnym z rodzicami Zaka, oczekującymi wejścia
Zaka z babcią. Rodzice mówią krótko o dziecku, o porodzie, wspominają
narodziny Zaka... Zak wchodzi, wszyscy robią zamieszanie wokół niego.
Sadzają go na łóżku mamy. Pielęgniarka wchodzi z zawiniątkiem
w kolorze różowym. Ojciec Matta popłakuje patrząc na swojego syna, a my
podążamy za jego spojrzeniem: Zak przyjmuje tę małą istotkę, następnie
trzyma ją, zadziwiony, gdy położono mu ją na kolanach. Jest bardzo, bardzo
poważny. Matka pyta, czy ma coś do powiedzenia malutkiej; w odpowiedzi
szepcze: „Cześć dzidziusiu".*

Mówiący przed kamerą: Rodzice Zaka, jego babcia.

I tak dalej. To nie jest zapierająca dech w piersiach robota filmowa.
Ale zwróćcie uwagę: Każda sekwencja to rozdział. Każda ma początek,
środek i koniec. Tematem Sekwencji 2 są przewidywania: Widzimy,
że Zak nie ma pojęcia czego się spodziewać, że wiodącym głosem
w sekwencji jest głos Zaka; widzimy także jego szkołę i uczniów z klasy.
Jeśli chodzi o fabułę, sekwencja doprowadza go do szpitala, gdzie ma
zobaczyć swoją siostrzyczkę.

Dla kontrastu, Sekwencja 3 jest o rodzicach Zaka, jak starali się przygotować Zaka na pojawienie się nowego dziecka, że mieli obawy. Wiodący głos w tej sekwencji należy do nich, niezależnie czy wywiady z nimi będą prowadzone w pokoju szpitalnym czy, co bardziej prawdopodobne, w innym czasie. W tej sekwencji prezentowany jest ich punkt widzenia także wtedy, gdy patrzą na swojego syna trzymającego po raz pierwszy siostrzyczkę. Jeśli chodzi o fabułę, ta sekwencja zaczyna się od Zaka w szpitalu i doprowadza do spotkania z siostrzyczką. Jest dość prawdopodobne, że w dwudziestominutowym filmie to spotkanie przypadnie na środek filmu.

Patrząc na te dwie sekwencje, mogę przewidywać, planować trzecią sekwencję. To nie musi być powrót z Zakiem do domu tego dnia, ani opuszczanie szpitala z noworodkiem. Możemy skoczyć do następnej dobrej sceny, która buduje opowiadaną przez nas historię. A nasza historia jest o tym, że „Zakowi przybywa siostrzyczka" – a nie „Zak wita w domu dzidziusia po przyjeździe ze szpitala".

Tak więc, na przykład, jeśli rodzice planują wydać party, mogę się zdecydować na sfilmowanie tego. Mogę przewidywać (będąc elastyczna gdybym się myliła), że Zak będzie podekscytowany przyjęciem i zawiedziony tym, że głównym obiektem zainteresowania będzie jego głośna, czerwonoskóra siostrzyczka. Ta sekwencja będzie o docieraniu się, będzie opowiedziana z perspektywy Zaka.

Przypominam, to był po prostu przykład. Poświęćcie trochę czasu na obejrzenie kilku cieszących się uznaniem dokumentów i wyodrębnijcie sekwencje. Oglądajcie różne gatunki dokumentów i różne style realizacji. Od filmów historycznych (takich jak *Benjamin Franklin* Middlemarch) przez filmy społeczne (porównajcie na przykład funkcjonowanie sekwencji w *Taxi to the Dark Side* (Kurs do Krainy Cienia) oraz *The War Tapes* (Filmy z linii frontu), do typowych filmów reportażowych. Sekwencje, zwane także rozdziałami, są wyznacznikami struktury nieograniczającymi, a odwrotnie, wzmacniającymi siłę wyrazu.

Ile sekwencji w filmie?

Nie ma ustalonych reguł. Jeśli film ma 20 minut, a twoje sekwencje mają, powiedzmy, od trzech do sześciu minut, to w filmie może być pięć sekwencji. Dodatkowo, aby życie uczynić trudniejszym, sekwencje czasami mają sub-sekwencje (rozdział i podrozdział, albo dygresja). Jesteś w środku sekwencji o protestach przeciwko Bankowi Światowemu i chcesz zrobić krótką wycieczkę do informacji uzupełniających (backstory). To jest właśnie sub-sekwencja. Tylko nie zapomnij wrócić do głównej sekwencji i ją dokończyć.

Opowieści historyczne

Niektóre instytucje finansujące albo redaktorzy zamawiający żądają scenariuszy – albo przynajmniej szczegółowych szkiców/treatmentów – aby móc wyrobić sobie zdanie jakie będzie podejście do tematu, na czym twórca będzie chciał się skupić. Choć takie prace literackie są w zasadzie możliwe przy każdym filmie, łatwiej je wykreować i zaopatrzyć w detale w przypadku filmów o wydarzeniach z przeszłości. Na przykład, podaję poniżej opis pierwszej sekwencji w krótkim, trzyaktowym opowiadaniu o transformacji boksera Cassiusa Claya w mistrza świata wagi ciężkiej i politycznego działacza Muhammada Ali. Ponieważ ten godzinny film składał się z trzech historii – które nie były montowane równolegle – sekwencja otwierająca (zaciekawiacz-tease) była tematyczna, zwiastująca ogólnie film. Dalej, ten przykład, omawia drugą sekwencję, stanowiącą pierwszą część historii Muhammada Ali. Była napisana przed zdjęciami.

> *Sekwencja: „Wstrząsnąłem światem"*
>
> *Rozpoczynamy pierwszy akt naszej pierwszej historii: Mistrz olimpijski Cassius Clay rzuca wyzwanie Mistrzowi Świata Wagi Ciężkiej Sonnemu Liston. Rozsiewane są pogłoski, że Clay przebywa dużo w towarzystwie Malcolma X, rzecznika Nation of Islam (Naród Islamu). Promotorzy walki chcą, aby Clay zdementował plotki; ten odmawia, a po zwycięstwie nad Listonem publicznie oznajmia swoją nową, muzułmańską tożsamość: Muhammad Ali.*

LUDZIE: Edwin Pope, dziennikarz sportowy; Kareem-Abdul Jabbar, student; Angelo Dundee, trener; Herbert Muhammad, syn Elijah Muhammad MATERIAŁ FILMOWY: Archiwalia Muhammada Ali, Ali z Malcolmem X, walka z Listonem.

Zwróćcie uwagę, że ludzie są nazwani zgodnie z tym kim byli w tamtych czasach; zaprezentowany jest fragment z filmu *Eyes on the Prize*, w którym występują świadkowie i uczestnicy tamtych wydarzeń. W tej sekwencji, legenda koszykówki Kareem Abdul-Jabbar, opowiada ze swojej perspektywy w owym czasie, z perspektywy studenta. Angelo Dundee był wówczas trenerem Alego.

Opowieści współczesne

Możliwe jest stworzenie szkicu w oparciu o przewidywany rozwój wypadków - dla filmów o wydarzeniach, które się będą rozwijały w trakcie filmowania. Jeśli masz zamiar podążać za ośmioklasistą na letnim obozie sportowym koszykówki, możesz przeprowadzić dokumentację, aby się dowiedzieć, jaka jest rutyna takich obozów, oraz jakie sceny czy sekwencje dają szanse złapania ciekawych interakcji. Czy uczniowie śpią na obozie czy idą na noc do domów? Czy przejawiają tendencję do zawierania przyjaźni? Czy mają zajęcia indywidualne z trenerami? Czy są jakieś naciski ze strony rodziców? Wiedza o tych sprawach pomoże ci w przewidywaniu, jak dana sekwencja będzie *funkcjonowała* w filmie, w odróżnieniu od tego, jak może *wyglądać*. Na przykład, jeśli dokumentacja wykazała, że warto zająć się aspektem, który roboczo nazwiesz „Koniec niewinności" - stworzyć sekwencję o ciśnieniu komercji, jakiej podlegają młode talenty — wtedy z takim nastawieniem pojawisz się na planie.

Podobnie ma się rzecz z ludźmi, których chcesz filmować. Kiedy piszesz szkic, obracasz się w szerokim kręgu potencjalnie przydatnych nazwisk, od tych które „musisz" umieścić w filmie, po tych, o których marzysz. Czasami, kiedy rozwijasz projekty zarówno współczesne jak i historyczne, nie będziesz miał skrystalizowanego do końca poglądu, kto byłby najbardziej przydatny - wtedy posługujesz się opisem. Na przykład. „Potrzebujemy kogoś, kto był z nią na tańcach", albo „Chcemy pogadać z dozorcami lub innymi, którzy doglądają doświadczalnej plantacji". Szkic może ci pomóc zobaczyć czy twoje opowiadanie albo argumentacja rozwija się, czy masz dostatecznie zróżnicowane postacie i sekwencje, albo inaczej, czy nie za duże partie filmu pokazują (i mówią) o tym samym. W trakcie realizacji zdjęć, decyzje co do struktury jak i samej treści w ograniczonym zakresie mogą się zmieniać, ale póki co, to właśnie stawiasz pierwsze kroki w kierunku nadania filmowego kształtu twoim pomysłom.

Niezależnie od tego, czy twój film jest historyczny, współczesny, czy jest kombinacją gatunkową, powyższe ćwiczenie zmusza cię do myślenia o perspektywie podchodzenia do realizacji. Na przykład, jeśli chcesz śledzić przygotowania do wystawienia *Pierścienia Nibelungów* Wagnera, czy zrobiłbyś to, tak jak uczynił Jon Else, z perspektywy dyżurnych sceny? Czy też patrzyłbyś na przygotowania z perspektywy reżysera, a może grupy dzieci starających się zaadaptować operę, w okrojonej wersji, na potrzeby ich szkolnej inscenizacji? Czy sprawą dla ciebie jest wysiłek wielu miesięcy potrzebny dla stworzenia takiego spektaklu, czy też napięcie związane z dniem premiery tak wielkiego widowiska? Każdy wybór podejścia do tematu winien znaleźć odzwierciedlenie w szkicu, aby ktoś z zewnątrz, czytając go mógł nabrać wyobrażenia o filmie, który chcesz zrobić: o wątkach, fabule, punkcie widzenia, mostku.

WYSZUKANIE OBSADY

Niektórzy dokumentaliści mieliby opory przeciwko mówieniu o obsadzie czy rolach, jednak wszyscy zgodziliby się, że ludzie których oglądacie na ekranie – niezależnie czy oddziaływają między sobą, czy pełnią rolę narratora lub gospodarza – muszą być znalezieni, poznani, i włączeni do projektu z największą troską. Decyzje o tym, kogo postawić przed kamerą i jakie zadanie na niego nałożyć - w sensie udziału w budowaniu narracji – ma charakter kluczowy. Nawet postacie, które wchodzą do filmu poprzez różnorakie archiwalia, czy to w materiałach filmowych czy poprzez czytanie ich listów, wspomnień czy przedmioty z nimi związane, są ważne w całościowym budowaniu obsady filmu. Jak istotna jest obsada, najlepiej świadczy fakt, że niektórzy redaktorzy chcą zobaczyć materiał filmowy pokazujący bohaterów, zanim zaakceptują czy zamówią film.

Kiedy obsadzać?

Tak naprawdę, zaczynasz myśleć o postaciach w filmie, gdy zastanawiasz się nad wyborem tematu i pomysłem na film. To część koncepcji określającej styl i podejście do realizacji. Jeśli są konkretni ludzie, których udział jest nieodzowny, musisz ich zaangażować (a przynajmniej wiedzieć, że będą dostępni i skłonni do współpracy), zanim włączysz ich w przygotowywaną prezentację. Po tym, uzupełniasz obsadę w miarę jak twój szkic czy treatment nabiera kształtu, a ty zaczynasz coraz lepiej wiedzieć jakie postacie, albo jakiego typu ludzi poszukujesz i dlaczego?

Kogo obsadzać?

Dla filmu wymagającego ekspertów, trzeba obsadzić ludźmi reprezentującymi szeroki wachlarz poglądów. Zamiast sfilmowania „pięciu ekspertów" od zagadnienia, trzeba rozgryźć jak różnią się między sobą jako specjaliści, a także wyglądem, dając szansę na wydobycie złożoności i stworzenie równowagi w całym filmie. W półgodzinnym, czy godzinnym filmie można zaprezentować widzom ograniczoną liczbę postaci i byłoby bez sensu, gdyby wszyscy oni mówili o tych samych sprawach, z tej samej perspektywy.

Jeden sposób myślenia o obsadzie to potraktować każdą osobę pojawiającą się na ekranie, czy to jako bohater którym się zajmujesz, czy to jako postać udzielająca wywiadu (albo obie na raz), jako mającą do spełnienia w filmie określoną *funkcję*. Czasami funkcjonują jako nośnik określonego aspektu rozumowania; czasami reprezentują element, którego nie dało się sfilmować. Na przykład, możecie wziąć trzy osoby, które opowiedzą ogólnie o dodanym Paragrafie IX Prawa o nauczaniu w Stanach Zjednoczonych, ale może byłoby lepiej znaleźć prawnika, który walczył o wprowadzenie tego prawa, lekkoatletkę, która dostała dzięki niemu stypendium na uczelni i wreszcie menagera sportowego, który był przeciwny wprowadzeniu tego prawa z obawy, że zmniejszą się środki na szkolny program futbolowy. Każda z takich postaci zna wycinek zagadnienia, ale choćby i wiedziała dużo więcej z obszaru wiedzy i doświadczenia pozostałych osób, gdybyś pozwolił im w filmie mówić nie na „swój temat", zaciemniałoby to porządek narracji.

Analogicznie, jeśli tworzysz film historyczny, potrzebny ci biograf, który mógłby zafunkcjonować zamiast Marthy Washington. On czy ona, zostałby poproszony o skomentowanie jej postaci, ale tylko w zakresie i pod kątem jaki jest potrzebny dla twojego filmu. Bez specjalnego zwracania uwagi, widownia przyjmie taką wskazówkę. Kiedy zobaczą eksperta, przyjmą bez mrugnięcia okiem, że – w jakimś sensie – Martha, a przynajmniej ktoś w jej imieniu, znajduje się na ekranie.

Odrabiaj prace domowe

Szukanie obsady, to solidna praca przygotowawcza, rozpoznanie pola, poszukiwania – to lepsze wyjście niż dzwonienie bez różnicy po ludziach. Im mniej szukania obsady po omacku, tym lepszy będzie film.

Obsada, obok ekspertów

Czasami poszukujesz nie ekspertów, lecz ludzi z krwi i kości skłonnych dopuścić cię do przeżyć i sytuacji, które ucieleśniają tematy i idee, które chcesz zgłębiać. Filmowcy Tracy Heather Strain, Randall

MacLowry, Katy Mostoller, wraz z „armią stażystów", dla ich produkcji z 2005 roku *Building the Alaska Highway* postanowili odnaleźć mężczyzn, którzy pomagali przy budowie autostrady w ramach służby wojskowej w czasie II wojny światowej. Dokumentacja wojskowa dotycząca budowy autostrady uległa zniszczeniu w pożarze kilkanaście lat wcześniej, czyniąc zadanie bardzo trudnym. Producenci notowali każdy ślad, czy to od doradców przedsięwzięcia, czy nazwiska wzmiankowane w książkach o budowie autostrady, wyczynie, w którym 10 000 robotników, często pracujących w przenikliwym zimnie, zbudowało autostradę liczącą blisko 3 000 km., zaledwie w osiem miesięcy.

Odcinek Autostrady Alcan, z *Building the Alaska Highway*. Zdjęcie: Biblioteka Kongresu.

Gdy ustalili nazwiska, zaczęli studiować książki telefoniczne. Producenci dali stażystom zestaw pytań, napominając, aby zwracali się do tych staruszków-weteranów właściwym imieniem i nazwiskiem. „Oni robili wstępne wywiady, po czym Randy, Kathy, lub ja kontaktowaliśmy się dla przeprowadzenia właściwego wstępnego wywiadu", mówi Strain, producent i reżyser filmu. „Jednym z problemów było to, że ludzie myśleli, iż chcemy im coś sprzedać przez telefon i odkładali słuchawkę. Musieliśmy zmienić strategię rozmowy, aby słowa *Autostrada Alaska* padały jak najwcześniej". Wyselekcjonowani do wywiadów przed kamerą – zróżnicowana grupa mężczyzn, których wspomnienia dawnych czasów są wyraźne i przejmujące – są mocnym składnikiem filmu. Strain ocenia, że nakręcili wywiady z co dziesiątym mężczyzną spośród tych, z którymi byli w kontakcie.

Obsadzanie z marszu

Dzisiaj popularnym chwytem w reklamie telewizyjnej bywa wsadzenie grupy młodych ludzi z kamerą w samochód i obserwowanie ich, jak niby robią film dokumentalny, swobodnie improwizując. Wchodzą w miejsca nieznane dla siebie, atakują pytaniami obcych i ciągną dalej. Bywają okoliczności, w których miałbyś ochotę tak działać, lecz najczęściej, to nie będzie efektywne wykorzystanie czasu, o ile nie jest to rezultatem przemyślanej strategii – jak film ma wyglądać. W *Super Size Me* Morgan Spurlock przeprowadza z bardzo dobrym rezultatem cały szereg wywiadów „chwytając ludzi na ulicy". Nie będąc tak całkiem grupą losową, ci ludzie jednak robią wrażenie statystycznych obywateli i wiedza każdego z nich na temat śmieciowego jedzenia, dietetyki, a w jednym przypadku znajomość słów reklamy McDonald's, robi wrażenie wiedzy powszechnej. To może być zabawne, a na pewno jest efektywne.

Obsadzanie oponentów

Jak zdobyć ludzi dla twojego filmu, o których wiadomo, że mają poglądy różne od twoich, czy różne od opinii powszechnej. Pierwszy warunek, to stwierdzenie jasno, że jesteś otwarty na te poglądy, potraktujesz ich na ekranie uczciwie, a wreszcie wiara, że ich punkt widzenia, którego nie podzielasz, ma znaczenie dla omawianej sprawy, dla pełnego zrozumienia tej sprawy przez widzów.

Nie próbuj fałszywie przedstawiać siebie czy swojego projektu dla zapewnienia sobie czyjejś współpracy. Jeśli masz zamiar badać hipotezy o tym, że spacer po Księżycu w 1969 był fałszywką, nie przedstawiaj swojego projektu jako spojrzenia na załogowe loty międzyplanetarne. Czy oznacza to, iż nie możesz zdobyć godnych zaufania ekspertów z najwyższej półki dla tematów o naciąganym prawdopodobieństwie? Bynajmniej. Oznacza to jedynie, że musisz grać z nimi w otwarte karty, nie stosować chwytów poniżej pasa. Daj im możliwość wsparcia ich autorytetem twojego projektu, a następnie używaj tego autorytetu odpowiedzialnie (jeśli jesteś ekspertem, którego zapraszają do udziału w filmie dokumentalnym, zanim się zgodzisz, przeprowadź małe śledztwo. Wgląd do Internetu dostarczy ci podstawowych informacji o producencie oraz/albo o serialu do którego miałbyś udzielić wywiadu).

Równowaga w obsadzie

Wyważenie filmu nie oznacza tylko dania głosu przeciwnym stronom. W gruncie rzeczy, to niemal nigdy tego nie oznacza. Przedstawiciele przeciwnych stron mówiący po sobie, nie posuwają naprzód procesu rozumienia sprawy automatycznie. W sytuacji, gdy przeciwne strony mają różne ciężary gatunkowe, gdy np. większość wiarogodnych ekspertów reprezentuje jedną opcję, a przeciwstawia im się kilku (często spoza głównego nurtu albo w jakiś sposób stronniczych) z drugiej strony, wtedy danie reprezentantom tych dwu opcji równego czasu i znaczenia, wytworzy fałszywe wrażenie, że sprawy są mniej jednoznaczne niż są faktycznie. To nie będzie zrównoważenie, to będzie zafałszowanie. Zamiast tego powinieneś znaleźć ludzi, którzy dostarczą pełnej gamy półtonów, wydobędą złożoność problemu.

Zwróć uwagę, że równowaga w obsadzie oznacza także umożliwienie właściwym ludziom prezentację swoich punktów widzenia. To nie oznacza, że poszczególne osoby nie mogą wypowiadać się w sprawach, które leżą poza ich doświadczeniem eksperckim. Na przykład, francuski historyk specjalizujący się w problematyce edukacji amerykańskich tubylców na przełomie minionych wieków, może mieć wystarczająco dobre kwalifikacje do zabrania głosu w sprawie konkretnego rezerwatu Indian w Oklahomie w roku 1910. Więcej niż naciąganiem będzie zapytać biologa, który znalazł się w gronie protestujących przeciwko zagranicznym słodyczom w amerykańskich sklepach o to, co się dzieje w zamorskiej wytwórni batoników. Dopuszczalne za to będzie pytanie ograniczone do „tu i teraz": „Dlaczego tu jestem? Jestem tutaj, ponieważ przeczytałem artykuł, który mówił...". Jeśli tok narracji twojego filmu wymaga opisania warunków panujących w fabryce, byłoby znacznie lepiej gdybyś znalazł kogoś, kto może dać ci relacje z pierwszej ręki (był pracownikiem, właścicielem albo zwiedzał fabrykę jako inspektor) oraz/albo eksperta do spraw BHP, który zajmował się tym konkretnym przypadkiem.

Kiedy masz przed kamerą kogoś, kto mówi „oni", na przykład: „Ci ludzie żyjący w mieszkaniach kwaterunkowych uważali, że traktujemy ich źle" – jest wielce prawdopodobne, że będziesz potrzebował kogoś z tej społeczności, kto by przemówił w imieniu tej społeczności, albo ekspertów uprawnionych do zabrania głosu w imieniu ludzi z kwaterunku.

Obsada w tle

W trakcie napisów końcowych filmu Roberta Greenwalda *Iraq for Sale* (Irak na sprzedaż) on sam i jego ekipa są sportretowani w trakcie wysiłków uzyskania wywiadów od przedstawicieli Halliburton, CACI, Blackwater i innych wielkich firm. Stwierdzają, iż pomiędzy 8 czerwca a 4 sierpnia 2006 roku wysłali 31 e-maili, wykonali 38 telefonów. Lecz przysłuchajcie się rozmowom i popatrzcie, czy sądzicie, że byście odpowiadali? Zegar pokazuje: Zgodnie z tym co twierdzą realizatorzy, rozpoczęli zdjęcia do filmu dopiero w końcu kwietnia 2006 roku, gdy za pośrednictwem kampanii mailowej zebrali pieniądze na realizację. Kończyli produkcję w sierpniu, co oznacza, że na poszukiwania czy tworzenie i budowanie dobrych relacji potrzebnych, gdy zajmujesz się skomplikowanym i kontrowersyjnym tematem, mieli naprawdę niewiele czasu.

W dodatku, rozmowy telefoniczne nie tyle służyły do zadania pytań, ile do postawienia oskarżeń. Greenwald mówi jednej z firm: „Szczerze mówiąc, odkryliśmy pewną ilość bardzo kłopotliwych materiałów" i przekonuje, „Pomyślałem, że poinformowanie ludzi, iż znaleźliśmy coś godnego krytyki, byłoby bardziej uczciwe, niż granie w kotka i myszkę". W listach pisze o chęci poznania „ich punktu widzenia w danej sprawie" itd.

Porównaj szeroko rozumianą obsadę tego filmu z *Why We Fight* (Dlaczego walczymy) Eugene Jarockiego, filmu na podobny temat. Obsada u Jareckiego jest znacznie bardziej zróżnicowana jeśli idzie o punkty widzenia i przynależności organizacyjne. Myślę, że różnica odzwierciedla podejście i intencje każdego z twórców. Oba filmy miały powodzenie, lecz przemawiają na różne sposoby do różnych widowni (choć czasami zazębiających się).

Poszerzanie perspektywy

Gdy szukamy obsady, idąc po najmniejszej linii oporu (szczególnie, gdy nam się spieszy), pójdziemy tropem ludzi z wierchuszki, przywódców czy marionetkowych przywódców. Często wiadomo o nich, że mają charyzmę i potrafią mówić. Lecz bardzo rzadko są reprezentatywni dla całej historii, czy najciekawszej jej części. Kop głębiej, zapytaj siebie, kto mógłby rzucić dodatkowe światło na twoją historię. Jeśli na potrzeby filmu o edukacji rozmawiasz z ekspertami od polityki, może warto byłoby sprawdzić, co mógłby dodać nauczyciel na poziomie drugiej klasy. Jeśli robisz film o korporacyjnych skandalach, może ciekawe ujęcie tematu pojawiłoby się ze strony agenta nieruchomości, usiłującego sprzedać posiadłości byłych członków kadry kierowniczej, obecnie w więzieniu.

Bacz również na to, aby unikać utrwalania fałszywych stereotypów na tematy płci, tematy etniczne czy narodowe. W dzisiejszym świecie (tak samo zresztą jak we wczorajszym) byłoby to niepełne i niepoprawne, przedstawiać te problemy jako mniej różnorodne i złożone niż naprawdę są (czy były). Powinieneś odzwierciedlić tę złożoność, tworząc obsadę.

Honoraria dla obsady

W dziennikarstwie obowiązuje ogólna zasada, domniemanie, że z chwilą gdy zaczniesz płacić za historie, ludzie będą przychodzić do ciebie z historiami, na których chcą zarobić. Niektórzy filmowcy decydują się płacić swoim bohaterom nie wprost, lecz kupując im produkty, czy to składając datki na cele dobroczynne. Naukowcy i eksperci, którzy pojawiają się na ekranie (a nie są jednocześnie konsultantami) nie otrzymują honorariów od filmowców, choć o tym dyskutuje się ostatnio i powstają nowe precedensy.

OBSADZANIE GOSPODARZA I NARRATORA

Jest wiele sposobów i powodów, dla których używa się w filmie dokumentalnym obecnego przed kamerą gospodarza. Czasami to wymóg stawiany producentowi przez nadawcę, żeby posłużyć się jakimś celebrytą; aktorem, sportowcem, politykiem. Na przykład udział celebryty znanego ze swego zaangażowania w sprawy polityczne, socjalne czy zdrowotne, może zwiększyć wiarogodność filmu. Reputacja celebryty – na przykład jako wesołka – może nadać ton całemu przedsięwzięciu. Wreszcie udział celebryty może walnie przyczynić się do zwiększenia zainteresowania widowni, do promocji całego projektu.

Narrator (którego głos słyszymy, ale nie widzimy na ekranie) może również być obsadzony, dlatego że jest celebrytą, lub po prostu człowiekiem obdarzonym głosem, który dobrze brzmi, nawet położony na muzyce czy na gwarach. Pamiętaj, że głos narratora w sposób znaczący nadaje ton filmowi. Czy to będzie głos męski czy żeński, czy będzie miał wyróżniający akcent. W jakim ma być wieku? W jaki sposób chciałbyś, aby był odbierany przez widzów, jako ekspert, czy jako przyjaciel? Ma brzmieć kpiąco, ponuro, nieprzystępnie czy ciepło? Przecież narrator, którego nie widać, mimo to, wpisuje się w sposób istotny w całościową harmonię głosów słyszalnych w filmie.

TREATMENTY

Wiele projektów, jeśli nie większość, rozwija się przed zdjęciami od najskromniejszego szkicu do jakiejś formy treatmentu. Informację o tym jakie są pośrednie prace literackie, oraz w jaki sposób funkcjonują, znajdziecie w Rozdziale 10, *Sprzedawanie*.

ROZDZIAŁ 10

Sprzedawanie

„Sprzedawanie" w kontekście filmu dokumentalnego może oznaczać wiele różnych rzeczy, włącznie z negocjacjami handlowymi, gdy film jest gotowy bądź na ukończeniu. Ten rozdział mówi o „sprzedawaniu", jako sytuowaniu twojego filmu wobec innych. To może oznaczać przekonanie znakomitego operatora, żeby z tobą pracował, przekonanie redaktora zamawiającego, aby dał ci „zielone światło" (i pieniądze), albo skłonienie jakiejś fundacji do przyznania dotacji. To może również oznaczać znalezienie przekonywającego sposobu prezentowania twojej wizji; sposobu opowiadania o projekcie - tylu ludziom ilu potrzeba, na różnych poziomach, aby w końcu dobić się do realizacji. W wielu wypadkach, drukowanym załącznikiem który ci w tym będzie pomagał, jest treatment.

TREATMENTY

Ogólnie mówiąc, treatment, to prozą opowiedziany film - rozgrywający się na papierze tak jak w przyszłości rozegra się na ekranie. W niektórych przypadkach, to krótki dokument napisany na wszelki wypadek, aby cała ekipa realizatorska była na bieżąco z treścią i koncepcją filmu. Nawet jeśli miałby mieć tylko kilka stron, treatment powinien demonstrować, że producent wie co jest lokomotywą filmu i jak ona zostanie przeniesiona na ekran. W odróżnieniu od szkicu, treatment będzie wymagany przez ludzi z zewnątrz, jako warunek uruchomienia środków finansowych. W związku z tym, winien być dopieszczony jak mądry artykuł w magazynie na błyszczącym papierze. Nie możesz oczekiwać od ludzi z zewnątrz, szczególnie spoza branży, aby rozszyfrowywali np. szkic, a wiele osób spoza branży także nie bardzo da sobie radę z czytaniem scenariuszy filmowych. Tak więc prozą opisany film, może być ważnym narzędziem sprzedaży.

Jak wygląda treatment?

Zazwyczaj, treatment filmu dokumentalnego wygląda analogicznie do treatmentu fabuły. Nie *omawiasz* jaka jest twoja historia, tylko ją opowiadasz wprost.

Treatment godzinnego filmu może mieć od 5 do 25 stron, w zależności od potrzeb (spójrz na koniec rozdziału, aby zapoznać się z przykładami). Należy stosować podwójny odstęp między wierszami, dla komfortu czytania, oraz pisać w czasie teraźniejszym – opowiadanie winno rozwijać się w czasie, nawet jeśli jest osadzone w przeszłości. Struktura treatmentu winna odzwierciedlać strukturę filmu. Jeśli planujesz zacząć od grobu żołnierza zabitego w Iraku, twój treatment również powinien się od tego zacząć. Jeśli film zmierza ku spotkaniu rodzeństwa, które tylko co dowiedziało się nawzajem o swoim istnieniu, twój treatment analogicznie powinien rozwijać się w tym kierunku, nie „sprzedając" tej informacji np. przez odniesienie się do niej wcześniej. Jeśli w twoim myśleniu o filmie przewidujesz trzyaktową strukturę, a spotkanie rodzeństwa ma być kulminacją aktu drugiego, odnalezienie nie powinno pojawić się wcześniej niż *mniej więcej* po trzech czwartych tekstu.

Ludzie, miejsca, zdarzenia winny pojawiać się w porządku ekranowym (w tym sensie, że ma to być porządek, w którym planujesz przedstawiać je na ekranie), włącznie z opisem jak dana informacja będzie przedstawiona. Na przykład, jeśli planujesz realizację sekwencji o maratonie nowojorskim, w treatmencie należy zapisać kiedy i jak pojawi się on w twoim filmie. Czy otwiera film, czy też dochodzisz do niego po jakimś czasie? Jeśli chcesz zajmować się historią tego maratonu, czy posłużysz się archiwaliami, wywiadami, czy czymś innym? Pojawia się tu problem chwiejnej równowagi – treatment to *nie jest* scenariusz, ani tym bardziej skończony film. Ty starasz się w nim, obok historii, przekazać także swoje podejście do tematu: „Podejmujemy tę podróż wraz z Nilsem, towarzysząc mu w bibliotekach, gdzie przegląda stare mikrofilmy, podróżując z nim na wywiady z kuzynami i sąsiadami z dawnych lat. Na końcu, jesteśmy z nim na lotnisku w Wenecji, gdzie nastąpi spotkanie z długo niewidzianym bratem”.

PISANIE TREATMENTÓW DLA ZEWNĘTRZNEJ OCENY

Gdy pisze się treatment który ma być oceniony na zewnątrz, dobrze jest dać tekst do przeczytania ludziom, którzy nie znają się na twoim temacie tak dobrze jak ty. Na przykład, odręczna notatka dla najbliższych współpracowników będzie brzmiała: „Waszyngton przekracza Delaware, historyk wojskowości wyjaśnia, Smith rozprawia się z mitami”. Tekst pełniejszy i staranniej przygotowany może wyglądać następująco: „Za pośrednictwem obrazu *George Washington Crossing the Delaware,* autorstwa Emanuela Gottlieba Leutze, dowiadujemy się o triumfalnym przekroczeniu rzeki Delaware przez Washingtona, w burzliwą noc 25 grudnia 1776 roku. Jak podkreślają nasi historycy, wydawało się, że Amerykanie przegrali z kretesem, gdy tymczasem Waszyngton na czele 3000 ludzi zaskoczył brytyjskich najemników pod Trenton i wziął do niewoli 1/3 ich armii. Ustanowili w ten sposób punkt oporu na terenie New Jersey, który zastopował ofensywę Brytyjczyków. Był to decydujący moment w wojnie o niepodległość. Powracamy do obrazu, gdy historyczka sztuki Jane Smith porównuje fakty i mity. Koniec końców, obraz został namalowany w roku 1851, równe 75 lat po bitwie".

W tym przykładzie, który dotyczy filmu historycznego, nie mówi się nic na temat materiałów filmowych, które będą pomiędzy wypowiedziami historyków. Miejmy nadzieję, że w tym miejscu treatmentu jest już wiadome, jaką przyjąłeś metodę obrazowej prezentacji historii wojny. Tak samo jak nie wymienia się nazwisk poszczególnych historyków, którzy będą mówili o konkretnej bitwie, gdyż do tej pory czytelnik treatmentu powinien już wiedzieć z grubsza, w jakim kręgu ekspertów się poruszasz. Nie możesz opisać każdego obrazka, każdego offu i każdej planowanej setki, wówczas byłby to scenariusz. To co opisujesz, to klarowny rozwój opowieści i kolejne fakty, z podaniem najbardziej znaczących szczegółów – w powyższym przykładzie użycie konkretnego obrazu i historyka sztuki. Gdy będziesz pracował nad historią współczesną, możesz postępować analogicznie, szukasz wsparcia dla swojej realizacji – piszesz treatment.

Opowiadanie, nie ciąg obrazów

Musisz być skoncentrowany na historii, nie na obrazach, co w praktyce oznacza, że nie powinieneś tracić czasu na opis malowniczego zachodu słońca, albo czego to nie pokażesz w zdjęciach z helikoptera. Powiedziawszy to, muszę przyznać, że czasami można sobie pozwolić na treatment bardziej „filmowy". Na przykład: „Zniszczone pracą palce pilnujące równego ściegu, wydawały się należeć do kogoś znacznie starszego niż pełna życia czternastolatka siedząca przy maszynie do szycia". Takie zdanie ewidentnie oznacza ujęcie od zbliżenia do szerszego planu szwaczki. Albo taki przykład, zaczerpnięty z *Milltail Pack* (spójrz na przykładowe strony na końcu tego rozdziału): „Sfora (czerwonych wilków) zmierza na pole kukurydzy na końcu drogi. Wśród brązowych, wyschniętych łodyg kukurydzy zebranej miesiąc temu, żyją myszy i króliki – smakowite przekąski sfory z Milltail". Jest to wystarczająco obrazowe, aby wprowadzić czytelnika w rozwijającą się dalej ekspozycję. Aby pokazać inny styl, przytaczam pierwsze zdanie z treatmentu *You Could Grow Aluminium Out There*, odcinka serialu *Cadillac Desert*: „W Kalifornii rzeczy biorą nazwę od tego, co zniszczyły. *Nazwy osiedli oglądane przez szybę pędzącego samochodu... 'Przepiórcze łąki' 'Łąki' 'Indiański potok' 'Osiedle nad rzeką' 'Zagajnik łosi - apartamenty' 'Indiańska wioska'*. Zanim Hiszpanie podbili Amerykę, na kalifornijskiej Równinie Centralnej mieszkało 300 plemion Indian".

Zwróćcie uwagę, że jest różnica między pisaniem, aby opisać coś co *wiecie* że można zobaczyć, a takim wymyślaniem jak to się robi, pisząc treatment do fabuły. Treatment fabuły może wprowadzać scenę na przykład tak: „Jest późna noc. Prezydent Truman wraz z członkami gabinetu siedzą w zadymionym pokoju, rozważając następne posunięcie". Jeśli w taki sposób opisałbyś scenę dla opartego na faktach dokumentu historycznego, to albo znasz filmowe archiwalia pokazujące tą scenę, ewentualnie zdjęcie fotograficzne, albo planujesz rekonstrukcję tej sceny bazując na dokumentacji historycznej - kto był w pokoju, czy była późna noc, co było przedmiotem dyskusji. W każdym przypadku, z treatmentu winno jasno wynikać, jak będzie zobrazowane to o czym czytamy. Na przykład: „Odtworzymy nastrój tego spotkania, gdy usłyszymy aktora czytającego pamiętnik prezydenta: Jest późna noc. On wraz z członkami gabinetu siedzą w zadymionym pokoju. Rozważają swoje następne posunięcie". Albo: „Na czarno-białym filmie amatorskim zrobionym przez siostrzenicę prezydenta, młodą studentkę sztuki, która ślepym trafem była u swojego wuja w ten historyczny wieczór, widzimy wieczorne spotkanie w spowitym dymem papierosów pokoju. Zmęczony prezydent i jego współpracownicy obradują".

Jeśli planujesz scenę w filmie współczesnym – dla przykładu; otrzymałeś zgodę na filmowanie wewnątrz korporacji w trakcie opracowywania nowego produktu – dopuszczalne jest przy pisaniu wyobrażanie sobie jak to będzie, pod warunkiem, że twoja wizja wyrasta z dokumentacji i bazuje na realnych możliwościach. Na przykład: „Nasze kamery towarzyszą Heather Bourne, gdy wkracza do wieżowca Gotham i jedzie windą na najwyższe piętro, gdzie zobaczymy ją jak będzie prezentowała radzie dyrektorów znanej z tradycjonalizmu, swoją nieco kontrowersyjną kampanię reklamową".

Przedstawiaj ludzi

Musisz zadbać o to, aby czytelnicy treatmentu wiedzieli kim są poszczególni ludzie. „Webster opisuje rzeź na polu bitwy" to za mało dla czytelnika z zewnątrz niezanurzonego w twoim temacie. „Historyczka Victoria Webster, ekspert militariów II wojny światowej....". Dalej, jeśli nie wspomnisz Profesor Webster na następnych 10 stronach, przypomnij w skrócie kim ona jest, na przykład: „Nie zgadza się z tym historyczka Victoria Webster".

Cytowanie ludzi

Załóżmy, że wiesz dokładnie z kim będziesz przeprowadzał wywiady, ale z daną osobą jeszcze nie rozmawiałeś ani wstępnie, ani z kamerą. Nie powinieneś nigdy tworzyć cytatów, bazując na tym czego spodziewasz się dowiedzieć, nawet kiedy z dużym przybliżeniem jesteś w stanie to określić – z jednego choćby powodu, że świat jest mały. Jeśli Profesor dowie się, że przypisałeś mu słowa, których nie wypowiedział, lub co gorsza, których by nie wypowiedział, wtedy szanse na owocną współpracę w przyszłości spadają niemal do zera.

Tym niemniej, istnieje kilka sposobów na błyśnięcie cytatami osób, z którymi jeszcze nie nawiązałeś bezpośredniego kontaktu. Po pierwsze, możesz po prostu opisać o co dana osoba będzie pytana, na przykład: „Dr Hunter przedstawi wprowadzenie do fotosyntezy...". Po drugie, możesz cytować z opublikowanych prac danej osoby. Po trzecie, możesz cytować z udzielonych wcześniej wywiadów. Jednakże, jeśli zdecydowałeś się na którąś z tych dróg, musi być jasne dla czytelnika, że jeszcze nie kontaktowałeś się z danym ekspertem i że ona czy on jeszcze nie wyraził zgody na udział w filmie. Możesz to ująć następująco: „Przytoczone cytaty pochodzą z różnych opublikowanych źródeł". *Sugestia: Jeśli zdecydujesz się na taką ścieżkę, napisz wersję treatmentu zaopatrzoną w przypisy, abyś mógł wrócić w razie potrzeby do źródła. Usuń te przypisy z kopii przeznaczonych do czytania na zewnątrz, gdyż w gruncie rzeczy przeszkadzają i są niepotrzebne czytelnikowi, który ma „zobaczyć" twój film w trakcie czytania, a nie brnąć przez raport z dokumentacji.* Inna możliwość to: „Zyskaliśmy współpracę Dr X i Wielebnego Y, ale nie rozmawialiśmy jeszcze z Panem Z. i Dr P., którzy również są tutaj cytowani". W każdym bądź razie cytatów należy używać oszczędnie. To jest treatment, nie scenariusz.

Nieznane informacje

Nawet najbardziej dopracowane treatmenty są pisane, zanim wszystkie elementy układanki znajdą się na miejscu; nie wiesz co odkryjesz w czasie zdjęć, albo jak wspaniałe materiały obrazowe znajdziesz na czyimś strychu. A co najważniejsze, często piszesz treatment po to, aby zdobyć pieniądze na prowadzenie koniecznej dokumentacji. Robisz co możesz na finansowej bazie jaką posiadasz, ale masz świadomość, że musisz zdobyć znaczne więcej informacji, zanim zaczniesz zdjęcia. Jeden ze sposobów postępowania to zaznaczyć te braki opisując je ogólnie, sceny lub postacie, które wydaje ci się będą niezbędne dla filmu. Na przykład: „Trener opisuje na czym polega specyfika pracy z końmi czystej krwi, pokazuje rytm porannego treningu". Albo: „Poszukujemy eksperta od teorii ustawiania się w kolejkę, który byłby w stanie skonfrontować swoją wiedzę z zagadnieniem projektowania parków rozrywki, oraz znajdziemy rodziców, którzy znają z doświadczenia limit czasu oczekiwania w kolejce, jaki są w stanie wytrzymać zarówno ich dzieci, jak i oni sami".

Pokaż wykonaną już pracę

To zdumiewające, ale jedną z najczęściej spotykanych słabości treatmentów które często oceniam, przeznaczonych dla zewnętrznej oceny (agencji sponsorujących produkcję filmową) jest fakt, że robią wrażenie jakby powstały na podstawie dokumentacji zrobionej w kilka popołudni, gdy tymczasem filmowcy spędzili tygodnie, a nawet miesiące na dokumentacji i w wielu przypadkach zaangażowali się już w zdjęcia. **Zadaniem treatmentu jest sprzedać twój projekt i zbudować jego wartość.** Dodaj detale, które pokażą twój wysiłek. Na przykład: W wywiadzie sfilmowanym w maju na ganku jej domu w Leeds, autorka Celia Jones, przedstawia swoją opinię na temat kryzysu mieszkaniowego". Albo: „Nasza ekipa podąża za panem Smithem, w dół, kręconymi schodami, które prowadzą do zakurzonej piwnicy wypełnionej starymi gazetami i tygodnikami, gdzie znajduje się unikalna kolekcja fotografii, którą chce nam pokazać". Daj wystarczającą ilość szczegółów, aby jasno pokazać, że znasz temat na wylot, niezależnie od tego, że masz świadomość białych plam.

Opowiedz dobrą historię

W pisaniu treatmentu zawiera się ważny trik - należy wcześnie objawić swoją pasję. Wydaje ci się, że znalazłeś znakomity temat na film - przekonaj o tym czytającego. Dobra historia, dobrze zdokumentowana i dobrze opowiedziana, daleko zajdzie. Jako osoba oceniająca wnioski, mogę powiedzieć z własnego doświadczenia, że wiele składanych treatmentów tylko trochę wykracza poza sprawozdanie z dokumentacji, albo nawet gorzej, zaledwie prezentują temat i pomysł. Treatmenty, które są w stanie zwrócić na siebie uwagę, to takie, które zarysowują i dobrze prezentują frapującą historię opisaną na podstawie dokumentacji i urozmaiconą czymś oryginalnym – niecodzienną perspektywą, nowym spojrzeniem, wyjątkowym dojściem do ludzi i miejsc.

Opowiedz dobrą historię najlepiej jak potrafisz. Potem daj swój treatment komuś, kto nic nie wie o twoim filmie, dobrze by było, żeby nie miał z tobą żadnych związków i relacji po to, byś dostał bezstronną ocenę, zanim wyślesz swój pakiet do ludzi od których, na tym etapie, zależy najwięcej – do instytucji finansujących.

TREATMENT ZDJĘCIOWY

Treatment zdjęciowy, jeśli zechcesz go stworzyć, będzie zawierał sumę pracy poprzedzającej okres zdjęciowy. Jeśli pisałeś treatmenty na etapach zdobywania funduszy na dokumentację, czy na pisanie scenariusza, to treatment zdjęciowy odzwierciedla dokumentację i inwencję twórczą - którą umożliwiły zdobywane dotychczas pieniądze. Zazwyczaj, treatment zdjęciowy będzie dokumentem wewnętrznym, powstałym na użytek ekipy realizatorskiej. Jeśli wstępny treatment przyniósł ci część funduszy na dokumentację - od redaktora zamawiającego, albo od producenta - to treatment zdjęciowy może być wymagany, aby otworzyć kurek z pieniędzmi potrzebnymi do rozpoczęcia zdjęć, do wystartowania z całą produkcją. Może służyć jako podstawowy przewodnik po wszystkich elementach planowanych do opowiedzenia twojej historii, jako dokument na którym mogą pracować operatorzy, dźwiękowcy i wszyscy inni, aby nie przeoczyć jakiś szans danych przez los (przeczytaj rozmowę z Boydem Estus w Rozdziale 11).

SCENARIUSZE

Scenariusze filmów dokumentalnych mają tendencję do ewoluowania w czasie całego procesu produkcyjnego. W przypadku filmów w dominującym stopniu napędzanych narracją, scenariusz może zyskać wyraźny kształt już na etapie prac przygotowawczych i zostać wyraźnie zmienionym dopiero na etapie montażu. W przypadku scenariuszy filmów opartych o setki i offy, do tekstu wejdzie, w sposób oczywisty, spisana lista dialogowa gotowego filmu, co musi być uwzględnione w ogólnym opisie treści filmu.

Scenariusze na etapie zdobywania pieniędzy

Bywają organizacje finansujące, które oczekują „scenariusza" jako podstawy do przyznania dotacji. Jeśli jesteś na etapie montażu, łatwo ci przyjdzie napisać szkic scenariusza w rozwoju (zobacz Rozdział 12, aby dowiedzieć się więcej o pracy nad scenariuszem w montażowni). Jednakże, jeśli wciąż szukasz dodatkowych źródeł finansowania, to co przedstawisz może być bardziej zbliżone do zaawansowanego treatmentu, albo mieć formę pośrednią, być w połowie scenariuszem, w połowie treatmentem. Jak już wspominałam obserwuję, że dla wielu oceniających treatment, który ma cechy opisane wyżej – w tym sensie, że nie jest to raport z przeprowadzonej dokumentacji, tylko prezentuje na papierze spójną wizję filmu w kształcie jaki ma się pojawić na ekranie – może być bardziej skuteczny niż scenariusz załączony do aplikacji. Gdy masz wątpliwości, nie wahaj się skonsultować z osobą dla której to piszesz (a jeszcze lepiej, zapytaj czy nie mają dobrze napisanych aplikacji, które udostępniliby ci jako wzorce).

TREATMENTY JAKO ĆWICZENIA

Prowadziłam niedawno seminarium, którego tematem było prezentowanie historii na ekranie. Kurs nie miał charakteru producenckiego, zaledwie kilkoro słuchaczy miało doświadczenie filmowe. Chciałam, aby ocenili sposób opowiadania w kilku filmach i wyciągnięte wnioski zastosowali w praktyce dla swoich (hipotetycznych) filmów dokumentalnych. W pierwszej połówce semestru, obejrzeliśmy i przeprowadziliśmy analizę zarówno kilku historycznych dokumentów, jak i kilku historii opartych na faktach, które stały się kanwą filmów fabularnych.

W drugiej połówce semestru, każdy student pracował nad wybranym przez siebie tematem i pisał szczegółowy treatment (20-25 stron). Aby dać im wspólny mianownik, zbiór zasad podstawowych - tematy i treatmenty musiały odpowiadać kryteriom historycznego cyklu PBS *American Experience*. Redakcja, zgodnie z wytycznymi, które umieściła na stronie internetowej: www.pbs.org/wgbh/amex/guidelines, poszukuje do swojego okienka „dramatycznych i zniewalających opowieści o przeszłości Ameryki – opowieści o ludziach zwyczajnych i niezwykłych (...). Szczególnie interesują nas opowieści pokazujące unikalną i rzadko spotykaną perspektywę w patrzeniu na naszą historię, które mają dobrze zaznaczony mostek w opowiadaniu oraz wyraziste postacie. Mniej nas interesują filmy prezentujące podejście badawcze do historii". Wytyczne programowe cyklu pozwalają filmom na stawianie problemów oddziaływujących na współczesność, jednak nie dopuszczają filmów, gdzie informacja historyczna jest jedynie mostkiem do „spraw i konfliktów współczesnych".

W kinematografii zawodowej, dla stworzenia treatmentu historycznego filmu dokumentalnego, potrzeba wiele tygodni, a nawet miesięcy dokumentacji i pisania. Moje oczekiwania wobec studentów zostały przykrojone do realiów studiowania. Gorąco rekomendowałam, aby brali na warsztat tematy, co do których istnieje jedno, a najlepiej dwa, źródła wtórne (najlepiej książki dobrze przyjęte w środowisku), gdyż to znaczyło ni mniej ni więcej, iż zawodowi historycy wykonali już czasochłonną i wymagającą fachowej wiedzy robotę usystematyzowania gołych faktów. Chciałam także, aby dotarli do co najmniej dwóch materiałów źródłowych, aby nabrali obycia w pracy z dokumentami lub przedmiotami historycznymi. Poza tym kładłam nacisk na zręczną zamianę tematu w opowiadanie na tyle ciekawe, aby mogło skupić i utrzymać zainteresowanie ogółu widzów, mimo iż był to temat historyczny i trudny. Podkreślałam, że osoba czytająca treatment winna doznawać przyjemności porównywalnej z przyjemnością czytania dobrze napisanego artykułu w tygodniku, i że ten „artykuł" winien dawać odczucie przyszłego filmu, który rozwinie się na ekranie.

Kilka lekcji wyniesionych z tych manewrów ze studentami ma zastosowanie także w „realu":

■ Szybki przegląd witryn akademickich da ci obraz tego, jacy naukowcy są związani z tematem. Czy jest coś super ważnego, albo czy istnieje jakaś zasadnicza kontrowersja? Nie bierz do ręki pierwszego z brzegu źródła wtórnego, znajdź *najlepsze* jedno czy dwa źródła i jeszcze kilka zastępczych (świetny artykuł w szanowanym tygodniku, dla potrzeb tego seminarium, był również akceptowany).

■ Studentom, którzy nie studiowali dokumentalistyki trzeba uzmysłowić, że inwencja twórcza na obszarze dokumentu, to nie to samo co „licentia poetica" w twórczości fabularnej opartej na faktach. W fabularyzowanej historii „licentia poetica" jest wolnością (z pewnymi jednak ograniczeniami) do tworzenia fikcyjnych bohaterów albo do wkładania postaci historycznych w wymyślone sytuacje i na odwrót, wreszcie do mieszania ze sobą elementów wymyślonych i prawdziwych. Generalnie w dokumentach jest to niedopuszczalne – choć i tutaj są wyjątki. Przykładem może być forma sprawozdania telewizyjnego w *Culloden* Petera Watkinsa.

■ Równolegle z powyższymi wskazówkami trzeba podkreślić, że „kreatywna aranżacja" (innymi słowy, projektowane struktury opowiadania) nie usprawiedliwia żadnego kuglarstwa – przedstawiane historie muszą być oparte na faktach, być prawdziwe i uczciwe. Nie oznacza to również, że rozpracowywana historia mogłaby być w jakikolwiek sposób uładzona. Przeciwnie, dotarcie do jej sedna jest wyzwaniem, tworzy dźwignię przenoszącą film na wyższy poziom. Cel, który nigdy nie może zniknąć z horyzontu, to wykorzystywanie siły tkwiącej w zbieranych materiałach audiowizualnych.

- Treatmenty to nie rozprawy naukowe. Z nielicznymi wyjątkami, twórcy historycznych filmów dokumentalnych nie przychodzą z nowym spojrzeniem na historię - przynoszą oryginalne, zniewalające i prowokujące sposoby na przedstawienie widzom aktualnego stanu wiedzy (czasami z konkretnego punktu widzenia, częściej z różnorodnych perspektyw).

- Chronologie są ważne i studenci, którzy idą na skróty stwierdzają później, że nadmiernie tracą czas i energię.

- Zastanawiając się nad wyborem podejścia do filmu, studenci osiągają lepsze rezultaty, gdy myślą nie tylko o tematach które ich interesują, ale także o filmach, które lubią oglądać. Dokument historyczny może być kryminałem, romansem, epicką podróżą, biografią albo czymś zupełnie niespodziewanym lub humorystycznym.

- Ma sens przypomnienie studentom, aby pilnie analizowali, dlaczego ich dany temat interesuje, co pozostaje w pamięci po lekturach, w jaki sposób i o czym konkretnie mówią swoim znajomym i rodzinie, gdy opowiadają czym się akurat zajmują. Najczęściej to może stać się treścią zwiastuna i dać odpowiedź na pytanie „Dlaczego ten film ma powstać teraz?" oraz „Dlaczego widza miałoby to w ogóle zainteresować?".

- Proste myślenie sprawdza się lepiej.

PLANOWANIE I PISANIE WNIOSKU

Dla wielu filmowców zdobywanie funduszy jest elementem procesu planowania. Jeśli zdobędziesz jakieś pieniądze, robisz krok do przodu wykonując kolejny etap dokumentacji. Trochę więcej pieniędzy i możesz przygotowywać treatment zdjęciowy, a nawet rozpocząć zdjęcia. Może będziesz w stanie zmontować demo „filmu w realizacji" i używać go w dalszych staraniach o zdobycie funduszy.

Przy zastrzeżeniu, że metodologia gromadzenia funduszy znajduje się poza tematyką tej książki, to co przedstawiam poniżej to garść wskazówek, jak stawić czoła pytaniom zadawanym często przez finansujące osoby. Jak się okazuje, sam proces przetrawienia tych pytań, znalezienia na nie odpowiedzi, bywa pomocnym w tym rodzaju planowania, które ma pozytywne przełożenie na samo poszukiwanie dramaturgii opowiadania.

CZYM JEST WNIOSEK O DOFINANSOWANIE?

Wnioskami są dokumenty, które składasz w celu pozyskania funduszy od agencji przyznających dotacje, zarówno państwowych jak i prywatnych. Do momentu ukończenia filmu, o dotacje można występować na następujących etapach produkcji: planowane, pisanie scenariusza, zdjęcia, postprodukcja, prace końcowe. Dwa pierwsze podpadają pod kategorię „rozwój projektu" (development). Na tym etapie uzyskanie jakichkolwiek dotacji jest bardzo trudne. Prawdopodobnie najłatwiej uzyskać dofinansowanie na prace końcowe, przyznawane na etapie pierwszej lub kolejnych układek. Tutaj potencjalni donatorzy mogą zobaczyć twój film, zmniejsza się ilość niespodzianek, za to zwiększa prawdopodobieństwo, że uda ci się doprowadzić projekt do końca.

Chociaż każdy wniosek musi być skrojony adekwatnie do możliwości i zgodnie z wymaganiami poszczególnych agencji do których się zgłaszasz, można jednak wskazać na grupę podstawowych spraw, które zawsze będą ich interesowały, niezależnie czy proszą o list wprowadzający, trzystronicowy wyciąg, czy o dwudziestopięciostronicowy opis. Chcieliby się dowiedzieć następujących rzeczy.

Istota prośby

Kim ty jesteś, na czym polega twój projekt („film o długości 90' realizowany na HDV, o historii otwieracza do puszek i jego wpływie na kuchnię amerykańską"), o jaką sumę prosisz w tym momencie od tego donatora ($ X.000 na pisanie scenariusza albo $ XXX.000 na produkcję pierwszego odcinka z czterogodzinnego serialu). Jakie działania będą finansowane z tej dotacji i jaki będzie konkretny rezultat przyznanego grantu (na przykład, jeśli prosisz o dotację na pisanie scenariusza, powinieneś go stworzyć, lub w niektórych przypadkach, przedstawić gotowy do wdrożenia treatment).

Wprowadzenie do tematu

Ogólne osadzenie w temacie filmu. Innymi słowy, to nie jest treatment i nie musisz tutaj opisywać detalicznie jak temat będzie przedstawiony na ekranie. To ogólny zarys, przedstawiony jasno i zwięźle, napisany miejmy nadzieję tak, że czytelnik podzieli twoje przekonanie, iż temat jest interesujący, ważny, słowem wart przyznania środków na realizację.

Powody

Można w sposób bardziej ukierunkowany objawić ważność projektu, oraz w szczególności, jego związek z donatorem. Oto inne spojrzenie na to zagadnienie: „Dlaczego właśnie teraz ten projekt? W jaki sposób film pobudzi zrozumienie i wrażliwość społeczną w tym temacie? Dlaczego dla samego tematu ma znaczenie jego prezentacja na filmie? W jaki sposób film odpowiada na zapotrzebowanie społeczne?". Prezentacja kilku starannie dobranych faktów, często może zrobić bardzo dużo.

Cele bezpośrednie i pośrednie

Co chcesz osiągnąć przy pomocy swojego filmu? Cele mogą być różnorakie, jak na przykład:

Cel bezpośredni: *Zbadać historyczne uwarunkowania, które doprowadziły do uchwalenia IX Rozdziału Prawa oraz nierówności na które było zorientowane, ocenić planowane i nieplanowane skutki tej legislacji, w kontekście aktualnych dążeń do jego uchylenia.* **Cel pośredni:** *Widzowie lepiej pojmą złożoność IX Rozdziału Prawa wykraczającą poza zagadnienia sportu szkolnego, uzmysłowią sobie procesy społeczno polityczne, które doprowadziły do tych zmian.*

Projekty pokrewne

Czy powstały już filmy na ten temat, albo na tematy zbliżone? W jaki sposób ich sukces (albo brak sukcesu) wpłynął na twoje podejście do tematu? W jaki sposób twoja historia czerpie lub odróżnia się od już zrealizowanych projektów? Jak wspomniano wcześniej, fakt, że temat był już eksploatowany w mediach, nie musi być czynnikiem odstraszającym pod warunkiem, że propozycja podejścia do tematu jest innowacyjna, a inne obszary penetracji dostępne. Co by nie mówić, musisz pokazać, że wiesz o tych wszystkich sprawach.

Projekty pomocnicze

Czasami używa się dla nich określenia „projekty związane", co wywołuje dezorientację. Projekt pomocniczy to taki, który rozwijasz w celu podbudowania i przedłużenia obiegu twojego filmu, oraz zwiększenia jego zasięgu. W tym mieści się Internet, radio, pomocnicze materiały edukacyjne, a także materiały na rzecz budowania aktywnego stosunku społeczeństwa, materiały wykorzystujące media jako katalizator działań i dyskusji wewnątrz lub pomiędzy społecznościami. W czasach, gdy telewizja wprost przytłacza nas możliwościami wyboru, łącznie z ofertą programów dokumentalnych, dla sponsorów, szczególnie tych, którzy partycypują w finansowaniu programów dla telewizji publicznej, staje się bardzo ważny czynnik przedłużenia oddziaływania - czyli życia twojego filmu - po jednorazowej emisji w telewizji.

Historia projektu

Przedstaw garść informacji o tym, skąd się wziął temat i pomysł oraz o finansowym i instytucjonalnym wsparciu uzyskanym dotychczas. Tu jest miejsce na wyjawienie twojej pasji oraz osobistego stosunku do opowieści, ponieważ teraz powinieneś wyjaśnić skąd twoje zaangażowanie w ten projekt, dlaczego temat wywarł na tobie wrażenie, oraz/albo dlaczego wydało ci się tak ważne, aby go opowiedzieć. Wreszcie, co uczyniłeś dotychczas, aby to zrobić.

Widownia i perspektywy emisji

Określ docelowego odbiorcę i jak masz zamiar rozpowszechniać swój film.

Historia organizacji

Podaj informacje na temat organizacji uczestniczących w składanym wniosku, na czele z firmą producencką i jeśli jest, finansowym sponsorem. Tak jak wszędzie, możesz podkreślać swoją wiedzę specjalistyczną, gdy zazębia się z zainteresowaniami potencjalnych sponsorów.

Wykonawcy zadania

Podaj informacje o ekipie realizatorskiej oraz konsultantach naukowych (tam gdzie są). Jeśli ty sam, lub członkowie ekipy nie macie doświadczenia w produkcji o tym charakterze, rozważ zaangażowanie do ekipy ludzi, którzy dodadzą wiarogodności twojemu przedsięwzięciu. Jeśli to jest twoja idea, ale także twój pierwszy film, zastanów się najogólniej co chcesz uzyskać w płaszczyźnie zawodowej jak i osobistej, a potem pomyśl z czego możesz zrezygnować w imię doprowadzenia filmu na ekran. Dzisiaj, uzyskać finansowanie czegokolwiek jest bardzo trudno, tak więc musisz być za wszelką cenę konkurencyjny (alternatywą dla ciebie, jeśli będziesz mógł sobie na to pozwolić, będzie zaangażowanie się w produkcję, zanim zaczniesz zabiegać o pieniądze, aby mieć „film w realizacji", który pokaże twoje możliwości).

Plan pracy

To szczegółowy opis prac które zostaną wykonane, przez kogo, za ile. Zwróć uwagę, aby zaplanowane prace mieściły się w okresie na jaki będzie opiewać dotacja. Jeśli prosisz o stypendium scenariuszowe, w zasadzie proponowane terminy wykonania nie powinny zachodzić na okres zdjęć i montażu (każdorazowo sprawdź w danej agencji).

Załączniki

Podsumowania, listy intencyjne, bibliografia dokumentacji, lista tytułów filmowych na ten lub pokrewne tematy, opis materiałów, które będą użyte (jeśli dotyczy). Na przykład, w przypadku filmu opartego na wykopiowaniach, winna być załączona lista – nawet w dużym przybliżeniu – odpowiednich archiwaliów.

Treatment

W celu rozpatrzenia prośby o dotację czy to na pisanie scenariusza, czy to na realizację, wielu sponsorów chce zobaczyć jakąś formę treatmentu.

Kosztorys

Sponsorzy często chcą obejrzeć szczegóły tej części kosztorysu, do realizacji której mają się przyczynić pieniądze o które prosicie. Jest również wielce prawdopodobne, że będą chcieli zobaczyć całościowy kosztorys projektu, aby zorientować się jak rozkładają się wydatki w całym zadaniu.

Wskazówki dodatkowe

Wiele rad przedstawionych tutaj przy okazji pisania wniosku o dofinansowanie, odnosi się do całego okresu produkcyjnego, włącznie z montażem. Chcę wyjawić wam kilka kruczków, które się wzięły z osobistych doświadczeń konsultantki i autorki takich wniosków oraz z doświadczenia wynikającego z oceniania cudzych wniosków:

■ *Ważna jest dokładność.* Standardowe procedury potencjalnych sponsorów polegają na tym, że odsyłają wasze wnioski na zewnątrz do oceny ekspertów od tematu. Jeśli robicie błędy w pisowni nazwisk, podajecie złe daty i tytuły naukowe, przeinaczacie fakty - to będzie argumentem przeciwko wam (i słusznie). Jakość i poziom pracy włożonej w przygotowanie wniosku pokazują, jaki będzie film. Oprócz tego, sprawdzenie faktów zrobione teraz, zrobione porządnie, zaowocuje w przyszłości.

■ *Liczy się sposób opowiadania.* Ludzie oceniający twój wniosek, niezależnie czy to będą naukowcy, historycy, matematycy czy nauczyciele, są równie świadomi jak ty, że widzowie nie oglądają filmów dlatego, że traktują o ważnych sprawach, tylko dlatego, że się wciągnęli w opowiadaną historię. Tak więc recenzenci oprócz pilnowania, żebyś nie szedł na zbytnie naukowe skróty, będą pilnie wczytywali się, aby ocenić czy potrafisz zbudować i utrzymać zainteresowanie widzów.

■ *Dobre pisanie daleko prowadzi.* Oprócz poprawnej ortografii i prawdziwych faktów, wniosek powinien prezentować logicznie powiązane argumenty, rozwijające się z paragrafu na paragraf. Bądź zwięzły. Twoi czytelnicy prawdopodobnie przedzierają się przez kilka wniosków pod rząd, więc miej nad nimi litość i oszczędź czytania tekstów niezredagowanych, mętnych i niegramatycznych.

■ *Bądź swoim pierwszym widzem.* Zapytaj, czy chciałbyś sam obejrzeć film, który „wystawiasz na sprzedaż", a jeśli odpowiedź jest negatywna, popracuj nad nim jeszcze trochę.

■ *Uprzedzaj opór.* Jeśli masz zamiar zaproponować film o historii amerykańskiej opery mydlanej, jako sposobu na przyjrzenie się kluczowym tematom amerykańskiej historii kultury i społeczeństwa, oraz historii kobiet - musisz być mentalnie przygotowany na recenzenta, którego instynktowną reakcją będzie śmiech. Musisz mieć kilku ekspertów obok siebie i wraz z nimi przygotować wniosek. Przedstaw krytykantom solidną dokumentację. Producenci dostawali dotacje na filmy o najróżniejszych tematach, które na pierwszy rzut oka, mogły wydawać się „nieodpowiednie".

■ *Daj recenzentowi narzędzia, które pozwolą mu odczytać wniosek prawidłowo.* Bywa, że producent jest tak bardzo zanurzony w swoim temacie, iż nie dostrzega, że ludzie z zewnątrz potrzebują albo przypomnienia, albo przedstawienia im kluczowych postaci i zdarzeń. Zakładaj, że czytelnicy są inteligentni, jednak nie przestawaj sączyć informacji przez cały wniosek tak, aby czytelnik w każdej chwili nadążał za tobą.

■ *Pasja jest potrzebna.* W subtelny sposób ujawnia się w sposobie prezentacji całego wniosku, jednak przebija przede wszystkim z jakości wykonanej pracy – na ile była skrupulatna u podstaw, z jaką dozą inwencji „sprawy" zostały przekształcone w opowiadanie, wreszcie na ile ciekawie ta historia prezentuje się na papierze.

■ *Strzeż się nadprodukcji.* Nauczyciele są znani z nieufności jaką wzbudzają w nich zaliczeniowe prace opatrzone wymyślnymi, kolorowymi okładkami, które musiały kosztować ich ucznia godziny pracy. Rodzi się wątpliwość, czy równie dużo pracy uczeń włożył w napisanie samego tekstu. Dokładnie to samo odnosi się do składanych wniosków.

■ *Wystrzegaj się nieuzasadnionych hiperboli.* „To najbardziej niezwykła historia, jaką fundacja XYZ ma szansę wesprzeć w drodze na ekrany i jeszcze nic co dotychczas XYZ wspomogło, nie miało takiego oddziaływania, jaki będzie miał ten film". Taki język zawsze zapala czerwone światło w głowie czytającego.

■ *Unikaj paranoi.* „Mając honor złożyć wam ten wniosek, prosimy o utrzymanie absolutnej konfidencjonalności, gdyż żywimy przekonanie, że przedstawiony pomysł może zostać wykradziony, gdy najlżejszy okruch informacji wydostanie się na zewnątrz". Fundacje zachowują poufność wniosków o ile, albo aż do przyznania dotacji i powstania filmu.

Co w sytuacji, gdy proszą jedynie o list informacyjny?

Po pierwsze, bądź wdzięczny losowi – to znacznie mniej pracy. Po drugie, potraktuj ten list poważne, tak jakbyś pisał wniosek półtoragodzinnego dokumentu narracyjnego. Przyjrzyj się *bardzo uważnie* pełnomocnictwom, jakimi legitymuje się organizacja do której wyślesz swój list. Pisz konkretnie. Nie oczekuj, że ktoś będzie brnął przez dwie stronniczki prozy bez interlinii, aby odszukać o co ci chodzi. W pierwszym paragrafie zaciekaw czytelnika zniewalającym tematem i pomysłem filmowym, a dalej wyjaśnij, dlaczego zwracasz się o wsparcie realizacji tego projektu do organizacji, którą reprezentuje czytający.

PRZYKŁADY PRAC LITERACKICH Z EMITOWANYCH FILMÓW I SERIALI

Na stronach poniżej, umieściłam kilka przykładowych kartek ze szkiców, treatmentów i scenariuszy emitowanych programów. Przykłady odzwierciedlają różnorodne gatunki filmów dokumentalnych, a także zróżnicowane użycie materiałów drukowanych. Na przykład „szkic montażowy" dla *Lalee's Kin: The Legacy of Cotton* został napisany wyłącznie na użytek wewnętrzny. Dla zróżnicowania, treatment *Getting Over* (odcinek z sześciogodzinnego serialu *This Far By Faith)* był składany do rozlicznych państwowych i prywatnych agencji, włącznie z National Endowment for the Humanities (Narodowa Fundacja na rzecz Ludzkości).

Przykładowa strona, wstępny treatment, *You Could Grow Aluminium Out There*

Fakty niezweryfikowane / wywiady niepotwierdzone

AKT I, PROJEKT RÓWNINA CENTRALNA

PRZYCZYNY PIERWOTNE

W Kalifornii nazywamy rzeczy po tym co zniszczyły.

Nazwy osiedli oglądane przez szybę pędzącego samochodu... 'Przepiórcze łąki' 'Łąki' 'Indiański potok' 'Osiedle nad rzeką' ' Zagajnik łosi - apartamenty' 'Indiańska wioska'.

Zanim Hiszpanie podbili Amerykę, na kalifornijskiej Równinie Centralnej mieszkało 300 plemion... Maidu, Miwok, Patwin. Nawodnienie z kilku tygodni każdej zimy zasilało wielkie bagna i sezonowe jeziora, lecz przez większą część roku – przez siedem miesięcy pory suchej, gdy Indianie wędrowali ku chłodniejszym podnóżom otaczających gór – Wielka Równina Centralna dostawała i ciągle dostaje mniej opadów niż Afryka Północna. To było Amerykańskie Serengeti.

Hiszpańskie mapy.

Richard Rodriguez, a może Maxine Hong Kingstone albo Jesse De La Cruz podejmują opowieść.

Unikalne dla Kalifornii wilgotne zimy i suche lata przeplatały się setki tysięcy lat, zanim przywędrowali tu ludzie z Europy. Bogaty, złożony ekosystem rozwijał się z taką „inteligencją", że kondory wielkie, łosie, stynki z delty, kuguary i trawa kępczasta mogły przetrwać w naturalnych cyklach suszy i nawadniania. Każdy przenosił genetyczną informację na następne pokolenie, aby przetrwało w spieczonej ziemi i na następne pokolenie i dalej. Bidwell widział 40 niedźwiedzi grizzli jednego dnia, a łososie na Równinie Centralnej szły w miliony. John Muir, stojąc na wzgórzu na południe od San Francisco, miał wgląd 150 km na wschód w stronę Sierra i widział „...dywan polnych kwiatów, kwitnącą powierzchnię ograniczoną jedynie górami".

---

* Program produkowany, reżyserowany i napisany przez Jona Else; strona 4/40, odcinek trzeci serialu *Cadillac Desert*, emitowany jako *The Mercy of Nature* (Łaska Natury) © 1995 Jon Else, przedruk za pozwoleniem.

Przykładowa strona, NEH treatment (Narodowa Fundacja na rzecz Ludzkości), *Getting Over* *
(Przeboleć)

ODCINEK TRZECI: *Getting Over* - Przeboleć (1910-1939)

Powiedz mi jak to przeboleć, Panie;
Czy było Ci trudno, Wszechmocny, pokonać to.
Wiesz, ma dusza patrzy za siebie zdziwiona,
Jak żeśmy tego dokonali?

Powiedz mi jak to przeboleć, Panie;
Padałem i wstawałem przez te wszystkie lata.
Ale wiesz, ma dusza patrzy za siebie zdziwiona,
Jak żeśmy tego dokonali?

„Jak to przebolałem" (pieśń gospel)

CZAS TERAŹNIEJSZY
„Gdzie jest nadzieja? Nadzieja jest bliżej niż się spodziewamy!", głosi Wielebny Cecil Williams,
pastor Glide Memorial United Methodist Church w San Francisco.

Wierzę dzisiejszego poranka, że tu jest Betlejem! Odrzuceni są tutaj. Nieszczęśnicy
z całej ziemi są tutaj. Biedacy, bogaci, ludzie średniego stanu. Ty sam możesz się
tutaj znaleźć. Tutaj, nie musisz uciekać przed sobą. Tutaj nie musisz czynić pokuty.
Tutaj może cię objąć miłość. Gdzie jest nadzieja? Nadzieja jest tu! Amen!

Glide Memorial Church w Tenderloin na przedmieściu San Francisco, dzielnicy czynszówek,
domów popadających w ruinę i awangardowych galerii sztuki, usadowiony jest na „skrzyżowaniu
rozpaczy i nadziei" jak mówi o nim Wielebny Willams. Objął tę parafię w 1966, gdy kongregacja
obejmowała 35 dusz, w większości białych z klasy średniej. Dzisiaj ma 6400 wyznawców i reputację,
jak pisała o tym *Psychology Today* w 1995 roku, „miejskiego azylu dla duchowo wykluczonych...
zanurzonych w wierze bardziej sercem i duszą niż według świadectwa chrztu".

Znani i opiniotwórczy goście tacy jak Oprah Winfrey i Prezydent Bill Clinton, mówią o tym
miejscu jako o modelowej instytucji religijnej. Poetka Maya Angelou, parafianka od 30 lat, nazywa
to „kościołem XXI wieku". Glide jest największym ośrodkiem służb społecznych na terenie San
Francisco, oferującym centra rehabilitacji dla ofiar przemocy fizycznej, terapie dla sprawców i ofiar
przemocy domowej, klasy dla młodzieży na temat panowania nad agresją, kursy zawodowe
i komputerowe dla bezrobotnych albo takich, którzy chcą zdobyć nowy zawód. Ta tradycja
świadczenia pomocy jest wyróżnikiem afrykańsko-amerykańskiej religijności, szczególnie
w postaci jaka rozwinęła się w dekadach po okresie Wielkiej Migracji (eksodus czarnych
Amerykanów z południowych stanów na północ w latach 1910-1930).

3-3

W niedzielny poranek obserwujemy Wielebnego Williamsa jak przywołuje przeszłość w swoich modlitwach o przyszłość.

Wiara i sprzeciw to paliwo napędzające lokomotywę wolności i zmian... Lokomotywa wolności i ozdrowienia dyszy każdego dnia. Zajmij miejsce w tym pociągu. Pociąg wolności przejeżdża obok ciebie. Złap go. A potem słuchaj. Słuchaj uważnie. Pasażerowie śpiewają. Czy słyszysz głosy Nowego Pokolenia? Śpiewają i wołają z nieskrępowanym oddaniem. Podnieś głos, wznieś pięść. I śpiewaj.

Będziemy wracać do Glide w trakcie tego programu, w miarę jak duchowni będą mówili o historycznych wydarzeniach. Obecnie przechodzimy do:

PRZESZŁOŚĆ
Na ziarnistym, czarno-białym filmie pamiętającym początek wieku, widzimy ruszający pociąg. Słychać solowy miękki głos kobiety, jakby śpiewającej w pociągu kołysankę dla dziecka: *Dużo żyznej ziemi, dużo żyznej ziemi w królestwie mojego Ojca.* Kilka wagonów do tyłu, fragment okna z zasłoniętą żaluzją. Wewnątrz, męska ręka zapisuje papier:

Piszę w wagonie Jima Crow (podzielony na części dla białych i czarnych)... okropna nocna podróż... Dlaczego Negrzy opuszczają Południe?... Znaczącą część odpowiedzi odczuwasz jadąc tym pociągiem... dzieląc przez jedną noc tęsknotę tych ludzi za dotarciem do granicy..., która oddziela Dixi (Stany południowe) od reszty stworzenia.

Każdy jest mile widziany

Trzeci godzinny odcinek THIS FAR BY FAITH zaczyna się od fali największej wewnętrznej migracji ludności, jaka dotychczas miała miejsce w historii Stanów Zjednoczonych. W roku 1910, ponad 90% Afroamerykanów żyje na Południu. Między przełomem wieków a rokiem 1930, niemal dwa miliony przemieści się na północ w masowym exodusie. Są oni „jakby prowadzeni niewidzialną ręką, której nie mogą się oprzeć", pisał w owym czasie Charles S. Johnson, socjolog afroamerykański z Chicago. Grupa bez mała 150 Południowców, po przekroczeniu rzeki Ohio, oddzielającej Dixi od reszty stworzenia", padła na kolana, aby się modlić.

3-4

---

* Treatment autorstwa Sheili Curran Bernard i Lulie Hadden; trzeci odcinek THIS FAR BY FAITH, emitowany pt: *Guide My Feet* ©1998 Blacside, Inc., przedruk za pozwoleniem.

Przykładowy treatment, *Sfora z Milltail* *

Sfora z Milltail

Na poboczu drogi biegnącej przez gęsto zalesioną okolicę, pojawiły się o zmierzchu trzy czerwone wilki. Przewodnik sfory to stary samiec u schyłku swych dni z grubym kasztanowym futrem i szpiczastą mordą. Choć już nie jest tak szybki jak kiedyś, porusza się nadal zwinnie, a oczy i uszy ostrzegają go o niebezpieczeństwie. Za nim postępują dwie wyraźnie mniejsze sztuki. To rodzeństwo, samiec i samica, trzylatki. Grupa zmierza na pole kukurydzy na końcu drogi. Wśród brązowych, wyschniętych łodyg kukurydzy zebranej miesiąc temu żyją myszy i króliki – smakowite przekąski sfory z Milltail.

Dziewięcioletni samiec, wychowuje swoich ostatnich zapewne potomków. Jego oczy widziały wiele zmian w ciągu tych lat. Przetrwał, aby opowiedzieć, jak gatunek na krawędzi wyginięcia został zachowany dzięki grupie oddanych ludzi i rządowej agencji. Znany biologom z parku narodowego w Północnej Karolinie; Alligator River National Wildlife Refuge (Państwowy Azyl Dzikiej Przyrody Rzeka Aligatorów) jako # 331, ten stary samiec jest żyjącym dowodem na to, że drapieżniki i ludzie mogą pospołu żyć i rozwijać się. Życie ostatniego czerwonego wilka, urodzonego w niewoli i przeniesionego do wolności, kreśli linię wyjątkowej inicjatywy organów administracji.

W 1980 roku ogłoszono, że czerwony wilk przestał istnieć jako zwierzę żyjące na wolności. W odpowiedzi na to Fish and Wildlife Service (Służba ochrony rybostanu oraz fauny i flory) wprowadziła Red Wolf Recovery Plan (Plan ożywienia populacji czerwonego wilka) rozpaczliwy wysiłek zachowania gatunku za pośrednictwem osobników żyjących w niewoli. Był to pierwszy tego typu program odrodzenia gatunku mięsożernego na świecie! Wbrew miażdżącym przeciwnościom, po niezliczonej liczbie utraconych szans, program odniósł sukces.

W 1987, pary czerwonych wilków zdolne do rozmnażania zostały osadzone w parku Alligator River Wildlife Refuge, gdzie po roku ich pierwszy miot szczeniąt urodził się na wolności. Od tamtego czasu, osiedlono wilki na trzech wyspach, w trzech ostojach dzikiej przyrody, w parku narodowym oraz na terenie pewnej liczby prywatnych posiadłości na terenie Karoliny Północnej, Tennessee i Karoliny Południowej. Jednak to nie było łatwe. Plan przywrócenia musiał dawać różnorodność genetyczną, nadzieję, że wilki oswojone w niewoli z człowiekiem, odzyskają płochliwość na wolności oraz, że zyska sobie przyzwolenie miejscowej ludności – przyzwolenie na pojawienie się drapieżnika koło ich siedzib. Pierwotny plan, jeszcze niezrealizowany, zakłada doprowadzenie populacji czerwonego wilka do 220 sztuk.

Dzisiaj mamy około 70 wilków żyjących w północno-wschodniej Karolinie Północnej i wszystkie one, za wyjątkiem jednego, były urodzone na wolności. Numer 331 i jego brat, 332, byli wypuszczeni na wolność, mając niespełna rok. Biegając razem wtargnęli na terytorium przebywającego tu stale samca. Zabili tego wilka i zaczęli przestawać z jego partnerką, numerem 205. Młode samce wspólnie objęły teren, przy czym 331 współżył z 205, a 332 związał się z córką numeru 205. Jednak 332 został potrącony przez samochód i zdechł, pozostawiając 331 przywódcą sfory w Milltail. Tak samo jak szare wilki, czerwone wilki łączą się w pary na całe życie, lecz 331 stracił swoją partnerkę kilka lat temu. Wtedy połączył się ze swoją pasierbicą, numerem 394, która urodziła parkę, z którą dzisiaj wyruszył na polowanie. Zeszłego roku zdechła, pozostawiając go samego, a młode wilki bez matki.

Sfora z Milltail poluje na terenie pól uprawnych, lasów, dróg publicznych, oraz nad brzegami Milltail Creek. Żywi się głównie jeleniami, ale ich dieta zawiera także szopy pracze oraz mniejsze ssaki jak zające i myszy. Podobnie jak szare wilki, stronią od ludzi, trzymają się blisko lasów albo obrzeży terenów upraw mogących dać schronienie. W rodzinnej Karolinie Północnej ich siedliska rozciągają się od pól uprawnych do terenów leśnych włącznie z bagnami, obejmują nawet poligony wojskowe.

Czerwone wilki, zanim zostały wytrzebione, żyły na południowo-wschodnich terenach Stanów Zjednoczonych. Lecz w miarę jak ludzie pozyskiwali drewno zostawiając gołą ziemię, osuszali bagna i wprowadzali uprawy, wilki i ludzie stanęli naprzeciwko siebie. Obawa i nieporozumienia doprowadziły do masowego, nawet premiowanego, zabijania. Dodatkowy problem stworzyły kojoty, rozszerzając swoje terytoria z zachodnich terenów Ameryki na południowy wschód, mieszając się z czerwonymi wilkami, niszcząc ich genetyczną czystość.

Sfora z Milltail przeszła wzloty i upadki programu Red Wolf Recovery Plan, otwierając obecnie zupełnie nową dyskusję. Czy można potraktować ten program jako model dla ratowania innych gatunków, oraz czy możemy uczyć się na własnych błędach? Pomimo niewątpliwego sukcesu tego programu, uratowania gatunku, zawsze będą przeciwnicy drapieżników. W 1995, szare wilki zostały przywrócone na tereny Yellowstone National Park i los ich wisi dzisiaj na włosku, ponieważ przeciwnicy ich przywrócenia wdrożyli postępowanie sądowe w sprawie ich usunięcia. W Karolinie Północnej oponenci Red Wolf Recovery Plan ciągle starają się o przerwanie programu, tocząc przewlekłe sprawy w sądach. W ubiegłym roku 11 Meksykańskich wilków zostało wypuszczonych na wolność w Arizonie, po 16 latach przygotowań, i dzisiaj nie żyje żaden z nich, w większości zastrzelone przez niezadowolonych hodowców bydła. Wedle działaczy ochrony przyrody i biologów, te programy dają szansę społeczeństwu na wyciągnięcie nauki z popełnianych błędów. Bez istnienia dużych drapieżników, mniejsze, które służą im za pożywienie rozmnażają się ponad miarę. Tak więc zachowanie wilków jest ważne nie tylko z racji ich roli jako drapieżniki, ale także dlatego, że są ważnym symbolem natury.

Ponieważ czerwone wilki faktycznie były nieobecne w świecie przyrody aż do roku 1987, niewiele wiedziano o ich zachowaniach. Biolodzy dowiadują się, że ich struktury społeczne, zwyczaje żywieniowe i te związane z rozmnażaniem są podobne jak u szarych wilków. Dziesięć lat po przywróceniu czerwonych wilków na łono dzikiej przyrody, ich liczba się nieustannie zwiększa – stanowiąc dowód ich zdolności adaptacyjnych, siły i wigoru. Przywódca Sfory Milltail doczekał się 4 miotów spłodzonego przez siebie potomstwa i on oraz jego dzieci mają do opowiedzenia kawał historii.

Przez kilka lat wilki były w newsach gorącym tematem. Lecz mało się przy tym mówiło o czerwonych wilkach czy programie ich ratowania. Większość krajowych mediów skupiła się na szarych wilkach i ich ponownemu wprowadzeniu do Yellowstone. Tak więc akcją Red Wolf Recovery Plan zajmowała się dotychczas głównie lokalna prasa, ten film będzie pierwszym dokumentem proponującym pogłębione spojrzenie na te piękne zwierzęta i okoliczności, które przywróciły je z powrotem naturze.

Podejście do filmu

Film daje szansę przyjrzeć się uważniej życiu fascynującego gatunku zwierząt, a jego celem jest opowiedzenie historii zakończonej sukcesem. Za pośrednictwem Sfory z Milltail opowiemy o programie od jego początku, gdy zwierzęta żyły w niewoli, przeszły do dzisiejszego życia na swobodzie, aż do rozważenia przyszłości programu przywrócenia naturze tych wspaniałych zwierząt. Mamy dostęp do materiałów filmowych pokazujących wilki w niewoli, materiały z ich wypuszczania na swobodę i szerokie możliwości filmowania ich w naturze dzisiaj (w celu umożliwienia biologom monitorowania zdrowia i położenia wilków na wolności, większość z nich ma obroże z radiem co ułatwi nam odnajdywanie i rozróżnianie poszczególnych stad).

Ten film zabierze widza na odyseję przetrwania widzianą oczami starzejącego się czerwonego wilka. Filmowanie obejmie schwytane wilki w Alligator River National Wildlife Refuge, zakładanie im obroży z radionadajnikiem, uwalnianie zwierząt, oraz zachowanie grup rodzinnych na wolności. Dodatkowo, wywiady z biologami biorącymi udział w programie od 11 lat, oraz z farmerami i mieszkańcami okolicznych miasteczek, pomogą pokazać jak doszło do tego, że wilki zostały zaakceptowane zarówno na terenach azylów jak i na ziemiach prywatnych, słowem jak udało im się przetrwać. Choć film skupi się na czerwonych wilkach, znajdą się w nim sceny poświęcone wilkom meksykańskim oraz szarym wilkom w Yellowstone.

---

* Treatment napisany przez Holly Stadtler, film emitowany w ramach EXPLORER WILD (Poszukiwacz natury), pod tytułem: *America's Last Red Wolves*. © 2000 Dream Cather Films, przedruk za pozwoleniem.

Przykład drabinki montażowej (szkicu), _Lalee's Kin_ *

SIERPIEŃ
ROZPOCZYNA SIĘ NOWY ROK SZKOLNY

LLW Z DZIEĆMI NA GANKU
    Wprowadzenie dzieci
    Główni wrzuceni do 1 klasy
KĄPIEL CHŁOPCÓW - przed szkołą
POGUBIONE UBRANIA (poprzedni wieczór)
GRA TELEFONICZNA
PIERWSZY DZIEŃ SZKOŁY – LW szczotkuje włosy Redmana
RADA NA PARKINGU – LLW i Redman
REJESTRACJA – LLW i Redman
DOM SANY
    Dostawa
NIECH NIKT SIĘ NIE DOWIE
ZACHÓD
    Chwalcie Pana
BABCIA PŁACZE NA GANKU
    Brak ołówków
DZIECI WSIADAJĄ DO SZKOLNEGO AUTOBUSU / PRZYJAZD DO SZKOŁY
REDMAN - Jeśli dzieciaki nie pójdą do szkoły, wylatuje wszystko
    Mamy test 1 października, przygotowania zaczynają się już
    Ktoś musi osiągnąć Poziom 1, ale nie powinniśmy to być my
BABCIA W SZKOLE
SARA SZYKUJE FLANCE
POLE BAWEŁNY
LALEE I REDMAN ODNOSZĄ SIĘ DO MENTALNOŚCI ZBIERACZY BAWEŁNY
    R – zamknięte szkoły

---

* © 2002 Maysles Films, Inc., przedruk za pozwoleniem

Scenariusz, przykładowa strona (jednokolumnowy), *The Donner Party**

VOICE 001: To osobliwe patrzeć jak w gorączkowym ferworze Amerykanie gonią za dobrobytem - udręczeni obawą, że nie wybrali najkrótszej drogi dla jego osiągnięcia. Drążą ziemskie sprawy tak, jakby ktoś zapewnił im długowieczność – dążą do chwytania wszystkiego co nawinie się pod rękę, tak jakby spodziewali się odejść, zanim zdążą nacieszyć się tym wszystkim. Śmierć przychodzi, zatrzymuje ich zanim narodzi się w nich zmęczenie daremnym pościgiem za całkowitą błogością, która zawsze ucieka.

Alexis de Toqueville

TYTUŁ: THE DONNER PARTY

NARRATOR: Zaczęło się w 1840 od wybuchu cholery i malarii, od nieustających pragnień Amerykanów do podążania na Zachód - pobudzone finansową paniką na Wschodzie. Gdy rozpoczął się ruch pionierów, na zachód od rzeki Mississippi żyło nie więcej niż 20.000 białych Amerykanów (dziesięć lat później emigracja przybrała do rozmiarów powodzi). Zanim to się skończyło, ponad pół miliona mężczyzn, kobiet i dzieci wkroczyło na pustkowia takich miejsc jak Independance, Missouri i dalej do Oregon i Kalifornii.

Bywały miejsca, gdzie ich wozy żłobiły w kamienistym gruncie koleiny na metr głębokie. Osadnicy mieli świadomość, że tworzą historię. „Będzie to odbierane", jeden z tych Emigrantów napisał: „jako legenda granicząca z mitem". Jednak ze wszystkich opowieści, które miał zrodzić Zachód, żadna nie wryła się tak głęboko w świadomość Amerykanów, jak historia Grupy Donnera z wysokich gór Sierra Nevada zimą 1846 roku.

WYWIAD HS24: Ludzkie dążenia i porażki. Błędy, pomyłki, ambicje, chciwość – wszystko co tylko być może. I jeśli nazwiesz uratowanie ocalałych szczęśliwym zakończeniem, to jest szczęśliwe zakończenie. Lecz co z tymi, którzy nie przeżyli. Straszne, straszne.

Harold Schindler

WYWIAD JK1: Ciekawią nas ludzie, którzy doświadczyli trudności, którzy przeszli przez straszliwy Sąd Boży. I oczywiście Grupa Donnera, rozumiecie, 87 osób, przeszło przez doświadczenie z jakim musiało się zmierzyć niewielu ludzi na świecie. I nas to ciekawi. Może nas czegoś nauczyć.

---

* autor Ric Burns. © 1992 Steeplechase Films, Inc., przedruk za pozwoleniem

Scenariusz, przykładowa strona, (dwukolumnowy), *Lift Every Voice**

TYTUŁ CYKLU	*I'll Make Me a World: A Century of African-American Arts*
TYTUŁ FILMU	***ODCINEK 1: LIFT EVERY VOICE*** (Podnieście głos)
wizytówka: **Melvin Van** **Peebles Filmowiec** **Van Peebles:**	Ludzie mówią zawsze o tej złej stronie rasizmu. Ale jest także dobra strona. Dobra strona polega na tym, że nikt nie sądzi, że jesteś bystry. Ludzie nawet nie wiedzą, dlaczego nie podejrzewają, że możesz być bystry. Nie budź ich, pozwól im spać. Ruszaj do przodu i rób swoje. Rasizm stwarza możliwości dużego biznesu, jeśli trzymasz język na kłódkę.
ujęcia Berta Williamsa *Nobody*	(słyszymy kilka taktów z *Nobody*) (Nikt) *Gdy życie zdają się wypełniać chmury i deszcz* *A ja jestem wypełniony pustką i bólem* *Kto przynosi ulgę mojej skołatanej głowie?* *NO NIKT*
wizytówka: **Lloyd Brown** **Pisarz**	**LLOYD BROWN**: Bert Williams połączył wdzięk Charlie Chaplina, wyobraźnię i wszystko, a jednocześnie miał bardzo dobry głos. Tak więc był – był... czystą komedią.
wizytówka: **James Hatch** **Historyk Teatru**	**HATCH:** Miał taką... (śmieje się) piosenkę, w której starał się wytłumaczyć żonie, kim była kobieta z którą go widziano. A powtórka refrenu brzmiała: „Była moją kuzynką". Sądzę, że miał tę linijkę sześć albo siedem razy w piosence: „Była tylko moją kuzynką". Za każdym razem śpiewał inaczej. Za każdym razem z inną interpretacją (off). To był geniusz.
Fotografie Berta Williamsa	**KOMENTARZ 1: W pierwszych latach XX wieku, Bert Williams był najbardziej cenionym czarnym aktorem rewiowym na amerykańskiej scenie. Lecz każdego wieczora występował w masce której nienawidził: czarnej twarzy.**
Wizytówka: **Ben Vereen** **Wykonawca**	**VEREEN** (off): Bert Williams nie chciał wszczynać rebelii. Lecz w tych czasach, społecznie, musiał. I zdał sobie z tego sprawę. Był bardzo inteligentny... Musimy ukryć swoje ja pod maską, aby powiedzieć lub zrobić swoje (setka). I zrobiliśmy to. Zrobiliśmy to. I dzisiaj już nie musimy tego robić. Ale nie możemy o tym zapomnieć.

* Autor Sheila Curran Bernard; odcinek pierwszy z *I'll Make Me a World*. © 1998 Blackside,Inc., przedruk za pozwoleniem.

ROZDZIAŁ 11

Zdjęcia

Realizacja zdjęć mając scenariusz w głowie oznacza, że jesteś przygotowany do pozyskania całego materiału potrzebnego do opowiedzenia tej historii tak, jak ją sobie wyobraziłeś, ale także bycie gotowym na wszelkie niespodzianki, które mogą uczynić dobry dokument jeszcze lepszym. Kto robi zdjęcia, jak i czym, zależy od mnóstwa zmiennych. Czy robisz zdjęcia na farmie swoich rodziców, czy w obcym kraju w środku politycznej kampanii? Czy to co fotografujesz to czynność powtarzająca się codziennie, czy wydarzenie unikalne? Czy potrzebne są specjalne umiejętności albo sprzęt, żeby sfotografować to co chcesz?

LICZEBNOŚĆ EKIPY

W dzisiejszych czasach skład ekipy filmu dokumentalnego może się różnić bardzo znacznie. Na jednym krańcu tego spektrum, filmowiec pokroju sławnego Spike Lee, może pracować z ekipą, która byłaby bardziej na miejscu przy realizacji hollywoodzkiej fabuły niż niezależnego dokumentu. „Normalnie, gdy robisz dokument, jesteś ty jako producent, operator, asystent (jeśli filmujecie na taśmie), dźwiękowiec, oraz czasami asystent producenta", mówi Sam Pollard, który zmontował i był koproducentem *When the Levees Broke* (Kiedy puściły wały: requiem w 4 aktach) do spółki z Lee. „Lecz kiedy wystartowaliśmy z Newark nazajutrz po Dniu Dziękczynienia (w 2005), był Spike, ja, kierownik produkcji, trzech operatorów, czterech asystentów i sześciu absolwentów Uniwersytetu Nowojorskiego. Dalej, gdy dotarliśmy do Nowego Orleanu, doszedł kierownik planu z czwórką asystentów, pięć mikrobusów, pięciu kierowców, asystent od ładowania taśmy – słowem to była mała armia".

Do sfilmowania spektakularnych ujęć ptaków przekraczających egzotyczne linie horyzontu w filmie *Winged Migration* (Makrokosmos) powołano, jak informują materiały prasowe, pięć ekip zdjęciowych, w których było 17 pilotów, 14 operatorów, użyto „samolotów, lotni, helikopterów i balonów" (materiały dodatkowe na płycie DVD pokazują kuchnię realizacji. Najciekawsze to to, że ptaki hodowali od pisklęcia konkretni ludzie, zyskując w ten sposób ich przywiązanie, zdobywając dominację. W rezultacie loty młodych są „pościgiem" za rodzicem, gdzie operator znajduje sie w ultralekkim samolocie. W kilku przypadkach ptaki były transportowane z miejsca na miejsce).

Na drugim krańcu spektrum są dwu, a nawet jednoosobowe ekipy. Z zasady, praca w pojedynkę to nie ideał, jednak bywają sytuacje, w których film albo poszczególne sceny, będą zyskiwać. Na przykład, realizując film *So Much So Fast*, Steve Ascher i Jeannie Jordan pracowali jako ekipa, przy czym Steve robił zdjęcia. Lecz Steve wspomina, że gdy

Jamie Hewood (u którego wykryto ALS – stwardnienie zanikowe boczne) miał przy sobie jednego lub obu braci, „to wówczas szło lepiej, gdy byłem z nimi sam na sam. A gdy byliśmy we dwójkę, uwaga Stephana była rozdwojona". Tak więc Steve realizował te sceny sam, mając na sobie mikrofon, bardzo pomocny, gdy wciągał braci do rozmowy.

Jon Else, był operatorem przy setkach filmów, twierdzi, że z „kilkoma wyjątkami" należy pracować w zespole co najmniej dwuosobowym. „Praca jednoosobowa zmusza do wielu kompromisów, masz skończoną liczbę szarych komórek, mięśnie masz tylko takie jakie masz", wyjaśnia.

Czy jesteś pod presją czasu? Reżyserka reportażystka Susan Froemke, miała zaledwie jeden dzień na zdjęcia do making-of z produkcji albumu do przeboju z Broadwayu pt: *The Producers,* a jej praca nie mogła w żaden sposób przeszkadzać w produkcji płyty. „Mogliśmy używać czterech kamer, ale pieniędzy mieliśmy tylko na trzy – dwie w studio nagraniowym i jedna w reżyserce", wyjaśnia Froemke, dodając, że wynajęła trzech bardzo doświadczonych operatorów w realizacji wydarzeniówek: Boba Richmana, Don Lenzera i Toma Hurwitza. Uzupełnia: „Takie zadanie trzeba realizować z ludźmi, którzy mają doświadczenie reżyserskie, ponieważ nie możesz się rozdwoić, a w dodatku nie mogliśmy korzystać z radiowej komunikacji między nami, żeby nie zniekształcić przypadkiem nagrań.

REALIZACJA ZDJĘĆ MAJĄC SCENARIUSZ W GŁOWIE

Winno ci zależeć, aby wyruszając na zdjęcia mieć jasny obraz historii którą chcesz opowiedzieć, oraz sposób podejścia, bo tylko tak możesz zebrać dobry materiał. To oznacza również możliwość dostrzegania rzeczy wyjątkowych, o których nawet nie mógłbyś pomyśleć wcześniej.

Są filmy, które wymagają więcej przygotowań do zdjęć, niż pozostałe. Jak już wspomniałam, obejrzyjcie „making-of" z płyt DVD filmów *Winged Migration* (Makrokosmos) i *March of the Penguins* (Marsz pingwinów), o niesamowitych wyzwaniach, które postawili przed sobą realizatorzy. Przeczytaj wywiady z Nathanial Kahn, jak rozmawia na temat *My Architect*, aby zobaczyć jak ważne było dla niego uchwycenie w materiałach potęgi budowli projektowanych i wznoszonych przez jego ojca, światowej sławy architekta. Każdy film wymaga innego typu przygotowań.

Myślenie obrazami

Czy twój film będzie opierał się na wywiadach i komentarzu, czy też obraz odtwarzany bez dźwięku będzie samoistnie niósł opowiadanie? Gdy filmujecie scenę wydarzeniową, a zdjęć nie robi podstawowy członek zespołu twórczego, najlepszą drogą do uzyskania dobrze opowiadających materiałów zdjęciowych jest wciągnięcie operatora w temat, a nie traktowanie go jak człowieka wynajętego do wykonania swojej roboty. Umiejętność pięknego kadrowania nie oznacza automatycznie zdolności tworzenia *znaczących treściowo* pięknych kadrów. Boyd Estus, operator mający w swym dorobku Nagrodę Akademii za *The Flight of the Gossamer Condor*, fotografował zarówno fabuły jak i dokumenty dla takich zleceniodawców jak BBC, PBS, Discovery Channel i National Geographic. Kiedy producent dokumentu dzwoni do niego proponując zdjęcia, Estus zawsze prosi o przesłanie mu szkicu lub treatmentu, czegoś co pozwoli mu wyrobić sobie pogląd na całość, nie tylko zorientować się jakie ma wykonać zdjęcia, ale dlaczego.

W sytuacjach gdy ekipa filmuje wydarzenie, dźwiękowiec także powinien być wciągnięty w to co robi. Częściowo dlatego, że często wie najlepiej co za chwilę się wydarzy, ponieważ słucha rozmów głównych postaci, które mają na sobie mikrofony bezprzewodowe. „Oni często słyszą rzeczy, których nikt inny nie słyszy", mówi Estus, dodając, że gdy robi zdjęcia wydarzeniowe, pracuje w słuchawkach, aby słyszeć dźwięk z mikroportów. To może zaprocentować w nieoczekiwany sposób. Na przykład, Estus pracował przy serialu *Survivor, M.D.* (Ocaleni, Lekarze), który towarzyszył przez kilka lat siódemce studentów Wydziału Medycznego Harvardu, gdy stawali się lekarzami. Zdarzyło mu się filmować studentkę, asystującą przy operacji serca starszego mężczyzny, którego bardzo dobrze znała, który zmarł. Estus zobaczył jak studentka odchodzi do kąta sali operacyjnej.

„Znałem ją już na tyle dobrze, aby domyślać się, że nie spłynie to po niej jak po kaczce", mówi Estus, a ponieważ monitorował dźwięk usłyszał, że płacze. Pozostał w oddali, lecz nie wyłączył kamery gdy główny chirurg podszedł do niej, aby ją pocieszyć i przypomniał jednocześnie, że jako lekarz, musi przykładać swoje odczucia do uczuć rodziny zmarłej osoby, która w tym momencie będzie oczekiwać od niej profesjonalnych wskazówek. Kiwnęła głową i oboje lekarze, poszli rozmawiać z rodziną pacjenta. Ponieważ cała sprawa była o procesie formowania lekarza, emocje, które ujawniły się poprzez łzy były ważne, ale nie tak ważne jak lekcja – kolejny krok na drodze kształtowania lekarza. Chwila była bardzo intymna, mimo że Estus stał w odległości kilku metrów (filmował z ręki, dopóki nie podstawiono mu statywu, na który postawił kamerę bez przerywania rejestracji). „Normalnie siedzę ludziom na głowie, szczególnie przy tego rodzaju zdjęciach", mówi. „Ale tym razem nie chciałem zniszczyć magii chwili. A także dlatego, że czułem iż to była właściwa perspektywa dla ich spotkania". Estus przyznaje, że choć w sytuacjach takich jak ta, boi się poruszyć mięśniem, aby nie zniszczyć tego momentu, to zazwyczaj jest aktywny w pełnym opisaniu sceny.

W tym co filmujesz i jak filmujesz, zawiera się znacznie więcej niż prosta rejestracja wydarzenia; to sposób podawania opowiadania. „Myśl ile możesz, o tym co scena ma wyrażać, myśl zarówno przed jak i w trakcie zdjęć", mówi Steve Ascher, współautor (wraz z Edwardem Pincusem) *The Filmmaker's Handbook* (Poradnik filmowca). Dodaje, że to samo odnosi się „do szerszej struktury, w tym sensie, że ciągle musisz podejmować decyzję co filmować, ile filmować, kogo filmować". W wielu wypadkach będziesz fotografował scenę czy sekwencję nie mając zbytniego wyobrażenia co z niej wyjdzie, albo jakie znajdzie miejsce w strukturze całości. „Jednak powinieneś cały czas stawiać te pytania przed sobą: co jest ważne, kto jest istotny, jaka może być struktura opowiadania?", mówi Ascher. Odnotowuje, że początkujący filmowcy często mają kłopot z takim myśleniem - do przodu. „Nie przepracowali tego myślowo przed zdjęciami, co jest kręgosłupem opowieści, czym jest struktura, jak ze sceny wydobyć jej istotę. Mają tendencję do zbierania ogromnych ilości materiału, a jednocześnie do filmowania bez wyraźnego celu, który pozwoliłby na wyłonienie się tematów".

Jeśli ludzie w ekipie rozumieją jakie są potrzeby twojego opowiadania, mogą pomóc gdy przychodzi nieoczekiwane. Gdy Karin Hayes i Victoria Bruce opuściły Kolumbię po pierwszej turze zdjęć do *The Kidnapping of Ingrid Bettancourt*, zostawiły swoją drugą kamerę, małą cyfrówkę, pod opieką ich kolumbijskiego operatora. Jak wyjaśniają to w Rozdziale 16, jego własna kamera została skradziona w czasie porwania, a one chciały mieć pewność, że jeżeli coś ważnego się wydarzy, np. uwolnienie Betancourt, on będzie w stanie to sfilmować. Nieoczekiwanie, zmarł ojciec Betancourt. Wtedy brat ich operatora sfilmował nie tylko pogrzeb, ale także wizytę jej dwójki dzieci, które ze względów bezpieczeństwa zostały wysłane do ojca (ex-mąż Betancourt), do Francji. „To był tylko ten jeden raz, gdy przyjechały do Kolumbii", odnotowała Bruce. „To była wielka sprawa, że zostawiłyśmy tam kamerę". W filmie, sekwencja pogrzebu jest jedną z najmocniejszych emocjonalnie.

ZDJĘCIA Z MYŚLĄ O MONTAŻU

To truizm, ale zdjęcia należy robić tak, żeby się dały później zmontować. Należy opowiedzieć o scenie obrazem, sfotografować z różnych punktów widzenia i w różnych planach. Nie robisz zdjęć dla newsów, gdzie jedno ustawienie na scenę od biedy może wystarczyć. Myśl o fotografowaniu dokumentu tak jak byś robił fabułę; w ramach każdej sceny musisz mieć plany szerokie, średnie, zbliżenia i przebitki, musisz być pewny, że ujęcia są wytrzymane i stabilne, aby nadawały się do użycia. Musi ci się chcieć budować sceny czysto obrazowe, które tworzą kontekst opowiadania, oraz dają informację uzupełniającą. Na przykład, gdy ktoś występuje albo wygłasza mowę, potrzebujesz ujęć widowni, aby wiedzieli do kogo występ czy przemowa jest adresowana, oraz jak jest odbierana. Potrzebujesz zewnętrzny widok miejsca gdzie odbywa się spotkanie, czy to jest kościół na wsi pokryty plastikowym sidingiem, czy Kennedy Center w Waszyngtonie? Potrzebujesz identyfikacyjnych oznaczeń, jeśli istnieją: tabliczki, odręcznie napisane wizytówki przedstawiające mówców, przebitek programu. Chcesz widzieć na co ludzie patrzą, patrzeć z ich punktów widzenia na siebie, na świat (popatrz na *Murderball*, gdzie znajdziesz doskonałe przykłady tego o czym mówię, wiele ujęć jest robionych z punktu widzenia człowieka na wózku).

Zwróć uwagę, że nie „łoisz wszystkiego co się rusza", tylko pracujesz w ramach uniwersalnej strategii; zbierasz materiał, który będzie w stanie przekazać podstawowe informacje narracyjne: co, gdzie, jak? Musisz określić czas, miejsce, ludzi, polując na sytuacje-obrazy, które pozwolą ci się odbić do informacji werbalnej (np. do setek). Szukaj znaczących detali charakteryzujących postacie, to może być bezwiednie palony papieros, albo bateria pustych butelek w pojemniku na śmieci. Poluj na ustawienia, które pokazują ludzi we wzajemnych stosunkach, jak się zachowują wobec siebie, jak zręcznie trzymają narzędzia, którymi pracują. Możesz doszukiwać się humoru. Wreszcie, jak już zostało wcześniej powiedziane, musisz mieć pewność, że masz wystarczającą ilość kątów widzenia, ujęć i przebitek, że twój montażysta może skondensować godziny materiału w ostateczny produkt, film opowiadający spójną i wizualnie interesującą opowieść.

Operatorzy starają się „obfotografować sceny tak, aby stworzyć jak najwięcej możliwości konstruowania opowiadania", mówi Jon Else. „Ja mam jakby listę rozpisaną na wewnętrznej stronie powiek, listę obowiązkowych ujęć potrzebnych do budowy opowiadania, które muszę wykonać, zanim uznam scenę za nakręconą, mniej więcej sześć". To obejmuje najszerszy możliwy kąt widzenia krajobrazu czy panoramy miasta (total), plan proscenium (ciasny ogólny), w którym wszystkie występujące postacie są w kadrze na tyle blisko, że widać ich twarze i ich ruchy. Czynność, którą filmujemy - z kilku kierunków i perspektyw, oraz zbliżenia „każdej twarzy, każdej postaci, zarówno mówiącej jak i słuchającej".

Jeśli mamy jakiś znaczący napis typu „Joe's Orchard" albo „The Henry Ford Motor Company", mówi Else, trzeba zrobić „ładny obrazek tego znaku, najlepiej w dwóch wariantach; z jakąś akcją na tle napisu albo z tyłu za napisem oraz czysty, bez żadnej akcji". Jeśli mamy znaczniki czasu, takie jak zegary, trzeba je sfotografować. „Większość z tego co tu wymieniam to kalki i w 90% wypadków nie zostaną użyte", mówi, „Lecz przychodzi taki moment, że musisz dosłownie pokazać upływ czasu, wtedy zegar jest nieoceniony". Na końcu odnotowuje, że warto filmować proste wskaźniki kierunków. Na przykład: „Jeśli jesteś nad rzeką, postaraj się zrobić takie ujęcie w bliskim planie, żeby było widać, w którym kierunku płynie rzeka".

Dla pracujących na taśmie, koszty negatywu i obróbki determinują staranne wybieranie tego co filmować. „Zwykłem żartować, że w lupie zamiast licznika taśmy, powinienem mieć licznik uciekających dolarów", mówi Ascher, który fotografował na taśmie filmowej *Troublesome Creek* (1966), a w roku 2006 *So Much So Fast* na cyfrowym wideo. „Pracując na negatywie, naprawdę myślisz w przód o każdym ruchu kamery, jak zakończyć żeby było dobrze dla montażu i co takie zakończenie będzie znaczyć. 'Zrobię zbliżenie, zapanoramuję od A do B'. Ludzie, którzy uczą się fachu na wideo, mają tendencję do filmowania bardziej „opisowego", bez wyłączania kamery. To rodzi duże problemy. Przestali myśleć o tym, że ujęcie powinno mieć swój początek i koniec, przynoszą materiały bardzo trudne w montażu".

Fotografowanie scen

Na planie, tak jak przy biurku czy w montażowni, tworzenie opowieści filmowej oznacza myślenie w kategoriach scen i sekwencji, a nie pojedynczych ujęć. „Staramy się fotografować sceny, ponieważ staramy się robić dokumenty... tak, jak reżyserzy od fabuły robią swoje filmy", wyjaśnia Susan Froemke, jedna z wiodących realizatorek filmów dokumentalnych w Stanach Zjednoczonych. „Muszę dostać przebitki, muszę dostać zamknięcie sceny, tak samo zresztą jak jej otwarcie".

Main i Redman z Lalee's Kin: *The Legacy of Cotton*. Zdjęcie dzięki uprzejmości filmowców.

Froemke mówi, że przy obserwacjach, zdarza się stracić początek sceny. „Często siedzi się czekając, coś się dzieje, a ty tracisz po prostu pierwsze zdanie". Froemke i Albert Maysles byli w Mississippi na zdjęciach do *Lalee's Kin* gdy zorientowali się, że Lalee (patrz Rozdział 9) była z czegoś niezadowolona, ale nie mogli zorientować się dlaczego. Froemke i Maysles rozpoczęli zdjęcia i dowiedzieli się, że sąsiad poinformował Lalee iż jej syn został znowu osadzony w więzieniu. „Wiedziałam, że początek sceny jest stracony. Muszę go jakoś zaaranżować, ale nie chciałam po prostu spytać Lalee: 'Co się dzieje?'", mówi Froemke. Wtedy, nie planowaliśmy jeszcze użycia komentarza (ostatecznie użyto kilka plansz informacyjnych), tak więc Froemke musiała wymyśleć jakiś sposób na sprowokowanie Lalee do wypowiedzenia potrzebnej kwestii.

„Według mnie to oznaka najwyższego poziomu doświadczenia, które pojawia się, gdy realizujesz dużo zdjęć typu vérité, że wiesz co trzeba przynieść do montażowni, żeby montażysta mógł z tego coś ukleić, coś znaczącego", wyjaśnia Froemke. „Lalee nie wiedziała za co jej syn został zamknięty w więzieniu. Więc zrobiłam rzecz następującą, spytałam Jeanette, córkę Lalee: 'Może byś zadzwoniła na policję dowiedzieć się o co chodzi?'. Jak tylko to zrobiłam, Lalee powiedziała do Jeanette: 'Może byś zadzwoniła na policję?' To spowodowało, że Jeanette pogadała z nimi, a potem opowiedziała Lalee (kiedy mieliśmy włączoną kamerę), co się wydarzyło. Dzięki temu mieliśmy początek opowieści".

Zbieranie informacji tła

To nie lada wyzwanie, kiedy się robi film typu vérité, śledzić i rejestrować informacje z tła. „Dość często w trakcie zdjęć po prostu rzucam pytanie", mówi Froemke, dodając: „Szczególnie, gdy jest ktoś trzeci, wówczas komentarze o przeszłości, wtapiają się w bieżącą rozmowę. Rzucasz jakieś hasło i pozwalasz, aby obijało się po planie przez czas jakiś, śledząc dokąd cię zaprowadzi".

INWENCJA W DZIEDZINIE OBRAZU

Nie wszystkie tematy filmowe są w sposób naturalny obrazowe, już szczególnie te dotyczące spraw technicznych lub bardzo skomplikowanych.

Jeśli nie znalazłeś wystarczająco obrazowej historyjki za pośrednictwem której mógłbyś przedstawić takie sprawy, jest wielce prawdopodobne, że będziesz się starał znaleźć jakąś „watę" obrazową do częściowego przykrycia twojego eksperta lub narratora. Na przykład, dla tematu o strategiach edukacyjnych, możesz spędzić popołudnie na zdjęciach w lokalnej szkole podstawowej, dla tematu o starzeniu się, możesz odwiedzić sesję fizykoterapii organizowaną w dzielnicowym szpitalu. Taki materiał nazywamy również „tapetą", ponieważ obrazy same w sobie mają charakter ogólny, w tym znaczeniu, że nie są związane z żadną postacią czy konkretną sprawą.

Ogólne czy nie, wykreowane obrazy są często potrzebne w filmie i im większą inwencję zaprezentujesz, tym lepiej. Na przykład przygotowując film na temat kontrowersyjnego diagnozowania zaburzeń i rozdwojenia osobowości, realizatorka Holly Stadtler i jej współproducent, zrealizowali cały szereg materiałów obrazowych. Żeby pokazać ideę rozłączania, sfilmowali mała dziewczynkę w jej sypialni, na łóżku, bawiącą się obok łóżka, jak stoi, jak siedzi, aby następnie połączyć te obrazy w montażowni przez nakładanie. Rezultat, to portret dziewczynki otoczonej alternatywnymi postaciami samej siebie, które wykonują różne czynności. Stadtler ustawiła także głowy manekinów (od peruk) na obrotowych podstawkach, oświetlając je ekspresyjnie. „Chciałam mieć materiał do montażu nie konkretny, niezwiązany, ale też, żeby to nie była postać siedząca w parku czy coś takiego"- mówi. Do dalszych badań rozdwojenia jaźni i porównania go z coraz powszechniejszym zjawiskiem „autostradowej hipnozy" – tracenia poczucia rzeczywistości w trakcie jazdy po autostradzie – połączyli zdjęcia subiektywne wykonywane z wnętrza samochodu (włącznie z sytuacją, gdy samochód jedzie tunelem), z bardziej przyprawiającą o zawrót głowy „jazdą" przez pofałdowaną stalową rurę filmowaną przy użyciu mini kamery (jak szminka).

Takie sceny można również wymyślać, aby posuwać opowiadanie, czy poszczególny wątek, do przodu. Film Margana Spurlocka *Super Size Me,* został oparty o swoistą demonstrację, trzydziestodniową dietę przeprowadzoną wyłącznie na potrzeby filmu. Spurlock splata ze sobą różne style realizacji. Odwiedza kilka szkół i okręgów oświatowych, aby dowiedzieć się jakie mają tam podejście do diety i wychowania fizycznego. Filmuje mężczyznę przed i w trakcie chirurgicznego zabiegu wykonania bypassów w żołądku. Przeprowadza sondy uliczne, na tle Białego Domu rozmawia z rodziną, pytając czy mogą wyrecytować przysięgę wierności wobec amerykańskiej flagi i narodu, znajduje fanatycznego wielbiciela Big Maca. Wszystkie te sceny musiały być zaplanowane, a znaczenie każdego elementu przymierzone do elementów sąsiednich. Robienie zdjęć kosztuje, więc powinieneś unikać realizacji scen czy sekwencji które się dublują, czy to dosłownie, czy to w sferze emocjonalnej, gdyż jeśli tak się dzieje - jak o tym przeczytacie w następnym rozdziale - będą musiały wylecieć w montażu.

Opowiadanie obrazem o dzikiej naturze

Tworzenie opowiadań obrazowych o naturze i przyrodzie może być bardzo kosztowne i czasochłonne, lecz rezultaty, jak udowodniły to takie kinowe hity jak *Winged Migration* (Makrokosmos) i *March of the Penguins* (Marsz pingwinów), mogą być niezwykłe. Te produkcje wymagały znacznego czasu, pieniędzy i nie lada techniki. A co z tymi względnie tańszymi dokumentami o historii naturalnej, tak popularnymi w telewizji?

Reżyserka Holly Stadtler wyprodukowała *America's Last Red Wolves*, półgodzinny film dla cyklu *National Geographic Explorer*. Jej podejście do filmów o naturze wzięło się częściowo z nauki, jaką wyniosła realizując making-of filmu *The Leopard Son* (Syn leoparda), pełnometrażowego filmu, który dla Discovery Channel kilka lat temu zrealizował znany reżyser filmów przyrodniczych Hugo Van Lawick. „*Syn leoparda,* gdy produkcja się rozpoczynała miał tytuł *Big Cats* (Duże koty)", mówi. „Miała to być opowieść o lwach, gepardach i leopardach w Serengeti". Film Van Lawicka był realizowany na taśmie 35mm przez okrągły rok, a historia zmieniała się w czasie zdjęć i w montażowni. W ostatecznej wersji film skupia się na leopardach i prawdziwym dramacie dojrzewającego młodego. Stadtler spędziła z ekipą kilka tygodni na równinie Serengeti i obserwowała jak Van Lawick rejestrował naturalne zachowania „przyzwyczajając zwierzęta do swojej obecności, wytrwale będąc z nimi, nie pozwalając sobie na jakiekolwiek manipulacje środowiskiem. Dzięki temu stałam się purystką", mówi Stadtler. „Tak właśnie należy pracować".

Jednakże z nastaniem ery kablowej telewizji z jednej strony i zmniejszeniem się kwot przeznaczanych na produkcję z drugiej, filmowcy zostali zmuszeni do wynajdywania szybszych metod realizacji zdjęć przyrodniczych. Nie mogą tracić aż tyle czasu dla oswojenia dzikich zwierząt z obecnością ekipy zdjęciowej. To się robi swoista gra, jeśli bierzemy pod uwagę etyczne aspekty filmowania fauny i flory. Podniosły się zastrzeżenia wobec praktyk rzucania na żer padliny (czy nawet gorzej, okaleczonych zwierząt), aby drapieżniki przychodziły na żer w określone miejsca. Stadtler odnotowuje także, iż niektórzy ludzie mają za złe filmowcom używanie w nocy świateł samochodu, co może zaburzać naturalny proces polowania. „Staram się znaleźć złoty środek", mówi. „Na przykład, nie ma metody na znalezienie się 8-10 metrów od pożywiających się wilków, ponieważ chwycą swoją zdobycz i odejdą - albo żebyś mógł podejść blisko nory. Bardzo dużo dyskutowaliśmy nad możliwościami użycia zdalnie uruchamianych kamer, np. przez czujniki ruchu, co stosowałam kiedyś dla *Troubled Waters* (Wzburzone wody) (godzinny film dla TBS), lecz zdobywasz w ten sposób jedno albo dwa ujęcia, a potem zwierzę odchodzi".

Czerwone wilki, które zniknęły ze swobody, zostały rozmnożone w warunkach hodowlanych przez Fish and Wildlife Service (Służba ochrony rybostanu oraz fauny i flory), a następnie wyprowadzone z powrotem na wolność w parku Alligator River Wildlife Refuge, w Karolinie Północnej, na początku i w połowie lat osiemdziesiątych. Jednak pewna pula osobników ciągle pozostaje w hodowli, co dało

Stadtler warunki do zrobienia naprawdę bliskich planów. Zamaskowała przy pomocy ekipy ogrodzenie z tyłu za wilkami; gdy tusza jelenia została podana zwierzętom, operator stał w odległości 8-10 metrów od zwierzaków po drugiej stronie, wścibiając obiektyw przez siatkę. „W taki sposób zrealizowaliśmy piękne zdjęcia wilków w bliskich planach", mówi Stadtler. „Jedyną alternatywną metodą na realizację takich ujęć w naturze, byłoby oswojenie wilków z nami, co wymagałoby miesięcy przebywania tam – i nawet w takiej sytuacji nie wiem jak blisko ekipie udałoby się podejść do wilków.

BARWA I STYL

Opowiadanie obrazem, wykracza dużo dalej poza to **co** się filmuje: Jak fotografujesz, jak świecisz, oraz jak traktujesz materiał w postprodukcji – to również bardzo ważne sprawy. **Barwa** (czy światło wyraża coś niemiłego i zimnego, czy też ciepłego i przyjaznego?), **punkt widzenia** (z czyjego punktu widzenia fotografowana jest scena? Czy w pierwszej osobie, czy uniwersalnie i bezosobowo? Czy kamera filmując obiekt jest zadarta do góry, czy patrzy w dół?) wreszcie **kontekst** (czy obiekt wypełnia kadr, lub odwrotnie, czy ona lub on wydają się malutcy i przytłoczeni otoczeniem?) wszystko to są ważne sprawy do rozwiązania. Znając z góry odpowiedzi przynajmniej na część z tych pytań, można sensownie zaplanować proces zdjęć, park oświetleniowy, obiektywy, filtry; używać czy nie używać sprzęt dodatkowy taki jak dolki czy krany, oraz na ile wyspecjalizowaną (i doświadczoną) możesz potrzebować ekipę.

ZDJĘCIA W STANIE WYŻSZEJ KONIECZNOŚCI (UCIEKAJĄCE)

Żeby zrobić film „jak należy", fundusze można zbierać miesiącami, a nawet latami. Jeśli jeszcze nie masz „nazwiska", prawdopodobnie ścieżka od pomysłu do filmu będzie wyboista, tak jak mówione o tym było wcześniej; usiana wnioskami, odmowami, nowymi wnioskami, dalszymi odmowami i od czasu do czasu niewielkimi grantami. Tak przynajmniej dzieje się w Stanach Zjednoczonych, gdzie względnie szybka ścieżka dla wysokobudżetowych niezależnych produkcji, od tematu i pomysłu do rozpowszechniania, może wynieść 3-5 lat. Niektóre szczególnie godne filmy czy seriale, potrzebowały więcej czasu, a niektóre równie godne projekty nie pokonały ostatniej przeszkody na drodze do realizacji (przygotowania, to nie jest praca na „pełny etat"; projekty mogą doświadczać przypływów i odpływów aktywności w rytm zajętości producentów przy rozwijaniu innych projektów, dających im aktualnie pensje).

Tak więc co mają robić niezależni filmowcy, gdy ich temat ucieka, a szanse na zdobycie środków, od razu na cały film, są niewielkie? Rozwiązanie tego dylematu w znacznej mierze leży w rękach realizatorów. Ci, którzy mają doświadczenie i jakieś środki, mogą po prostu rozwijać drabinkę (szkic) filmu i rozpocząć zdjęcia. Obok własnego czasu, wydawanie żywej gotówki ograniczy się do sprzętu i podróży. Lecz skoro mają osobiste doświadczenie realizatorskie, film który powstanie będzie miał cechy profesjonalnej produkcji. Ci bez doświadczenia, mogą wybrać drogę szybkiego szkolenia, albo za wszelką cenę zapewnić sobie pomoc zawodowców. Przekonywująca historia, dobrze opowiedziana, może częstokroć przysłonić niedostatki roboty filmowej. Odwrotność nie jest i nie będzie prawdą: marna historia, spektakularnie sfotografowana, pozostanie marną historią.

WYWIADY

Przed zdjęciami, popatrz na kilka filmów zawierających wywiady i wybierz styl który ci się podoba, zdecyduj się na jakiś wariant realizacji. Czy masz zamiar pojawiać się na ekranie obok osób z którymi rozmawiasz, tak jak Judith Helfand w *Blue Vinyl*. Czy może chcesz, aby twoi bohaterowie zwracali się bezpośrednio do widza? Czy chcesz zaaranżować to bardziej nieformalnie, zadając pytania w trakcie rozmowy o życiu, albo gdy rozmawiają między sobą na konkretne tematy?

Odpowiedzenie sobie na te pytania, zdeterminuje sposób prowadzenia i fotografowania wywiadów. Jeśli nie będziesz pojawiał się przed kamerą, a twoje pytania nie będą słyszalne spoza kadru, musisz je tak formułować, aby wydobyć od rozmówcy pełną odpowiedź, a nie tylko: „Tak, oczywiście, ależ tak, zgadzam się". Możesz umówić się z osobą którą pytasz, aby w jej odpowiedzi zawarte było twoje pytanie, jak np.: „Kiedy dowiedziałeś się o kłopotach?". Odpowiedź: „Dowiedziałem się o kłopotach, gdy...". W każdym przypadku, powinieneś uważnie analizować, co jest mówione w trakcie wywiadu, aby mieć pewność, że uzyskujesz coś, co będzie funkcjonowało jako początek zdania, początek myśli czy paragrafu. Jeśli potrzeba, zadaj pytanie jeszcze raz, w zmienionej formie.

Przystępując do wywiadu, powinieneś znać garść szczegółów twojej historii, które wywiad powinien objąć, a w trakcie rozmowy, dołączaj dalsze ciekawe sprawy, które warto będzie mieć, lub stawiaj pytania rozpoznawcze – nie wiesz czego się spodziewać, ale zawsze może zrodzić się coś ciekawego. Zwróć uwagę, że jeśli obsadziłeś daną postać z dużym wyprzedzeniem, to zapewne dobrze wiesz jaki obszar tematyczny może dana osoba pokryć. Bardzo rzadko ma sens zadawanie wszystkim, tych samych 20 pytań.

Prowadzenie wywiadów

Każdy podchodzi do wywiadów inaczej. Niektórzy starają się najpierw rozluźnić postać przed kamerą, zaczynając od wygodnych pytań, zanim przejdą do spraw trudniejszych. Jak już powiedziano, realizatorzy prezentujący styl bardziej konfrontacyjny, mogą pojawiać się na planie z włączonymi kamerami. Zdarza się, że prosicie kogoś, aby wam opowiedział o wydarzeniu, które relacjonował już dziesiątki razy, wtedy opowieść staje się zbyt gładka i chcecie to zgubić; wtedy można go zirytować albo powiedzieć coś wyzywającego o samej sprawie, aby uzyskać taki cel.

Inną strategię prowadzenia wywiadów odnotowuje Boyd Estus: „Osoba stawiająca pytania nie powinna patrzeć na postać przed kamerą jako na źródło informacji, tylko starać się nawiązać z nim rozmowę, co oznacza często przyjęcie postawy 'adwokata diabła'. 'Nie pojmuję, dlaczego to miałoby być lepsze od tamtego. Czy może mi pan to wyjaśnić?'", tłumaczy Estus. „Osoba się angażuje, w odróżnieniu od recytowania jedynie słusznych odpowiedzi".

Aranżacja wywiadu

Rzadko prosimy udzielającego wywiadu, aby patrzył wprost do kamery, częściowo dlatego, że niewielu „normalnych" ludzi czuje się z tym swobodnie (reżyser Errol Morris uzyskuje ten efekt za pomocą skomplikowanego układu przestrzennego jaki zaprojektował, nazywając go *Interrotron* ™, gdzie odpowiadający na pytania zwraca się do obrazu Morrisa, znajdującego się na ekranie umieszczonym tuż nad obiektywem kamery zdjęciowej). Zamiast czegoś takiego, większość reżyserów siada na przeciwko osoby (lub osób) z którymi rozmawiają, tuż obok obiektywu, po jego lewej lub prawej stronie. Postać patrzy na prowadzącego wywiad, co wygląda jakby patrzył lekko w bok od kamery. Chociaż, niektórzy reżyserzy idą dalej, Boyd Estus lubi umieszczać kamerę stosunkowo blisko filmowanego obiektu, mniej więcej 1,5 metra. „Rezultat jest dwojakiego rodzaju" - mówi Estus. „Jeśli postać się rusza, zmienia tym samym wielkość w kadrze, co czyni ją bardziej trójwymiarową, podczas gdy filmując długim obiektywem przyklejasz ją do tła". Lecz co ważniejsze, dodaje, to sytuuje pytającego w wygodnym zasięgu pytanego.

Ten rodzaj intymności można wzmóc, prowadząc wywiad przy stole. Jeśli obie strony wychylają się do przodu, są naprawdę blisko, a gestykulacja będzie w kadrze. Estus odnotowuje, że drewniane fotele z podłokietnikami (często spotykane w placówkach naukowych) mają bardzo dobrą cechę – utrzymują ręce mówiącego wyżej niż normalnie. „Gestykulacja rękami na wysokości twarzy jest dobra, a dodatkowo jeśli wychylasz się do przodu, emanujesz energią". Unikaj w kadrze krawędzi, albo zagłówka krzesła i z zasady, odrzucaj krzesła obrotowe i bujane.

Kolejna decyzja, którą trzeba podjąć, to kierunek spojrzenia postaci przed kamerą, w lewą stronę, czy w prawą stronę od osi obiektywu. Na przykład, jeśli planujesz rozmowę z dwoma osobami i chciałbyś w filmie uzyskać efekt odpowiadania sobie nawzajem, czy dopowiadania, powinieneś ich filmować patrzących w przeciwnych kierunkach. To nie zawsze jest możliwe, ale jeśli podoba ci się taki styl, trzeba to zaplanować wcześniej. Ty, ale również pozostali członkowie ekipy, musicie myśleć o innych elementach wypełniających kadr. „Częścią zadania, które przed nami staje jest 'sprzedanie' postaci tak, żeby widownia naprawdę chciała na nią patrzeć i jej słuchać" – mówi Estus. „Moje podejście polega na próbie stworzenia portretu środowiskowego tak, aby umiejscowienie postaci, usadzenie jej, coś o niej mówiło, jak i o samej sprawie. W dzisiejszej telewizji 16:9 to się stało jeszcze ważniejsze, ponieważ niezależnie jak duże zbliżenie robisz i tak połowa ekranu pozostaje do zagospodarowania, a ściana z książkami nic nie mówi".

Inne wybory, związane ze stylem filmu i podejściem do opowiadania, to oświetlanie wywiadów oraz pytanie czy będziesz starał się utrzymać jednorodny charakter obrazu przez cały film, a nawet cały serial. Jak chciałbyś, aby postacie prezentowały się na ekranie? Są sposoby oświetlania spłaszczające twarz, tuszujące naturalne niedoskonałości, sposoby, które mogłyby odciągać uwagę widza od wypowiadanych słów. Jak są ubrane postacie. Dla bardziej oficjalnych wywiadów, producenci proszą czasami bohaterów o przyniesienie ze sobą jakiejś alternatywnej garderoby (zdarzają się filmy, gdzie ze względów stylistycznych prosi się osoby przychodzące na wywiad o ubranie się w konkretny sposób; Estus robił kiedyś serial „gotycki", gdzie bohaterów poproszono o ubieranie się na czarno).

Kontekst zawarty w obrazie w trakcie wywiadu, znaczące elementy kadru, mogą mieć duże znaczenie dla samego opowiadania. Jak ciasno kadrujesz wywiad? Niektórzy operatorzy pozostają szerzej w fazie wstępnej, informacyjnej, podjeżdżają bliżej, gdy wywiad staje się bardziej osobisty, emocjonalny. Jaki komunikat zawiera aranżacja wywiadu i ubranie bohatera? W *The Thin Blue Line* (Cienka niebieska linia) wywiady z Randallem Adamsem i Davidem Harrisem prowadzone są w miejscu, które sugeruje zamknięcie i faktycznie okazuje się, że obaj są w wiezieniu. Wszyscy przedstawiciele prawa i porządku filmowani są we wnętrzach, pod krawatem i w garniturach. Przyjaciele Davida Harrisa filmowani są w plenerze, w zwyczajnych ubraniach. Ponieważ Morris nie stosuje wizytówek na ekranie, aby przedstawiać postacie z imienia i nazwiska, symbole obrazowe spełniają rolę swoistych identyfikatorów.

Jeśli robisz zdjęcia kogoś w trakcie prac domowych, to prawdopodobnie masz już materiały uzupełniające, poszerzające naszą wiedzę o bohaterze, nawet jeśli słyszymy kim jest ta postać (widzimy jej biegłość przy obsłudze bardzo skomplikowanej maszynerii, albo, że on jest niezwykle związany ze swoimi dziećmi). Ciągle jeszcze widujemy typowe puste obrazki wprowadzające osobę udzielającą wywiadu - „Wkraczający do budynku" albo „Wchodzący do biura" albo „Pracujący przy komputerze". Nawet skądinąd znakomite filmy odwołują się do takich ujęć. Będąc mądrymi po szkodzie, zawsze widzimy, że były lepsze alternatywy.

Style wywiadów

Z wywiadów, na równi z energią i bezpośredniością, winna emanować wiarygodność. Przede wszystkim zaś, muszą służyć opowiadaniu. Oglądając różne wywiady, łatwo dostrzec jak potrafią być odmienne. Czy odpytywana osoba mówi o sprawach z odległej przeszłości, czy też mówi o czymś tak jakby to rozgrywało się tu i teraz. Wypowiadają się nie tylko eksperci; zwykli ludzie często koloryzują swoje relacje, szczególnie gdy mówią o sprawie kolejny raz, co w jakiś sposób dystansuje ich od niej, co bywa dobre, ale też bywa złe.

ROZDZIAŁ 12

Montaż

Wiele zagadnień związanych z budowaniem opowiadania, które były omawiane dotychczas, stają z powrotem na porządku dziennym w montażowni. Tak naprawdę w większości filmów, opowiadanie i struktura nie pojawiają się wyraźnie razem, dopóki montażysta nie zacznie układać i ściskać jak cytrynę sfilmowane materiały. Można zrobić kilka układek, zanim się odnajdzie ten właściwy punkt ataku; możesz tygodniami układać materiał, aby pracował na określony finał, zanim sobie zdasz sprawę, że w gruncie rzeczy film kończy nuta znacznie mocniejsza i wcześniejsza.

Choć każdy projekt jest inny, to jednak dobra praktyka montażowa jest uniwersalna, nakazuje obejrzeć cały materiał, a następnie go uporządkować, co w sposób płynny może zamienić się w pierwszą układkę całości, a następnie w układkę, montaż, zamknięty obraz i wreszcie zmontowany film. Układka zawiera dotychczasowe własne materiały zdjęciowe oraz materiały archiwalne, jeśli są (często nie pracujesz z oryginalnymi materiałami archiwalnymi, tylko z „pirackimi" kopiami zrobionymi amatorsko. Później, gdy masz pewność, że dane zdjęcie, dany obiekt, czy dane ujęcie wejdzie do filmu, zaczynasz negocjować nabycie praw, uzyskanie kopii wysokiej rozdzielczości, albo organizujesz zdjęcia danych obiektów we właściwych standardach technicznych).

Jeanne Jordan z rodziną, rok 1960, z filmu *Troublesome Creek: A Midwestern*.
Zdjęcie dzięki uprzejmości realizatorów.

W miarę postępów prac montażowych, zmierzasz do układki. To szkic filmu, wyraźnie dłuższy niż planowane dzieło. Lecz historia jest opowiedziana, drzewo filmu zbudowane (struktura), na miejscu jest większość jeśli nie wszystkie elementy. Etap układki, to najlepszy czas dla rewizji założeń, dla eksperymentów, przymiarek. Takie zabawy na zmontowanym, podciętym filmie są znacznie trudniejsze. Po podcięciach, długość filmu jest bliska wersji ostatecznej (na przykład film o planowanej długości 57 minut, przed podcięciami może mieć 63 minuty). Główne problemy, miejmy nadzieję, zostały przezwyciężone. Jeśli jest komentarz, to na tym etapie trzeba go doszlifować. A dla filmu jako całości, to czas upewnienia się, że podawane fakty są prawdziwe. Zamknięcie obrazu oznacza, że wszystkie ujęcia są na miejscu i mają właściwą długość. Zamknięcie merytoryczne (script lock) oznacza, że wszystkie dotychczas nierozstrzygnięte problemy narracji i komentarza zostały rozwiązane, offy i wywiady nie będą zmieniane, można nagrać na czysto komentarz.

W KIERUNKU UKŁADKI

Współpraca pomiędzy producentem, reżyserem, scenarzystą i montażystą (w dowolnej konfiguracji) jest różna za każdym razem. Bywają ekipy, które wspólnie oglądają materiały i dyskutując, wybierają najlepsze fragmenty wywiadów, najlepsze sceny obrazowe, wynajdują najlepsze zbitki. Niektórzy montażyści wolą sami oglądać materiały zdjęciowe, aby wyrobić sobie niezależny sąd, nie poddawać się wpływowi innych członków ekipy, którzy mają wiedzę o „straconych szansach" z planu zdjęciowego. „Naprawdę lubię obejrzeć materiał"- mówi Jeanne Jordan, samodzielna montażystka (patrz Rozdział 15). „Nawet nie chcę, żeby ludzie mi mówili 'To był trudny wywiad' albo 'Nie udało nam się uzyskać tego o co chodziło'".

Oglądając materiały zdjęciowe nastawiasz się na wypunktowanie w pierwszej kolejności rzeczy najciekawszych emocjonalnie albo intelektualnie. Szukasz scen lub sekwencji stanowiących samoistne całostki, fragmentów wywiadów o klarownym, silnym przekazie, materiałów objaśniających tematy i sprawy, które będziesz podnosił w filmie, wreszcie szukasz tej „śmietanki", scen, które widzowie mogliby następnego dnia przedyskutować między sobą w autobusie lub w pracy. „Ja w pierwszej kolejności szukam emocji" – mówi montażysta Sam Pollard (patrz Rozdział 23). „Następnie szukam napięcia i przeciwieństw, ponieważ to zawsze pozwoli na zbudowanie lepszych scen. Gdy nie dostrzegam w materiale żadnego z tych elementów wnioskuję, iż będę musiał szukać jakiś innych rodzajów emocji. To dobry moment, żeby się oderwać na trochę, posłuchać muzyki, dobra chwila na refleksję. Musisz dostrzec, co tkwi głębiej w materiale". Każda osoba po pierwszej projekcji zapamięta inne ciekawe momenty; ta pamięć mocnych punktów przyda się później, gdy będziesz układał i eliminował materiał, aby ułożyć spójną całość, starając się nie uronić ani jednego fragmentu, który zwrócił uwagę na przeglądzie materiałów zdjęciowych.

Niektórzy montażyści zaczynają pracę z drabinką scen i sekwencji w ręku, szczególnie w sytuacji, gdy film będzie zbudowany z materiałów typu cinéma vérité. Jeśli zrealizowana została duża ilość wywiadów, niezależnie od tego, czy planowany jest komentarz czy nie, producent może dokonać wstępnego wyboru „na papierze". Spisane setki (opatrzone kodem czasowym) można pociąć i wybrane fragmenty wkleić do „papierowej układki". Jeśli film realizowany jest ze scenariuszem, lub ze scenariuszem-w-rozwoju w ręku, ten roboczy scenariusz może być uzupełniany tak, aby odzwierciedlał stan posiadania realizatorów. W każdej sytuacji, można napisać przymiarkę do komentarza, aby zszyć zasadniczo odmienne elementy, uczynić czytelnymi przejścia, albo zarezerwować miejsce dla sekwencji, która dopiero będzie realizowana. W wielu montażowniach nagrywa się komentarz na brudno i kładzie na oś montażu, aby lepiej oceniać jego przydatność.

Jak już wcześniej powiedziano, coś co dobrze wygląda na papierze, niekoniecznie sprawdzi się na filmie. Umieszczenie obok siebie na papierze dwóch fragmentów wywiadu, albo dwóch scen obrazowych może w czytaniu wyglądać bardzo dobrze, ale może zupełnie nie sprawdzić się na ekranie. Coś może być nie tak w sposobie wypowiadania kwestii, wymowa scen zbitych ze sobą może okazać się inna od zamierzonej. To nie oznacza, że należy sobie odpuścić montowanie na papierze, to znacznie szybszy sposób na „zobaczenie" sklejek, nim fizycznie się je zrobi. Tak więc, mimo iż część papierowej układki nie sprawdzi się na filmie, warto wiedzieć dlaczego proponujesz konkretną zmianę, nie tylko zobaczyć jak będzie wyglądała. Może włożyłeś fragment wywiadu, ponieważ tkwiła w nim dwoistość; jeśli twój wybór marnie funkcjonuje, może montażysta będzie w stanie sprzedać tę dwoistość innymi środkami, albo znajdzie inny fragment wywiadu, zestawienie fragmentów, albo opowie to za pośrednictwem sceny obrazowej którą właśnie zmontował, która uczyni dany tekst zbędnym.

W międzyczasie montażysta może układać poszczególne sceny, czy to z materiałów zdjęciowych, czy to archiwalnych, znajdując mocny początek, środek i zakończenie – wszystko to przed układaniem w sekwencje i film. Proces montażu staje się w pewnym stopniu pracą zespołową. Producent lub reżyser zaglądając do montażowni, aby śledzić proces układania często dostrzegają połączenia i przejścia, które mogły umknąć montażyście, albo on czy ona mogą w układanym materiale dostrzec jakiś brak, który zaowocuje realizacją dodatkowego materiału – zdjęciem, muzyką, a nawet dodatkowym ekspertem przed kamerą. To proces dawania i brania, gdzie każdy bywający w montażowni stawia się raz w pozycji widza, raz twórcy filmowego opowiadania. Ostatecznie, musi jednak być jedna osoba podejmująca finalne decyzje. Zazwyczaj jest nią reżyser lub producent.

Spisywanie setek

Jeśli robiliście wywiady, albo filmowaliście sceny zawierające dużo istotnych rozmów, należy dokonać transkrypcji wszystkiego dokładnie i wiernie. Nie streszczanie („Dr Fisher mówi o siłach przyciągania ziemskiego..."), tylko dokładne spisanie wszystkiego co zostało powiedziane, włącznie z wszelkimi „hm, hm, powiedział, on powiedział, hm, więc, pozwólcie że jeszcze raz podkreślę, że grawitacja nie jest, jest...". To zaoszczędzi mnóstwo czasu później, ponieważ najprawdopodobniej będziesz wracał nieustannie do tych maszynopisów w trakcie montażu, szukając dróg opowiadania. Niedokładny, czy niekompletny transkrypt może spowodować, że będziesz układał scenę w oparciu o fałszywe dane myśląc, że ktoś coś powiedział, a w rzeczywistości jest to bliskie, ale nie jest tym czego potrzebujesz. Albo myśl jest w porządku, tylko jej wypowiedzenie ciągnie się bezlitośnie. Wielu filmowców dokonuje także transkrypcji scen, w których jest dużo dialogów, jak np. spotkania, konferencje prasowe, rozmowy.

W przypadku wywiadów obcojęzycznych, filmowcy najczęściej opierają się w trakcie zdjęć na symultanicznych, skrótowych tłumaczeniach, żeby się tylko zorientować o czym mowa. Jednak w montażowni, szczególnie w sytuacji, gdy nikt ze współpracowników nie zna biegle danego języka, dobrze jest zrobić dokładne i szczegółowe tłumaczenie najszybciej jak to możliwe, nie później niż na etapie układki. Byłoby niedobrze, gdybyś podcinał film zawierający wywiad, który znaczy trochę co innego niż myślisz.

Gdy przeglądasz wywiady, rób przypisy na spisanym tekście, które pomogą ci zapamiętać „energię" wypowiedzi, zabrudzenia tła dźwiękowego, brudy w obrazie (mikrofon), albo czy ktoś nie kicha. Części wywiadu mogą być do użycia tylko jako off, inne mogą mieć wartość tylko informacyjną. Lepiej zapisać to od razu, niż wracać do danego fragmentu trzy razy w czasie montowania danej sceny - ponieważ zapomniałeś, gdy pierwszy raz chciałeś użyć tego fragmentu, że był istotny powód, iż z niego zrezygnowałeś (powinieneś również uzupełniać/zapisywać kod czasowy korespondujący z wybieranym tekstem, abyś mógł szybko odnaleźć ten materiał).

Kolejny powód do spisywania wywiadów to względna łatwość w ucięciu komuś słowa czy zdania i doklejenia ich do kogoś drugiego, a w skrajnym przypadku niemożność przypasowania odpowiedzi do pytania. Są trzy powody, z których staram się zawsze, kiedy montaż zbliża się do końca, dokonać porównania tego co słyszę ze spisanymi tekstami (również w sytuacji, gdy ktoś mnie angażuje do pomocy w zaawansowanym stadium montażu): aby się upewnić, że osoba która udzielała wywiadu nie została fałszywie przedstawiona, żeby sprawdzić czy coś wspaniałego nie umknęło na etapach układek, gdy historia zmierzała jeszcze w nieco innym kierunku, wreszcie, aby znaleźć coś barwnego lub jakiś szczegół, który mógłby się przydać w komentarzu, jeśli takowy jest planowany.

Montaż na papierze

Odradzam wycieczkę do sklepu celem zakupu profesjonalnego oprogramowania dla scenarzystów; są zaprojektowane dla fabularzystów i im mogą służyć dobrze, lecz niewielki z nich użytek dla dokumentalistów. Większość twórców filmów dokumentalnych posługuje się programami Word lub Word Perfect (pliki przechodzą między tymi programami bez specjalnych problemów), używając ich do pisania scenariuszy sformatowanych w jednej lub dwóch kolumnach.

Jeśli używa się dwóch kolumn, jedna jest do opisu obrazu, druga do opisu dźwięku. Przy pisaniu w jednej kolumnie, opis obrazu, jeśli następuje, robi się w nawiasach albo kursywą. W każdym przypadku, fragmenty wywiadów i komentarz muszą być oddzielone od siebie, na przykład, komentarz można pisać wytłuszczonym drukiem (lub odwrotnie). W przypadku filmu z dużą ilością wywiadów, niezależnie od tego czy będzie komentarz czy nie, może być pomocnym stworzenie osobnej komórki (niezależnie czy pracujesz z jedną kolumną, czy z dwoma) dla każdego fragmentu wywiadu - co ułatwi jego przemieszczanie. Niektórzy filmowcy posługują się także funkcją „obrysu", aby utrzymać nienaruszone całe sekwencje, gdy chcą je w całości przestawiać.

Pierwszy montaż na papierze odpowiada zazwyczaj *scenariuszowi pierwszej układki,* w który wkładasz wszystkie wybrane sceny i wywiady w wymyślonym teoretycznie porządku. Następny etap w szkicowaniu scenariusza to *scenariusz układki,* w którym odrzucasz niepotrzebne i udoskonalasz strukturę. Każda ekipa wypracowuje własne metody pracy, ale często reżyser, producent, montażysta i scenarzysta (jeśli jest osobny człowiek) współpracują tak, że zmiany robione czy to na papierze, czy to na materiale w montażowni, są komunikowane w tą i z powrotem.

Montowanie wywiadów

Kiedy redagujesz materiały setkowe, zaznaczaj starannie w scenariuszu miejsca, w których usunąłeś tekst. Chodzi nie tylko o to abyś pamiętał, które części wypowiedzi były redagowane (zgodnie z zasadami etyki), ale pomoże ci to, gdy po miesiącu chciałbyś wrócić do tej wypowiedzi traktując ją jak całość, użyć setkowo – i odkryć, że zawiera trzy cięcia. Dla przykładu, przytaczam poniżej setkę tak jak została zapisana w scenariuszu pierwszej układki, w całości, bez redakcyjnych cięć:

CHARLIE: (początek off) Sprzedawał części do samochodów, używane części. Oprócz tego, defraudacja to robota „białych kołnierzyków", a on jest kolesiem od niebieskiego kołnierzyka – więc, może nie do końca, on nie pracuje bezpośrednio z tymi częściami, jest bardziej kierownikiem tego sklepu, który jeździ do roboty swoim, zaraz, co to było, Tercel, swoim niebieskim Tercelem, w koszuli pod krawatem i takie tam i myśli sobie, przypuszczam, że nikomu ponad nim nie będzie żal tych trzydziestu patyków.

Oto jak ta wypowiedź mogła zostać zapisana w scenariuszu układki, z zaznaczeniem wycięć:

CHARLIE: (początek off) Sprzedawał części do samochodów, używane części.// i takie tam i myśli sobie, przypuszczam, że nikomu ponad nim nie będzie żal tych trzydziestu patyków.

Montaż skojarzeniowy

Zmontowanie ze sobą dwóch ujęć, albo zestawienie dwóch sekwencji tworzy dodatkową wartość, nową w stosunku do elementów składowych. To może pracować na twoją korzyść, ale może być również elementem negatywnym, gdy zbitka wywołuje fałszywe odczucia. Jeśli przechodzisz z postaci która mówi: „No dobrze, kto za to odpowiada?", do ujęcia pana Kowalskiego, tworzysz wrażenie, że to pan Kowalski był za to odpowiedzialny, niezależnie czy miałeś taki zamiar, czy nie.

Wchodź jak najpóźniej, wychodź jak najwcześniej

Gdy montujesz film, staraj się wchodzić w scenę najpóźniej jak to jest możliwe i zostawiaj ją najwcześniej jak możesz. To wcale nie oznacza wyrywania jej serca, czy pozbawianie kontekstu, oznacza po prostu wyodrębnienie najważniejszej części, odrzucenie waty. Załóżmy, że sfotografowałeś sekwencję, w której matka idzie do spożywczego, gawędzi z sąsiadkami, grymasi u rzeźnika, czeka w kolejce do kasy, jedzie do domu, szykuje posiłek, woła swoją nastoletnią córkę do stołu i wreszcie skonsternowana patrzy na jej wybuch agresji przeciwko sobie, ponieważ nie uszanowała faktu, że jej córka została wegetarianką – o czym jak twierdzi jeszcze nie wiedziała.

Gdzie wchodzisz, lub gdzie zostawiasz scenę zależy od tego, o czym ma być ta scena. Czy to ma być scena o matce czyniącej ogromny wysiłek, aby córka powracająca do domu po rozwodzie, albo po wylaniu z uczelni, dobrze się w nim poczuła? A może ma to być o otchłani dzielącej matkę i córkę i ich niemożności nawiązania komunikacji, nawet na najprostszym poziomie? Jeśli chodziłoby o to pierwsze, sceny w spożywczym pomogą opisać wysiłek matki żeby było dobrze, jeśli to ostatnie, sceny w spożywczym są zbędne. Możesz opowiedzieć o braku komunikacji między nimi za pośrednictwem następujących ujęć: matka podaje stek na stół, córka odmawia jedzenia i ucieka; matka sama w kuchni patrzy na stek.

Gdzie ta scena winna się zakończyć? Analogicznie, to zależy od tego, dokąd zmierza twoje opowiadanie. Jeśli znaczącym elementem będzie krzątanina kobiety aby podjąć córkę, możesz zakończyć przeciwieństwem; córka odmawia jedzenia i ucieka od stołu. Natomiast jeśli to ma być o stosunkach matki i córki, możesz pójść nieco dalej, popatrzyć co było później. Czy matka będzie usiłowała znaleźć inną drogę dotarcia do córki, na przykład szykując jedzenie wegetariańskie?

Znów, nie musisz skracać scen do minimum w sensie skracania akcji; musisz je tak formować, aby ich znaczenie i wymowa w całości opowiadania były wyraźne.

Sekwencje

Przypomnij sobie dyskusję na temat sekwencji z poprzednich rozdziałów, ponieważ ich formowanie jest ważnym elementem dochodzenia do układki filmu. Musisz mieć przekonanie, że każda sekwencja spełnia niepowtarzalną rolę w filmie posuwając opowiadanie do przodu, zmieniając rytm, ton i poziom emocji. Uczyń wysiłek, aby każda zaczęła się prawidłowo i doprowadź ją do satysfakcjonującego końca. To są twoje rozdziały, okruszki chleba, które mają uwieść ludzi, zachęcić do oglądania.

Zdolność percepcji widza

Tak ogólnie, to publiczność jest gotowa na wysiłek doszukiwania się o co chodzi i dokąd zmierzamy – to jest zjawisko, które czyni oglądanie dokumentu doświadczeniem raczej aktywnym, a nie biernym – lecz w końcu jeśli widzowie się pogubią, to się poddadzą. Dobry twórca opowiadania filmowego przewiduje momenty, gdy może stracić widza i stara się temu przeciwdziałać w subtelny i kreatywny sposób, umiejętnie dawkując informację w miejscach, które tego wymagają, ale nie wcześniej. Może wymagać trochę wysiłku doprowadzenie świadomości szerokiego widza do poziomu, na którym będzie w stanie pojąć na czym polega działanie współczesnych gadżetów, albo jak funkcjonują prawa fizyki. Lecz widz uzbrojony w tą wiedzę, rozumiejąc jak coś wspiera lub udaremnia wysiłki bohatera na drodze do celu - rozwiązuje tajemnicę, odkrywa sekret, udowadnia twierdzenie - może być pół kroku do przodu w stosunku do opowiadania. Te chwile, kiedy publiczność „chwyta" na moment przed tym zanim ty, jako realizator im to powiesz, są niesamowicie satysfakcjonujące.

Tak jak powinieneś dostarczyć informacji w momencie gdy jej najbardziej potrzeba, tak powinieneś bardzo uważać, aby jej nie przeładować nadmierną ilością detali. Wiele filmowych historii rozmywa się w szczegółach, które realizatorzy uznają za „niezbędne" nawet, gdy nie odnoszą się bezpośrednio do historii która jest na tapecie. Na przykład, jeśli opowiadasz historię o kampanii kandydata na prezydenta, to może nie warto poświęcać zbyt dużo czasu jego działalności w biznesie. Natomiast, jeśli jakieś wątki jego kariery przewijały się w kampanii wyborczej – chce swoją strategię cięcia kosztów przenieść na szczebel zarządzania budżetem państwa – wtedy może ten wątek być istotnym. W każdym innym przypadku, zabiera czas potrzebny do opowiedzenia twojej historii.

Jednakże bądź ostrożny, abyś nie „przedobrzył" informacji przez ich selektywny dobór, używając jedynie tych, które wspierają twoją argumentację lub podtrzymują twoją linię opowiadania, ignorując przeciwstawne, niepasujące. Zawsze można tak skomponować informację, aby być w zgodzie z faktami i stworzyć zakłamany obraz. To diametralnie różne sprawy: wybór informacji o życiu bohatera z intencją skupienia się na określonych wątkach opowiadania, a selektywne pozostawianie z boku informacji niewygodnych, których nie chcesz przedstawiać widzowi. Koniec końców zostaniesz rozszyfrowany, co osłabi zarówno twój film jak i twoją wiarygodność.

OD UKŁADKI, PRZEZ MONTAŻ, DO PODCIĘĆ

W miarę pracy nad filmem trzeba podejmować bolesne decyzje; wyrzucać dobre materiały. Czy opowieść na bazie zebranych materiałów funkcjonuje, czy może potrzebne są dokrętki? Czy wątek otwierający film, lokomotywa, odpłacił się z nawiązką na końcu filmu? Czy film wciąga widza na maxa? Czy będzie to film z gatunku tych, o których ludzie dyskutują? Czy utrzyma widza przed ekranem? Jeśli realizatorzy mają nadzieję przekazać ważne, ale trudne pojęcia, to czy pojęcia te są „sprzedawane" prawidłowo i precyzyjnie? Aby skrócić film do długości ekranowej, czy będzie lepiej wyrzucić całą scenę albo wątek, czy podstrzygać tu i tam, w różnych miejscach?

Jednym ze sposobów, aby zacząć szukać odpowiedzi na takie pytania, jest zaprezentowanie go bezstronnej publiczności. Często robi się to właśnie na etapie gotowej układki (tożsamej z pierwszą wersją montażową), a jeśli harmonogram i budżet pozwala, jeszcze raz na etapie zmontowanego filmu po podcięciach. Na projekcję musicie zaprosić zarówno ludzi, którzy nie znają tej historii i nie mają powodu specjalnie interesować się tym tematem, jak i tych, którzy znają temat lepiej od was. Jeśli po takiej projekcji stwierdzisz, że komunikat, który chciałeś przekazać nie jest tym komunikatem, który odbiera publiczność, to masz problem. Proste jak drut, choć nierzadko w takiej chwili filmowcy stwierdzają, że musi być coś nie tak z publicznością. „Opowiedziałem to jasno, nie pojmuję dlaczego tego nie chwytają". Albo obawiają się, że jeśli „schlebią" publiczności to wieczorem zostaną „skreśleni". To tak nie funkcjonuje. Jeśli jedna osoba nie odbiera twojego filmu, to być może jest ona ze szkoły falenickiej, a nie otwockiej. Jeśli dwie nie odbierają, to w porządku - odbierają na innych falach. Lecz jeśli znacząca część widzów na sali nie odczytała tego co chciałeś powiedzieć, to znaczy po prostu, że tego nie powiedziałeś.

Kruczki testowej projekcji

Na projekcję powinieneś zaprosić taką liczbę kolegów filmowców, akademików i zwyczajnych widzów, która da się ogarnąć. Jeśli dysponujesz bardzo małą salą projekcyjną, zaplanuj dwa lub więcej pokazów, aby stworzyć reprezentatywną grupę ankietowanych. Przed rozpoczęciem seansu upewnij się, że każdy dostał papier i ołówek do robienia notatek. Ty, albo wyznaczona do prowadzenia spotkania osoba winna wyjaśnić, na jakim etapie znajduje się film, zaznaczając na przykład, że ma kilka minut za dużo, że komentarz jest nagrany na brudno, a niektóre materiały mają w obrazie zmieniające się cyfry, albo inne znaki i że to wszystko zniknie w gotowym filmie, który będzie w telewizji, czy na festiwalu. Innymi słowy, że to wersja robocza i ich uwagi, ich wkład, będzie miał dla ciebie ogromne znaczenie. Wyjaśnij, że będziesz pytał o reakcje zarówno pozytywne jak i negatywne. Poproś, aby pozostali na swoich miejscach kilka minut po zakończeniu filmu. Po tym wszystkim przyciemnij światła na sali, ale nie do zera, żeby ludzie coś widzieli robiąc notatki w trakcie projekcji. Pilnie przyglądaj się reakcjom sali w czasie seansu. Kiedy robią wrażenie pochłoniętych historią? Kiedy jest dużo szurania i kasłania? Czy pojawia się śmiech? A może są łzy?

Po zakończeniu filmu poproś, aby widzowie zanotowali swoje pierwsze wrażenia, jeśli wolą to anonimowo. Po tym rozpocznij dyskusję, sam albo twój moderator, pytając o szersze odczucia – co się sprawdziło, a co nie, co było zaskakujące, zmyłkowe, fascynujące? Po jakimś czasie przejdź do pytań szczegółowych, wypracowanych wcześniej w gronie ekipy, takich jak na przykład: „Czy przeniesienie akcji do Francji było czytelne?", „Gdybyście musieli skrócić film o osiem minut, co byście wyrzucali?", „Czy wychwyciliście fakt, że Dan bardziej przejmował się zdrowiem Marcie, niż swoją pracą?". Konkretne odpowiedzi mogą być bardzo pomocne.

Dwie ważne uwagi. Po pierwsze, w czasie sesji odpowiedzi na pytania, członkowie ekipy mają milczeć. Nie odpowiadajcie na zadawane wam pytania, co najwyżej jakieś małe wyjaśnienia, albo obrona sposobów realizacji. Zebraliście się tam po to, aby <u>otrzymać</u> informację, kropka. Byłoby niepowetowaną stratą, gdybyście przebałaganili 15 minut ofiarowanego wam wspaniałomyślnie czasu przez te znakomite grono widzów na wyjaśnianie, dlaczego waszym zdaniem trzeba zachować sekwencję morderczego wyścigu koni, albo wyjaśniać tło wydarzeń, które widownia źle odczytała. Nawet jeśli otwiera ci się nóż w kieszeni gdy słuchasz ludzi dyskutujących pytania, na które ty znasz odpowiedź, musisz się powstrzymać. Twoją rolą na tej sali nie jest wyjaśnianie ludziom tematu filmu, albo przekonywanie, że twoja wiedza pozaekranowa jest ogromna, jesteś tam po to, aby od nich się dowiedzieć, co faktycznie było na ekranie i które miejsca w filmie wymagają dalszej pracy.

Po drugie, przyjmij wszystkie i wszelkie sugestie, pięknie podziękuj i dalej rób swoje. Ty, jak i cała twoja ekipa, doskonale wiecie, że nie stać was na zrobienie kolejnych czterech wywiadów, jak sugerował facet z drugiego rzędu albo, że wyrzucenie sekwencji sądowej, pozbawi wasz film najwyższej wartości. Jednak, kiedy widzowie już pójdą do domu, zastanów się *dlaczego* poszczególne sugestie zostały wyartykułowane. Ludzie spoza branży najczęściej nie wiedzą jak opisać problem, nie można od nich oczekiwać wskazówek do naprawienia wad. Ty to potrafisz i masz to zrobić. Jeśli twoi widzowie odczuwają niedosyt ważnych wywiadów, czy nie oznacza to braku pewnych informacji, które możesz najprawdopodobniej przekazać w inny sposób? Jeśli twoim zdaniem sekwencja sądu ma znaczenie zasadnicze, a oni mówią, że można by się bez niej obejść, to o co tu chodzi? Czy jest źle zmontowana? Czy w złym miejscu? Czy komentarz nie dość dobrze ją wprowadza, by publiczność mogła docenić jej rangę?

Niczego co ludzie mówią, nie musisz traktować jak polecenia do wykonania. Lecz musisz brać pod uwagę, które miejsca w filmie funkcjonują dobrze, a które mogą spowodować, że widzowie sięgną po pilota bądź znajdą się w drzwiach wyjściowych.

Powiedziawszy co chciałam, wracam do tego, że to jest twój film. Ty grasz na tych skrzypcach. Musisz się pogodzić z tym, że część krytyki nie będzie dotyczyła roboty filmowej, tylko twojej ideologii. Znajdą się tacy, którzy nie będą w stanie pojąć, dlaczego w ogóle postawiłeś przed kamerą skinheadów. Koś inny uzna za napastliwe ponad miarę filmowanie szlochającej kobiety, której syn uzależnił się od wąchania. Dobrze jest wiedzieć, że może być taki odbiór, gdyż uprzedza to ewentualną krytykę gotowego filmu w przyszłości. Tak więc, jeśli krytyka nie dotyczy faktów czy jasności przekazu, tylko stylu, wybór należy do ciebie. Usłysz słowa krytyki, ale podejmij suwerenną decyzję, która usatysfakcjonuje ciebie i całą ekipę.

To tak jak z finansowaniem badań. Opowiadaj historię precyzyjnie, ale nie czuj się przymuszony do opowiedzenia wszystkiego. Dla uczonych, ekspertów w swojej dziedzinie, bywa ciężkim doświadczeniem zobaczyć, że na przykład cała sekwencja na temat zachowań naczelnych w filmie liczy tylko sześć minut albo, że zrezygnowałeś z prezentacji pewnego listu autorstwa Alberta Einsteina. Przyjmij krytykę - pomyśl na serio czy spełnienie żądań nie uczyniłoby twojego filmu lepszym. Jeśli dojdziesz do wniosku że nie, to jednak zachowaj tę informację dla przyszłej książki albo strony internetowej, które być może stworzysz, a może dla materiałów pomocniczych dla nauczycieli lub lokalnej administracji wspierającej twój projekt. Film będzie udany, gdy przemówi do szerokich kręgów odbiorców, zaprezentuje ciekawą historię, gdy pobudzi część widzów do poszperania w Internecie, do wizyty w czytelni.

OD PODCIĘĆ MONTAŻOWYCH, DO ZMKNIĘCIA OBRAZU

Gdy wychodzisz w robocie nad filmem na ostatnią prostą, sprawy mają się zawsze podobnie, zarówno w odniesieniu do tego co było, jak i tego co cię czeka. Należy do „dobrej praktyki" cofnięcie się do początkowych tekstów, przeczytanie na nowo pierwszych szkiców i treatmentów, aby sprawdzić czy gdzieś po drodze nie zagubiłeś głównej linii opowiadania. Możesz także przeczytać powtórnie wszystkie transkrypty, aby się zastanowić czy zmianom które wprowadziłeś do struktury filmu, nie służyłyby lepiej inne fragmenty wywiadów niż te, które wówczas wybrałeś, budując nieco inny film. Nawet, może okazać się bardzo owocne sięgnięcie do zapisków z dokumentacji, aby przepatrzeć szczegóły, przyjrzeć się powtórnie wiele mówiącym ciekawostkom. Wreszcie, musisz się pogrążyć w procesie weryfikacji prawdziwości wszystkiego co jest w drodze na ekran. Nie raz, a dwa razy.

Sprawdzenie faktów

Sprawdzenie faktów oznacza przejście przez scenariusz filmu, linijka po linijce i zakreślenie informacji wymagających potwierdzenia przez co najmniej dwa niezależne źródła. Jeśli nie możesz potwierdzić faktu – a to się zdarza – znajdź sposób obejścia. Może nie musisz stwierdzać, że do miasta wjechało 25 tys. rowerzystów. Jeśli wszystkie twoje źródła zgodzą się na to, że było „ponad 20 tys.", użyj takiego sformułowania.

Co należy sprawdzać? Szczerze mówiąc, wszystko:

- „Błyskotliwy i nieustraszony, Admirał Marks przejął obecnie dowodzenie nad wojskami". Zarówno *błyskotliwy* jak i *nieustraszony* wymagają potwierdzenia, tak samo jak *przejął dowodzenie*. Byłoby nie do wybaczenia, gdybyś po emisji odkrył, że Marksa uważano powszechnie za tchórza albo, że dowodzenie przeszło na niego po tym, jak admirał dowodzący przed nim zatruł się śmiertelnie jedzeniem.

- „Senatorka była *wyczerpana* i *sfrustrowana*, uzmysławiając sobie, że ustawa którą *przygotowała*, nie przejdzie". Wyczerpana i sfrustrowana – te określenia wymagają sprawdzenia, a ty powinieneś mieć w ręku solidne świadectwa, że w danym momencie była naprawdę przeświadczona o tym, że ustawa przepadnie oraz o tym, że była jej autorką, a nie tylko zwolenniczką (potwierdzenie stanu emocjonalnego musi się opierać na wiarygodnych świadectwach, ze strony godnych zaufanie naocznych świadków, które były zarejestrowane w stosunkowo bliskim czasie po samym wydarzeniu).

Musisz sprawdzić pod względem faktów wywiady i inne setkowe materiały, tak samo jak komentarz. Na przykład, przedstawiciel fabryki samochodów mówi: „Czterdzieści procent otrzymywanych opon jest niesprawnych. Musimy je odsyłać". To ekspert, jednak okazuje się, że tylko 25% opon było odsyłanych z powodu usterek. Nie możesz zasłaniać się tym, że „To on powiedział, nie ja". Jako realizator, jesteś odpowiedzialny za włożenie danej wypowiedzi do filmu i tym samym staje się ona również twoim stanowiskiem. W takiej sytuacji, linijka musi wylecieć. Oczywiście, jeśli kłamstwo jest podawane rozmyślnie i to właśnie jest elementem twojego opowiadania, albo jeśli kłamstwo jest ewidentne i demaskuje postać, wówczas możesz je zostawić. Gdy pojawia się jako znaczący dowód na podtrzymanie przedstawianej przez ciebie argumentacji – nie przechodzi, tu musisz być dokładny. Jednakże i tutaj można znaleźć pewne pole manewru. Na przykład, jeśli potwierdziłeś, że 38% uprawnionych do głosowania w Millville głosowało za podniesieniem podatku gruntowego, a burmistrz mówi: „Nie wiem, ale około jedna trzecia głosujących była za", to jest to prawdopodobnie wystarczające przybliżenie, aby je przytoczyć.

DŁUGOŚĆ FILMU

Jeśli tworzysz film z myślą o konkretnym sposobie rozpowszechniania, długość staje się sprawą zdefiniowaną od początku. Film kinowy winien trwać 80 do 90 minut lub dłużej. Film dla telewizji musi odpowiadać wymaganiom okienka, dla którego go tworzysz, zostawiając luz dla ewentualnych napisów dotyczących całego cyklu, prezentację i czasami na przerwy na reklamy. Sam temat, tak jak i historia mogą sugerować odpowiednią długość filmu. Gdy pomagam ludziom rozwijać projekty, jedno z pytań, które sobie stawiamy brzmi: „Ile czasu może być potrzebne, aby opowiedzieć to dobrze?". Jeśli wygląda na to, że temat wymaga trzech godzin, to czy racjonalnie działając i myśląc będziemy w stanie zdobyć fundusze na produkcję (i przekonać redaktorów programujących, aby dali nam trzygodzinne okienko), czy też musimy zawęzić pole widzenia i starać się zrobić godzinę, która przemówi do któregoś z redaktorów programujących którejś z anten?

Zazwyczaj, lepiej jest oprzeć się pokusie tworzenia długiego filmu. Robota filmowa to nieustanne dokonywanie wyborów, a najważniejszy z nich to decyzje o włączaniu bądź odrzucaniu materiałów w trakcie montażu. Jeśli twoja opowieść zyskuje pełnię przy 45 minutach, wypełnianie jej dodatkowymi materiałami nie uczyni z niej dłuższej opowieści; to będzie dalej czterdziestopięciominutowa historia, której opowiedzenie zajęło ci godzinę.

SEKWENCJA OTWIERAJĄCA

Otwierająca sekwencja nazywana jest czasami „zaciekawiaczem" (teaser). Bynajmniej nie chodzi tu o zwiastun (trailer), krótką zajawkę twojego filmu, która może być emitowana wcześniej jako zapowiedź, jako swoista reklama. Mam na myśli to co pojawia się jako pierwsze kadry filmu, zazwyczaj przed tytułem. Zaciekawiacz może skrótowo prezentować najważniejsze wydarzenia, które będą w filmie, jak to się dzieje w przypadku *Jonestown* w reżyserii Stanleya Nelsona, albo może rozpocząć opowiadanie, jak to ma miejsce w filmie *Man on Wire* (Człowiek na linie) w reżyserii Jamesa Marsh (Rozdział 22). W każdym przypadku zaciekawiacz zawiera w sobie swoiste DNA filmu: wątki, mostek, postacie i *raison d'etre* (powód istnienia). Jako realizator dysponujesz dwoma minutami, może trochę więcej, aby chwycić widzów i powiedzieć im: Popatrzcie na to. Oto powody, dla których warto poświęcić następnych 30, 60, 120 minut waszego czasu.

Przestudiowanie początkowych sekwencji kilku topowych dokumentów może być bardzo pożytecznym ćwiczeniem w znajdowaniu mocnych punktów, od trzech do pięciu, które reżyser wybrał, aby przyciągnąć uwagę widza i powiedzieć: „Ta historia jest nie tylko interesująca, ale oto dlaczego to jest *ważne*". Myśląc o swoim filmie, wracaj do kluczowych momentów projektu, o których mówiłeś ludziom. Lubię sugerować, aby ludzie wyobrazili sobie, że są na spotkaniu rodzinnym, wszyscy gadają jeden przez drugiego, w telewizorze mecz, w kuchni rozgardiasz, tak więc ściągnięcie uwagi może być trudnym zadaniem. Jakie musiałyby być równoważniki zdań, które zwróciłyby uwagę tych wokół ciebie, jakie teksty spowodowałyby, że przerwaliby swoje zajęcia na dwie minutki, aby posłuchać co się do nich mówi?

Jak wspomniano, *Man on Wire* (Człowiek na linie) startuje chronologicznie w punkcie, z którego rusza lokomotywa filmu. Widzimy furgonetkę zbliżającą się do Twin Towers, dostrzegamy, że minęła cmentarz. Dowiadujemy się od ówczesnej dziewczyny Philippa Petit, Anny, że „nie mógł już dalej żyć bez podjęcia próby zdobycia tych wież". Orientujemy się, że ten film będzie realizowany w konwencji filmu o napadzie na bank, że będzie mocno inscenizowany, jednocześnie, że jego bohaterowie to kobieta i mężczyzna, którzy byli tam w owym czasie. Krótkie ujęcie ekranu telewizora, na którym widać Prezydenta Stanów Zjednoczonych Richarda N. Nixona, określa z grubsza czas wydarzeń. Zanim skończy się sekwencja otwierająca, bohaterowie są już wewnątrz budynku, a opowiadanie jest w toku. W tym przypadku, sekwencja otwarcia jest pełną sekwencją, w tym sensie, że nie tylko zaciekawia co będzie w filmie, ale ma własny początek, środek i koniec.

Odwrotnie, otwarcie *Jonestown: The Life and Death of Peoples Temple*: w reżyserii Stanleya Nelsona, daje zapowiedź tego co będzie, a sekwencja nie jest kompletna w tym sensie, że nie posiada początku, środka i końca. Podczas gdy lokomotywa filmu wyrusza w swoją podróż (zbiorowe samobójstwo z 18 listopada 1978), to co widzimy i słyszymy to pociski tematów i pytań jakie postawi film. Dowiadujemy się, że „nikt nie przystępuje do sekty", co pomaga określić temat filmu. Widzimy charyzmatycznego i jednocześnie niepokojącego przywódcę i rozumiemy, że zgromadzenie, które kiedyś niosło ludziom nadzieję, stało się koszmarem. Dowiadujemy się, że zaledwie na dzień przed tragedią Jonestown tętniło życiem. Widzowie nie mogą pomóc, ale jawią się im pytania: Jak mogło dojść do czegoś takiego? Czy można było coś uczynić? Kim był przywódca, skąd brali się jego wyznawcy? Itd.

SCENARIUSZ KOMENTARZA

Gdy zbliża się moment nagrania komentarza (narracji), to jego poszczególne fragmenty macie zazwyczaj ponumerowane (opatrzone TC) i spisane jako swego rodzaju osobny scenariusz – *scenariusz komentarza* – który często ma jedną kolumnę, z interlinią i dużymi marginesami z obu stron. Formatowanie podporządkowane jest łatwości czytania, dlatego nie należy pisać całego tekstu dużymi literami.

ROZWIĄZYWANIE PROBLEMÓW

Każdy film cechują inne problemy, lecz pewna ich grupa ma charakter uniwersalny.

Brak opowiadania

Masz interesujące sceny i sekwencje, które nie tworzą spójnej całości. Jedną z możliwych przyczyn może być fakt, że od początku nie było jasnej linii opowiadania. To, co możesz zrobić w tym momencie, to dać krok do tyłu, do wcześniejszych układek. Patrząc realistycznie na to co masz i na to co wiesz, czy potrafisz wyłuskać z materiału wiarygodną historię? Czy znajdziesz materiał do jej wyeksponowania? Może być, że będziesz potrzebował dodatkowych materiałów aby wypełnić luki, ale możesz również w wielkim zadziwieniu stwierdzić, że właściwie wszystko zmierzało w dobrym kierunku, trzeba tylko trochę „wysprzątać". Może się okazać, że trzeba wyrzucić kilka twoich ukochanych scen, gdyż nijak nie służą opowiadaniu, którego przebieg wreszcie udało ci się uchwycić. Jeśli ujęcie, scena, a nawet cała sekwencja rozwala zamiast budować, musi wylecieć, niezależnie od tego, ile kosztowała pieniędzy czy trudu. Te same kryteria musisz zastosować w stosunku do wywiadów. Jeśli nie rozplanowałeś ich z góry, tylko postawiłeś kilku osiągalnych ekspertów przed kamerą, może się okazać, że trzeba będzie ich liczbę zredukować, któryś wywiad wyrzucić (jeśli kogoś eliminujesz z filmu, bądź na tyle grzeczny, aby go zawiadomić przed emisją).

Zaczynasz jednym opowiadaniem, a kończysz drugim

Zbliżony problem do wyżej omówionego, może polegać na tym, że zaczynasz film opowiadając jedną historię, a kończysz opowiadając drugą. Zgodnie z wcześniejszą analizą, napisanie na nowo szkicu (drabinki) może pomóc w podjęciu decyzji, którą historię chcesz tak naprawdę opowiedzieć, na którą masz materiał. Wystrzegaj się ciągot do naginania materiału dla opowiedzenia innej historii niż tej, dla której został zrealizowany. Materiał z balu maturalnego Sally nie powinien być używany dla zilustrowania przyjęcia zaręczynowego, którego nie sfilmowałeś. Znajdź sposób na użycie materiału z balu, budując na nim sprawę bardziej ogólną, jeśli taka potrzeba się pojawi.

Zbyt wiele postaci lub wątków

Nie miałeś wewnętrznej siły, aby odrzucić niezwykłe owoce, które ci dała dokumentacja, albo pominąć wspaniałych ludzi, których znalazłeś - i dzisiaj jesteś w sytuacji, gdy prezentujesz w swoim filmie historie ośmiu ludzi, których nic nie łączy, poza na przykład jednym, że niedawno skończyli studia i szukają pracy. Ale twój film ma tylko godzinę i każdemu mogłeś poświęcić równie niewiele czasu, tymczasem publiczność nie jest w stanie zapamiętać, która z postaci kłóciła się z sąsiadami, kogo wzięło na widelec Biuro ds. Emigrantów i Naturalizacji, która miała zamiar przenieść swoją działalność gospodarczą do Seattle. Jesteś zmuszony do określenia, które z postaci są najlepszymi nośnikami tematów o które ci chodzi, albo zagadnień politycznych, albo problematyki dyskryminacji rasowej, czyli sprawy, o której chciałbyś opowiedzieć widzom. Zawsze, groźne jest rozdrabnianie się w szczegółach. Niezależnie od stylu realizacji twojego filmu, musisz trzymać się głównej linii opowiadania i uzupełniać ją bocznymi wątkami (jak wątki podrzędne czy informacje tła, itp.) na tyle, na ile służą wątkowi głównemu.

Kilka początków, kilka zakończeń

Film rozpoczyna się od spojrzenia na gospodarstwo wielkoprzemysłowe i uprawę pszenicy. Komentarz objaśnia to co widzimy, a publiczność myśli: „O, to będzie dokument o rolnictwie". Następnie, film robi wrażenie jakby się zaczynał na nowo, pokazując przeróbkę pszenicy w chleb. „O, to jednak będzie film o żywności jako biznesie". Lecz w tym momencie zaczyna się po raz trzeci i stopniowo staje się jasne, że jednak będzie to film medyczny o nieprzyjmowaniu przez organizm i uczuleniach na pszenicę. Takie nieprecyzyjne zakreślenie głównego wątku na początku, to częsty problem w filmach. Dlatego trzeba go dobrze poszukać, pytając siebie w miarę rozwoju historii: „Jak mi się wydaje w tym momencie, o czym jest sprawa?". Główny planowany wątek winien być ukazany wkrótce po tym jak film się zaczął i winno być możliwe, wnioskując ze sposobu w jaki rozpoczyna się opowiadanie, antycypować – nie wiedzieć, tylko właśnie spodziewać się i być ciekawym – jaki będzie finał. W takim przypadku, szczegóły uprawy pszenicy i przemysłu przetwórstwa mogą znaleźć swoje miejsce w całości opowiadania.

Równie ważne jest, gdzie skończyć film. Tworzenie wrażenia, że kończysz, a za chwilę kończenie go jeszcze raz i jeszcze raz, może rozmyć całą siłę filmu - a co bardziej istotne, najczęściej w filmie jest jedno wyraźne zakończenie, które zadawalająco zamyka opowiadaną historię. Rozwiązanie wcale nie oznacza rozwiązania wszystkich spraw; oznacza jedynie, że przedstawiasz wnioski, które satysfakcjonująco zamykają pytania i problemy podniesione na samym początku.

Nigdy dość oddechu

W gorączce skracania filmu do żądanej długości, czynienia zwartym i precyzyjnym, można obrócić w nicość podcinane wywiady lub sceny. Członkowie ekipy mogą tego nie dostrzegać; patrzą na człowieka na ekranie dzień po dniu, tydzień za tygodniem, więc wiedzą co za chwilę powie, słyszeli to już przedtem, a żart przestał śmieszyć. Albo widzą, że mogliby opowiedzieć w dwóch zdaniach to, o czym scena przekonuje przez dwie minuty. To bardzo ważne, aby się temu umieć przeciwstawić – w filmie potrzebna jest energia i entuzjazm, który wnoszą ze sobą postacie. Podczas gdy radiowe i telewizyjne newsy mogą szatkować sceny na fragmenty, w filmie dokumentalnym należy pozwalać materiałowi płynąć przez rozsądną ilość czasu.

Niewystarczająca obsada

Można odkryć na etapie montażu, że brakuje jakiegoś bardzo istotnego głosu albo, że któraś z osób udzielających wywiadu, funkcjonuje w wyznaczonej jej roli w budowie opowiadania filmowego gorzej, niż ktoś inny, kto mógłby być na jej miejscu. Jeśli dasz radę, możesz nakręcić dodatkowy wywiad, dopasowując ton i wygląd do stylu całości. W przeciwnym wypadku, będziesz musiał szukać innego sposobu na wprowadzenie brakującego punktu widzenia do filmu, na przykład za pomocą nagrań archiwalnych, albo poprzez montaż sceny. Zdarza się również, że dopiero w trakcie montażu krystalizuje się twój cel, że robiąc zdjęcia zlekceważyłeś obowiązek zapytania twojego rozmówcę o sprawy poboczne. W zależności od tego jak poważny wyłoni się problem z tego powodu (oraz w zależności od budżetu, którym dysponujesz) możesz albo zorganizować dodatkową sesję zdjęciową z tym człowiekiem, z zamieram zamiany poprzedniego wywiadu na nowy, bądź z myślą o użyciu obu (choć montowanie ze sobą dwóch różnych sesji zdjęciowych tej samej osoby bywa problematyczne), nawet, gdybyś miał użyć tylko dźwięku z nagrania uzupełniającego, wkładając jako off.

W przypadku wyższej konieczności, z istniejącej wypowiedzi można skomponować zupełnie nowe zdanie, jakiego dana osoba nigdy nie wypowiedziała, ale takie zdanie, z którym ona czy on mogliby się według ciebie, w pełni zgodzić. Jeśli naprawdę chciałbyś to zrobić i takie kuglarstwo montażowe jest jedynym możliwym wyjściem, musisz je zaprezentować osobie zainteresowanej i uzyskać zgodę na jego użycie.

ODBLOKOWANIE

Nawet najbardziej twórcze umysły dopada zmęczenie. Robisz szóstą układkę sceny i ciągle jest źle, albo montażysta widzi to w jeden sposób, reżyserowi się to nie podoba, a producent umywa ręce. Zakładając, że przynajmniej ułożyłeś coś na kształt sekwencji, weź w tym momencie głęboki oddech i rozrzuć całą układkę. To przechodzi znacznie łatwiej właśnie na etapie pierwszej układki niż na etapie podcinania zmontowanej sekwencji, ale jakby nie było, jest to pożyteczne ćwiczenie w każdej sytuacji. Masz linię opowiadania, masz strukturę - może nie najlepsze ale masz. Na krótki czas otwórz drzwi do montażowni i poproś wszystkich, żeby podrzucali najbardziej szalone pomysły na jakie ich stać, nie pozwalając jednocześnie nikomu na lekceważący ton, na krytykę, że to nie ma prawa się sprawdzić, albo że już tego próbowano. „A gdybyśmy tak zaczęli tym, czym film się kończy? A gdybyśmy tak trzymali się z dala od wątku strażaka, dopóki jego żona nie pojawi się w wypadku? A gdybyśmy tak opowiedzieli całość z perspektywy dziecka, a nie jego rodziców?".

Daruj sobie wszystko co było dotychczas i zacznij od nowych spraw. Może żadna nie zafunkcjonuje. Ale właśnie w tej otchłani pomiędzy tym co było nudne ale bezpieczne i tym co jest obrazoburcze i głupie - może się pojawić światełko nadziei. Innymi słowy dwie błędne odpowiedzi mogą cię doprowadzić do tej jednej - właściwej. Takiego zabiegu nie da się powtarzać w nieskończoność, w jakimś momencie osoba będąca u steru, musi powiedzieć dość. Lecz rezultat końcowy po takiej burzy mózgów może być naprawdę obiecujący.

BĄDŹ DLA SIEBIE PIERWSZYM WIDZEM

Znakiem rozpoznawczym twórcy potrafiącego opowiadać, jest zdolność świeżego spojrzenia – oczyma widzów – na swój materiał, uczciwej oceny jego słabości, gotowość tworzenia nowej układki. Gdy widzisz problemy, nie ignoruj ich. Widzowie są niesamowici w ich zdolności postrzegania rys, które miałeś nadzieję znikną pod warstwą pudru. Dostrzegą brak sensownego przejścia, które miałeś nadzieję zamaskować fajną muzyczką i obrazkami. Z drugiej strony nie możesz budować opowiadania, nie możesz montować, pod stałym brzemieniem krytyki. Nie podważaj decyzji, które przed chwilą podjąłeś, nie na tym polega ten proces. Zamiast tego, stawiaj na każdym kroku pytania: „Czy to jest ciekawe? Czy bym nie odpuścił oglądania? Co mnie wciąga? Za kogo się martwię? Czy jestem zdezorientowany albo speszony? Gdzie potrzebuję więcej informacji?".

Jest nadzieja, jeśli to zafunkcjonuje w stosunku do ciebie - montażysty, producenta, reżysera – że przełoży się również na widza.

ROZDZIAŁ 13

Narracja słowna, komentarz

Komentarz to nie jest ta najgorsza rzecz, która może się przytrafić filmowi, ale zły komentarz – to i owszem. Dlatego wielu realizatorów, stara się obejść bez niego za wszelką cenę. Wszystkim zdarzało sie widywać filmy pełne słów, elokwentne, z odpowiednią ilością powietrza, a jednak nudne. Do tego czy film będzie śmieszny, sarkastyczny, oszczędny, poetycki czy elegancki może przyczynić się również komentarz (albo obszerny off). *Enron, Super Size Me, Grizzly Man* czy *Born into Brothels,* między innymi filmami z ostatnich lat, zostały opatrzone bardzo dobrym komentarzem (narracją). Komentarz w *Enron* ma charakter najbardziej tradycyjny, w tym sensie, że jest wygłaszany spoza kadru przez aktora Petera Coyote. Jest to głos całkowicie anonimowy, który dostarcza informacji posuwających film do przodu. *Super Size Me,* komentowany z offu i opowiadany setkowo przez reżysera Morgana Spurlocka, tworzy coś co uważa się za klasyczną narrację; fakty i liczby dotyczące dietetyki, zdrowia, przemysłu spożywczego itd. *Grizzly Man* (Człowiek niedźwiedź) jest opowiadany w pierwszej osobie przez reżysera Wernera Herzoga w całości spoza kadru. Herzog opowiada o swojej podróży w celu zbadania spuścizny i okoliczności śmierci przyrodnika Timothy Treadwella. W filmie *Born into Brothels* (Przeznaczone do burdelu), narracja prowadzona przez Zanę Briski, nie odnosi się do jej roli jako producentki i reżyserki (razem z Ross Kauffman) tylko do jej uczestnictwa w filmie jako fotografki, pomagającej grupie dzieci urodzonych i żyjących w burdelach Kalkuty.

Komentarz lub narracja spoza kadru, jeśli zrobione są dobrze, mogą być najlepszym i najbardziej efektywnym środkiem posuwającym do przodu opowiadanie i to wcale nie dlatego, że opowiada daną historię, tylko dlatego, że wciąga widza w opowiadanie i prowadzi go przez nie. Komentarz dostarcza informacji niedostępnych w inny sposób, a potrzebnych dla pełnego odbioru i przeżywania filmu. „Gdy dokumentaliści zanurzają się w skomplikowane zagadnienia polityki historycznej czy problemy prawa i prawodawstwa", odnotowuje reżyser Jon Else, „komentarz staje się ich sprzymierzeńcem. W praktyce może to oznaczać dwie, trzy linijki tekstu w całym filmie, ale nierzadko mogą one zastąpić 10 minut chropawego wywiadu, czy kulawego materiału obrazowego.

PUNKT WIDZENIA

Gdy piszesz narrację, musisz przyjąć jakiś punkt widzenia dla jej sformułowania, na przykład:

■ Narrację w pierwszej osobie stosujesz wtedy, gdy lektor używa sformułowań takich jak: *Musiałem się dowiedzieć...* Ten punkt widzenia jest ogólnie ograniczony do tego, co narrator wie w danym momencie opowiadania.

▪ Narrację w drugiej osobie używa się częściej w druku niż na ekranie. Polega ona na tym, że narrator zwraca się bezpośrednio do odbiorców „ty lub wy", jak np. *Pyta, czy chcesz wody, na co odpowiadasz twierdząco.*

▪ Trzecia osoba wszechwiedząca – to najczęściej używana forma narracji. Pisze się ją używając „on" i „ona", a narrator może się zarówno wślizgnąć do myśli i działań każdej z postaci, jak i usunąć. Na przykład: *Burmistrz znał dobrze plany Smitha. A że swojego sztabu wyborczego Smith widział, że odpowiedź burmistrza, gdy nadejdzie, będzie gwałtowna.* Najczęściej taki typ komentarza określany jest mianem „obiektywny", w tym znaczeniu, że ograniczony jest do podawania faktów, które można zaobserwować i zweryfikować. Jednakże, jak było to omówione w pierwszym rozdziale, to ciągle pozostaje obarczone jakimś punktem widzenia, niezależnie o starań nadania tej narracji cech wyważenia racji i neutralności.

▪ Trzecia osoba subiektywna, używa formuły „on", „ona", ale pozostaje ograniczona do tego samego punktu widzenia jak narracja w pierwszej osobie. Innymi słowy, mogłabym opowiedzieć o pisaniu tego rozdziału w sposób następujący: *Ona siedzi przy biurku i pisze, zastanawiając się czy zdąży na określony termin.*

Poza punktem widzenia narratora filmu, punkt widzenia zawiera się także w wypowiadanych w filmie zdaniach. Nawet jeśli wybrałeś wszechwiedzącego narratora, musisz bardzo uważać, aby nie skakać w tą i z powrotem pomiędzy różnymi punktami widzenia, wręcz odwrotnie dbać o mocne osadzenie widza. Na przykład, jeśli zaczniesz opowiadać o wojnie o niepodległość z punktu widzenia atakujących Anglików, nie możesz przeskoczyć nagle na stronę Amerykanów, bez wyraźnego zakomunikowaniu widowni o tym fakcie. Innymi słowy, przedstawiona poniżej (wyimaginowana) scena mogłaby być myląca: *Brytyjskie siły przygotowywały się do natarcia, podczas gdy Amerykanie zgrupowali się obok Boone Hill. Generał Washington rozkazał swym żołnierzom, zbieraninie 300 ludzi, trzymać sie mocno. Wojska w sile 2000 ludzi zaatakowały nie napotykając silniejszego oporu.*

Scena, opowiedziana z amerykańskiego punktu widzenia, mogłaby wyglądać następująco: *Amerykanie byli zgrupowani niedaleko Boone Hill, gdy pozyskali informację o tym, że Brytyjczycy ruszyli do przodu. Generał Washington rozkazał swym żołnierzom, zbieraninie 300 ludzi, stać nieustępliwie, gdy naprzeciwko zbliżało się do nich 2000 Brytyjczyków.*

Z brytyjskiej perspektywy, to mogłoby iść w ten sposób: *Siły brytyjskie przygotowały się do natarcia na Amerykanów zgrupowanych nieopodal. W sile 2000 ludzi, bez trudności pokonali dystans dzielący ich od Boone Hill, gdzie Generał Washington czekał na nich na czele zbieraniny 300 żołnierzy.*

Oczywiście, tekst winien uzupełniać obraz. Jednak bardzo jest łatwo w takim przypadku jak ten, pogubić się w meandrach bitwy, kto naciera, a kto się broni, albo kto i w jakim kierunku naciera. Najlepszym rozwiązaniem dla reżysera, jest zachowanie stałego punktu widzenia.

RODZAJE KOMENTARZY

Zdarza się, że filmowcy komentują w filmie, czy raczej „uzupełniają" informację, nie za pośrednictwem głosu, tylko za pomocą tekstu pisanego na ekranie. To zwykle oznacza albo plansze (tekst na neutralnym tle) albo podpisy (tekst wkopiowany w obraz, najczęściej w dolnych partiach ekranu), które mają za zadanie uzupełniać informację niepełną, czy nieoczywistą. Ta metoda używana jest najczęściej w filmach typu reportażowego (akcja rozwija się na ekranie) i stosowana jest oszczędnie. Realizatorzy stosujący plansze, używają ich aby „osadzić" film, a później od czasu do czasu, zaznaczyć czas lub miejsce akcji, bądź połączyć ze sobą sekwencje.

Na przykład, *Spellbound* (Mistrzowie ortografii), dokument o grupie dzieci uczestniczących w Ogólnokrajowym Dyktandzie, rozpoczyna opowiadanie serią plansz zaraz po tytule filmu. Plansze pojawiają się w następującym porządku (liczebniki zostały tutaj dodane dla jasności sprawy, na ekranie ich nie ma): 1, uzupełniona przez 2, znikają razem; 3, uzupełniona przez 4, znikają razem; 5, uzupełniona przez 6, znikają razem:

1. W całym kraju, 9 milionów dzieci współzawodniczy w szkolnych lub miejskich dyktandach.
2. Tylko 249 kwalifikuje sie do finału w Waszyngtonie.
3. W trakcie dwudniowych testów, 248 nie popełni żadnego błędu.
4. Jedno z nich zyska tytuł mistrza.
5. Oto historia ośmiu amerykańskich dzieci
6. które, pewnej wiosny, wyruszyły po zwycięstwo w Krajowym Dyktandzie.

To bardzo skutecznie osadza historię, która ma nadejść; później tekst na ekranie krótko przedstawia protagonistów (wizytówki), na przykład *Perryton, Texas* (na ogólnym planie miasta), a następnie podpis *Angela* (na ujęciu Angeli).

Kiedy wprowadzać narrację, jak prowadzić narrację, kto powinien być narratorem – to są wszystko bardzo ważne decyzje z punktu widzenia budowy opowiadania. Powinny wynikać częściowo z samej treści filmu, częściowo ze stylu i tonacji przyjętej przez realizatorów. Porównajcie narrację w filmie *Enron* z brakiem jakiegokolwiek komentarza w takim filmie jak *Spellbound* (Mistrzowie ortografii). *Enron*, oparty na reportażach z magazynu *Fortune* autorstwa Bethany McLean i Petera Elkinda, dąży do wyjaśnienia szerokiemu odbiorcy korporacyjnego skandalu finansowego o niezwykłym stopniu złożoności. Względnie oszczędny komentarz, pomaga jednak realizatorom scalić skomplikowaną materię dowodów wyłaniających się z poszczególnych wywiadów, doniesień prasowych, zapisów dźwiękowych, wideorejestracji przesłuchań i całej reszty. Całkiem odmiennie, *Spellbound* nie stara się przedstawiać złożonych faktów, zamiast tego stara się wprowadzić widzów do domów i do codziennego życia wybranych dzieci w trakcie ich przygotowań do Krajowego Dyktanda, a następnie towarzyszy im na finałach, aby obserwować jak sobie dają radę.

Jak wspomniano wcześniej, narracja spoza kadru, którą zastosował Werner Herzog w filmie *Grizzly Man* (Człowiek niedźwiedź), jest bardzo ważną częścią filmowej historii. Film zaczyna się od intrygujących fragmentów z materiałów Treadwella. Następnie, podobnie jak plansze które rozpoczęły *Spellbound*, pierwsze słowa jakie słyszymy ze strony Herzoga wyjaśniają założenia, które przyświecały realizacji filmu:

> *Te królewskie zwierzęta zostały sfilmowane przez Timothy Treadwella, który spędził pomiędzy dzikimi niedźwiedziami grizzly 13 letnich sezonów. Wędrował po odległych zakątkach półwyspu Alaska z wiarą, że jego obecność przyczynia się do ochrony tych zwierząt, że edukuje ludność. W trakcie pięciu ostatnich sezonów zabierał ze sobą kamerę wideo i nakręcił blisko 100 godzin materiału. Treadwell zamierzał pokazać niedźwiedzie w ich naturalnym środowisku. Mając sam nijakie doświadczenie w zdjęciach przyrody, dostrzegłem, że poza warstwą przyrodniczą, w tych materiałach ukryta jest niespodziewanie piękna i głęboka historia. Odkryłem film o wzlotach i upadkach człowieka. Tak jakby była w nim chęć przekazania swego człowieczeństwa i więzi z niedźwiedziami - którą Treadwell osiągnął, szukając pierwotnego spotkania. Lecz krocząc tą drogą, przekroczył niewidzialną granicę....*

Herzog gra kilka ról jako narrator filmu. Czasami naświetla sprawy podstawowe: *Timothy dorastał z czwórką rodzeństwa na Long Island...* albo użycza swojej wiedzy warsztatowej: *Wygląda na to, że scena się skończyła, ale wiem z doświadczenia, że czasami wpadają w ucho rzeczy, o których nawet nie można było marzyć.* Być może najciekawsze są sprzeciwy Herzoga wobec Treadwella. Od czasu do czasu na przykład, są to proste stwierdzenia niezgody: *Treadwell postrzegał siebie jako strażnika tej krainy, stylizując się na Księcia Niezłomnego, który zwalcza złych facetów spiskujących przeciwko niedźwiedziom. Jednakże cała ta ziemia jest rezerwatem chronionym przez prawo federalne...* Herzog spiera się także bezpośrednio z Treadwellem jakiego widzimy na ekranie, jak np. w sytuacji, gdy Treadwell opłakuje śmierć małego niedźwiadka (zadaną przez innego zwierza), a potem małego lisa. W swoim materiale Treadwell mówi: „Kocham cię i nie pojmuję. Życie jest okrutne". W komentarzu spoza kadru Herzog odpowiada: *Tu różnię się z Treadwellem. Wygląda na to jakby ignorował fakt, iż w przyrodzie występują drapieżniki. Ja wierzę, że wspólnym mianownikiem wszechświata nie jest harmonia – tylko chaos, wrogość i zabijanie.*

Były dyrektor finansowy Enronu, Andy Fastow, w filmie *Enron: The Smartest Guys in the Room*,
rozpowszechniany przez Magnolia Pictures. Zdjęcie ze zbiorów: Associated Press Worldwide.

KIEDY PISAĆ NARRACJĘ?

Nie ma sztywnej reguły kiedy należy pisać komentarz, to zależy od projektu. Można powiedzieć, że kiedy używasz narracji aby zszyć ze sobą sceny obrazowe, wywiady i być może materiały archiwalne, pierwsze przymiarki z tekstem (także z offem) będziesz mógł uczynić dopiero w montażowni. Powinieneś układać najpierw inne elementy, takie jak własne materiały zdjęciowe, materiały archiwalne, wybrane fragmenty wywiadów i dopiero wtedy zacząć pierwsze przymiarki z komentarzem, na tyle tylko, żeby opowiadanie filmowe szło do przodu. Bywa, że musisz napisać „pod setkę" co oznacza, że musisz swoją narracją wprowadzić gadającą głowę, aby fragment wypowiedzi który się pojawi był lepiej zrozumiały przez widza. Bywa, że musisz użyć komentarza, aby przygotować wejście sceny, która następnie będzie się rozgrywać przed kamerą (czyli oczami widza) bez niepotrzebnych wtrętów. Inny powód, to przeniesienie widza od jednej sekwencji do następnej.

KTO PISZE NARRACJĘ?

Pisanie dla filmu, wymaga innych talentów niż pisanie książek czy reportaży prasowych. Niektórzy prozaicy pokonują ten próg, ale nie wszyscy. Pisanie pod obraz – pisanie słów, które raczej będą słuchane niż czytane – budowanie struktury opowiadania w ramach wyznaczonego czasu, czy to będzie 30 minut czy osiem godzin, to szczególna umiejętność. Tak jak wielki poeta mógłby okazać sie okropnym scenarzystą, tak samo wielki reporter prasowy może nie umieć napisać dobrego filmu.

W bardzo wielu projektach, producent i/albo reżyser jest także scenarzystą (tzn. osobą odpowiedzialną za opowiadanie i strukturę, niezależnie od tego czy planowany jest komentarz) i z tej racji pisze także narrację. W innych przypadkach, osoba określana mianem scenarzysty, może pracować nad filmem od etapu dokumentacji, przez okres zdjęciowy i montażu, przez co staje się osobą najbardziej predestynowaną do napisania narracji. Nierzadko montażystka, czy montażysta piszą zręby komentarza, które są cyzelowane później ze scenarzystą (scenarzystami).

Zdarza się, że zaprasza się osobę piszącą, specjalnie w celu stworzenia czy wyszlifowania narracji, w celu nadania jej większej siły. Taka specjalistyczna obróbka słowa w filmie, może dobrze zapracować w dobrym skądinąd filmie. Jednak nie łudźcie się, nawet najlepiej doszlifowana narracja, nie przykryje mielizn opowiadania i struktury. Tak więc, jeśli w ekipie nie pracuje na stałe dobry scenarzysta, to jednak powołanie kogoś na tę funkcję, nawet „na przychodne", na jak najwcześniejszym etapie produkcji, może w sumie bardzo się opłacić.

Zwróć uwagę, że jeśli planujesz zaangażowanie aktora albo jakiegoś celebryty jako narratora filmu, może zaistnieć konieczność podpasowania tekstu do jego unikalnych walorów głosowych czy osobowości.

PISANIE POD OBRAZ

Kamera panoramuje po sepiowej fotografii kawalkady wozów na zakurzonej drodze. Z boku stoi stary farmer patrzący na przejeżdżające wozy. Kamera kończy na ręcznie wykonanym znaku, przyczepionym do jednego z ostatnich: *Califna or Bust* (Kalifornia albo nic). Który tekst pasowałby lepiej pod oglądane na ekranie ujęcie?

- *Gotowe wozy na zakurzonej drodze.*
- *Czwartego sierpnia byli gotowi wyruszyć na poszukiwanie złota: czterech mężczyzn, pięć kobiet i ośmioro dzieci.*

Która z propozycji dodaje życia fotografii, a która po prostu potwierdza oczywiste? Komentarz winien uzupełniać informację zawartą w obrazie, a nie powielać ją. A oprócz tego, narracja winna popychać opowiadanie do przodu.

Poniżej drugi przykład z filmu, który opowiada o grupie przyjaciół ze studiów, którzy od roku konfrontują się z rynkiem pracy. W scenie reporterskiej zaaranżowanej w prywatnym domu, grupa młodych kobiet zasiada do wykwintnej kolacji. Jedna z nich, ubrana w kostium wyglądający na najwyższą półkę cenową, podaje do stołu pieczonego indyka. Która z poniższych propozycji będzie bardziej użyteczna?

- *Donna jawi się jako najpełniejsza życia z całej grupy, jednocześnie najbardziej zwraca uwagę na elegancję.*
- *Donna, absolwentka prawa na Harvardzie, ma nadzieję zrobić karierę w reklamie.*

Oczywiście, będziesz mówił o tym, czego w danym momencie powinni dowiedzieć się widzowie. Jednak, sam obraz już nam mówi, że Donna jest żywotna i dobrze ubrana. Z obrazu nie wyciągniemy wniosku, że studiowała na Harvardzie. Taki komentarz uzupełnia obraz.

Poniżej prezentuję inny przykład podejścia stosowanego przez realizatorów, w nadziei na zbudowanie napięcia:

- *Donna, organizatorka tego spotkania, dowie się się wkrótce, że jej życie zmieni się w sposób, którego nie mogłaby sobie wyobrazić.*

Na czym tutaj polega wartość dodana? Czy siedzisz na krawędzi krzesła denerwując się, jak zmieni się życie Donny? Nie. To po prostu czytelna intencja zbudowania napięcia, ale to tylko słowa. Napięcie ma wynikać z opowiadania, a nie z chwytów komentarza.

Tak jak należy pisać w zgodzie z obrazem, tak nigdy nie należy pisać przeciwko obrazowi. Dość często popełnianym błędem jest pisanie w sposób sugerujący, że film zmierza w jednym kierunku, gdy tymczasem obraz prowadzi w drugim kierunku. Oto przykład. Widzimy grupę kierowników siedzących wokół stołu, pogrążonych w rozmowie. Komentarz: *Rada postanowiła zaangażować konsultantkę, Jane Johnson.* Cięcie do przemawiającej kobiety. Czy nie oczekujecie, że będzie to Jane Johnson? Jeśli tak nie jest, to potrzeba dobrej chwili na przestawienie swojego myślenia, na odnalezienie się – no dobrze, jeśli to nie jest Johnson, to kto to jest? Mając uwagę zajętą na rozwiązywanie tej zagadki, traci się przynajmniej część tego co kobieta miała do powiedzenia.

Załóżmy, że kobieta znalazła się na zebraniu Rady aby wyjaśnić, dlaczego angażują Jane Johnson. Sklejka ma sens. Tylko narracja idzie w poprzek. Spróbuj inaczej. Widzimy grupę kierowników siedzących wokół stołu, pogrążonych w rozmowie. Komentarz: *Rada zdecydowała, że trzeba wynająć konsultanta.* Cięcie do kobiety z Rady, która wyjaśnia: „Musimy zmienić nasze myślenie u samych podstaw, dlatego....". To niewielka różnica, ale jakże istotna.

Słowa i obrazy winny współpracować ze sobą, dodając cegiełki w budowli jaką staje się opowiadanie. Dodatkowo, słowa winny dokładnie identyfikować obraz. Niedostatek materiału obrazowego bywa bardzo frustrujący dla filmowców. Dla przykładu, wyobraźmy sobie, że opowiadacie o mężczyźnie i kobiecie, którzy spotkali się w Ohio na potańcówce USO (United Service Organizations – kobiece organizacje pomocy żołnierzom i kombatantom) – w przeddzień jego odpłynięcia do Europy, aby walczyć w II wojnie światowej. Lecz w posiadaniu rodziny są tylko zdjęcia zrobione pięć lat później, gdy mężczyzna wrócił z wojny, pobrali się i urodziło im się dziecko. Nie ma jakichkolwiek materiałów filmowych nie tylko z tej potańcówki, ale w ogóle z tego klubu. Czy można użyć materiał z innych potańcówek USO, z innego stanu, czy z innego roku?

Oczywiście że można - lecz narracja winna unikać tworzenia fałszywego odczucia, że widzowie widzą tę konkretną zabawę. Na przykład, załóżmy, że montażysta używa materiału z potańcówki USO sfilmowanego dwa lata później i w innym stanie. Komentarz brzmi, *2 lutego 1942 roku, na tańcach USO w Columbus, Ohio, Tim wreszcie spotkał dziewczynę swoich marzeń.* Widzowie mogą pomyśleć: „O Matko, czyż to nie wspaniałe, że znalazła się tam kamera, która zdołała to zarejestrować". Moim zdaniem, to przekracza granice wiarygodności i jeśli widzowie zorientują się, że to nie mógł być ten wieczór i ta potańcówka i to miasto, spojrzą na twoje archiwalia tak jak na to zasługują - jak na tapetę. Tylko że od tego momentu, pozostałe archiwalia w twoim filmie mają obniżoną wiarygodność, stają się lekko podejrzane – niezależnie czy na to zasługują, czy nie.

Istnieje dobra alternatywa na zrobienie takiej samej sceny z tych samych materiałów. Po prostu trzeba szerzej napisać komentarz, na przykład: *Potańcówki USO odbywały się w salach gimnastycznych i w szpitalach, kantynach i klubach jak Stany długie i szerokie. Na jednej z takich potańcówek Tim spotkał dziewczynę swoich marzeń.* Nie musisz pisać tylko do konkretnego obrazu; Możesz zaproponować, mające wartość dodatkową przypomnienie, że twoi bohaterowie to dwójka ludzi w matni czasów i w sytuacji przerastającej ich indywidualny los. Materiał archiwalny przestaje być pospolitą tapetą, staje się znakiem czasu.

Pisanie pod obraz oznacza również, że słowa na które się decydujesz, będą pracować we wzajemnym związku z obrazami. Oto przykład. Robisz film o drużynie kolarzy biorących udział w Tour de France. Musisz przedstawić Ralpha Martineza, jadącego w barwach Stanów Zjednoczonych. Komentarz położysz na scenie, która wygląda tak: jest wczesny ranek, kolarze są zgromadzeni na rynku miasteczka, piją kawę i soki, jedzą ciastka, zgrzewają się do kolejnego dnia wyścigu. Ujęcie zaczyna się od zbliżenia croissanta. Sięga po niego ręka w kolarskiej rękawiczce, odjazd ukazuje nieco szerszy plan, gdy śledzimy ciastko podnoszone do ust, wreszcie widzimy młodego mężczyznę (Ralph) siedzącego na rowerze, który sączy kawę, śmieje się i rozmawia z kolegami z drużyny. Możliwe różne warianty komentarza:

- *Dzień rozpoczyna się od ciasteczek i kawy dla Ralpha Martineza i jego kolegów z drużyny.* Możemy niemal powąchać sami – oglądaną na ekranie kawę i ciastka.
- *Ralph Martinez, gotów do rozpoczęcia swojego trzeciego wyścigu, jedzie w reprezentacji Stanów Zjednoczonych.* Tak nie będzie dobrze, ponieważ słowa „Ralph Martinez" padną zbyt wcześnie, prawdopodobnie, gdy będziemy jeszcze oglądać kulkę marmolady

na croissancie. Należy dążyć, aby słowa z grubsza odpowiadały obrazowi, zatem w narracji Ralph powinien pojawić się dopiero wtedy, gdy będzie widoczny na ekranie.

- *Z Amerykanami jedzie Ralph Martinez, biorąc udział po raz trzeci w Tour de France.* Trudno wyrokować, czy to się sprawdzi, dopóki nie usłyszysz tego razem z obrazem. Zwróć uwagę, że nie musisz używać słowa „drużyna", gdyż tego można się domyślić. Dalej, prawdopodobnie w tym miejscu filmu nie będziesz musiał operować pełną nazwą wyścigu, wystarczy „Tour". Musisz być oszczędny w słowach, jak to tylko możliwe. Znacznie lepiej zostawić chwilę na efekty, niż kłapać do uszu widzów bez ustanku.

Pisanie pod obraz może być trudne, szczególnie dla tych, którzy nie lubią poprawek. Przez cały okres montażu niemal wszystko jest płynne. Scenę trzeba skrócić, aby dać więcej czasu innej scenie. Ujęcie archiwalne trzeba wymienić, gdyż nie da się uzyskać do niego praw. Sekwencja zostaje przesunięta z drugiej połówki filmu do pierwszej, w związku z tym trzeba ją inaczej „ustawić". Od pierwszej układki aż do zamknięcia scenariusza, narracja jest obiektem ciągłych zmian. Musisz kultywować w sobie chęć ciągłej pracy nad komentarzem. Gdy nagromadzi się spora ilość zmian, montażysta czy ktoś z ekipy powinien nagrać brudną wersję komentarza i położyć pod obraz. Sam się przekonasz, że wiele z tych poprawek będzie wymagało kolejnych. Koniec końców jednak, scenariusz zostanie zamknięty, obraz zostanie zamknięty, a narracja zostanie ukończona.

PISANIE NARRACJI DLA LEKTORA

Z założenia, teksty wszelkich narracji pisze się w celu ich głośnego czytania. Liczy się każde słowo. Słowa ważne winny wyróżniać się na tle zdania czy paragrafu. Zdania winny być krótkie i pisane w stronie czynnej. Zwroty należy sprawdzić, upewnić się czy w czytaniu nie tworzą jakiś innych znaczeń. Na przykład: *Marek zostawił Filipa. Pod domem czekał skunks.* W czytaniu, znaczenie jest jednoznaczne. Natomiast gdy się słucha, można pomyśleć, że Marek zostawił Filipa pod domem, a może skunks zaatakuje niespodziewającego się niczego Marka. *Szczątki zostały przesłane do miejscowego laboratorium antropologii. Tam, byli głęboko przekonani, Dr Smith mógł dostarczyć ważne informacje.* Czy szczątki miały przekonać kogoś w temacie Dr Smith?

Musisz także unikać łamania języka oraz cudzysłowów; widownia nie usłyszy ironii, gdy lektor będzie mówił: *Eleonorze było „przykro", lecz nikt jej nie wierzył.* Na papierze, czytelnik będzie mógł sensownie rozszyfrować, że Eleonora przeprosiła, lecz przyjęte to zostało jako udawanie, jako fałsz. Dla słuchacza, brzmi to jak gdyby narrator rozstrzygnął, że Eleonora faktycznie przeprosiła, tylko nikt jej nie uwierzył. Mieliśmy tutaj drobną, ale istotną różnicę (z tych samych powodów, musisz wystrzegać się słów, które brzmią podobnie, a znaczą coś zupełnie innego, albo połączeń takich jak „shouldn't", które można usłyszeć jako „should").

Rozwiązanie jest proste. Czytaj swój komentarz na głos, nawet w trakcie pisania. Okaże się, że całkiem łatwo: wychwycisz fałszywy rytm, dostrzeżesz kluczowe słowa które znikają i odwrotnie, słowa które są niepotrzebne, wychwycisz niefortunne zbitki wyrazów. A potem czytaj pod obraz znowu (i jeszcze raz i jeszcze raz).

Jeśli jesteś autorem ostatecznej wersji narracji do filmu, przyjdzie w końcu taka chwila, że będziesz musiał nagrać to na czysto. Gdy oglądasz dokumenty, zwracaj uwagę na sposób podawania tekstu. W filmie *Super Size Me,* rosnąca energia Morgana Spurlocka pompuje warstwę narracyjną do góry. Al Gore wnosi dwie różne tonacje do narracji w filmie *Inconvenient Truth* (Niewygodna prawda). Jedna to oficjalny ton, którym opowiada o zmianach klimatycznych, druga jest bardziej prywatna, gdy intymnym tonem opowiada o swoim życiu i rodzinie. Przed aktorem angażowanym do nagrania komentarza, stawia się najczęściej zadanie bycia neutralnym i „przezroczystym" w sposobie podawania tekstu.

OGÓLNE WSKAZÓWKI ODNOŚNIE PISANIA NARRACJI

Zrób powtórkę z gramatyki

Tak jak teksty pisane na użytek zewnętrzny, rozliczne aplikacje, komentarz musi być pisany w zgodzie z zasadami gramatyki. Do powszechnie spotykanych problemów należą iskrzące się i źle umiejscowione słówka precyzujące znaczenie, mętne używanie zaimków, niestosowanie synonimów, niewłaściwe bądź nieprecyzyjne używanie słów codziennych (takich jak *ilość* i *liczba, ale* oraz *i, od, jak* oraz *jako, móc* i *umieć*) oraz podawanie błędnie wysnutych wniosków. Na rynku znajduje się wiele podręczników analizujących style pisania, na czele z *The Elements of Style*, klasyczną książką Williama Strunk Jr. i E. B. White; *The Associated Press Stylebook and Libel Manual*, wydana przez Normana Goldsteina, oraz *The New York Times Manual of Style and Usage*, autorstwa Allana M. Siegal i Williama G. Connolly.

Buduj oczekiwanie

Narracja winna podążać za mostkiem opowiadania, a nie prowadzić to opowiadanie. W początkowych minutach filmu musisz postawić pytania, które będą napędzały opowiadanie. Dalej, musisz przewidywać potrzeby widzów i niemal podświadomie sączyć im informację, skoro tylko pytanie albo niezrozumienie może zaświtać w ich głowach. Gdy oglądasz dobrze zrealizowane filmy, wyłapuj takie właśnie momenty. Odwracasz się do osoby z którą oglądasz film i stwierdzasz: „Nie rozumiem, myślałem, że ona nie mogła ubiegać się o urząd gubernatora" i wtedy, sekundy później, komentarz przynosi wyjaśnienie; luka w prawie wyborczym zadziałała na jej korzyść.

Unikaj stereotypów

Tam gdzie to tylko możliwe, używaj terminów neutralnych, nieokreślających płci (na przykład: raczej *funkcjonariusz policji* niż

policjantka czy policjant, lepiej zastęp *straży ogniowej* niż zastęp *strażaków).*
To ma znaczenie z dwóch powodów. Jest bliższe temu, jakim jest dzisiaj
świat, a z drugiej strony stanowi sygnał potwierdzenia i włączenia
zróżnicowanej przecież widowni.

Unikanie stereotypów polega również na ostrożności w używaniu
słów „kodów" (jak na przykład, gdy eufemistycznie mówisz „mieszkańcy
okolic podmiejskich", a myślisz biali albo średnia klasa) oraz
wystrzeganiu się sądów wartościujących opartych na stereotypach, jak
np. „Zbliżała się do czterdziestki, ale wciąż była atrakcyjna". Czyj punkt
widzenia odzwierciedla taki sąd? „Zbliżała się do czterdziestki" sugeruje
jakąś absolutną geriatrię, a umieszczone tam „ale" wyraża zbiorowe
przekonanie ekipy, że na nikim powyżej dwudziestu pięciu nie warto
zawiesić spojrzenia. Na stereotypowe zwroty takie jak: mięśniak o małym
rozumku, głupia blondynka, mała starsza pani, „to nie jest to co tygrysy
lubią najbardziej" – nie ma miejsca w komentarzu. Teściowe sprawują
rządy w korporacjach i państwach, „stare pryki" ustanawiają zagraniczną
politykę i obrabiają banki.

Wystrzegaj się anachronizmów

Jeśli prowadzisz narrację tak jakby z punktu widzenia wewnątrz
opowieści, trzymaj się konsekwentnie narzuconych sobie granic. To
oznacza uznanie limitów układu odniesienia w jakim funkcjonuje
bohater, włącznie z czasem i miejscem. Przykład narracji, która nie
spełnia tych wymogów, pochodzi z animowanego serialu *Gdy dinozaury
spacerowały sobie po Ameryce* produkcji Discovery Channel. Narrator John
Goodman mówi z pozycji dinozaurów, starając się ocenić nową bestię,
którą napotkał. *Raptor nie widział jeszcze takiego dinozaura* - mówi
Goodman. *Czy będzie polował na innych czy będzie ofiarą? Nie ma drugiego
stworzenia na ziemi, które wyglądałoby jak na wpół oskubany indyk i chodziłoby
jak wzdęty niedźwiedź. Jednak, to dziwadło może być niebezpieczne.* Ta narracja
porównuje to co widzi dinozaur ze zwierzętami których nie zna,

ponieważ pojawią się dopiero za kilkanaście milionów lat. Dla widza, takie porównanie będzie zrozumiałe, tym niemniej „wyciąga" nas ze środka opowiadania. Producenci, chcąc użyć tego porównania, powinni zwrócić uwagę na przeskok czasu, przenosząc punkt widzenia – choćby na chwilę – poza punkt widzenia Raptora, na przykład: *Raptor nie widział jeszcze takiego dinozaura. Naukowcy dzisiaj twierdzą, że wyglądał prawdopodobne jak skrzyżowanie na wpół oskubanego indyka i wzdętego niedźwiedzia. Dla Raptora wyglądał dziwnie - jednak, dziwadła mogą być niebezpieczne.*

Musicie również zwracać uwagę, aby mówiąc o przeszłości, nie nakładać na to swoich wartości, założeń i wiedzy, z XXI wieku.

Ograniczaj liczbę myśli w każdym kawałku narracji

Narracja winna dostarczać tylko te elementy opowiadania, które są potrzebne do przejścia do następnego materiału setkowego. Jeśli pójdziesz za daleko, albo zamieścisz zbyt wiele myśli, widzowie zgubią trop przekazu i będą oszołomieni i zdezorientowani tym, co pojawi się na ekranie. Dla przykładu, kawałek komentarza z odcinka *Not a Rhyme Time*, serialu *I'll Make Me a World: A Century of African-American Arts*: *Wiosną 1967, Amiri Baraka miała zabrać głos na Konferencji Czarnych Pisarzy na Uniwersytecie Fisk w Nashville, Tennessee. W programie była również Gwendolyn Brooks.*

Napięcie w filmie bierze się stąd, że Baraka jest reprezentantką nowego Ruchu Czarnej Sztuki, a Brooks – autorka, która zdobyła Nagrodę Pulitzera i publikuje u znanego, dużego wydawcy – nijako reprezentuje „establishment". Wzajemne oddziaływanie tej dwójki, będące głównym wątkiem opowieści, pomoże wywołać transformację Brooks.

Popatrzcie co by się stało, gdybyśmy poszli za daleko i dokonali zwrotu w tym kawałku narracji: *Wiosną 1967, Amiri Baraka miała zabrać głos na Konferencji Czarnych Pisarzy na Uniwersytecie Fisk w Nashville, Tennessee. W programie była również Gwendolyn Brooks. Była gotowa do przeczytania swojego wiersza „Życie Lincolna Westa".* Nagle głównym obiektem zainteresowania stał się wiersz i przekaz narracji zagubił się.

To jest chyba jeden z najpoważniejszych i jednocześnie najczęściej popełnianych błędów przy pisaniu narracji. Mów mniej, powiedz to lepiej i powiedz to tak, żeby jak najskuteczniej popchnąć opowiadanie do przodu - również tą jego nić, którą opowiadasz obrazem.

Zapowiadaj istotną informację

Amerykańskim wojskom walczącym w wojnie o niepodległość z Brytyjczykami, obiecano w lipcu 1776 roku, gdy rozpoczęły się walki, że do końca grudnia będzie po wszystkim. Nie zwlekaj z przekazaniem tej informacji widzom aż do chwili, gdy zgodnie z chronologią, dojdziesz w filmie do tego momentu, tj. do 31 grudnia. Powiedz im już w lipcu, gdy ta informacja wyda im się bez znaczenia, przypomnij we wrześniu, gdy wojna będzie się ciągnąć. W ten sposób, gdy przyjdzie zima, będą jasno widzieli – tak jak musiał to widzieć Generał Washington – gdy żołnierze byli już zmęczeni i zdemoralizowani, że nie ma sposobu, aby dotrzymał danego słowa.

Bądź świadom różnicy w zadaniach wypełnianych przez narrację i materiały setkowe

Niestety, bardzo często się zdarza, że realizatorzy przydzielają gadającym głowom role, które lepiej może wypełnić komentarz - i odwrotnie. Zdarza się tak z powodu „słabej obsady"; każdy gada o wszystkim, nic nie jest zróżnicowane i wszyscy występujący przed kamerą mogliby równie dobrze komentować z offu.

Optymalnie, twoi rozmówcy powinni popychać opowiadanie do przodu przez pryzmat osobistego doświadczenia i wiedzy, oraz z własnego punktu widzenia. Pod pewnymi względami, taka informacja jest bardziej wartościowa niż komentarz i co oczywiste, jest bardziej osobista. Za to używanie ekspertów do przekazania informacji, która równie dobrze może być przekazana w postaci komentarza – jest swoistą stratą. I na odwrót, jeśli zastąpisz zbyt wiele gadających głów, albo zbyt wiele tego co mówią bohaterowie - offowym komentarzem, ryzykujesz kastrację filmu. Nawet widzowie nieznoszący gadających głów, wolą odwiedziny u ciekawej postaci niż narrację.

Za wyjątkiem filmów, gdzie śledztwo prowadzone przez realizatora, przynajmniej częściowo, napędza film - zastąpienie wywiadu komentarzem to nie jest dobre rozwiązanie. Bohater mówi: „Nikt nie wiedział o istnieniu tych dokumentów", na co ktoś niewidoczny przerywa: *Nikt nie wiedział? To chyba niemożliwe.* Jak w tej sytuacji przedstawić na ekranie zdanie przeciwne? Albo znajdujesz wywiad polemiczny, albo sfilmujesz obrazy, które zaprzeczą twierdzeniom zawartym w cytowanym wywiadzie. Pozwól postaciom, faktom i samej historii przemawiać w swoim imieniu, żywiąc nadzieję, że widzowie sami odnajdą prawdę.

Używaj słów oszczędnie i precyzyjnie

Czas ekranowy jest bardzo wartościowym towarem, dlatego narracja musi być maksymalnie oszczędna. Nie marnuj dobrego czasu antenowego na puste słowa, jak na przykład *Salinas. Miasto pracujących ludzi, z najwyższym trudem dałoby się przedstawić jako arena morderstwa. Jednak 14 stycznia 1994 roku, właściciele domu odkryli coś, co miało zmienić te wrażenie na zawsze.* Krótkie sprawdzenie pokazuje, że Salinas to miasto liczące 123 tys. mieszkańców, że przez 20 lat przed momentem, w którym właściciele domu odkryli zakopane ciało, zginęło tutaj 218 osób, w tym 18 tylko w roku 1997. Narracja podbiła emocje tej opowieści, ale niepotrzebnie i niezbyt zgodnie z faktami.

Wyraźna potrzeba wyolbrzymiania – obecna szczególnie w telewizjach komercyjnych – wydaje się często prowadzić do zbyt „swobodnego" pisania. *W rolniczym stanie Michigan, poszukiwania zaginionego mężczyzny doprowadziły do morderstwa z zimną krwią.* No cóż, to nie tak. Jeśli poszukiwania zakończyły się morderstwem z zimną krwią to by oznaczało, że ktoś zaangażowany w poszukiwania zakończyłby je śmiercią. W rzeczywistości chodzi o to, że przypadek zaginięcia rozwinął się w przypadek morderstwa – poszukiwania zaginionego mężczyzny doprowadziły do trupa. Czemu nie powiedzieć tego wprost?

Oszczędne używanie słów oznacza także użycie tego najlepszego słowa do wyrażenia myśli, pełnej przecież niuansów. Czy nastolatek maszeruje przez pokój czy też spaceruje? Czy dyrektor stwierdza, że nie ma danych za czwarty kwartał, czy potwierdza ich brak? Czy przywódca światowego mocarstwa wygłosił pełną zapału przemowę, czy wszczął tyradę? Czy stolica kraju została wyzwolona, czy też upadła? Czy to była pożoga – termin mający szczególne znaczenie wśród strażaków – czy po prostu duży pożar? Dobieraj słowa starannie i zdobądź pewność, że znaczenie którego szukasz nie tylko najlepiej brzmi, ale także najlepiej wyłania się z danego słowa.

A poza tym, staraj się unikać sloganów utworzonych przez innych, niezależnie czy ci pasują czy nie. Na przykład, zamiast przyswajać takie zwroty jak „pro-life" albo „pro-choice", powiedz po prostu, że ktoś jest za albo przeciw prawu do aborcji.

Używaj znaczących detali

Celnie użyty detal, może przekazać bardzo dużą ilość informacji związanych z prezentowaną historią. Jeśli początkowo były jakieś wątpliwości co do potrzeby przeprowadzenia kampanii promującej ideę rejestracji wyborców w Selma, Alabama, w filmie *Eyes on the Prize*, zostały rozwiane dzięki przytoczeniu następującego faktu: *Ponad połowa mieszkańców hrabstwa Dallas była czarna, lecz mniej niż jeden procent znajdował się na listach do głosowania.* Detale mogą przygotować grunt tam, gdzie nie staje obrazu, jak np. w serialu *The Civil War. Sherman rozpoczął swój marsz. Sześćdziesiąt dwa tysiące wojska w niebieskich uniformach poruszało się w dwu kolumnach. Tabory rozciągały sie na 40 kilometrów. Niewolnicy, którzy patrzyli na przepływającą rzekę ludzi zastanawiali się głośno, czy na północy jeszcze ktokolwiek został.* Tak samo detale potrafią przekazać niuanse i ironię, jak w *Troublesome Creek: A Midwestern*, gdzie narratorką jest realizatorka Jeanne Jordan: *Jak wiele rodzin, które stanęły wobec prawdziwego kryzysu, natychmiast przestaliśmy o tym mówić.*

Włóż informację w kontekst

Zadaniem narracji jest posuwanie opowiadania do przodu, co oznacza nie tylko komunikowanie faktów, ale także objaśnianie na ile są ważne w opowiadanej historii. *390 osób znajdujących się w klubie walczyło o drogę do wyjścia* brzmi groźnie, jednak nie mam pojęcia czy to dużo czy mało. Jeśli ten klub to hala Madison Square Garden, to zaledwie garstka. I inaczej, *390 osób – niemal dwa razy więcej niż mogło legalnie w klubie przebywać - walczyło o drogę do wyjścia* oznacza, że prawo zostało złamane, zanim nastąpiła katastrofa. Podobne sprawa wygląda z motywacją. *Burmistrz zwołał wieczorną naradę* - może nie posunąć twojego opowiadania do przodu równie dobrze jak - *Mając nadzieję na uniknięcie prasy, burmistrz zwołał wieczorną naradę.* Oczywiście, motywacja musi zostać sprawdzona pod względem jej prawdziwości. Nigdy nie zgaduj, co ktoś mógł sobie myśleć albo odczuwać, chyba że w narracji wyraźnie stwierdzasz, że spekulujesz. *Mogła się martwić brakiem wiadomości od niego, być może dlatego znalazła się w samochodzie tego wieczoru.*

Jeśli ważna jest ilość, lepiej przekazać ją przez porównanie niż podając liczby. *Od głowy do ogona, dinozaur miałby wielkość połowy boiska do piłki nożnej.* Porównania i konteksty są również użyteczne, gdy przedstawiacie ilości z przeszłości. Dość często zdarza się filmowcom sugerować, że ktoś „zarabiający jedynie 5 dolarów dziennie" w 1905 roku, był wyzyskiwany. Nie zadają sobie trudu odszukać co ta ilość oznaczała wtedy, jaka była jej wartość nabywcza i jak wygląda na tle przeciętnych zarobków w tamtych czasach.

Gdy już dodacie te konteksty, nie zapominajcie o głównej linii opowiadanych wydarzeń. Trzeba przypominać widzom od czasu do czasu (ale nie ciągle) o co tu chodzi, co już wiemy i dokąd zmierzamy. *Komisja przerwie przesłuchania o 9:30. W tym momencie ich głosowane przesądzi o przyszłości systemu szkolnego w tym regionie.* Idąc dalej wpleć delikatne wskazówki co do skutków *Postawił wszystko na jedną kartę i przegrał. Podczas gdy wojska Ransoma szły z trudem, zmęczone, na północ...*

Uciekaj z martwego punktu

Tak samo jak opowiadana historia, narracja musi postępować do przodu. To zdumiewające, jak często komentarz powtarza te same informacje, szczególnie po to, aby przypomnieć widzom, że oglądają coś po raz pierwszy, albo że coś jest szczególnie niebezpieczne, albo że nikt nie wie co czeka na nas za rogiem. Jeśli powiedziałeś raz, że dany oddział żołnierzy jest niedostatecznie wyszkolony i brak mu doświadczenia, nie powtarzaj tego po raz drugi. Odbijaj się od tej informacji, prowadząc opowiadanie dalej.

Nazywaj ludzi

Jeśli ktoś jest wart wspomnienia, tym samym wart jest pełnej identyfikacji. Gdy po raz pierwszy czyjeś nazwisko pojawia się w narracji, oświeć nas kim on jest, nawet jeśli sam uważasz, że musielibyśmy spaść z księżyca, żeby nie znać tego imienia. Nie chodzi o to, żebyś wdawał się w szczegóły, po prostu niezbędne minimum, żeby przypomnieć tym co wiedzieli i poinformować tych, którzy nie wiedzieli: *Znany kompozytor Leonard Bernstein kiedyś powiedział...*, albo, *Został sfilmowany na scenie przez operatora Gordona Parksa...*

W tej samej grupie uwag mieści się również rada, aby antycypować trudne słowa, z którymi widzowie mogą mieć trudności i to zarówno gdy wypowiada je z offu narrator (i nie można podstawić łatwiejszego słowa w zamian), jak i w sytuacji, gdy padają w trakcie setkowego wywiadu czy wypowiedzi. Jeśli znaczenie słowa nie wynika z kontekstu, może zaistnieć potrzeba jego wyjaśnienia. Na przykład, załóżmy, że wśród historycznych artefaktów, które prezentujesz na ekranie znajduje się umowa kupna-sprzedaży fregaty. Możesz to ująć tak: *Tego dnia, generał złożył zamówienie na nowy żaglowiec, na okręt wojenny.*

Wymieniając, układaj porządek wzrastający (lub malejący)

Chodzi o coś całkiem zwyczajnego. Zależy ci na tym, aby każdy paragraf miał siłę wyrazu. Przyjrzyj się przedstawionej poniżej linijce komentarza z serialu *Liberty! The American Revolution* (Wolność! Amerykańska rewolucja), która opisuje inwazję Brytyjczyków na Nowy Jork w 1776: *30.000 wojska. 10.000 marynarzy. 300 statków z zaopatrzeniem. 30 okrętów wojennych z 1.200 dział. To największy desant morski kiedykolwiek dokonany przez Wielką Brytanię aż do XX wieku.* Tym, co spowodowało, że jest to bardzo dobra wyliczanka, jest budowanie wrażenia nie za pośrednictwem liczb, tylko poprzez siłę; w gruncie rzeczy liczby zmniejszają się z 30.000 (wojska) do 1 (desantu). Wzrastająca siła bierze się od ludzi, przez statki zaopatrzenia, aż do okrętów wojennych, aby wreszcie informacja o potędze, która ma zaatakować Stany, które właśnie ogłosiły niepodległość, dotarła do widza w zdaniu łamiącym chronologię i umiejscawia nas, bardzo lakonicznie, w teraźniejszości. Bardzo efektywnie stworzono dramat.

Używaj strony czynnej

Narracja powinna być pisana w formie zaangażowanej, czyli w stronie czynnej. Na przykład: *Podjęto decyzję, aby zezwolić Coca-Coli na reklamę na terenie szkoły.* Kto podjął decyzję, jak? Bardziej czynny tryb powiedzenia tego samego będzie następujący: *Po głosowaniu 4:1, zarząd szkoły postanowił wydać zezwolenie Coca-Coli na reklamę na terenie szkoły* (jasne, że jeśli patrzymy na scenę pokazującą zarząd szkoły i widzimy cztery ręce podniesione do góry, a jedną opuszczoną, taki tekst nie powinien paść. Natomiast, jeśli widzimy korytarz szkoły z automatami do Coli otoczonymi dzieciarnią, potrzebujesz komentarza, który pomorze temu obrazkowi).

Pomóż rozeznać się w rzeczach podobnych

Komentarz może odegrać ważną rolę w przeprowadzeniu widza przez meandry skutków bitwy, albo leczenia, albo politycznego zgromadzenia. Jeśli przyłożyłeś się i masz sfilmowane całe ciągi wydarzeń, które dodają się do siebie i mogą budować sceny, a nie tylko trzy, cztery przykłady tego samego, komentarz morze się okazać przydatny, aby zbudowane sceny były bardziej przejrzyste lub wypełnione szczegółami. *Operacja kolana Bila, poprawiła jedynie jego mobilność. Teraz Dr Fisherman miał dodać chrząstkę....*

Wykonaj za widzów rachunki

Jeśli napiszesz w narracji coś takiego: *Urodzona w 1934, mając 18 lat spotkała Marka,* u części widzów spowodujesz ciężkie rozkojarzenie, ponieważ będą starali się uzmysłowić sobie, w którym roku spotkała Marka (1952), tracąc automatycznie bieżący kontakt z twoim opowiadaniem. Czy to będzie chodziło o wyliczenie zysków, czy wieku, czy upływającego czasu, najlepiej jest napisać to w taki sposób, aby widz nie musiał zaprzątać sobie tym głowy. To nie jest szlachetna intencja wciągnięcia widzów do opowiadanej historii, odwrotnie, chodzi o nie przeszkadzanie im w obiorze.

Unikaj hiperprzesady

Jeśli historia jest naprawdę zdumiewająca, wydarzenie mrożące krew w żyłach albo postać złowróżbna, to ten fakt powinien wyniknąć z samego opowiadania, z postaci, z wydarzenia – ze sposobu w jaki to przedstawiasz. Taniochą i w ogóle najgorszym sposobem będzie dmuchanie balonu za pomocą epitetów i hiperboli. Mówiąc wprost, widzowie stają się sceptyczni, gdy narrator trąci akwizytorem nafaszerowanym kofeiną. Jeśli masz naprawdę dobrą historię, powinna się sprzedawać sama.

Dziury w narracji są potrzebne...

Przygotuj nas na daną chwilę, a potem pozwól tej chwili trwać. Jeśli pracujesz na scenę bitwy pod Waterloo, albo na scenę ratowania z zagrożenia, albo stanowego turnieju koszykówki – doprowadź nas tam, a potem daj popatrzeć przez chwilę. Widzowie potrzebują wytchnienia od gadania; potrzebują czasu na przeżycie tych chwil humoru, patosu lub obawy. Planuj takie momenty, rób dla nich miejsce. To może oznaczać chwilę ciszy, albo chwilę muzyki, albo zwykłe dzianie się na ekranie z efektami naturalnymi. Ta zasada ma również zastosowanie w sytuacji, gdy podawana informacja jest bardzo zawiła i wymaga przetrawienia, albo bardzo śmieszna i widzom potrzeba czasu, żeby się odśmiać.

ROZDZIAŁ 14

Opowiadanie: lista kontrolna

P oniżej znajduje się lista pytań jakie warto przed sobą postawić na każdym etapie produkcji, a szczególnie, gdy zbliżacie się do końca procesu montażu:

- Jeśli miałbyś wybierać między swoim filmem a popularną telenowelą lub ambitnym filmem fabularnym, który film byś wybrał? Czy opowiadasz frapującą i dramatyczną historię, czy dajesz widzowi powód, aby oglądał twój film?
- Czy twój film komunikuje widzom, czy też raczej wciąga ich do rozwijającej się na ekranie historii?
- Czy w trakcie filmu były stawiane ciekawe pytania i czy padały interesujące odpowiedzi; tworząc tajemnicę, intrygę i zaskoczenie?
- Czy prezentujesz nowe informacje i niecodzienną perspektywę, czy też przenicowany, dziesięć razy oglądany materiał?

- Czy osadziłeś widzów w opowieści tak, że mogą spodziewać się w jakim kierunku zmierzasz i będą zaskoczeni, gdy uczynisz niespodziewany zwrot?

- Czy stoisz twardo za sterem łodzi którą jest twój film, żeglując ku emocjonalnym i intelektualnym punktom kulminacji? Czy dałeś szansę widzom na odkrywanie, pozwalając im wyciągać wnioski tak, aby za chwilę je potwierdzić lub im zaprzeczyć?

- Jeśli w twoim filmie przedstawiasz tło, to czy jego opowiadanie budzi zainteresowanie widzów?

- Jeśli twój temat jest bardzo skomplikowany, albo techniczny, czy opowiadana historia wywołuje u widzów chęć zrozumienia istoty sprawy?

- Czy „obsadziłeś" swój film starannie, zróżnicowaną grupą postaci rzetelnie reprezentującą złożoność zagadnienia, a nie jego skrajności? Lub odwrotnie, jeśli twoim celem było zaprezentowanie postaw skrajnych - czy jest to oczywiste dla widza?

- Czy poszczególne postacie odgrywają w twoim filmie i opowiadanej historii – wyraźne i zróżnicowane role, czy też ich obecność ma charakter ogólny?

- Czy opowiadanie, które rozpocząłeś na początku filmu, procentuje na końcu? Czy możesz je przedstawić w jednym, dwóch zdaniach?

- Czy film wygląda jak „kolejny dokument" czy też ludzie będą mieli ochotę rozmawiać o nim następnego dnia?

Część 3

POROZMAWIAJMY
O OPOWIADANIU

W każdym nowym wydaniu, musimy usuwać niektóre wywiady. Zajrzyjcie do pierwszego wydania; do wywiadu z Susanne Simpson, do drugiego wydania; do wywiadów z Jon Else, Kenn Rabin, Per Saari i Onyekachi Wambu. W tym, trzecim wydaniu, umieściliśmy następujące:

Steven Ascher and Jeanne Jordan (Massachusetts) zostali przepytani na temat ich dwu pełnometrażowych filmów dokumentalnych *Troublesome Creek: A Midwestern* oraz *So Much So Fast*, które nazywają sami „dokumentalnymi nowelami".

Victoria Bruce and Karin Hayes (Maryland and New York) mówią o swojej pierwszej wspólnej realizacji *The Kidnapping of Ingrid Betancourt* pełnometrażowym filmie dokumentalnym.

Ric Burns (New York) opisuje swoje doświadczenia na polu realizacji długich historycznych dokumentów, włącznie z wieloczęściowym *New York: A Documentary Film*.

Brett Culp (Florida) jest filmowcem pracującym dla celebrytów, który wnosi do swojej pracy podejście dokumentalne, robiąc filmy o rodzinach, społecznościach i korporacjach.

Nick Fraser (London) jest redaktorem zamawiającym *Storyville* (Świat w opowieści) dokumentalnego pasma BBC.

Alex Gibney (New York) omawia swoje kinowe dokumenty, włącznie z laureatem nagrody Akademii Filmowej w 2007 roku *Taxi to the Dark Side* (Kurs do Krainy Cienia).

Susan Kim (New York) jest dramatopisarką, scenarzystką komiksów, telewizji dla dzieci, filmów dokumentalnych. Mówi o podstawach dramaturgii filmowej na przykładzie nagrodzonego *Imaginary Witness: Hollywood and the Holocaust*.

James Marsh (Copenhagen) rozmawia o swoim nagrodzonym przez Akademię Filmową w 2008 roku dokumencie *Man on Wire* (Człowiek na linie).

Sam Pollard (New York) uprawiał wiele zawodów filmowych, lecz my rozmawiamy przede wszystkim o jego doświadczeniach jako montażysty i koproducenta dwóch filmów dokumentalnych Spika Lee, zrealizowanych dla HBO: *4 Little Girls* oraz *When the Levees Broke* (Kiedy puściły wały: requiem w 4 aktach).

Deborah Scranton (New Hampshire) omawia „wirtualne ulokowanie się" przy realizacji swoich dokumentów *The War Tapes* (Filmy z linii frontu) oraz *Bad Voodoo's War* fotografowane częściowo przez żołnierzy w Iraku.

ROZDZIAŁ 15

Steven Ascher
i Jeanne Jordan

teven Ascher i Jeanne Jordan zajmują się filmem dokumentalnym i fabularnym od ponad dwudziestu lat. Jako współpracujący ze sobą zespół i małżeństwo zrobili razem wiele filmów, a ostatnio, w 2010 przygotowywali materiały do kolejnego dokumentu *Raising Renee* (o artystce Beverly McIver i obietnicy jaką złożyła swojej matce, że zaopiekuje się niepełnosprawną siostrą, Renee. W dorobku Jeanne jest kierowanie produkcją serialu PBS *Postcards from Buster,* koprodukcja i reżyseria *Runing with Jesse* dla okienka PBS *Frontline.* Ponadto montaż dwóch filmów ze znanej serii *Eyes on the Prize* oraz montaż fabuł, między innymi *Blue Diner, Lemon Sky* czy *Concealed Enemies.*

Prace Stevena Aschera pojawiały się w telewizjach na całym świecie. Wśród jego filmów znajdziemy dokument *Life and Other Anxieties* oraz fabułę *Del and Alex.* Wspólnie z Edem Pincusem napisał książkę *The*

Filmmaker's Handbook: A Comprehensive Guide for the Digital Age (Poradnik filmowca: Wszechstronny przewodnik czasu cyfry), najlepiej sprzedający się podręcznik, na rynku jest już trzecie wydanie, który przez *The Independent* został nazwany „biblią filmowców". Steven wykładał reżyserię filmową na MIT, wraz z Jeanne uczyli na Harvardzie oraz prowadzili wykłady mistrzowskie na całym świecie. Ich strona internetowa to: WWW.westcityfilms.com.

Omówione są tutaj ich dwa pełnometrażowe filmy dokumentalne. *Troublesome Creek: A Midwestern* opowiadający o walce rodziny Jordanów, by uratować ich farmę w Iowa. Film nagrodzony Pierwszą Nagrodą oraz Nagrodą Publiczności na Festiwalu Filmowym w Sundance w 1996 roku, był nominowany do Nagrody Akademii Filmowej. Drugi film *So Much So Fast*, który miał swoją premierę na Festiwalu Filmowym w Sundance w 2006 roku, przedstawia wydarzenia zapoczątkowane zdiagnozowaniem u Stephena Heywooda choroby Lou Gehriga - Stwardnienie Zanikowe Boczne (ALS).

Na rozmowę zamieszczoną poniżej składają się osobne wywiady z twórcami, przeprowadzone w 2003 roku, kilkukrotnie uzupełniane.

„Troublesome Creek" dokumentuje zmagania Jordanów, by uratować farmę w Iowa. Zaczynacie film po telefonie od ojca Jeanne, Russa.

STEVE: Russ zadzwonił i powiedział, że myśli, iż to jego ostatni rok pracy jako rolnika. Byłoby nie w porządku, jeśli mając siebie za filmowców, mielibyśmy przepuścić taką okazję. Mieć sposobność zrobienia takiej historii, dysponować nieograniczonym dostępem - to zarówno okazja, by opowiedzieć co się tam działo, ale też dla Jeanne, możliwość podzielenia się wspaniałymi historyjkami o dorastaniu na farmie w Iowa, które od lat nam opowiadała przy stole.

Russ czuł, że będzie miał jeszcze jeden rok na obsianie i zebranie plonów, zanim farma zostanie wystawiona na aukcję (Jordanowie wymyślili, aby wystawić na aukcję „dorobek" swojego życia, sprzęt rolniczy oraz rzeczy osobiste, by za zarobione w ten sposób pieniądze spłacić długi i móc zatrzymać ziemię, ok. 450 akrów). To dało nam kręgosłup opowiadania. Ludziom niezwiązanym byłoby bardzo trudno, jeśli nie niemożliwe, zrobić film o codziennym życiu na farmie obejmujący takie sprawy, które nam udało się poruszyć. Mieliśmy cztery okresy zdjęciowe rozłożone na półtora roku.

Jak zaplanowaliście budowanie tej historii obrazem? Czy pisaliście szkice, albo treatment?

STEVE: By zebrać pieniądze musieliśmy tworzyć różne prace literackie, ale tak naprawdę nigdy nie odzwierciedlały one naszego myślenia o projekcie. Przy tematach jak ten, w znacznej mierze podąża się za zdarzeniami i to one dyktują co filmujesz, nie zapominając o głównych wątkach, które są dla ciebie zawsze przedmiotem szczególnego zainteresowania. W tym przypadku to sezon na farmie i kolejne prace gospodarskie: sadzenie, zbiory, przygotowania do aukcji, aukcja. Wątek dotyczący Russa i Mary Jane, ich małżeństwa i wychowywania dzieci. Historie o dzieciństwie Jeanne, temat zmieniającego się pejzażu Środkowego Zachodu i w ogóle terenów wiejskich w całej Ameryce. W takiej sytuacji pracujesz szerokim frontem, posuwając wszystkie wątki do przodu.

Na początku filmu jest scena kota skaczącego z dachu stodoły na ręce brata Jeanne, Jona. To pewnego rodzaju metafora, gdy słyszymy głos Jeanne spoza kadru: „Moja rodzina w kilku słowach to: niesamowite szczęście, niesamowite wyczucie czasu - teraz balansująca na krawędzi katastrofy".

STEVE: To prawdziwy majstersztyk montażu. W pierwszym podejściu filmowaliśmy już ponad tydzień i nic się nie działo. Głównie były to zdjęcia prac na farmie. Zdechła krowa, więc czekaliśmy kiedy przyjedzie po nią samochód, by ją zabrać. I tak czekaliśmy godzinami.

Nagle usłyszeliśmy krzyczących ludzi - i tam był ten kot na dachu. Wtedy byliśmy już mocno przygnębieni. Jeśli wielkim wydarzeniem jest kot na dachu, to jesteśmy z naszym filmem w lesie.

JEANNE: Akurat kiedy kot skoczył, zmienialiśmy pozycję kamery. Widziałam jak skacze, a Steve uchwycił końcówkę skoku. Ale całego skoku nie było. Kompletna katastrofa. Filmowaliśmy nie to co trzeba i nie mieliśmy punktu kulminacyjnego. Jednak w *Troublesome Creek* montowałam sama każdy centymetr nakręconego materiału. Po prostu zanurzyłam się w tym po uszy. Pomyślałam, że muszę spróbować znaleźć sposób na to, aby „utracony kot" zafunkcjonował. Wiedziałam, że mamy materiał „po utraconym kocie" i materiał „przed skokiem", pocięłam i przyjrzałam się temu. Zdałam sobie sprawę, że „strata" była częścią historii i metaforą, a sama metafora była niewiarygodna. Fakt, że Jon tam podszedł i powiedział: „Skocz mi na ręce kotku", było czymś bardzo charakterystycznym dla mojej rodziny, czymś co zawsze doprowadzało mnie do szaleństwa. Zupełnie nierealne, ale się udało.

Gdy to zmontowałam i zdałam sobie sprawę że to metafora, zrozumiałam, że jeśli będzie to pierwsza scena, którą zobaczysz w filmie, będziesz gotowy na wszystko, co zobaczysz później. Zbieranie funduszy na ten film trwało już kilka lat, w owym czasie obiegowa opinia, czym jest farmerstwo i kim są farmerzy, była bardzo uproszczona, a ja chciałam to zmienić.

STEVE: Problem polegał na tym, że kiedy ludzie słyszeli określenia: „farma" czy dokument o rolnictwie, przewracali oczyma: „O jeszcze jeden film o rolnictwie, będzie sentymentalnie". Albo „Będzie o 'biednych rolnikach'". Gdy już obejrzeli film byli zaskoczeni, że farmerzy są zabawni, inteligentni, a film wpłynął na nich w sposób, jakiego nie oczekiwali. Mieliśmy nadzieję, że nasz film poruszy prawdy uniwersalne: o przemijaniu, o małżeństwie, o historii Ameryki.

Nakręciliście tylko 27 godzin materiału na taśmie 16mm, na obraz trwający 88 minut. To bardzo skromnie.

STEVE: Spowodowały to głównie problemy z finansowaniem. Za każdym razem wyjeżdżając na farmę, mieliśmy zaplanowaną ilość materiału jaki mogliśmy nakręcić i mniej więcej w połowie każdego pobytu ta ilość była już naeksponowana. Wtedy zwykle zbieraliśmy się na burzliwą naradę w sypialni na górze, próbując zdecydować czy zamówić więcej taśmy, której i tak nie mielibyśmy za co wywołać. Większość materiału zobaczyliśmy dopiero po roku (niewywołane taśmy były przechowywane w zamrażarce w ich domu w Massachusetts do czasu, aż mogli je wysłać do laboratorium). Mieliśmy taki żart: zamiast oglądania materiałów dziennej produkcji (dailies) oglądamy w trybie materiałów rocznej produkcji (yearlies).

Czy dzisiaj kręcilibyście w technice wideo?

STEVE: Prawdopodobnie tak, ale wtedy czuliśmy, że jedynie negatyw odwzoruje krajobraz Iowa, odda faktury farmy. Piękno krajobrazu, istnienie zwierząt, zapach otoczenia, dojrzałe zboże w lecie – to ważne aspekty życia farmerów, skądinąd bardzo trudnego życia. To musiało wyjść w filmie, ta mieszanka finansowego balansowania nad przepaścią przemieszana z najgłębszą satysfakcją bycia farmerem; świetnie wpisywało się do struktury naszej opowieści. Dlatego zrobiliśmy wszystko, by zmieniające się pory roku były ważną częścią filmu. Ostatecznie film został przekopiowany na taśmę 35mm. Nie da się projekcji z taśmy 16mm porównać z pięknem obrazu z 35. Tak więc z powodu permanentnego braku negatywu nie zrealizowaliśmy szeregu scen, albo kręciliśmy je bardzo oszczędnie. Zwykle w ciągu jednego wieczoru zużywaliśmy rolkę, półtorej. To 10, 15 minut materiału, który wraz z obróbką kosztuje setki dolarów.

Filmowaliście rodzinę Jordanów w niezwykle trudnym dla nich okresie. Nie zastanawialiście się czy wasza obecność nie będzie dodatkowym obciążeniem?

JEANNE: Moja rodzina jest bardzo rozpolitykowana. Pytanie o rolnictwo, sytuacja farmy, to tematy wśród których dorastałam i z którymi musiałam się zmagać. To wielka, żywotna, polityczna sprawa w tym kraju. Chcieliśmy uchwycić tragizm tej sytuacji, brak perspektyw. Moja rodzina już przez to przeszła. Wiedziałam również, że nie zdradzę ich w żaden sposób. Nie miałam zamiaru pokazać niczego na co nie wyraziliby zgody, ani mówić czegoś, co naruszałoby ich prywatność.

Jeden raz czułam dyskomfort, gdy pytaliśmy moich rodziców czy pojadą z nami do Rolfe na farmę, gdzie dorastałam (realizatorzy zabrali Jordanów na farmę, która była przez nich dzierżawiona przez kilka lat, zanim objęli dzisiejszą farmę). Ja wiedziałam, że dom się zawalił - oni nie. To było dla nich bardzo bolesne przeżycie. Kiedy ten fragment był zmontowany, zapytałam rodziców czy chcą by się pojawił w filmie. W owym czasie moja mama już nie mówiła (z powodu choroby), ale zgodziła się z tym co powiedział tato: „Jeśli nie pokażesz jak wygląda możliwy koniec, widz nie zrozumie o czym mowa w całym filmie. Możesz mówić, że farmerzy wypadają z interesu i tracą farmy. Ale jak je tracą? Farmy się rozpadają albo są równane z ziemią". I dodał: „Musisz coś takiego pokazać. To jest dobre - jak wszystko inne".

STEVE: Nigdy nie poprosili, abyśmy przerwali filmowanie. Jesteśmy bardzo ostrożni nawet przy tematach, którym towarzyszymy latami, zawsze się wahamy czy włączając kamerę nie stajemy się intruzami. W rodzinie Jeanne najgorsze co mogłoby cię spotkać to pytające spojrzenie typu „Czemu to filmujesz?" czy też, gdy zbliżał się termin licytacji i jednym z powodów, dla których Jeanne stała się postacią filmu, były słowa jej siostry: „Nie myślisz chyba, że będziesz to tylko filmować, potrzebna jest twoja pomoc".

Podejście oparte na szacunku i zachowaniu prywatności bohaterów, a mimo to ukazanie prawdziwej historii, mogłoby zadziwić niektórych reżyserów. Czy wasi studenci pytają o to?

JEANNE: Nie muszą o to pytać, bo ja im o tym mówię. Wielu studentów robi bardzo osobiste filmy, to taki pierwszy instynktowny odruch. I niejednokrotnie przekraczają linię. Znana mi młoda reżyserka, zrobiła film o swojej umierającej na raka matce i był to surowy i bezwzględny materiał. Jej matka była bardzo piękną kobietą, przygotowywała się gdy wiedziała, że będzie filmowana. Czasami jej córka wchodziła do pokoju i filmowała, gdy matka nie była na to przygotowana, więc trochę z tego powodu narzekała. Powiedziałam reżyserce, by obejrzała materiał oczyma swojej matki. By wybrała te fragmenty, gdzie mama wygląda dobrze i opowiedziała tę historię tymi obrazami. To z pewnością da się zrobić. Nie ma potrzeby zawstydzać matki, czy wzbudzać w niej poczucie, że wygląda okropnie. Jej matka najprawdopodobniej nie zobaczyłaby gotowego filmu, jednak tu chodzi o zaszczepienie tego rodzaju szacunku. Wszyscy mamy naturalny odruch by chronić, ale wydaje mi się, że wielu studentów; szczególnie gdy są młodzi, uważa, że takie chronienie fałszuje prawdę, nawet że jest nieuczciwe, że należy pokazać coś mocnego, wstrząsającego, by opowieść była dobra.

Wątki poruszane w „Troublesome Creek" - zarówno główny; historia farmy Jordanów jak i poszczególne historie opowiadane przez Jeannie, na przykład „Nocna randka z tatą" (w której wspomina nerwowe przygotowania do jedynego spotkania twarzą w twarz z ojcem i zapisane na dłoni punkty o czym chciałaby z nim porozmawiać) - są zarazem bardzo osobiste jak i uniwersalne.

STEVE: Dla mnie, najważniejsze prawdy zawarte w filmie to piętno czasu i relacje rodzinne - przemijająca historia, która teraz ma znaczenie, jednak w dłuższej perspektywie zostanie zapomniana. Szuka się prawdziwych momentów. Częściowo po to, by pobudzić wyobraźnię publiczności, a obrazy mają sugerować klimat. Na przykład przejażdżka z domu do miasta, sfilmowana tyłem do kierunku jazdy, przedstawia widok, który zostawiamy za sobą. Widzisz ten niesamowity obłok kurzu, podświetlony kontrowo przez promienie słońca. Pamiętam jak kręciłem to ujęcie, wychylony przez drzwi samochodu i myślałem to naprawdę piękne, taka wizualna metafora zostawiania przeszłości za sobą i głos Jeanne opowiadający tę piękną historię „Nocnej randki z tatą".

Ten film posłużył Ci do ujawnienia rodzicom spraw, o których wcześniej nie mówiłaś. Czy zrobiłaś to celowo?

JEANNE: Tak, oczywiście. Matka wiedziała, że mam lekceważący stosunek do jej naiwnie optymistycznego obrazu świata. Pamiętam taką scenę, gdy ochrzaniam ją, bo myśli, że Charlotte z banku, to jej najlepsza przyjaciółka. Jeśli chodzi o tatę, to jako dzieci baliśmy się go. Teraz już się nie boimy, ojciec nieprawdopodobnie złagodniał. Ale kiedyś miewał zmienne nastroje, był ciągle niezadowolony - po prostu trudny facet. W dodatku miał ponad 2 metry wzrostu i te brwi. Tak więc robiąc film, nie mogłam nie odnieść się choćby aluzyjnie do naszego dzieciństwa.

W filmie są dwa nawiązania do tamtego okresu: „Nocna randka z tatą" i odniesienie do Bergmana (Jeanne mówi w filmie: Russ stał się optymistą u schyłku swojego życia. Russ, jakiego znałam dorastając, gdyby został bohaterem filmu Bergmana, przyniósłby takiemu projektowi murowaną dotację z Ministerstwa Przygnębiających Nastrojów). Jednak, gdyby zaraz potem powiedzieć coś pozytywnego, na przykład: „Teraz jest zupełnie innym człowiekiem, to rodzinny optymista", to jednak byłoby to bardzo dalekie od jego własnego myślenia o sobie: „Jestem optymistą". On raczej postrzegał siebie jako pesymistę. Odwiedzaliśmy matkę i ojczyma Steva. Siedzieliśmy na werandzie Winnic Marty i mój ojciec powiedział:

„Bergman". Na co ja stwierdziłam: „To szwedzki reżyser, robi naprawdę depresyjne, ale bardzo dobre filmy". A on na to: „Myśleliście w dzieciństwie, że byłem właśnie taki?". I powiedziałam: „Taki właśnie byłeś tato, ale wtedy nie myślałam, że taki byłeś". Później mieliśmy bardzo interesującą rozmowę. Zadałam mu tylko jedno pytanie, czy zraniłam jego uczucia. Odpowiedział, że nie, bo wszyscy, którzy obejrzeli film, zdają się go dalej lubić.

W „Troublesome Creek" widzimy Jordanów oglądających westerny. Opowiedzcie coś o tym.

JEANNE: Gdy pierwszy raz pojechaliśmy na zdjęcia, wydawało się, że każdego wieczoru będą oglądać telewizję - nie rozmawiać - ale oglądać. Kompletna katastrofa. Aż któreś z nas zdało sobie sprawę, że głównie oglądają westerny. Postanowiliśmy to wykorzystać jako kolejną metaforę.

STEVE: Russ uwielbiał westerny. Cała ta sprawa jego zmagań z bankiem jest podszyta kalką opowieści o draniach i dobrych ludziach, o kowbojach i farmerach, o stawianiu oporu wrogom. „*Lonesome Dove*" był emitowany wieczorem, a następnego ranka miała się odbyć aukcja bydła. Czuliśmy jakieś niesamowite zrządzenie losu, że akurat ta historia o końcu Zachodu będzie w telewizji w momencie, gdy Russ odrzucał kowbojski kawałek siebie. Gdy jest się farmerem z żywym inwentarzem, częściowo jest się rolnikiem a częściowo pastuchem. To miał być koniec jego dni jako poganiacza bydła.

W „Troublesome Creek", Jeanne jest narratorem. Czy od początku wiedzieliście, że to ona będzie opowiadać?

STEVE: Jeanne miała nadzieję, że film obroni się sam, bez komentarza. W końcu jednak komentarz stał się bardzo ważnym składnikiem, który popycha opowieść do przodu, pozwala na dostęp do warstw wiedzy i do historyjek z przeszłości, co było niemożliwe do sfilmowania. Jeanne siadała i pisała, na przykład historię „Nocnej randki z tatą". Napisała kilka stron, po czym przynosiła je do mnie. Ja zaznaczałem kilka wątków, a Jeanne je przerabiała i umieszczała w odpowiednim miejscu; to rodzaj pracy organicznej - do przodu i do tyłu. Współpraca może być trudna; wszystko zależy od tego jak interpretujesz materiał, co tak naprawdę dzieje się w danej scenie oraz co powinna wiedzieć publiczność i w którym momencie, jednak dużo trudniej robić takie filmy w pojedynkę.

Moim zdaniem jest to zarówno film biograficzny jak i autobiograficzny. Balansujesz między tym co widać „oczyma Jeanne", bo ona jest narratorem, a moim spojrzeniem, bo ja robiłem zdjęcia, jednak czasem nasza obecność znika, w momentach gdy chcemy, by publiczność zanurzyła się w historii Russa i Mary Jane bez zbędnego myślenia z czyjej perspektywy ich ogląda.

Film przekazuje zdecydowane stanowisko, ale nie ma cech napuszonej mowy.

JEANNE: By stać się filmem społeczno-politycznym *Troublesome Creek* musiał być czarujący. Chodziło o to, aby polubić tych ludzi, by się z nimi identyfikować. Gdybym zaczęła moralizować, choć siedziało to we mnie, straciłabym część publiczności, bo przesłanie byłoby zbyt oczywiste. Ono jest oczywiste, ale złagodzone. Nie zgadzam się na to co się dzieje i mam rację. Musiałam wyrazić swoją złość, że zostało już tylko 3 miliony farmerów, nie mówię jak to naprawić i nie wskazuję winnych tej sytuacji. To rzeczywistość, to się właśnie dzieje.

STEVE: Jako partnerzy mieliśmy odmienne spojrzenia, na to co się rozgrywało. Jeanne pochodzi z farmy, znała problemy, ja jestem z Nowego Jorku i nic nie wiem na temat wsi. Połączyliśmy więc perspektywę osoby z wewnątrz z perspektywą osoby z zewnątrz. Film na zmianę wprowadza cię głęboko w życie rodziny, po czym zmusza do wyjścia na zewnątrz i spojrzenia na wydarzenia z większego dystansu. Myślę, że to jest właśnie sposób na użycie osobistej narracji, by pomóc publiczności zobaczyć szerszy kontekst.

Czuliśmy, że film wywrze większy wpływ, gdy narracja będzie przekonująca tak, by ludzie chcieli oglądać. Inne problemy jakie pojawiły się w opowieści, są tam by o nich dyskutować. Objechaliśmy cały Środkowy Zachód, żarliwość dyskusji jakie się pojawiły po projekcjach filmu wskazuje, że tematy w nim poruszane, wywołują silne emocje u publiczności. Uznaliśmy to za największe oddziaływanie społeczne tego filmu.

Czy dlatego unikaliście „tradycyjnych" elementów dokumentu, takich jak wywiad?

STEVE: Nie chcieliśmy przeprowadzać wywiadów. Absolutnie nie chcieliśmy żadnych ekspertyz dotyczących farmerstwa czy ekonomii, bo mogłoby się wydawać, że to przedmiot badań, a nie sposób życia. W którymś momencie (mimo wszystko) czuliśmy, że powinniśmy posadzić Russa Jordana i spróbować dowiedzieć się jak to wygląda z jego punktu widzenia.

JEANNE: Steve i ja mieliśmy całą listę pytań, które chcieliśmy zadać.

STEVE: A on opowiada żart o bankierze. I tyle. To jego odpowiedź na pytania: „Jak sobie radzisz? Jak myślisz o co chodzi z tym bankiem?".

JEANNE: Oczywiście to wyparcie, ale to dobry sposób. Przynajmniej jest żartobliwy.

„So Much So Fast" zaczyna się prologiem, przejściem od „Troublesome Creek". Dowiadujemy się, że po skończeniu filmu, u matki Jeanne, Mary Jane, zostaje zdiagnozowane stwardnienie zanikowe boczne (ALS). Pięć lat po jej śmierci

w 1995 roku zaczynacie zdjęcia Heywoodów: jeden z braci ma stwardnienie zanikowe boczne, drugi rzuca pracę, zakłada fundację i szuka lekarstwa.

Wendy, Alex i Stephen z filmu *So Much So Fast*. Zdjęcie dzięki uprzejmości realizatorów.

STEVE: Gdy Mary Jane zachorowała na ALS, nic nie można było zrobić. Było trudno znaleźć jakiekolwiek informacje na temat tego schorzenia. W owym czasie Internet dopiero zaczynał działać. Około 2000 roku wszystko się zmieniło. Nastąpiła prawdziwa eksplozja badań, a Internet umożliwił sprawdzenie co się w tej sprawie dzieje na całym świecie. Szukaliśmy sposobu na zabranie się za ALS, ale nie chcieliśmy by była to historia tylko o kimś chorym i o jego pogarszającym się stanie. Poprzez Heywoodów, dostrzegliśmy możliwość opowiedzenia niezwykle istotnej, rozwijającej się historii. A poza tym, to bardzo dynamiczna i zabawna rodzina. Było dla nas ważne, by móc podejść do tej opowieści z dużą dozą czarnego humoru.

Podczas pierwszej rozmowy z Heywoodami o kręceniu filmu, zastanawialiśmy się jak bardzo będziemy musieli się zbliżyć, by móc zrobić tą historię. Właściwie to Jeanne pierwsza powiedziała, że Mary Jane nigdy nie pozwoliłaby na filmowanie jej choroby i w pełni zrozumiemy, jeśli Heywoodowie nie wyrażą zgody. Pomyślałem wtedy, że to zapewne najgorszy sposób przekonywania do siebie potencjalnych bohaterów filmu. Jednak Jeanne pytała również o pozwolenie w pewnym sensie stania się członkami ich rodziny. Biorąc pod uwagę czas wspólnie spędzony przez te lata - włączając okresy gdy nie filmowaliśmy - staliśmy się sobie bardzo bliscy. Na przykład pojechaliśmy z nimi na wakacje. Niewiele filmowaliśmy, po prostu spędzaliśmy z nimi czas, robiliśmy to co zwykle robi się na wakacjach.

Jak zdecydowaliście ile choroby pokazać, a z czego zrezygnować?

STEVE: Stephen Heywood pozwolił nam filmować wszystko. W którymś momencie zaczął się krztusić tuż przed podaniem mu rurki przez którą podawano pokarm. Odłożyłem kamerę i poszedłem mu pomóc. Później zapytał: „Dlaczego nie filmowałeś?". A ja miałem tylko jedną myśl, nie mogę kręcić, gdy ktoś jest w tego rodzaju niebezpieczeństwie, a ja mógłbym w jakiś sposób pomóc, poza tym uważałem, że publiczność nie powinna tego widzieć. Publiczność i tak jest zmuszona do oglądania i myślenia o sprawach, których normalnie unika.

Czy będąc tak blisko bohaterów nie ryzykujesz utraty własnej perspektywy, obiektywizmu? Jak można być częścią rodziny i być poza nią w tym samym momencie?

STEVE: Powiedziałbym, że *So Much So Fast*, opowiada więcej o bliskości niż o obiektywizmie. W zasadzie nie wierzę w obiektywność; wierzę w możliwość ukazania prawdy na różne sposoby, ale nie ma tu miejsca na obiektywizm. Powiedziawszy to, zarówno Jeanne jak i ja potrafimy, mimo dużej bliskości do ludzi, których filmujemy, zdystansować się kiedy jest to potrzebne. Byliśmy bardzo głęboko zaangażowani w życie Heywoodów, ale przy kilku okazjach zaznaczaliśmy: „Robimy tutaj film, nie możemy brać w tym udziału". Jest taka scena w filmie, gdzie Jamie cytuje słowa Melindy, które wypowiedziała podczas sesji terapeutycznej par: „Ci ludzie robią o nas film i zastanawiają się, kiedy się załamię". Powiedziałem Jamiemu, że nie było takiej rozmowy. Jamie pomyślał, że to Jeanne rozmawiała, ale to nieprawda. W takich sytuacjach nie zajmujemy stanowisk, to byłoby niestosowne. Zdecydowaliśmy jednak, że ta scena zostaje w filmie, mimo iż mocno zniekształca naszą relację z rodziną. Często słowa bohaterów filmu są przeinaczane i nie mają oni kontroli nad tym co się o nich mówi, również my staliśmy się obiektem tego zabiegu. Nie było od tego ucieczki.

Kiedyś Jeanne rozmawiała z Jamiem o Pierwszej Zasadzie z serialu *Star Trek*. Gdy cofasz się w czasie, nie można ruszyć kamyczka na planecie na której jesteś, bo na zawsze zmieni to jej historię. Jamie odpowiedział: „Cóż, na mojej planecie możesz ruszać kamyki, kiedy tylko chcesz".

W odróżnieniu do „Troublesome Creek", „So Much So Fast" kręciliście na wideo. Czy ten wybór był podyktowany charakterem opowieści?

STEVE: Tak. W *Troublesome Creek*, opowieść była tak przez nas zdefiniowana, że filmowaliśmy tylko w określonym czasie. Natomiast *So Much So Fast* jest historią o bardziej otwartym charakterze. Zawiera znacznie więcej wątków, które chcieliśmy ukazać: doświadczenia Stephena Heywooda z ALS; fundacja powołana w piwnicy przez trójkę ludzi, rozrastająca się do wielomilionowego centrum badań; rodzina jako taka, oraz osobno ALS jako schorzenie. Wszystkie te wątki wymagały znacznie większej ilości materiału filmowego.

Na ilu godzinach materiału się skończyło?

STEVE: Około 200 godzin. To nieszczególnie dużo, jak na projekt kręcony przez cztery lata.

Czy montaż trwał dłużej niż przy „Troublesome Creek"?

STEVE: Montaż trwał znacznie dłużej, chociażby ze względu na ilość rzeczy do przejrzenia. W tym przypadku chodziło też o ilość wątków i równorzędne ich pokazanie. W jakimś momencie mieliśmy naprawdę interesującą układkę, która trwała 2 godziny i 15 minut, ale zdawaliśmy sobie sprawę, że to zbyt długo, by podtrzymać emocje na tym samym poziomie. Producent wykonawczy z niemieckiej telewizji, jednego z naszych inwestorów, powiedział: „Macie tu trzy filmy, które z osobna są interesujące, ale nikt nie dałby rady obejrzeć wszystkich". To w jakiś sposób umocniło naszą decyzję, by film trwał nie dłużej niż 90 minut ze względu na intensywność przeżyć podczas oglądania.

O które trzy filmy chodziło i jak dokonaliście wyboru między nimi?

STEVE: Jeden był o rodzinie, drugi o fundacji i problemach zarządzania badawczą organizacją non-profit, ostatni o nauce. Zdecydowane pierwszeństwo daliśmy rodzinie, mając nadzieję, że publiczność zobaczy ten film na różne sposoby. W pewnej mierze film przedstawia nieznaną chorobę i jak ludzie sobie z nią radzą, pokazuje mijający czas i różne aspekty życia. Mieliśmy nadzieję, że publiczność odnajdzie się w realiach filmu i dostrzeże metafory jakie zbudowaliśmy.

Gdy zaczynasz układkę filmu, czy od razu myślisz o strukturze aktowej?

JEANNE: Struktura aktowa? Nie, działam dość intuicyjnie i staram się raczej opowiadać, tak jak to rozumiem z czasów szkolnych. Oglądam materiał od początku i układam wszystko i wszędzie, gdzie widzę jakąś opowieść. Historia może dotyczyć Wendy, żony Stephena Heywooda i sytuacji, gdy obserwuje wysiłki Alexa (ich syna) próbującego otworzyć kubek-niekapek. W którymś momencie sama podchodzi i otwiera ten kubek, jednak widać te całe zmagania między nimi. Prawdopodobnie nie jestem dobrą osobą do rozmowy na pewnym poziomie, ponieważ nie myślę o całym filmie, dopóki nie mam gotowych wszystkich mniejszych filmików.

Czy to nie to samo co sekwencje montażowe?

JEANNE: Tak, to tworzenie sekwencji. Później je ze sobą łącze i zapraszam Steva, by je razem obejrzeć. Jakikolwiek pomysł zrodził się w mojej głowie to Stevowi rodziły się jego własne. Od początku miał jakąś własną wizję, bo to on robił zdjęcia. I tak przeglądamy materiały i przerzucamy się pomysłami, jeśli któreś z nas czegoś nie dostrzegło.

W odróżnieniu do „Troublesome Creek" to Steve jest narratorem w „So Much So Fast", w dodatku słyszymy i widzimy go okazjonalnie przed kamerą. Jak do tego doszło?

STEVE: Lepiej nam się pracowało, gdy byłem z nimi sam na sam. Gdybyśmy byli oboje, nic by z tego nie wyszło, Stephen miał trudności z koncentracją uwagi. Filmowałem i rozmawiałem z nimi - to były bardziej rozmowy niż wywiady. Początkowo nie przyszło mi to do głowy, ale zachęciła mnie Jeanne, by pracować w ten sposób. Kiedy okazało się, że te rozmowy dotykają ważnych tematów, miała silne przeczucie, że to ja powinienem być narratorem, kontynuacją głosu spoza kadru, stać się przewodnikiem dla widza.

Obecnie produkujecie trzeci pełnometrażowy film dokumentalny, o artystce, która podjęła się opieki nad swoją umysłowo upośledzoną siostrą. Jak to jest, gdy tworzy się film, który sami nazywacie „nowelą niefabularną" - z powodu jego złożoności i wielowarstwowości?

STEVE: Pamiętam, gdy zaczynaliśmy *So Much So Fast* pojechaliśmy na miejsce z całym sprzętem - po długiej przerwie od tego rodzaju filmów - spojrzeliśmy na siebie: „Naprawdę, znowu to robimy?!". To ogromne zobowiązanie, trzeba żyć ze swoimi bohaterami w niezwykłej symbiozie, by się do nich zbliżyć. W pewnym sensie jest się pasożytem, w szczególny sposób żyjesz ich życiem. Inaczej mówiąc, czujesz się niewidzialny, bo to wszystko filmujesz, ale nie masz pewności, czy widzą w tobie osobę, czy tylko kogoś, kto robi film. Na takie dylematy natykasz się podczas pracy. Trzeba im stawić czoło, bo takiego filmu nie da się zrobić w inny sposób.

Oboje z Jeanne mamy potrzebę poznania rzeczy od środka, wtedy jesteśmy w stanie opowiedzieć historię ze szczegółami i znawstwem. Zmagasz się z tymi kwestiami przez czas powstawania filmu co sprawia, że film staje się głębszy, pokazuje też zmieniający się świat na przestrzeni tego czasu. Choć wolelibyśmy kończyć szybciej te filmy, okazuje się, że czerpią one olbrzymią siłę z pokazywanie rozwoju wypadków w rzeczywistym czasie.

Jakieś ostatnie rady na temat kreowania opowiadań filmowych?

STEVE: Pomyśl, zanim zaczniesz kręcić. Musisz wiedzieć, na co patrzysz i co tym ujęciem chcesz przekazać. Ujęcia nie zdarzają się ot po prostu, są wyrazem tego co rodzi się w przestrzeni między kamerą, człowiekiem i fotografowanym obiektem - z racji dotknięcia losu. Zawsze myśl: „Co z tej sceny powinienem pokazać, co chcę żeby publiczność zobaczyła?". Pracując, wyobrażaj sobie, że jesteś widzem i myśl: „Co teraz ujawnić? Czy to, że bohater siedzi w tym miejscu, czy że ktoś inny marszczy brwi?". Tego rodzaju kalkulacje robisz gdy kręcisz materiał i gdy go montujesz. Jak zbudować scenę, by ujawniać kolejne treści?

JEANNE: Szanuj prywatność tych o których opowiadasz szczególnie, gdy jest to film o ludziach. Robiąc nawet bardzo intymny film, da się spełnić ten warunek. Myślę, że powinniśmy być ostrożni i delikatni w stosunku do naszych bohaterów, chyba że ma się do czynienia z czymś naprawdę złym.

ROZDZIAŁ 16

Victoria Bruce i Karin Hayes

Choć ich ojcowie przyjaźnili się przez całe życie, Victoria Bruce i Karin Hayes spotkały się na krótko przed rozpoczęciem realizacji ich pierwszego filmu *The Kidnapping of Ingrid Betancourt*. W tamtym czasie, Victoria, magister geologii, była już znana z prac naukowych oraz jako autorka książki *No Apparent Danger* (Harper Collins, 2001), opowiadającej o tragicznej wyprawie do wulkanu w Kolumbii. Karin skończyła Uniwersytet Kalifornijski w Los Angeles i pracowała jako producentka w Waszyngtonie. Początkowo zamierzały zrobić dokument o kolumbijskiej kampanii prezydenckiej Ingrid Betancourt, co radykalnie się zmieniło po porwaniu Betancourt przez organizację partyzancką (querrillas) w lutym 2002 roku. Realizatorki zdecydowały się opowiedzieć historię Betancourt, poprzez wysiłki rodziny, by jej kampania wyborcza nadal trwała, oraz starania rodziny o jej bezpieczny powrót do domu. Ich pełnometrażowy film *The Kidnapping of Ingrid Betancourt* został wyemitowany przez HBO w 2004 roku.

Bruce i Hayes zrealizowały również *Held Hostage* (Zakładnicy), 48 minutowy film o trójce Amerykanów, pracujących dla prywatnego zleceniodawcy wojskowego i podobnie jak Betancourt, przetrzymywanych przez kolumbijskich partyzantów. W czasie przeprowadzania tego wywiadu w czerwcu 2006 roku, zarówno przedsiębiorcy jak i Betancourt pozostawali jeszcze w niewoli. Uwolniono ich dopiero dwa lata później, 2 lipca 2008 roku, wtedy też HBO powtórnie nabyła prawa do emisji *The Kidnapping od Ingrid Betancourt*. Dzięki porozumieniu z CNN, kilka dni później film został wyemitowany przez *CNN Presents* (CNN Przedstawia). (HBO i CNN należą do TimeWarner).

W międzyczasie, Bruce i Hayes ukończyły *Pip & Zastrow: An American Friendship* pełnometrażowy dokument, który miał swoją premierę w 2008 roku na festiwalu American Black Film Festival w Los Angeles i otrzymał nagrodę Target Filmmaker Award za najlepszy dokument.

W sierpniu 2010 roku wydawnictwo Knopf opublikowało powieść autorstwa Bruce i Hayes oraz Jorge Enrique Bolero, *Hostage Nation: Coloumbia's Guerrilla Army and the Failed War on Drugs* (Kraj zakładników: Kolumbijska partyzantka i przegrana wojna narkotykowa).

W 2002 roku, Ingrid Betancourt kolumbijska senator, startując w wyborach prezydenckich nawoływała do reformy skorumpowanego rządu, w kraju od 40 lat niszczonym przez wojnę domową. Jak się poznałyście?

VICTORIA: Ingrid miała umowę z wydawnictwem Harper Collins na zrobienie angielskiej wersji jej autobiografii *Until Death Do Us Part* (Dopóki śmierć nas nie rozłączy), która najpierw była opublikowana we Francji. Tak więc przyjechała tutaj na promocję książki. Rok wcześniej ja promowałam swoją książkę, a mój wspaniały agent prasowy wiedział, że zakochałam się w Kolumbii podczas pisania tej książki i że chciałam zrobić coś pozytywnego, pokazać dobrą stronę Kolumbii. Był on również agentem podczas promocji książki Ingrid, zadzwonił do mnie i powiedział: „Vicky, musisz poznać tą kobietę".

Przeczytałam jej książkę i pomyślałam „To wspaniałe". Istnieje sposób na pokazanie innej twarzy Kolumbii, twarzy, którą i ja widziałam: odwagę, piękno, współczucie, a Ingrid nosi to wszystko w sobie. Spotkałam się z Ingrid na godzinę w styczniu 2002 roku, gdy udzielała tych wszystkich wywiadów. Nie bardzo wiedziałam jak spożytkować ten kontakt, myślałam, może artykuł do magazynu. Ktoś zasugerował film, dokument. Udałam się do Telewizji National Geographic, by zainteresować ich pomysłem towarzyszenia Ingrid podczas kampanii wyborczej. National Geographic ma różnego rodzaju cykle z reporterem w terenie, myślałam, by zrobić coś w tym stylu ze mną w roli reportera. Wydawało się, że są zainteresowani, ale minęło kilka tygodni i nic się nie wydarzyło.

Mamy styczeń 2002, kampania wyborcza zaraz się zacznie, w maju wybory prezydenckie. Wyobrażam sobie, że odczuwałaś presję, żeby zacząć działać. Czy to wtedy zadzwoniłaś do Karin?

VICTORIA: Do tego czasu spotkałam Karin dwukrotnie i wiedziałam, że zna hiszpański (Karin studiowała na Uniwersytetach Guadalahara i Costa Rica, zanim poszła na UCLA). Wiedziałam też, że wie jak robić filmy, więc do niej zadzwoniłam.

KARIN: Przeczytałam książkę Ingrid i pomyślałam: „Muszę to zrobić, to niezwykła kobieta". Pracowałam wówczas jako asystent producenta w Cronkite Ward, na kontrakcie i do końca zostało mi jeszcze kilka miesięcy. Mimo to spotkałyśmy się z Vicky w Nowym Jorku, próbując zdecydować w jakim stylu zrobić ten dokument. Początkowo myślała o temacie w sposób publicystyczno-dziennikarski. A ja od razu pomyślałam o *The War Room* (Stanowisko dowodzenia) z jego reportażową obserwacją, typową dla biura kampanii wyborczej.

W tamtym momencie ona jest jeszcze wolną kobietą, a wy planujecie opowiedzieć historię jej kampanii wyborczej?

KARIN: Tak, zamierzałyśmy towarzyszyć jej podczas kampanii wyborczej: Oto kobieta startuje w wyborach prezydenckich w Ameryce Łacińskiej, kobieta, która założyła własną partię polityczną, która stała się kontrowersyjna dla kolumbijskiego Kongresu i Senatu; prowadziła strajki głodowe, wskazała wszystkich skorumpowanych członków Kongresu, narobiła sobie wielu wrogów i podejmuje burzliwą walkę o Kolumbię - przynajmniej, taki tkwił w niej potencjał. Myślałyśmy, jak byłoby fascynujące towarzyszyć jej podczas wizyt w tych wszystkich miasteczkach i obserwować reakcje ludzi na jej program wyborczy.

Czy miałyście jakieś dofinansowanie?

KARIN: Nie, nie miałyśmy, przy czym to wszystko rozgrywało się naprawdę w bardzo krótkim czasie. Następna rzecz jaką pamiętam to to, że zobaczyłam na CNN informację, iż została porwana (w lutym, Senator Betancourt została porwana przez Rewolucyjne Zbrojne Siły Kolumbii (FARC), czyli Armię Ludową (organizację partyzancką), z którą rząd prowadził negocjacje).

VICTORIA: Rozmawiałyśmy z nią tuż przed porwaniem. Ingrid wiedziała, że przyjeżdżamy; robiłyśmy wstępne ustalenia. „Cóż, jeśli masz w planie spotkanie z FARC, pojedziemy z tobą, jeśli rzeczywiście chcesz do nich pojechać" – to działo się, zanim proces pokojowy został przerwany. W owym czasie wielu dziennikarzy rozmawiało z FARC, więc my również mogłybyśmy przejechać busem przez to terytorium. I taki miałyśmy plan. A ona powiedziała: „Jadę na spotkanie z FARC, czternastego". Mamy materiał z tego spotkania, choć to nie my filmowałyśmy.

W filmie to jest to spotkanie, gdzie wszyscy siedzą przy stole?

VICTORIA: Chodzi o spotkanie, gdy Ingrid mówi: „Nie będzie więcej porwań". To miało miejsce, na dziewięć dni przed jej porwaniem.

Wiedziałyśmy, że się tam wybiera, przygotowywałyśmy się, pakowały i chciałyśmy wyjechać kilka dni później niż faktycznie wyjechałyśmy. Gdy usłyszałyśmy o porwaniu, po prostu przeszłyśmy do planu B, ponieważ Karin jeszcze pracowała, musiałam sama pojechać do Kolumbii.

Vicky, z waszych materiałów prasowych wynika, że Karin zrobiła ci nocny przyspieszony kurs w wideofilmowania. Wzięłaś ze sobą kamerę PD150 należącą do Karin, własną małą kamerę i trochę wypożyczonego sprzętu dźwiękowego…

VICTORIA: Próbowała namówić mnie do wzięcia ze sobą kamizelki kuloodpornej. Jednak mój bagaż był już zbyt ciężki.

KARIN: Stałam z mikserem, wyjaśniając jak go używać, gdyby zaistniała taka potrzeba. A ona mówi: „Musisz to dla mnie nagrać, żebym pamiętała jak się to robi". Sfilmowałyśmy moje wyjaśnienia jak używać miksera, sprawdziłyśmy wszystkie mikrofony i całą resztę.

VICTORIA: I ten balans bieli, nie miałam pojęcia co to jest…

KARIN: Próbowałam zrobić jej przyspieszony kurs, same podstawy tak, by później, gdy będzie już na miejscu, byśmy mogły porozmawiać. Ja bym zapytała: „Co udało się wam nagrać?", a ona by opowiedziała, na co ja bym jej zasugerowała: „A co z tym, a co z tamtym?". Vicky jest naprawdę dobra w przeprowadzaniu wywiadów, wie jak wyciągać od ludzi historie. Ja byłam bardziej od spraw technicznych: „A sfilmowaliście to?", czy mamy przebitki, no wiesz, takie tam...

VICTORIA: Nasz operator (Cesar Pinzón) nie mówił po angielsku. Ja znam hiszpański tylko trochę, ale mieliśmy świetną lokalną asystentkę (Mayra Rodriguez), która później została współproducentką. Ale na początku trochę mnie to wszystko przerażało.

KARIN: Vicky kręciła drugą (małą) kamerą.

VICTORIA: Sporo filmowałam drugą kamerą.

KARIN: Bo w okresie zdjęciowym operator używał mojej kamery (PD 150). A potem, jednym z najlepszych ruchów jakie wykonałyśmy, było pozostawienie na miejscu jednoprzetwornikowego Panasonica gdy wyjeżdżałyśmy z Kolumbii, na wypadek, gdyby działo się coś w sprawie Ingrid.

VICTORIA: Naprawdę byłyśmy przekonane, że Ingrid zostanie uwolniona. Będzie szczęśliwe zakończenie, a oni będą mieli kamerę by to sfilmować, ponieważ nasz operator nie miał własnej kamery.

KARIN: Skradziono mu ją gdy było porwanie Ingrid; zostawił ją dźwiękowcowi, który później pracował z nami (który był obecny przy porwaniu, ale akurat nic nie robił). Natomiast kamerą, którą tam zostawiłyśmy, sfilmował całą scenę pogrzebu.

VICTORIA: Pogrzebu ojca Ingrid oraz dzieci wywołujące ją przez radio. W ogóle nie miałybyśmy dzieci, to był jedyny moment gdy wróciły do Kolumbii. Wspaniale, że ta kamera tam była. Wszystko sfilmował brat naszego operatora, bo on sam był poza miastem.

Po porwaniu, rodzina zdecydowała kontynuować jej kampanię, nosili tekturową, naturalnych rozmiarów fotografię torsu Ingrid. Okoliczności uległy zmianie, jak się wam wydaje, dlaczego pozwolili na kontynuowanie prac nad filmem?

VICTORIA Ponieważ prowadzili kampanię, byli otoczeni przez media. Nie było więc tak, że pojawiłyśmy się w ich życiu znienacka w momencie kryzysu i nikogo innego tam nie było.

KARIN: Przy wielu okazjach, mieszałyśmy się z tłumem reporterów, którzy im towarzyszyli. Myślę, że dla Juana Carlosa (jej męża) byliśmy niewyraźną plamą. Dopiero na samym końcu, pamiętam ten ostatni dzień, kupiłyśmy jedzenie na wynos i poszłyśmy z tym do Juana Carlosa do domu. Powiedział nam wtedy: „Oj, naprawdę będzie mi was brakowało. Byliście dla mnie jak towarzysze".

Juan Carlos Lecompte i tekturowa figura jego żony, *The Kidnaping of Ingrid Betancourt*.
Zdjęcie autorstwa Any Marii Garcia Rojos, dzięki uprzejmości realizatorów.

VICTORIA: Nie rozmawiałyśmy z nim szczególnie dużo. Podróżowaliśmy razem z nim w samochodzie, więc w pewnym sensie zawsze miał nas w pobliżu. Gdy jechałam do Kolumbii, najbardziej bałam się spotkania właśnie z Juanem Carlosem. Kiedy spotykasz go po raz pierwszy, myślisz: „O nie, co za flegmatyk, to nie może być nasz główny bohater". Mam na myśli to, że nie jest dynamiczny, co widać na zdjęciach i w dodatku nie mówi tylko mruczy. Zrobiłyśmy z nim tylko jeden klasyczny wywiad. I tyle. Reszta, to materiał kręcony przy różnych okazjach. Nie miałyśmy zamiaru robić z nim kolejnych wywiadów. Nie było potrzeby pytać go w kółko: „Juan Carlos jak się dzisiaj czujesz?". Bo to pytanie zadawano mu na każdym kroku.

KARIN: Jest raczej zamknięty w sobie. Ciężko się przebić do niego.

VICTORIA: Jednak w miarę kolejnych układek, jawił się człowiek z krwi i kości. Jeśli spędzi się z postacią wystarczająco dużo czasu, to jej charakter wyłoni się z materiałów.

KARIN: Z drugiej strony, byłam bardzo wyczulona by nie przesadzić, na przykład, pokazując każdą scenę, w której (matka Ingrid) Yolanda zaczyna płakać. To naprawdę silna kobieta, ale w większości zgromadzonych przez nas materiałów, następuje moment, gdy się załamuje. Nie chciałam nadmiernie … jak się to mówi? Eksploatować. Nie chciałam wykorzystywać jej płaczu, by u publiczność rodzić tym sposobem wzruszenie. Naprawdę chciałam być uczciwa, a nie wyzwalać emocje na siłę.

VICTORIA: Dzieci odłożyły telefon (po nagraniu wiadomości która, miały nadzieję, dotrze do ich matki, via radio), i natychmiast pojawia się ta radosna muzyka, kampania wyborcza trwa dalej. Świadomie podjęłyśmy decyzję o tym gwałtownym przeskoku. Najpierw jest smutno, a zaraz potem życie toczy się dalej.

Robiłyście klasyczny reportaż dokumentalny, czy zdarzyły się sytuacje w których interweniowałyście, by osoby zrobiły coś inaczej? Mam na myśli, na przykład, to mocne zdjęcie, na którym Juan Carlos trzyma swoją kartonową żonę za rękę.

VICTORIA: Mamy tego sporo, miałyśmy dużo takich ujęć. Nasz operator był naprawdę dobry. Zdarzyło się kilka razy, że wyłączał kamerę w środku jakiejś wspaniałej wypowiedzi, co doprowadzało mnie do szału, ale kiedy miał dobry obraz, ciągnął ile było trzeba. Właśnie w taki sposób Juan Carlos nosił ją, czasami po prostu patrzył na nią, czasami jej dotykał. Poprosiłyśmy go tylko raz, by przejechał się na swoim motorze. Nie jest to kluczowa scena, swego rodzaju przejście, koniec aktu, wyciszenie przed sceną wyborów.

Byłyście tam w marcu i ponownie w maju, na czas wyborów?

KARIN: Szesnaście dni na pierwsze zdjęcia i dziesięć na drugie. Myślałyśmy, że w tym międzyczasie, na przełomie marca/kwietnia zrobimy trailer i postaramy się o fundusze, że zdobędziemy jakieś granty.

VICTORIA: Tak, żebyśmy mogły pojechać w maju, już z pieniędzmi. Ale tak się nie stało.

Więc tak naprawdę będąc tam, nie stałyście się częścią rodziny - zamiast tego wmieszałyście się w tłum reporterów. I nie byłyście zbyt długo.

VICTORIA: Zbliżyliśmy się z nimi później, szczególnie Karin. W sumie, spędziłyśmy z nimi cztery tygodnie.

W sumie, nakręciłyście około 100 godzin materiału. Opowiedzcie o procesie montażu.

VICTORIA: To osobna kwestia, ale dopóki nie wróciłyśmy do domu z drugą partią materiału, nie zdawałyśmy sobie sprawy, że będziemy musiały nauczyć się montażu. „Co my teraz zrobimy? W dalszym ciągu nie mamy pieniędzy". Mój były chłopak dał mi 15.000 dolarów. Wydałyśmy je podczas pierwszego okresu zdjęciowego.

KARIN: Drugi wyjazd - powiedziałyśmy sobie: „Każda z nas weźmie część ze swoich oszczędności, a reszta będzie z kart kredytowych".

VICTORIA: W końcu udało nam się wszystko zwrócić, ale dopiero po zrobieniu drugiego filmu. Podzieliłybyśmy się z Ingrid po równo, bo udało nam się sprzedać film za granicą.

KARIN: Myślałyśmy o wynajęciu montażysty, ale nie miałyśmy pieniędzy. Jak tylko dotarłyśmy do domu, same zaczęłyśmy spisywać setki. Obiecałyśmy sobie, że film będzie gotowy, zanim minie rok od porwania.

VICTORIA: Naszym celem było zgłoszenie filmu na festiwale Sundance i Slamdance.

Więc nauczyłyście się programu montażowego Final Cut i pracowałyście na pożyczonych komputerach w jadalni rodziców Karin?

KARIN: Kupiłyśmy Final Cut i sześć podręczników do montażu, po czym wzięłyśmy się za robotę. Zaczęłyśmy również zbierać wszystkie wywiady radiowe, których Ingrid udzieliła po angielsku (podczas promocji książki).

VICTORIA: Zrobiłyśmy tak, ponieważ miałyśmy ten cały materiał, który jednak nic nie mówił o Ingrid. Mamy trochę materiału z kampanii wyborczej, ale z niego też nie da się jej polubić, nawet jej poznać. Karin zaczęła kontaktować się z tymi wszystkimi instytucjami medialnymi, którym Ingrid udzielała wywiadów, by wydobyć od nich te nagrania i koniec końców z tych taśm skomponowałyśmy jej całą narrację w filmie.

KARIN: Użyłyśmy pięciu różnych wywiadów. *Fresh Air* (NPR) był chyba najdłuższy, trwał około godziny. Pozostałe może po pół godziny.

Użyłyście także materiały archiwalne - filmy domowe, materiały z kampanii itd. - zdobyte z różnych źródeł.

VICTORIA: Sporo materiału z kampanii było sfilmowane przez Cesara. Jednak najwięcej materiału pochodziło z telewizji kolumbijskiej. Cesar był naprawdę nieźle ustawiony; jego siedmiu braci pracowało w telewizji, miał więc możliwość zdobycia dla nas kolumbijskich archiwaliów i wynegocjowania bardzo niskiej ceny. Wydaje mi się, że w końcu za 14 sekund (20 sekund minimum) od CNN zapłaciłyśmy 1.800 dolarów. Jednak większość materiału filmowego i dźwiękowego wynegocjowanego przez Karin i Cesara, kupiliśmy za bezcen.

Tak więc mamy koniec 2002 roku, już około trzech miesięcy spędziłyście nad montażem i dalej jesteście bez żadnego finansowego wsparcia.

KARIN: Chyba cztery miesiące. Do stycznia, kompletnie się wypaliłyśmy.

VICTORIA: Zaczęłyśmy przyklejać karteczki do komputera, na których było napisane: „Co słychać u Ingrid?". Byłyśmy tak nieszczęśliwe, że zaczęłyśmy się żalić do siebie nawzajem. Żadna z nas nie miała chłopaka, ani życia towarzyskiego, zwykle siedziałyśmy obok siebie o 3:00 nad ranem, montując.

KARIN: Wtedy zrobiłyśmy coś jeszcze, myślę, że był to pomysł Vicky, założyłyśmy Fundusz Bosych Dzieci. Którakolwiek z nas zaczynała narzekać, musiała następnie wspomóc Fundusz.

VICTORIA: - jednym dolarem.

KARIN: Ta z nas, która mniej narzekała, mogła wybrać charytatywny cel.

VICTORIA: Fundusz Bosych Dzieci. Do tej pory tak mówimy, gdy któraś zaczyna za bardzo narzekać.

Miałyście nadzieję, że wasz film może coś zmienić?

KARIN: Miałyśmy nadzieję, że jakiś skutek odniesie. W jakimś sensie zmobilizuje ludzi. Miałyśmy (ostatnio) dwa telefony od Amnesty International, chcą zrobić pokazy filmu w Chile i Boliwii. Więc coś zaczyna się tam dziać. Jeśli chodzi o mobilizację tu w Stanach Zjednoczonych, oczywiście mam na myśli tych, którzy obejrzeli film, najczęstszą reakcją jest: „Co możemy zrobić?".

VICTORIA: Ale nic nie mogą zrobić.

KARIN: I to jest najtrudniejsze.

VICTORIA: Zwrócić się do swojego kongresmana, czy coś takiego.

Pod koniec 2002 roku, brałam udział w branżowym spotkaniu, gdzie Vicky zrobiła coś czego ludzie z widowni nigdy nie powinni robić - był to warsztat redaktorów zamawiających. Kiedy przyszedł czas na zadawanie pytań, wcisnęłaś (pitched) im wasz film. Publiczność była trochę poirytowana, ale dystrybutorka z HBO umówiła się z tobą na spotkanie.

VICTORIA: „Jak brzmi pytanie?". Cóż, swego czasu robiłam PR dla NASA, mam doświadczenie w PR. Bardzo się denerwowałam, bo wiedziałam, że muszę to zrobić. Powiedziałam też Karin, co zamierzam.

KARIN: Od samego początku, gdy wyobrażałam sobie, w jakim stylu powinien być zrobiony nasz film i gdzie chciałabym go zobaczyć, na myśl przychodziło mi HBO.

VICTORIA: Nie mogłam dać jej (HBO) najlepszej taśmy jaką miałyśmy. Miała być pokazana na festiwalu Slamdance, więc zaprosiłam tą redaktorkę na projekcję. Mówi się, że nie należy „im" dawać pokazowej kasety filmu, pozwalać, by sami siedzieli przed telewizorem szczególnie, gdy nie jest to ich najlepszy dzień. Posadź ich wraz z innymi na widowni, wiedząc jak reaguje publiczność - tak pozwalaj dystrybutorom oglądać swój film.

Film miał pokaz w części konkursowej na Slamdance, 23 stycznia 2003 roku, kilka dni po ledwo odnotowanej rocznicy porwania Betancourt. Nosił tytuł „Missing Peace". Kiedy i dlaczego został zmieniony tytuł?

VICTORIA: Po Slamdance, HBO kupił prawa do filmu na dwa lata. Chcieli wprowadzić kilka poprawek montażowych i przez kolejne dwa miesiące pracowałyśmy z ich montażystą Geof Bartzem. Najważniejsza zmiana jaką wprowadzili to uświadomienie widzowi na samym początku, że Ingrid została porwana. W naszej wersji, powoli poznawaliśmy tę kobietę. Sheila Nevis powiedziała, że bardziej poruszą obrazy domowego wideo, na którym widać Ingrid z dziećmi, gdy będziesz miała świadomość, że za chwilę już jej nie będzie. To genialne.

Pierwszy akt jest naprawdę dobry. Kiedy jest już powiedziane wyraźnie, że została porwana - budujecie jej obraz; kim jest i czym się zajmuje, a spoza kadru, ona sama prowadzi narrację. Na końcu pierwszego aktu historia wraca do porwania i od tego momentu ona sama nie pojawia się już w obrazie – za wyjątkiem postaci wyciętej z tektury.

VICTORIA: Myślę, że to przynoszący swego rodzaju owoce sposób opowiadania – oto co się dzieje z osobami z jej otoczenia, oto co się dzieje z jej rodziną. Przypominanie jej na ekranie nie odniosłoby takiego efektu. Wydaje mi się również, że my zdałyśmy sobie sprawę, iż to nie jest historia o tej kobiecie, to historia o tym mężczyźnie. Naprawdę. Staje się opowieścią o Juanie Carlosie, o przemianie z faceta, który nigdy nawet nie chodził na głosowanie, a w końcu stał się politycznym zwierzęciem.

KARIN: Nie przestajemy jej widzieć, czujemy jej obecność, ale historia jest o nim i rodzinie, o kampanii wyborczej oraz o tym, co przeżywa rodzina porwanej osoby, nawet w sytuacji tak niezwykłej jak jej sytuacja, bycia kandydatem na prezydenta. Mamy tu Ingrid, a jej twarz, jest twarzą setek innych porwanych ludzi oraz tych 50- 60 osób trzymanych jako polityczni zakładnicy.

Betancourt była w niewoli, gdy film był pokazywany i pozostaje w niej do teraz, mamy czerwiec 2006. Czy podjęłyście jakieś kroki, by film nie pogorszył jej sytuacji?

VICTORIA: Pozwoliłyśmy rodzinie obejrzeć film (zanim był gotowy). Generalnie odradzałabym pokazywanie filmu ludziom, którzy w nim występują, ale nie wiedziałyśmy, które ze spraw w nim poruszanych, mogłyby politycznie szkodzić. Zdecydowanie nie chcieli, by aktualny prezydent wyglądał źle, ktokolwiek miałby wygrać te wybory, bo to była ich jedyna nadzieja na oswobodzenie Ingrid. Niektórzy ludzie mówili: „Robicie z niej ważną osobę, FARC mogą pomyśleć, że jest jeszcze cenniejsza i zatrzymać ją na dłużej". Jednak cała rodzina, szczególnie Juan Carlos, który w przeszłości pracował w reklamie, byli zdania: „Utrzymujcie to na czołówkach gazet, niech ona żyje, niech ta historia żyje". Okazało się, że rodzina bardzo wsparła film. Ale wydaje mi się, że w tamtym momencie byli pełni obaw; to bardzo osobisty film o nich.

Czy celowo użyłyście trzyaktowej struktury dramaturgicznej w filmie? Pierwszy akt, jak wspomniano kończy się porwaniem. Drugi akt, prowadzi nas do dnia wyborów. Trzeci akt przedstawia wyniki - nie wygrała, ale zdobyła wystarczającą ilość głosów, by partia którą założyła, przetrwała. I wtedy widzimy wideo rozpowszechniane przez porywaczy, które potwierdza, że Betancourt wciąż żyje.

KARIN: Vicky jest dobra w opowiadaniach, napisała książkę, była dziennikarką. Jeśli chodzi o mnie, znałam strukturę trójaktową i wiedziałam, że musi mieć mostek w postaci naszej opowieści i na tym się skupiłam.

VICTORIA: Dostawałyśmy mnóstwo rad od przyjaciół; oglądali z nami kolejne układki.

KARIN: Któregoś razu przyszli nasi wspólni znajomi, którzy kończyli szkołę filmową, siedzieli z nami jakieś sześć godzin do 3.00 nad ranem, przeglądając całość filmu, kawałek po kawałku, pierwszą układkę, doradzając jak to zmontować. I pamiętam jak ze mną usiedli i powiedzieli: „Karin, nie masz drugiego aktu. Nie ma punktu zwrotnego postaci, nie ma nic. Do luftu. Musisz coś z tym zrobić".

Później, gdy HBO przejęło film, przyszedł ten dodatkowy okres montażu w Nowym Jorku.

VICTORIA: Jeździłyśmy tam zobaczyć co robi Geof, a on wysyłał nam swoje propozycje.

W niektórych recenzjach, które czytałam, autorzy mieli za złe, że film nie poświęcił więcej miejsca innym kandydatom politycznym, czy chociażby FARC. Co sprawiło, że zdecydowałyście się dać pole tylko Ingrid, a nie było miejsca, na przykład, na ogólną dyskusję o jej zarzutach co do korupcji?

VICTORIA: Przeprowadziłyśmy wywiady ze wszystkimi kandydatami, z wyjątkiem (Alvaro) Uribe; wywiad z nim zrobiłyśmy już po wyborach, bo przed wyborami nie było to możliwe. Nie użyłyśmy tych wywiadów w filmie, ponieważ nie miałyśmy ani jednej wypowiedzi Ingrid, w której atakowałaby któregoś z kandydatów - takie jest moje zdanie. Było coś w jednym z jej nagrań: „Widziałam jak wszyscy w Kongresie zostali kupieni za tyle i tyle pieniędzy". Jeśli posłuchasz uważnie to zorientujesz się, że to „wszyscy" zostało wycięte i w to miejsce wkleiłyśmy znalezione w innym miejscu „niektórzy" - zrobiłyśmy tak ze względów prawnych.

Zdarza się, że jakiś bardzo uparty Kolumbijczyk, albo nawet Amerykanin mówi: „Nie przedstawiłaś argumentów FARC" lub „Nie przedstawiłaś argumentów bojówek partyzanckich". Odpowiadasz: „Kolumbia to taki skomplikowany kraj. Nie ma możliwości zrobienia opowieści politycznej będącej jednocześnie opowieścią osobistą". Później zrobiłyśmy *Held Hostage* (Zakładnicy) i teraz mówimy ludziom: „Kupujcie nasz kolejny film". W nim znajdzie się coś o dilerach narkotykowych, o partyzantce, o guerrillas; wszystkie istniejące frakcje. Dla mnie to nie trudne, ponieważ mam łatwość opowiadania. Musisz wybrać jeden ze sposobów. Tu masz komentowanie, a tu masz opinię Ingrid.

KARIN: Wydaje mi się, że w robieniu dokumentów, masz tego rodzaju wolność, gdzie możesz wybrać, w jaki sposób chcesz opowiedzieć swoją historię. Ludzie zaczepiają nas i mówią: „Ingrid zrobiła to, Ingrid zrobiła tamto, wcale nie była taka dobra". W porządku, bo każdy będzie miał na ten temat własną opinię. Chciałyśmy, by w naszym filmie ludzie dostrzegli historię, która być może zainspiruje ich, by dowiedzieć się więcej o samej Ingrid, by dowiedzieć się więcej o Kolumbii. Kolejny krok należy do publiczności. My nie możemy powiedzieć: „Musisz wierzyć w to czy tamto". Pomyśl o tym i sam podejmij decyzję. My opowiadamy jedną historię.

VICTORIA: Jeśli masz mentalność działacza, a jest to cecha wielu dokumentalistów, sposobem na poruszenie publiczności jest raczej opowiedzenie historii jednego człowieka, niż robienie filmu o problemie. Obejrzałam *China Blue* (w reżyserii i produkcji Micha X. Peled), o chińskim przemyśle odzieżowym. Udało im się dostać do jednego z zakładów i zamieszkać z 13-letnią dziewczynką, która tam pracowała. Towarzyszyli jej od rodzinnego miasta. Nadzwyczajny film.

Przymierzacie się teraz do trzeciego filmu. Jaki jest sekret waszej udanej współpracy?

KARIN: Myślę, że każda z nas wnosi coś innego i to się sprawdza. Ktoś mnie kiedyś zapytał w jaki sposób rozwiązujemy między sobą sporne kwestie, na przykład gdy się nie zgadzamy, jak coś powinno wyglądać. Powiedziałabym, że w zależności, która z nas ma lepszy argument, dlaczego coś ma wyglądać tak a nie inaczej, wtedy druga mówi: ok. w porządku.

VICTORIA: Albo, gdy okazuje większy entuzjazm do swojego pomysłu.

KARIN: Gdy sprzedaje swój entuzjazm - wtedy powiemy dobra, spróbujemy w ten sposób.

VICTORIA: Zawsze próbowałyśmy sposobów tej drugiej osoby.

ROZDZIAŁ 17

Ric Burns

W ciągu minionych dwu dekad, Ric Burns i jego firma Steeplechase Films wyprodukował wiele nagradzanych filmów i seriali, większość dla programu PBS *American Experience*. Jego dorobek zawiera sześcioodcinkowy serial *The Way West*, oraz filmy *Coney Island*, *The Donner Party*, *Ansel Adams*, *Eugene O'Neill i Andy Warhol* oraz *Tecumseh's Vision* wyreżyserowany razem z Chrisem Eyre dla serialu PBS z 2009 roku *We Shall Remain*. Ostatnio ukończył *Into the Deep: America, Whaling & the World*, który jest opisywany jako: „niezwykła historia amerykańskiego przemysłu wielorybniczego od jego początków w XVII wieku, poprzez złoty wiek oceanicznych połowów wielorybów pod koniec XVIII i na początku XIX wieku, aż do jego upadku w latach poprzedzających wojnę secesyjną". Film miał swoją premierę w programie *Americn Experience* w maju 2010 roku. Przed założeniem Steeplechase, Ric i jego brat Ken, wyreżyserowali dziewięcioodcinkowy serial dla PBS, *The Civil War*, który miał premierę w 1990 roku.

Rozmawiałam z Ricem Burnsem w 2003 roku, gdy kończył *The Center of the World*, ósmy, ostatni odcinek z jego znanej serii: *New York: A Documentary Film*. Pierwsze siedem odcinków zostało ukończonych tuż przed atakami 11 września 2001 roku. Ósmy ukazywał historię World Trade Center i został wyemitowany przez PBS we wrześniu 2003 roku.

Jak podejmujesz decyzje o tym, które z pomysłów przechodzących przez twoje biurko zamienić na film?

Dla mnie, w zestawieniu słów: „realizator historycznych filmów dokumentalnych", bez wątpienia słowo „film" jest najważniejsze. A to dlatego, że zdaję sobie sprawę jaką siłę oddziaływania może mieć film. Z pewnością, przeżywanie filmu które najbardziej cenię, to zanurzenie w odległy świat iluzji światła i cienia, dźwięków, muzyki i słów, które są tworzywem filmu. Zawsze chodzi o kontrasty. Wizualne, tematyczne, emocjonalne. Pomyśl o *Donner Party*. Przeczytaj i weź pod uwagę jeden rozdział z *Donner Party*, jeśli to ten właściwy, poczujesz wzajemne oddziaływanie sił światła i ciemności. W szczytowym roku okresu zwanego amerykańskim snem, 87 ludzi udało się na Zachód, myśląc, że znajdą raj, a znaleźli koszmar. Gdy wymawiasz dwa wyrazy: „Nowy Jork" - automatycznie jawi ci się przed oczyma sylweta wieżowców Nowego Jorku na tle nieba. Najsilniejsze wrażenie robi linia horyzontu o zmierzchu, jednocześnie świecąca i błyskająca, jak i nasycona czernią i mrokiem.

Gdy wybierasz historię, nawigacyjne światła prowadzą cię tam, gdzie wyczuwasz materię, która pozwoli ci wykorzystać moc wszystkich środków filmowych. Zawierz pierwszemu wrażeniu, zadaj sobie pytanie, co to za historia? Jakiej struktury filmu użyć, by przeniknąć i opracować tę opowieść? Moim zdaniem, w przypadku Nowego Jorku, największe zadowolenie w pracy nad tym projektem - który rozrósł się do 14,5 godziny, a teraz pracujemy jeszcze nad dodatkowym dwugodzinnym filmem o World Trade Center - pojawia się w samym jego centrum. Bardzo proste, doraźne wyjaśnienie, czemu Nowy Jork stał się takim błyszczącym i mrocznym miejscem. Otóż na samym początku, był on kolonią handlową, w przeciwieństwie do innych rywalizujących z nim miejsc, które były przede wszystkim ośrodkami religijnymi.

Cofnijmy się kawałek, w jaki sposób zawężasz pole działania w temacie historycznym, zazwyczaj szerokim i złożonym?

Na każdym kroku zadajesz sobie pytanie: „Co jest absolutnie konieczne do opowiedzenia tej historii? Co ją posuwa do przodu?". Musisz zacząć od Holendrów [osadników]; to zrozumiałe. Potem są Anglicy; nie zatrzymujesz się na dłużej przy Anglikach - parę rzeczy zmienili, ale większość pozostała ta sama. Dlatego stosujesz podstawowe kryterium narracji, czyli: staraj się o każdej sprawie opowiedzieć tylko raz. Mamy więc tylko raz zamieszki. Mamy tylko jeden pożar. Mamy tylko raz pojawienie się wieżowców. Mamy tylko jedną wojnę. Innymi słowy, musisz znaleźć kluczowy moment historii którą opowiadasz, jej szczyt. Opowiedz o zamieszkach z 1863 roku wywołanych przez zaciąg do wojska (nowe prawo uchwalone przez Kongres wobec trwającej Wojny Secesyjnej), najbardziej katastrofalny i do dnia dzisiejszego najgorszy przypadek niepokojów społecznych w amerykańskiej historii.

Bądź tak krytyczny jak to tylko możliwe, gdy analizujesz chronologię zdarzeń swojej opowieści. Postaw przed sobą pytania: „Jakie są główne wątki nadające materiałowi strukturę? Które momenty najsilniej reprezentują te wątki?". Używasz głównych wątków jak pewnego rodzaju różdżki, która wskazuje - między dosłownie nieskończoną ilością materiału, jak w przypadku Nowego Jorku - gdzie jest życiodajne źródło. Które zdarzenia najsilniej oddziałują? Które zdarzenia najlepiej prezentują tematy i popychają je naprzód?

Jak definiujesz temat i jak się tematami-wątkami posługujesz w swojej pracy?

Temat-wątek jest podstawową siłą napędową filmu. O to w tym wszystkim chodzi. Opowieść jest jak pojazd, a wątek jest tonem, emocją; to myśl przewodnia twojej historii.

Wątek, pozwala ci zobaczyć i odczuć wzajemną zgodność pomiędzy różnymi elementami twojej opowieści. Jak Harlem w 1920 roku, eksplozja mass mediów, postać Al Smitha, rozwój giełdy i wyścigi w budowaniu wieżowców – jak to wszystko odnosi się do siebie? Temat, w pewnym sensie, przenikając wibruje w nich wszystkich. W najgorszym przypadku, wątek, staje się swego rodzaju foremką i powoduje, że wszystko wygląda tak samo. W najlepszym przypadku sprawia, że zaczynasz rozumieć metaforyczny związek pomiędzy zdarzeniami, które pozornie są bardziej lub mniej do siebie podobne. Dążenie Ala Smitha do prezydentury, pogoń F. Scott Fitzgeralda za Zeldą w kontekście wielkiej powieści amerykańskiej, dążenia skromnego inwestora do bogactwa, tak samo jak kogoś innego dążenie do postawienia najwyższego budynku na świecie – wszystko to tworzy zgodny metaforyczny związek, co nie znaczy, że wszystko symbolizuje to samo. Rozumiesz te działania, jako reakcję na okoliczności w których zaistniały i to sprawia, że każde z nich nabiera znaczenia i staje się bardziej wymowne.

Nie wszystkie dokumentalne filmy historyczne są wielowątkowe: niektóre przedstawiają historie lub sytuacje bez tej dodatkowej złożoności.

Z własnego doświadczenia wiem, że jeśli chcesz zrobić coś szybko, to najprawdopodobniej nie uchwycisz wielości wątków. Jedna sprawa to dostrzec temat i gdzieś go sobie zanotować. Ale sprawić, by przewijał się przez film, to naprawdę trudne. Najpierw znajdujesz właściwy wątek. I to może trochę potrwać. Odpowiednio go precyzujesz w odniesieniu do posiadanego materiału, badań, opowieści, to również może zająć chwilę. Później musisz to wszystko ze sobą powiązać w taki sposób, że wątek jak Frankenstein zaczyna żyć swoim życiem. Tak właśnie powstają filmy, poprzez pisanie i montaż. A ty ciągle porównujesz to co udało ci się już zrobić z tym, co intuicyjnie wiesz, jak mogłoby wyglądać i powinno wyglądać.

Kiedy i w jaki sposób opowiadanie nabiera kształtów?

Tworzysz pierwszy opis filmu. Czasami przybiera on formę listu do znajomego, czasem jest typową dwustronicową propozycją, by pozyskać środki. Każdy kolejny opis jest w pewnym sensie kolejną wersją filmu, za każdym razem starasz się to jak najlepiej wyrazić. Później gdy przechodzisz do następnego opisu - dłuższego, z większą ilością szczegółów, bardziej rozbudowanego, intensywniejszego, bardziej zajmującego - nie porzucasz wcześniejszych. Stają się one punktem wyjścia. Kiedy tak robisz, opowieść się zmienia. Nie cztery odcinki tylko pięć, nie godzinne tylko dwugodzinne. W moim przypadku, cały ten proces nie zaciera pierwotnej idei, ale rozwija ją. Przypomina to kulę śnieżną toczącą się po zróżnicowanym zboczu. Śnieg jest raz mokry a raz suchy, tutaj brudny a tam dziewiczy, tocząca się kula przybiera własny ekscentryczny kształt i prędkość. Ale zawsze rośnie w relacji do materiału na zboczu, z którego się stacza.

Jeśli istnieje możliwość nieskończonych poszukiwań, skąd wiesz kiedy przestać?

Myślę, że wszelkie udane twórcze projekty oscylują pomiędzy obsesją a zdecydowaniem i żadnej z tych postaw nie można odrzucić. Obsesyjność, która sprawia, że szukasz więcej materiału, kolejnych zdjęć, filmujesz jeszcze jeden wywiad, zanurzasz się głębiej, w pewnym sensie to zawsze tak działa. Za metaforę może posłużyć Odyseusz przywiązany do masztu, słuchający śpiewu syren, a one śpiewają: „Tu jest tego więcej. Możesz mieć więcej materiału. Musi być więcej". Jednak tworzysz taki układ, w którym jesteś nie tylko Odyseuszem z odsłoniętymi uszami - przywiązanym do masztu, ale jesteś również zdyscyplinowaną załogą płynącą do przodu, podejmującą decyzje. „Użyjemy tego i na tym poprzestaniemy". Jeśli coś się sprawdza, to nie pozbywasz się tego. To jest właśnie zdecydowanie. Mówisz: „W porządku, pasuje do reszty". Choć rzadko to się zdarza. Nie znaczy to również, że nie odkryjesz na pewnym etapie pracy, iż elementy opowieści, które najbardziej ci się podobały, przestają pasować. Próbujesz je utrzymać, zatrzymując, zajmujesz miejsce i ograniczasz możliwości działania.

Czy przygotowujesz wstępną wersję scenariusza przed rozpoczęciem zdjęć?

Tak naprawdę dzieje się to równocześnie. Na przykład, teraz pracujemy nad biografią World Trade Center, ósmym odcinkiem serialu *Nowy Jork*. Mamy klarowny szkic, jaki to ma być film, mamy również pewnego rodzaju 50-stronicowy treatment, spis materiału, który prawdopodobnie będzie wykorzystany w opowieści. Ale to nie jest scenariusz. Raczej chronologicznie ułożony treatment, zawierający głównie materiały historyczne, którego struktura wystarcza nam by przewidzieć, w którym momencie filmu pojawią się główne wątki, gdzie się rozwiną i osiągną swoje apogeum, a gdzie się zmienią.

Będąc tak przygotowanym, możesz zacząć robić wywiady, bo wiesz jakie zadawać pytania. Możesz od razu wyjść na zewnątrz i zacząć filmować. Idealna sytuacja to taka, gdy podczas pisania scenariusza, część materiałów jest już gotowa, a to dlatego, że możesz trafić na materiał, którego się nie spodziewałeś.

Na przykład, wszyscy wiedzą kim jest Philippe Petit, człowiek, który przeszedł po linie między Bliźniaczymi Wieżami. Natomiast nie wiedziałem, dopóki nie przeprowadziłem z nim wywiadu, że stanie się integralną częścią filmu. Był to człowiek, który w 1968 roku siedząc w gabinecie dentysty w Paryżu jako 18 latek, powziął decyzję, że chce zostać linoskoczkiem i przejść po linie między dwoma wieżami World

Trade Center, których nie zaczęto jeszcze budować. Kiedy to zrobił w sierpniu 1974 roku, budynki WTC, były bardzo krytykowane, za ich brutalny wygląd i nieludzką skalę. I nagle pojawia się tam ten szczupły, nieprawdopodobny Francuz, tańczący na krawędzi niczego, a tłumy Nowojorczyków przyglądają mu się z zachwytem. To zestawienie kruchości i potęgi - zawrotna powietrzna teatralność - to esencja kluczowego aspektu World Trade Center. Odkrywasz więc, że osoba, która w twoim zamyśle miała być zaledwie przypisem do opowieści, rozrasta się i staje się częścią psychologicznego centrum filmu.

Gdyby ktoś, sześć miesięcy temu, zapytał mnie: „Będziesz robił wywiad z Philippe Petit?". Odpowiedziałbym: „Być może". Jednak przypadki takie jak ten, wynikają wprost z projektu. Projekt bierze się z intuicyjnego przekonania, że ta historia jest nośna oraz z wątków, które stanowią podstawę tego przekonania. Taki projekt pozwala ci później wyjść na zewnątrz i przez przypadek natknąć się na rzeczy: wywiady, miejsca które chcesz sfilmować, cytaty z książek, zdarzenia historyczne - o których nigdy wcześniej nie słyszałeś. Dlatego wzajemne oddziaływanie obsesyjności i zdecydowania jest takie ważne.

Opowiedz mi jak montujesz?

Myślę, że analogią jest pisanie - chodzi o sam proces tworzenia. Próbujesz stworzyć sekwencję, która jest mocna, intensywna i zajmująca. Podobnie jest z pisaniem. Zaczynasz od napisania zdania, rozwijasz je do akapitu, kilku stron, treatmentu, scenariusza. Na potrzeby filmu zbierasz materiał. Gdy siadasz do montażu to w pewnym sensie piszesz – nie samymi słowami i wyobrażeniami - tylko słowami, wyobrażeniami oraz obrazami, fragmentami wywiadów, materiałami archiwalnymi, dźwiękiem, muzyką. Ciągle starasz się ułożyć z nich sekwencję, dopracowywać układkę, która jak kilka słów podsumowania twojego filmu na papierze - nabiera znaczenia, kształtu i jest zajmująca.

Czy stosujesz strukturę aktową w dramaturgii?

To bardzo wyszukany sposób myślenia o strukturze filmu, który zapewne można stosować, gdy ma się pełną świadomość tej teorii. Jeśli dochodzisz do momentu w którym rozpoczynasz układanie samej opowieści – i idzie ci dobrze – to po prostu budujesz opowiadanie. Mamy taką udomowioną prostą formułę, która pojawiła się w montażowni 15 lat temu przy *The Civil War*, mówiącą: dodawaj i zabieraj. Funkcjonuje w oparciu o starą zasadę kontrastu. A więc, jeśli te kontrasty miałyby polegać na kolejnym naprzemiennym dawaniu kroku do przodu i kroku wstecz, film stałby się schematycznie powtarzalny jak migająca czerwona lampka. Ta amplituda dodawania i zabierania musi zawierać w sobie łuki, skróty - przebiegi zmienne. Jakaś wartość jest usytuowana, czymś się zajmujesz, sprawa znalazła się w swoich koleinach i w miarę upływu czasu rozwija się i zmienia.

Protagonistą w twoich filmach niekoniecznie jest człowiek. W serialu Nowy Jork *protagonistą jest miasto jako takie.*

Fakt. Musisz być wierna swojemu obiektowi. Często popełniany błąd, to traktowanie części składowych opowiadania jako suwerennych opowieści. Powiedzmy, że robiłaś film o Zachodzie, o podboju Amerykańskiego Zachodu w drugiej połowie XIX wieku. Natychmiast, wszystkie wydarzenia takie jak: budowa kolei transkontynentalnej, bitwa pod Little Bighorn, Georg Armstrong Custer, Sitting Bull, czy wypadki, które doprowadziły do Wounded Knee – te wszystkie historie, wydarzenia, ludzie, momenty konkurują ze sobą, aby stać się składnikiem twojego opowiadania. Lecz cóż się stanie, jeśli byś się skusiła patrzeć na swój film jako na opowieść o konkretnym człowieku albo konkretnym wydarzeniu czy rzeczy. Oczywiście możesz poświęcić cały ekranowy czas na postać Georga Armstrong Custera. Lecz jeśli postanowiłaś zrobić film o Drodze na Zachód w przedziale lat 1845 – 1893, nie możesz pójść na łatwiznę, czy dać się uwieść i rozkojarzyć, przez najbardziej dynamiczne czy dramatyczne elementy składowe. I tak jak oglądam dokumenty historyczne, widzę często, że ich twórcy zmieniają kierunek, nie trzymają się zapowiedzianego celu, który powinien wyglądać „Zaczynam ten temat. Będzie tylko jeden bohater w całym opowiadaniu".

Moim zdaniem, to największe wyzwanie przy takich filmach: Część będzie miała zawsze moc uwodzicielską, a całość jest trudno uchwytna. Tymczasem to całość jest twoim tematem – wątkiem. Jest tym co tworzy spójność i trajektorie narracji, nadaje osobnym elementom głębsze związki. To właśnie całość – wątek, jest podstawą rozwoju dramaturgii. I nie chodzi tutaj o rozwój dramaturgii w ramach danej konkretnej historii, tylko chodzi o dramaturgię, która pozwala ci budować mostki ponad całymi obszarami przestrzeni i czasu. A jeśli skonstatujesz, że masz w filmie dwóch bohaterów, to jednak będzie oznaczało, że opowiedziałeś dwie historie. A to są dwa filmy.

Jak upewniasz sam siebie, że opowiadanie w filmie jest prawidłowo wyważone?

Podstawowa różnica pomiędzy historią zapisywaną na papierze a historycznym filmem dokumentalnym polega na tym, że ta pierwsza może sobie pozwolić na dyskursywność, ocenę i zniuansowanie, bez narażania na szwank swojej siły. Ten drugi zapis historii, film, nie może sobie na to pozwolić. W moim przekonaniu, w filmie jest miejsce na pokazywanie złożoności, ale nie poprzez próbę mówienia o tym samym na pięć różnych sposobów w jednym czasie, tylko na ukazywaniu na przestrzeni czasu różnych oblicz tego samego.

Zgrzytam zębami na historyków akademickich, którzy po obejrzeniu mniej więcej pierwszych 10 minut filmu mówią: „Twierdzisz, że Nowy Jork to tylko handel i chciwość. Czyż nie oznacza to, że zajmuje bardzo mocną kapitalistyczną pozycję?". No cóż, tam są momenty, w których właśnie to oblicze Nowego Jorku wysuwało się na plan pierwszy.

Ponieważ film, pod pewnymi względami, jest prostym i upraszczającym medium. Film wymaga, aby twoja uwaga jako widza była w danym momencie przykuwana tylko przez jedną prostą rzecz. Jak więc tworzyć złożoność? Nie przez równoczesność, tylko poprzez następstwa. Teraz dajesz bankowca, a później dajesz przywódcę związkowego. Tutaj dajesz poetę, a gdzie indziej dajesz przedsiębiorcę budowlanego. Gdy masz poetę na ekranie nie mów: „A w tym samym czasie był jeszcze przedsiębiorca budowlany i jeszcze polityk". Próba robienia więcej niż jednej rzeczy w danej chwili przekreśla siłę przekazu, będącą przecież nadzieją na oddziaływanie filmu na widza.

Myślę, że widzowie, bywalcy sal kinowych tak samo jak telewidzowie rozumieją, że oddziaływanie filmu bierze się z silnego wciągania ich w sekwencje typu „teraz". Teraz jesteśmy tutaj, a teraz jesteśmy tutaj, a teraz jesteśmy tutaj. Nowy Jork okazuje się być tworem opartym o logikę kapitalizmu, ale także o różnorakie alternatywy dla kapitalizmu. To miejsce, gdzie prowadzi się fantastyczne roboty publiczne, ale także miejsce, gdzie te roboty się przerywa. To wpływowi mężczyźni, którzy rządzą przez 50 lat, ale także 144 pozbawione jakichkolwiek praw kobiety, które ginąc w płomieniach stały się katalizatorem ogromnych przemian społecznych. To są te sprawy. Myślę, że to na co narażeni są zawsze filmowcy polega na tym, że każdy fragment z osobna wyjęty z tkanki filmu wydaje się uproszczeniem. Gdyby nie był prosty sam w sobie, nie funkcjonowałby w filmie.

Czy myślisz o tym, co chciałbyś, aby widzowie wynieśli z twojego filmu?

Iluzja jaką film tworzy, gdy jest mocny w oddziaływaniu, polega na tym, że ludzie mieszają doświadczenie filmowe z doświadczeniem historycznym. Chodzi o to, aby widzowie niemal podświadomie zmieszali doświadczenie estetyczne, przeżywane w miarę wyświetlanego filmu ze swoimi wyobrażeniami, jak musiałoby to wyglądać, gdyby się tam znaleźli w danym czasie. W pewien sposób, myślę - dla twórców zajmujących się dokumentem historycznym, to jest sposób na ożywienie przeszłości. Paradoksalnie, przez tworzenie czasu teraźniejszego za pośrednictwem filmu oglądanego właśnie w danej chwili, który jest na tyle estetycznie, psychologicznie, emocjonalnie i intelektualnie wciągający, aby ludzie w tym najlepszym przypadku mówili: „No właśnie, to jest przeszłość. Jak niesamowita była Coney Island na początku XX wieku". Ale oczywiście, to nie jest przeszłość historyczna. Na tym polega wielka siła oddziaływania historycznego filmu dokumentalnego. Ty zaledwie używasz elementów, które z przeszłości dotrwały do naszych czasów, albo tego co stworzyliśmy dzisiaj dla ich zastąpienia.

Sprawa, która zawsze jest dla mnie najtrudniejsza do wyjaśnienia jeśli chodzi o tworzenie filmów, a która moim zdaniem jest kluczowa, to zjawisko, że musisz zmusić ludzi, aby uwierzyli w istnienie czegoś innego niż to co widzą na ekranie. Muszą uwierzyć, że poza kadrem na który patrzą – ponad nim, po lewej gdzie nie mogą zajrzeć, chwilę wcześniej niż to na co patrzą, w chwilę później niż to czego doświadczają w danej chwili – wszędzie tam jest coś więcej. Jeśli uda ci się to osiągnąć, co jak wynika z mojego doświadczenia jest piekielnie trudne, wtedy efekt który obserwujesz u widzów jest rodzajem porażenia. Oni nie patrzą ot tak sobie na lśniący ekran. Przeszywa ich wiara, że to są prawdziwi ludzie, autentyczne wydarzenia, prawdziwe chwile uchwycone w dzianiu się, co jest nieskończenie tajemnicze i gęste. Nie są pewni ku czemu to zmierza, ale na sto procent interesuje ich czym się to skończy.

Co oznacza, że wciągnąłeś widzów; są aktywni a nie pasywni.

Zgadza się. Łatwo jest opowiedzieć ludziom o danej historii; znacznie trudniej opowiedzieć samą historię. Gdy filmy po prostu opowiadają o co chodzi, stają się raczej dwuwymiarowymi mapami niż czterowymiarowym kosmosem. Opowiadanie, to „pewnego razu...". To wyścigówka, która skręca za róg, ty to widzisz, jesteś tym w jakiś sposób poruszony, pochwycony przez „teraz" i cały wachlarz możliwych

„przyszłości", których jeszcze nie było. Mówisz: „Co tu się wydarzy?".
Gdy filmy opowiadają historie, gdy angażują cię w sam proces
opowiadania, wówczas funkcjonują prawidłowo.

*Jeśli idzie o etykę w używaniu archiwaliów, czy są jakieś reguły wedle których
postępujesz?*

Myślę, że istnieje coś na kształt kontraktu, który każdy film czy każdy
reżyser ustala z widzem. Polega na tym, że ty jako widz, obdarzasz mnie
zaufaniem. A ja zawsze użyję rzeczy najbliższej prawdzie - spośród tych,
które mogę użyć. Choć w gruncie rzeczy to może się okazać czasami
wcale nie takie bliskie stuprocentowej prawdzie. Najważniejsza jest tutaj
czystość intencji realizatora. A intencja ma w tym miejscu podwójne
znaczenie – prawda to jedno, a siła wyrazu w jej przedstawianiu, to
drugie. Jeśli idziesz tropem Grupy Donnera, co miało miejsce 150, 160
lat temu, to przecież nie było tam kamer. Dlatego, jeśli ujęcie kawalkady
wozów – będące w gruncie rzeczy nieruchomą fotografią pochodzącą
z filmu zrealizowanego przez Church of the Latter Day Saints
(Mormoni) w latach czterdziestych – dobrze funkcjonuje, wtedy użycie
go nie będzie oszukaństwem, dlatego że błysk zastanowienia podpowie
widzom, że przecież nie istnieją autentyczne zdjęcia Grupy Donnera.
Więc dlaczego mu wierzymy? Ponieważ osadził nas w tamtej
rzeczywistości konglomerat elementów tego opowiadania: elementy
słowne, fakty, artefakty, cytaty, wywiady; ujęcia, które są wiarogodne,
w sposób oczywisty, demonstracyjny opisują drogę.

Z drugiej strony myślę sobie, że można być całkowicie wiernym
elementom historycznym i zniszczyć opowiadanie. Bywają realizatorzy
historycznych filmów dokumentalnych, którzy pokładają nieskończoną
wiarę w tym, że jeśli dysponują autentycznym zdjęciem to już samo to
wystarczy, aby powalić widza na kolana, przekonać o prawdzie. To
nonsens. Równie dobrze mógłby to być cień ręki żywego aktora, użyty
w odpowiednim momencie, który bardziej przybliży cię do prawdy

o Abrahamie Lincolnie niż wszystkie fotografie na świecie autorstwa Bradyego. I na odwrót, może to się nie udać. Może ta aktorska rekonstrukcja będzie źle zrobiona. Tak więc to naprawdę ma najistotniejszy związek z pomysłowością i szczerością realizatora. Czasami, możesz zdecydować się na użycie elementu mniej autentycznego historycznie, ponieważ lepiej funkcjonuje - więc możesz tak zrobić. Samo sedno czystych intencji realizatora – opowiedzieć prawdę, nie poświęcając jednak siły angażowania widza w dynamikę opowiadania – może być uszanowane.

Co byś powiedział o dokumentacji leżącej u podstaw?

Dokumentuj nie tylko czytając książki czy penetrując archiwa, ale także pracując ściśle z konsultantami naukowymi. Majstrowanie przy faktach nie może mieć miejsca. To wcale nie oznacza, że nie popełniasz miliona pomyłek po drodze, ale wszystko poddajesz na bieżąco weryfikacji i korygujesz. Gdy filmowcy zaczynają działać pospiesznie, ślizgając się po faktach, zaczynają tym samym zrywać ów podstawowy kontrakt, który zawarli z widzem. Nawet, jeśli widzowie nie są w stanie powiedzieć gdzie, jak, albo dlaczego, mogą nie posiadać niezbędnego aparatu krytycznego, intuicyjnie i rychło pojmą, że ktoś ich robi w trąbę. Film musi być odczuwany integralnie. Jest całością. Jest dopracowany. Zrobiony z materiałów trafionych w dziesiątkę. Wyważony. My – widzowie, gdy siadamy w fotelach i gaśnie światło, przynosimy ze sobą całą masę wiedzy specjalistycznej. I w tym sensie, widzowie są najlepszymi recenzentami filmu.

Jak rozpoczynasz myślenie o wizualizacji tematu, dla którego nie istnieje żadna dokumentacja fotograficzna?

(Fotografik) Alfred Stieglitz sformułował tezę, że zdjęcie nie było obiektywnym przedstawieniem fasady rzeczywistości, tylko równoważnikiem stanu wewnętrznego, stanu emocjonalnego. Ja sądzę, że film, będący pasmem obrazów, jest w jakimś sensie po prostu bardziej kunsztowną wersją tego samego. Czasami nadmiar zalewających cię archiwaliów przytępia twoją wrażliwość, zaczynasz sądzić, że na ilości polega kino, tymczasem chodzi o jakość, zawsze chodzi o znalezienie celnego ekwiwalentu. Gdy od początku musisz szukać możliwości zobrazowania, to w jakimś sensie ukierunkowuje twoje działanie ku sprawom zasadniczym.

Dobrym przykładem na to co mówię może być Custer i Crazy Horse. Najczęściej fotografowanym Amerykaninem XIX stulecia, nie licząc Abrahama Lincolna, był Georg Armstrong Custer. Z kolei nie istnieje ani jedno zdjęcie Crazy Horse. Nie jestem przekonany, że łatwiej byłoby przedstawić sylwetkę psychologiczną Georga Armstrong Custera tylko dlatego, że istnieją te wszystkie fotografie. Przy Crazy Horse musiałabyś posłużyć się zdjęciami krajobrazów i skromną rekonstrukcją dla wykreowania psychologii postaci. Nie ma łatwego rozwiązania.

Czy mógłbyś coś powiedzieć na temat rytmów montażu, kiedy stosujesz ściemnienie, kiedy pozwalasz sekwencji trwać?

Cegiełkami z których budujesz film są sceny, które mają początki środki i końce, mają swoje wewnętrzne rytmy i punkty szczytowe. W opowiadaniu takim jak *The Donner Party,* gdy zbudowany został taki szczyt, musisz użyć ściemnienia, aby dać widzowi emocjonalną pauzę i wybrzmienie. Film jest w zasadzie jak muzyka, jak każda forma sztuki oparta na linii czasu. Chodzi o efekt progresywnego przyrostu wynikającego z rozwoju zdarzeń. Czy potrzebny jest mocny akcent? Czy strumień nie stanie się zbyt męczący, jeśli nie nastąpi pauza? Czy nie powinienem otrzymać informacji, którą otrzymałem w ostatniej scenie, w nieco bardziej umiarkowanym tempie, a może należało je zwiększyć? Wydaje mi się, że to o co należy dbać szczególnie, to wektor klarowności i wektor emocji. Dlatego, że są ze sobą ściśle związane. Im klarowniej przedstawione wydarzenie, tym silniejsze oddziaływanie emocjonalne.

Tym co kocham w ostatnich fazach realizacji filmu jest uczucie, którego doświadczasz, gdy wszystko jest jak trzeba. Nie to, że nie mogłoby w nim być coś jeszcze co było bardzo dobre, tylko że to co zrobiłeś broni się. Na przykład język, że nie ma rozziewu między artykulacją i zrozumieniem. To jest właśnie to, co czyni te scenariusze tak szalenie trudnymi. Nie pomysły, nie dokumentacja są prawdziwymi wyzwaniami tylko znalezienie języka narracji na cały film. Które słowa brzmią czysto, najprościej, w danym momencie filmu? Przychodzi mi na myśl to zdanie, które napisał Geoff (Geoffrey C. Ward) w *The Civil War:* „Wiosenne deszcze świeżo odkryły groby z poprzedniego roku". Masz tu wszystko. Mógłbyś odnieść się do tego samego historycznego faktu czy momentu, opisując go inaczej. I może te inne opisanie byłoby równie dobre w swoim kontekście. Ale tu masz wszystko.

ROZDZIAŁ 18

Brett Culp

B rett Culp, ściśle rzecz biorąc, nie jest uważany za filmowca dokumentalistę. Filmuje wydarzenia z życia celebrytów jest „cyfrowym gawędziarzem". Specjalizuje się w opowiadaniu historii o kluczowych momentach w życiu osób, rodzin, społeczności, a nawet korporacji. Mieszka w Tampa na Florydzie, jego zleceniodawcami są znani pisarze, gwiazdy sportu, gwiazdy rocka, aktorzy i ambasadorzy. Jego prace były emitowane w sieciach radiowych i telewizyjnych, w programach takich jak *Entertainment Tonight,* Martha Stewart Radio, ABC News Denver oraz Lifetime; publikacje prasowe między innymi w *Modern Bride* i *US Weekly.* Jego firma kilkanaście razy zdobywała nagrody WEVA International, największej światowej organizacji zrzeszającej kamerzystów wideo, zajmujących się filmowaniem ślubów oraz innych ważnych wydarzeń.

Właśnie przy okazji corocznych spotkań warsztatowych WEVA spotkałam się z Brettem w 2008 roku, gdzie był organizatorem moich wykładów na temat opowieści dokumentalnych. Planując trzecie wydanie, pomyślałam, że będzie interesujące odwrócić sytuację i poprosić by wyjaśnił, w jaki sposób przenosi strategie narracji do różnorodnych paradokumentalnych projektów, które tworzy.

Założyłeś swój biznes w 1998 roku, wkrótce po skończeniu uczelni. Możesz mi powiedzieć, jak zacząłeś?

Mam wykształcenie dziennikarskie z uwzględnieniem public relations. Jeszcze w czasach studenckich, ludzie dowiedzieli się, że potrafię posługiwać się kamerą wideo i zaczęły się prośby o sfilmowanie ślubów, o pokazy slidów, o zrobienie na wideo historii życia rodziców na ich 25 rocznicę ślubu i tym podobne. Zdałem sobie sprawę „Hej, mógłbym w ten sposób zarabiać na życie, pracować dla ludzi na zlecenia, niemal jak artysta" - którym czuję się pod koniec dnia pracy. Nie jestem facetem sprzedającym rozrywkę dla mas. Jestem osobą, której ktoś zleca wykreowanie czegoś szczególnego tylko dla niego.

Większość moich projektów ogląda kilkuset widzów. Później, już po pokazie, w kolejnych latach projekt ma widownię składającą się może z 10 osób, które lubią obejrzeć to jeszcze raz i jeszcze raz. I z każdym mijającym rokiem, taka pamiątka, staje się dla nich cenniejsza.

To ciekawe, że klienci nazywają twoją pracę „filmy ślubne", zamiast po prostu ślubne wideo, może dlatego, że to coś więcej niż tylko dokumentacja wydarzenia. Nie jesteś facetem do wideo.

Zgadza się. W rzeczywistości to jedna z tych rzeczy, które musiałem uściślać/precyzować od samego początku. Nie zjawiam się z projektorem, mikserem i całym tym sprzętem. Próbuję wejść w każde środowisko i zorientować się co jest w nim szczególnego, co może

pobudzić mnie jako kronikarza. To nie tak, że nie mam planu; mam jakiś
zalążek planu. Ale wchodzę w środowisko z otwartymi oczyma
i umysłem.

Pierwszy taniec, z prywatnego filmu ślubnego autorstwa Brett Culpa.
Dzięki uprzejmości realizatora.

W jakimś sensie czuję, że wideo to jazz cyfrowego świata filmu; za
każdym razem jest trochę inaczej. Powiedzieć, że każde ślubne wideo
jest takie same, to tak jakby powiedzieć, że każdy z nas jest taki sam.
A przecież każda osoba jest wyjątkowa. Ze ślubami jest podobnie, chyba
że patrzysz powierzchownie jak zwykły reporter wideo. Jeśli natomiast
patrzysz na to jak na historie rodzinne, widzisz ścieżkę (życiową) panny
młodej i ścieżkę pana młodego, a ślub, w wielu przypadkach, to
uroczystość zderzenia, połączenia tych dwóch opowieści - dwóch kultur
- w jedną. Łączenie kultur sprawia, że ślub jest jeszcze bardziej
interesujący, starasz się odkryć ich zwyczaje, wartości rodzinne i na
koniec dnia widzisz, że te wartości rodzinne są jednakowe: szczęście

dzieci i możliwość realizacji ich dążeń w życiu. Często widzę to dużo wyraźniej niż goście weselni, bo zastanawiam się: „Kim są ci ludzie, skąd pochodzą, jak to się stało, że są razem?". To naprawdę świetna zabawa.

Ale podkreślam, nigdy nie jestem pewien co uda mi się uzyskać, dopóki nie znajdę się na miejscu. Mogę miesiącami przygotowywać plan, ale za każdym razem gdy tak robię, mam wrażenie, że coś ważnego mi umyka, jakbym zakładał klapki na oczy. Im więcej planuję wcześniej, tym mniej spontanicznego działania z mojej strony, które charakteryzuje moje prace i nadaje im mocniejszego wyrazu.

Z ilu członków musi składać się twoja ekipa, by mieć materiał ze wszystkich wydarzeń tak, by nie przegapić jakiegoś istotnego momentu?

W większości przypadków filmujemy dwoma kamerami. Jedną kamerę obsługują moi asystenci: ustawiają ją na statywie by mieć ogląd całej sytuacji.

Czyli master shot.

Dokładnie tak, to master shot. Wtedy, ja mogę poruszać się niemal jak fotograf. Zwykłem filmować w tradycyjny sposób, czyli dwie kamery na statywach, a przy montażu wykorzystujemy materiał z obu kamer (A/B roll). I kiedy zacząłem oglądać materiały robione przez fotografów, którzy poruszali się wśród gości, bez potrzeby uzyskania trwających 4, 5, 10 sekund czystych ujęć, powiedziałem sobie: „Ja też tak chcę. Przecież mam master shot, którym zawsze mogę się podeprzeć, jeśli coś mi umknie. Będę się poruszał z miejsca na miejsce". Ceremonia trwa 25 minut, oczywiście z wyłączeniem przysięgi małżeńskiej i wymiany obrączek. Mam więc 25 minut na sfilmowanie rodziców, dzieci, zrobienie ogólnych planów czy zbliżeń, ujęć pod takim czy innym kątem i z taką lub inną głębią obrazu. Dopiero tutaj zaczynam korzystać z wcześniej przygotowanego planu. W głowie mam zwykle około 30 różnych opcji jak coś zrobić/pokazać w danym momencie. Jedną z umiejętności jaką rozwinąłem, przynajmniej w pewnym stopniu, w ciągu ostatniej dekady, to wybór najlepszego wariantu w danej chwili. Zastanawiam się, co należałoby zrobić w tym momencie? I robię to.

Gdy rozważasz pracę nad jakimś wydarzeniem, rozbijasz je na trzy elementy: klienta, fabułę i nastrój. Możesz o tym opowiedzieć?

Tak. Zaczynamy od zrozumienia klienta. Gdy jestem na spotkaniu przedślubnym - nawet gdy ustalamy warunki finansowe, próbuję zrozumieć klienta - pytam: „Co jest dla ciebie najważniejsze? Co oznacza dla ciebie ten ślub?". Czasami ojciec panny młodej mówi coś takiego: „Chcę, by zobaczyła co czujemy". Albo: „Chcę, by podczas tego ośmiogodzinnego ślubu doświadczyła, co do niej czujemy".

To daje mi jakiś punkt zaczepienia, który mogę wykorzystać i przejść do „sekcji fabuła". Pamiętam [reżysera] Petera Jacksona, w komentarzach do „Władcy Pierścieni". Musieli pozbyć się całej masy materiału, a on nie mógł zdecydować co wyciąć, a co zostawić. I powiedział: „Pod koniec dnia zdecydowałem: jeśli nie wpływa to na losy Froda, to nie zostaje w filmie". Pracujemy w podobny sposób. Wychodzę z uroczystości ślubnych z 10 godzinami materiału, które filtruję do dwudziestominutowego filmu. Co zostaje, a co nie? Gdy przechodzę do etapu fabuły i znam swojego klienta, naprawdę rozumiem, co ten ślub znaczy dla niego oraz dla innych ważnych członków rodziny, mam kryterium, którym posługuję się w dalszej pracy. Mogę obejrzeć cały ślub, kawałek po kawałku i na przykład - oglądam toast świadka pana młodego, który być może trwa 10 minut. Ja zamierzam zatrzymać tylko 45 sekund tego toastu. Które 45 sekund wybiorę? To, które spełnia kryterium. Gdzie jest ten moment w jego toaście, w którym mówi, coś co łączy opowieść: jakie znaczenie ma ten ślub dla panny młodej, a jakie dla pana młodego, a jaka jest ich historia?

Więc, w twojej analogii, losy Froda są głównym wątkiem; wątek dla filmu, w zasadzie, zaczerpnąłeś od rodziny?

Zgadza się.

Słuchając rodziny, odkrywasz ich złożoność. Nie przychodzisz z zewnątrz mówiąc: „Opowiemy taką to a taką historię, narzucimy ją".

Dokładnie tak. Jako reżyser, nie mam własnego programu. Nie pojawiam się, by opowiedzieć własnymi słowami swoją historię. Przychodzę, starając się usłyszeć co oni mają do powiedzenia i próbuję, używając swoich umiejętności, doświadczenia i wiedzy opowiedzieć *ich* historię w najbardziej efektywny dla nich sposób. Ktoś, kto dobrze zna mnie i moją pracę, bez trudu rozpozna, co jest mojego autorstwa przy porównaniu z pracą innego producenta wideo. Jednak to na czym mi najbardziej zależy, to aby publiczność usłyszała głos samych bohaterów. Ja chcę pozostać niewidzialny.

Czy zdarzyło ci się pomylić co do motywów rodziny, bądź głównego wątku uroczystości ślubnych? Czy musiałeś modyfikować początkową koncepcję, w miarę jak spędziłeś więcej czasu z członkami rodziny podczas uroczystości?

Nigdy nie przeoczyłem sedna sprawy. Czasem musiałem pewne rzeczy dopasować. Zdarzało się, że klient zobaczył gotowy już film i powiedział: „Tam był taki element, który jest dla nas bardzo ważny. Mógłbyś to włączyć do wideo?". I wtedy jest jasne, że nie zrozumiałem powiązania tego elementu z główną opowieścią. Więc to się zdarza. Nie pamiętam, jednak przypadku, by po [uczestnictwie w] czyimś ślubie nie mieć wyobrażenia na temat głównego wątku. Większość ludzi ma takie wydarzenia bardzo dobrze przemyślane; szczerze mówiąc robią bardzo dokładną dokumentację dla ciebie. Poświęcają czas, by zastanowić się: „Jak możemy sprawić, by to wydarzenie było szczególne? W jaki sposób uczynić to wydarzenie unikalnym dla naszych gości?". Tak więc przygotowują się do wydarzenia, czasem wystarczy tylko zadawać pytania. Na przykład, filmowaliśmy ślub, na którym w pierwszym momencie, po ślubnym kobiercu przeszło dziesięć różnych osób ze świecami w ręku, które następnie wkładali w puste miejsca w świeczniku. Nie było wyjaśnienia co ten gest oznaczał; później dowiedziałem się, że świece symbolizowały osoby, które zmarły. Gdy to zrozumiałem mogłem wpleść ten element do opowieści.

Na jak długo przed wydarzeniem, zaczynasz się angażować?

To zależy. W przypadku niektórych klientów bardzo się angażujemy. Jednak w większości przypadków, mam bardzo mało informacji, większość z nich widzę po raz pierwszy. Bardzo bogaci ludzie, wiodący luksusowe życie, raz są w Szwajcarii, raz tu, raz tam. Zatrudniają organizatora ślubu i to organizator ma wszystkiego dopilnować. Zdarza się często wśród zamożnych klientów, że pannę młodą i pana młodego spotykam dopiero w dniu ślubu.

Jeśli mam taką możliwość to lubię pójść na przyjęcie [poprzedzające ślub]; czasem udaję jednego z gości. Obserwuję ludzi, ich interakcje, zachowanie, podsłuchuję o czym rozmawiają. Podchodzę do faceta - on nie wie czy jestem z rodziny, czy czyimś przyjacielem - i zadaję pytania. „Znasz ich, co o nich myślisz?". Dowiaduję się mnóstwa rzeczy nieoficjalnie, to mi pomaga.

W twojej opowieści wygląda to tak; robiąc zdjęcia wsłuchujesz się czy nie pojawia się gdzieś historia, ale wydarzenie trwa i musisz mieć pewność, że będziesz miał odpowiedni materiał, by zrobić film. Jak to robisz?

Biorę pod uwagę, co wiem na temat tych ludzi… Szukam w głowie jakiegoś przykładu, który ukazałby to w jasny sposób.

Na twojej stronie internetowej umieściłeś na przykład 10 minutowy film
Andrew's Bar Mitzvah. *Miałam wrażenie, że motywem głównym, dosyć wcześnie*
wyrażonym, jest rodzina i tradycja. Ojciec Andrew, opowiada o swojej własnej bar
mitzvah, a potem o bar mitzvah dziadka Andrew...

To dobra ilustracja. To się działo w Dallas i miałem bardzo mało
informacji o tej uroczystości do czasu aż się tam zjawiłem. Słuchałem
cały dzień, więc kiedy usłyszałem wspomnienia ojca, który chciał
pogratulować i pobłogosławić syna, od razu zacząłem myśleć: „Dobra,
jest na scenie i w obecności wszystkich ujawnia część *swojej* historii. Ale
jak to się łączy z historią Andrew?". To nie jest wideo o ojcu i jego
opowieść, tylko opowieść Andrew. Nie mogę jednak opowiedzieć jego
historii bez fragmentów historii ojca, a ojciec daje mi początek. To
prawie tak, jakbyś patrzył na stary sweter i zastanawiał się: „Jak go
spruć?". I wtedy dostrzegasz luźną nitkę i mówisz:
„Aha, dajesz mi początek". Szukam tego cały dzień, rozglądam się za
kimś lub za czymś, co mi da ten początek. Przed rozpoczęciem montażu,
przypomniałem sobie o czym mówił ojciec i napisałem do niego maila:
„Mówiłeś o tym w swojej przemowie. Mógłbyś przesłać mi fotografie
z tamtych wydarzeń? Chciałbym je włączyć do wideo". Oczywiście
przesłał je, bo było to dla niego ważne.
Szukam również anomalii, wszystkiego co jest niezwykłe. Rozpoznaję
je od razu, bo zrobiłem już setki ślubów i znam wszystkie związane z tym
zwyczaje. Widzę na przykład pannę młodą, próbującą przypiąć dziwnie
wyglądającą spinkę do swojego bukietu, podobną do tych noszonych
w klapie garnituru. To dziwne, coś musi w tym być. To taki początek.
Podchodzę do niej, kamera pracuje - znalazłem sposób pracy bez
wizjera, nawiązuje ze mną kontakt wzrokowy, nie jest pewna czy filmuję.
Pytam: „Co próbujesz tam zapiąć?". Ona odpowiada: „No wiesz, mój
ojciec był przez 30 lat policjantem w Bostonie, nie żyje. Zapinam tu tą
spinkę na jego cześć". To dało mi element, który musiał znaleźć się
w opowieści.

Widzę 10 osób ze świecami kroczących po ślubnym kobiercu i mówię: „Niezwykłe. Co symbolizuje?". Myślę, że w dłuższej perspektywie zdolność wyczuwania opowieści ślubnych, znacznie mi pomaga. Gdy robiłem mój pierwszy ślub indiański, nie umiałem odnaleźć tej luźnej nitki, tego początku. Wszystko wyglądało niezwykle.

W jakim stopniu angażujesz się w relacje z ludźmi, których filmujesz? Myślę, na przykład o innym fragmencie z Andrew's Bar Mitzvah. Dwaj mężczyźni, jeden łysiejący, żartowali, który z nich potrafi utrzymać jarmułkę na głowie. Wtedy nastoletnia siostra Andrew zażartowała, że „zazdrości tej jarmułce". Udało ci się to uchwycić ot tak, czy filmując tych mężczyzn poprosiłeś ją „o komentarz"?

Dokładnie tak zrobiłem. Ponieważ jestem dość przystojnym facetem, mogę podejść z pracującą kamerą, *á la* Stephen Colbert (*á la* Kuba Wojewódzki) i powiedzieć jakiś drobiazg na temat jarmułki. To wystarczy. Oni zaczynają rozmawiać i są swobodni. Te mini wywiady, szczególnie gdy próbujemy być zabawni czy śmieszni, są przeze mnie reżyserowane. Utrzymuję luz, by pozostawali sobą, ale reżyseruję je w określony sposób.

Weźmy inny przykład. Gdy filmuję ślub, panna młoda wkłada sukienkę i jeśli w pokoju jest jej matka zapytam: „Mamo, jak ona wygląda?". Wiem co mi na to odpowie. Ale chcę to uchwycić. Później spojrzy na mnie i zapyta: „Czy ty to właśnie nagrałeś?". Albo nawet nie zauważy, że to nagrałem i usuwam się w cień, bo pracuję małą kamerą z niedużym mikrofonem kierunkowym.

W podziękowaniu dla swojej matki, Andrew mówi: „Wiem, że ostatnich parę lat było bardzo ciężkich, dla nas obojga". Miałam wrażenie, że było to włączone dla tych, którzy wiedzieli do czego Andrew się odwołuje, ale jest to też na tyle ogólne, że nie ujawnia ważnych rodzinnych spraw.

Dokładnie. Balansuję na tej linii pomiędzy - ponieważ jestem zatrudniony przez klienta, nie jest moim zadaniem robienie wiwisekcji rodziny. Wchodzę w to otoczenie z nastawieniem, że cokolwiek dzieje się za kulisami, życie naprawdę jest piękne, świat jest piękny, ty jesteś piękny i twoja historia jest piękna. A ja zamierzam ją pokazać.

Jednakże, przy tym wszystkim, nie zamierzam lukrować, by rzeczywistość nie mogła się przebić. Tak jak powiedziałaś, mierzymy się z rzeczywistością, z trudnościami jakie się pojawiają, ale trzymamy się razem, jesteśmy w porządku i życie jest w porządku. W tej opowieści pokazaliśmy to za pomocą humoru, beztroski tych ludzi, ich lekkości i szczęścia - na poziomie, na który nie często sobie pozwalam. Ale dla nich było to odpowiednie.

Inną niezwykłą rzeczą w twoich pracach jest ich budowa, która czasami jest bardzo płynna. Na przykład, możesz zacząć opowieść ślubną od przyjęcia, które odbyło się po ceremonii. Andrew's Bar Mirzvah zaczynasz i kończysz ceremonią, wracając do niej kilka razy, ale wplatasz w nią wydarzenia dnia prowadzące do uroczystości oraz sceny z przyjęcia, które było później.

Tak, zdecydowanie. Gdy filmuję moim celem jest uchwycenie jak największej ilości zdarzeń, które podkreślają główny wątek opowieści. Natomiast moim celem w montażu jest znalezienie optymalnej amplitudy emocji.

Kiedy po raz pierwszy zająłem się tym biznesem i co pokochałem w ślubach, to przez cały dzień zmieniająca się amplituda emocji. Dramatyzm i napięcie przed rozpoczęciem ceremonii, a kiedy już się zaczęła - powaga i świętość, a po ceremonii ulga, radość i szczęście. Pierwszy taniec – wcielenie romantyczności; toast świadka pana młodego i ponownie lekkość i humor; taniec panny młodej z ojcem - smutek i rozrzewnienie; otwarcie parkietu dla wszystkich i znowu radość i entuzjazm: „Oh, to wspaniałe". Wyjazd nowożeńców pod koniec wieczoru i ta atmosfera ulgi i radości. Tak wygląda każda dobra opowieść: ma fakturę i zmieniający się nastrój. Jako narrator zacząłem to wykorzystywać.

Nastrój to trzeci element po kliencie i fabule.

Moim celem jest uchwycenie tych nastroi, wtedy decyduję: „Dobrze chciałbym zacząć to wideo tak, potem przejść do tego nastroju, później do tego elementu historii, a później do tego". Zbieram części materiału, które mi na to pozwolą. Przy opowieści o Andrew powiedziałem sobie: „Chciałbym zacząć dramatycznie, rodzinnie, emocjonalnie, a następnie przejść do lżejszego tonu. Jak to najlepiej zrobić?". Cóż, zacznijmy od ojca. Niech wprowadzi ton rodzinny, po nim wprowadzimy nieco lżejszy nastrój, możemy przejść do chwil przed ceremonią, gdy wszyscy się śmiali. Później przejdziemy do samej ceremonii oraz jej końca, gdy wszyscy zaczynają się bawić. Następnie zatoczymy pełne koło i wrócimy do tematu rodziny i bliskości w rodzinie. Zastanawiałem się: „Czy mam element, który będzie głównym wątkiem opowieści, jej lokomotywą?". Zdałem sobie sprawę, że mowa Andrew podczas ceremonii jest tym elementem.

Tak to działa. Nigdy nie jest przypadkowe. Zwykle obmyślam: „Jak sprawić, by nastroje wędrowały w górę i w dół, by utrzymać zainteresowanie, zabawić, ale również opowiedzieć historię z początkiem, środkiem i zakończeniem?". To jest tak samo jak w filmie dokumentalnym, w kategoriach poszukiwania tematu, poszukiwania głównego wątku, prób różnych podejść, aby zostać przy jednym, który moim zdaniem będzie użytecznym narzędziem narracji.

Jak długo trwa montaż takiego projektu?

Czas postprodukcji zmienia się z projektu na projekt. Skończenie wideo Andrew zabrało około dwóch dni montażu, ale większość projektów jest bardziej złożona, niektóre wymagają kilku tygodni pracy wielu montażystów. Część imprez, którymi się zajmujemy trwa wiele dni i często tworzymy animowane zakończenia, otwarcia i przejścia.

Zauważyłam, że czasami robisz wydania „dzień po", krótkie filmiki, które ludzie mogą obejrzeć podczas branchu następnego dnia. Ale do tych montaży trzeba zapewne podejść zupełnie inaczej.

Oczywiście, z punktu widzenia narracji, mnóstwa rzeczy nie możemy zrobić w takim szybkim montażu relacji. To co robimy w montażu zwrotnym czy montażu tego samego dnia (lub newsowym, jakkolwiek chcesz to nazwać), polega na tym, że ja rejestruję cały dzień, oddaję taśmy – bo ciągle używam taśm - swojemu asystentowi, a on je wciąga do komputera. Podczas ślubów bywają chwile spokoju. Na przykład, gdy jedzą obiad, mój asystent pilnuje, by ktoś się nie wyrwał z improwizowanym toastem. W tym czasie mogę opuścić salę i przez 30-45 minut rozbić/opisać materiał, poczyścić go, podkorygować kolor, dodać efekty, zwolnić niektóre ujęcia, coś ułożyć, by uzyskać to na czym nam zależy. Nie zabiera to aż tyle czasu.

Przejdźmy do twoich prac dla korporacji. Na twojej stronie internetowej jest przykład filmu zrobionego dla firmy, gdzie nieoczekiwanie zaczynasz od rozmów z dziećmi, które pytasz co ich zdaniem znaczy dobra zabawa.

Jednym z najlepszych sposobów, by ludzie spojrzeli na swoją [własną] opowieść świeżym okiem, jest zaskoczenie. To wideo było przygotowane na konferencję organizatorów imprez. Miałem podwójny cel: dzieci wniosły świeże spojrzenie i zauważały rzeczy, których nie dostrzegali profesjonaliści; poza tym to świetna zabawa. Za każdym razem, gdy pracuję nad projektem korporacyjnym, próbuję uczyć poprzez zabawę.

Klasyczne wideo korporacyjne nie jest podniecające, jest zbyt sztywne. Teraz robimy znacznie więcej projektów korporacyjnych niż kiedykolwiek wcześniej. Wydaje mi się, że ludzie zaczynają rozumieć, iż sam proces, czy sposób, dobrego opowiadania – który identyfikuje historię korporacji i pomaga ludziom czuć się jej częścią – to zasadniczy element firmowej imprezy. Nasza działka korporacyjna, to tworzenie filmów pokazywanych podczas firmowych imprez. Klienci chcą, by uczestnicy wychodząc czuli związek z firmą na poziomie emocjonalnym, nie tylko racjonalnym. Jeśli mogę zrobić coś nieoczekiwanego by osiągnąć ten cel, robię to.

Powiedziałeś, że przedsiębiorstwa często mylą informacje o swoich celach i zadaniach - z opowieścią o firmie, a to nie to samo. Częściowo zadanie jakie staje przed tobą w przypadku klientów korporacyjnych jest podobne do klientów ślubnych: słuchać - w poszukiwaniu opowieści.

Zgadza się. Podchodzę do wydarzenia korporacyjnego w taki sam sposób, jak do wydarzenia towarzyskiego: Prawdziwa opowieść, jest wystarczająco silna. Nie ma potrzeby zmyślać. A jeśli zmyślisz - ludzie tego nie kupią. Te reklamy Toyoty, które teraz emitują? Nie czuje się ich autentyczności. Nie wiem czym można by je zastąpić, ale szczerze, nie sądzę, by ktokolwiek w nie uwierzył.

Współcześni ludzie są tacy obyci. Oglądam z dziećmi *Abbott and Costello* stary program telewizyjny. Pozostawiono w nim stare reklamy. Patrzymy na nie dzisiaj i nie tylko wydają się być śmieszne z powodu realizacji, ale słuchając ich przekazu zastanawiasz się: Czy to naprawdę kogokolwiek przekonało? Jest taka reklama, która mówi, że dziewięciu z dziesięciu lekarzy twierdzi, iż jakieś papierosy są zdrowsze niż inne. Kto to kupi? A jednak ludzie dawali temu wiarę, w jakimś stopniu. Wydaje mi się, że dzisiejsze społeczeństwo jest bardziej obyte z manipulacją jakiej jest poddawane również w wideo i filmowej narracji. Rozumieją twój przekaz; na kilometr widzą, gdy próbujesz prawić kazania. Czasami to przełkną, a czasami nie.

Ostatnio skończyliśmy projekt korporacyjny dla dużej firmy medycznej. Zasadniczo, mniejsza firma została wykupiona [przez tą dużą firmę], miało to być pierwsze ogólnokrajowe spotkanie w nowej siedzibie firmy. Ustalaliśmy szczegóły dotyczące wideo i zastanawialiśmy się: „Jak sprawić, by obie grupy były spójne? Co zrobić by nie czuli, że ci drudzy to wrogowie?". Ponieważ były zwolnienia, doszło do przesunięć wpływów przedstawicieli handlowych, nawet starzy wyjadacze byli zawiedzeni. Wszyscy byli zawiedzeni. Więc jak przekonać tych ludzi, że to co się wydarzyło było dobre, skoro było tyle powodów, by czuć inaczej?

Pierwsza propozycja firmy brzmiała: „Napiszmy scenariusz, gdzie ludzie będą mówić: to dobre z tego i tego powodu i będzie miało dobry wpływ na wszystkich....". Od razu powiedziałem, że „ludzie tego nie kupią. To broszura. Zaprośmy tych ludzi przed kamerę pierwszego dnia konwencji, stwórzmy grupy w skład których wejdą pracownicy z nowej i starej firmy i zróbmy z nimi wywiady. Pozwólmy im być sobą. Ustawimy wszystko jak w reklamie McDonald's, na białym tle. Pozwólmy im ubrać się swobodnie i niech mówią, dlaczego kochają swoją pracę, co kochają w firmie, której byli częścią, o swoich doświadczeniach. Tylko prawdę, żadnych kłamstw. Pozwólmy im mówić o sobie, o swoim życiu, kim są, jakie wartości wyznają i dlaczego każdego dnia robią to co robią. Dlaczego wstają rano i co ich rodziny dla nich znaczą".

Zrobiliśmy cztery segmenty, które były pokazywane kolejno podczas walnych sesji każdego ranka. Było to szalone również ze względu na tempo montażu. Filmowałem ich w niedzielę rano, a pierwszy filmik miał pójść w poniedziałek rano, następne we wtorek rano, środę rano i środę popołudniu. Ale cały pomysł na tym się opierał, usłyszeć autentyczne relacje ludzi, którzy mówią jakie to ma dla nich znaczenie. Wtedy myślisz, to dokładnie tak jak z małżeństwem. „Jakie znaczenie ma dla ciebie ten ślub?", „Czym jest ta firma dla ciebie?". Naprawdę wierzę, jeśli uda ci się dotrzeć do sedna sprawy, do prawdziwych pobudek ludzi - wtedy znajdziesz historię.

Opisujesz swoją pracę jako „stylowe opowiadanie na pograniczu dokumentu".
Dla tych, którzy nie domyślają się o co chodzi, jakbyś to wyjaśnił?

Używam słowa „dokumentalny", ponieważ w świecie w którym zawodowo się poruszam, szczególnie w świecie ślubów, występują dwa style. Styl „kinowy" i styl „dokumentalny". Styl kinowy sprawia, że ślub wygląda jakby przeszedł przez fabrykę Disneya. Wszystko wygląda magicznie, baśniowo. W stylu dokumentalnym wszystko jest bardziej prawdziwe: ukazuje dokładnie to, co się wydarzyło, takie reality show - oboje wiemy jak blisko reality show do dokumentów, ale ma w sobie to coś. Więc gdy mówię, że moja praca jest na pograniczu dokumentu, to myślę, że pewnie bardziej słuszne byłoby powiedzieć, że jest z pogranicza reality show, gdzie nie wszystko i nie zawsze jest perfekcyjne. Matka przyznała mi się, że ten wspaniały naszyjnik, który ma na sobie, zerwała aż trzy razy w tygodniach poprzedzających ślub i musiała go oddawać do jubilera do naprawy. Taka informacja dodaje coś nowego. Nie widzimy już tylko wspaniale wyglądającej damy, za każdym razem gdy spoglądamy na naszyjnik pojawia się myśl: „To ten naszyjnik naprawiany trzy razy. Ależ ona niezdarna".

Wydaje mi się, że współcześni ludzie właśnie tego chcą. Chcą, by ich życie było piękne, chcą, by ich śluby były piękne, ale równocześnie potrzebują tego elementu realności. Ukazuję ludzi w najlepszych momentach, pięknie wyglądających, wspaniałych ludzi. Tym moja praca różni się od drapieżnego dokumentu.

Twoje prace, w odróżnieniu od reality show, bardziej przypominają dokument
również ze względu na kreatywną budowę. W reality show stosuje się głównie
chronologię zdarzeń: coś się zaczyna i rozwija.

To prawda. Zdarzenia przedstawiane są chronologicznie, w montażowni podkręca się jeszcze tę rzeczywistość, podkręca się dramatyzm tak bardzo, że zaczyna się to ocierać o kłamstwo. Ja tego nie robię.

Jak rozumiesz etykę, prawdomówność, w swojej pracy?

Jeśli chodzi o mnie - ponieważ większość mojej pracy nie jest oparta na scenariuszu, raczej na wywiadach i wypowiedziach, pozwalam im mówić i słucham co mają do powiedzenia – wyzwaniem jest pytanie, które z tych wypowiedzi zostawić, a które pominąć. Weźmy *Andrew's Bar Mitzvah.* Gdyby dziadek Andrew powiedział mi w wywiadzie: „Nasza rodzina jest idealna, bardzo ze sobą zżyta", to byłaby to niezła wypowiedź i prawdopodobnie bym jej użył. Jednak to nie musiałaby być prawda. Może to być jego prawda albo kłamał na użytek wideo. Jedno z dwóch.

W zleceniówkach korporacyjnych, które wcześniej opisywałem, padały teksty, na które publiczność reagowała śmiechem. Niezbyt dużym, ale jednak, gdy ktoś mówił: „Ta firma, jest po prostu wspaniała trala-la,trala-la", a jakiś rozczarowany i niezadowolony obywatel skomentował: „Ta, jasne. Ale to nieprawda". Tylko, czy to była nieprawda? Może zależy to od perspektywy? Czy to było kłamstwo? Trudno mi to rozstrzygnąć.

Jednak podchodzenie do projektu z jakimś z góry ustalonym planem i promowanie go w obliczu ogromnej większości innych faktów i perspektyw, jest nieuczciwe i nieszczere w stosunku do publiczności. Nigdy nie podjąłbym się stworzenia opowieści, która nie byłaby prawdziwa tylko dlatego, że tego chciała rodzina. Zdarzyło się kilka razy, że pojawili się klienci z wymaganiami, których nie mogłem spełnić, bo wyszedłbym na totalnego kłamcę. Po zdjęciach, gdzie to wszystko stało się dla mnie jasne, szukałem innych rozwiązań od tych sugerowanych przez rodzinę.

Co byś doradził wszystkim tym, którym wydaje się, że krótsze projekty, czy to na potrzeby szkoły, potrzeby prywatne, czy lokalnego towarzystwa historycznego - trudniej jest ubrać prawdziwą dramaturgię?

Jest tyle profesjonalnych filmów, które są nudne - a ty wspominasz o wideo dla lokalnego towarzystwa historycznego; miałem tego typu propozycje i prowadziłem różne rozmowy. Zbiór faktów ułożony chronologicznie nie czyni jeszcze opowieści. Opowiadanie pojawia się wtedy, gdy zebrawszy te fakty, potrafisz odgadnąć w jaki sposób wpłynęły na ludzką kondycję i co znaczy być człowiekiem. Można to zrobić, gdy opowieść jaką się zajmujesz przemówi do siedmiolatka i osiemdziesięciolatka, do osoby pochodzącej z wiejskich terenów Kansas i mieszczucha z Nowego Jorku, jeśli każdy z nich znajdzie kawałek siebie w tej opowieści - dopiero wtedy opowiadasz zajmująco, skutecznie.

Weźmy Andrew na przykład. Każdy ma jakieś relacje ze swoim ojcem. W skali od 1 do 10, gdzie 1 oznacza - nie ma związków z ojcem, i ich brak ma ogromne znaczenie, aż do 10 - cudowną relację z ojcem. Bez względu, gdzie umieścimy siebie na tej skali, gdy słyszymy opowieść ojca Andrew o dziedzictwie ich rodziny, poruszają nas zawarte w tej historii prawdy uniwersalne. Im bardziej dotykamy takich uniwersalnych prawd jako narratorzy, tym częściej możemy sięgać po przykłady, okoliczności, zbiory danych, by opowiedzieć historię, która angażuje widza.

Właśnie to próbowaliśmy robić z przedsiębiorstwami. Próbowaliśmy im powiedzieć: „Możecie przedstawiać nam tyle statystyk ile chcecie, możecie opowiedzieć historię tego przedsiębiorstwa, ale to ciągle nie będzie opowiadanie. Cokolwiek produkujesz; pastę do zębów, sprzęt medyczny, osiedla mieszkaniowe - opowiedz w jaki sposób wpływają na ludzką kondycję oraz w jaki sposób sprawiają, że życie ludzi staje się lepsze?

ROZDZIAŁ 19

Nick Fraser

Od roku 1997, Nick Fraser jest redaktorem programującym bardzo znanego pasma zagranicznych filmów dokumentalnych w telewizji BBC 4 *Storyville,* pokazującego corocznie 50 najlepszych produkcji światowych. Mniej więcej trzecia część filmów kupowana jest jako dzieła ukończone, podczas gdy cała reszta jest kupowana „na pniu", przed ukończeniem filmów, albo wręcz zamawiana wspólnie z innymi telewizjami (na przykład *Storyville* koprodukowało *So Much So Fast.* W napisach końcowych czytamy: „Produkcja West City Films we współpracy z WGBH, ZDF/ARTE, BBC z pomocą TV2/Danmark". W Stanach Zjednoczonych film był na antenie PBS w paśmie *Frontline,* w Wielkiej Brytanii emitowało go *Storyville*).

Zanim przyszedł do BBC, Nick był redaktorem zamawiającym w Channel Four oraz prowadził swoją firmę producencką, Panoptic Productions. Wcześniej był dziennikarzem prasowym i nie przestał być redaktorem współpracującym magazynu *Harper's,* oraz pisać książek, między innymi *Evita: The Real Life of Eva Peron* (napisana do spółki z Marysą Navarra), *The Voice of Modern Hatred,* oraz w 2006 *The Importance of Being Eton.*

Lista filmów prezentowanych w *Storyville* jest obszerna, zawiera m.in. *Trembling before G-d, The War Room, Why We Fight, My Terrorist, Me & My 51 Brothers & Sisters,* oraz *Murderball.* Od czasu gdy przeprowadzony był ten wywiad w 2006, lista zwiększyła się o *Gonzo, Roman Polanski: Wanted and Desired, Barbados at the Races* i wiele, wiele innych.

W „Storyville" prezentowany jest szeroki zakres tematów i stylów filmowych. Powiedziałeś kiedyś, że główny wymóg stawiany przed filmami to to, „że powinny mieć zdecydowanie narracyjny charakter". Czy wyjaśniasz filmowcom co przez to rozumiesz?

Nie. Istnieje przecież obszerne archiwum *Storyville,* gdzie mogą zajrzeć, aby popatrzeć co pokazywaliśmy. Myślę, że byłoby źle gdybym mówił: „Chcę tego i tego". Byłoby irytujące dlatego, że musiałbym spędzać masę czasu wyjaśniając, czego nie chcę. Nie chcemy filmów płytkich, które wyglądają jak wiadomości bieżące. Nie chcemy zilustrowanych scenariuszy. Chcemy filmów, gdzie istotny jest sposób prowadzenia narracji i to czego się dowiadujesz, bierze się z tego co widzisz.

Lubię powiedzonko D.H. Lawrenca, że zawsze trzeba wierzyć opowiadaniu, a nie opowiadającemu. Myślę, że kiedy filmy dokumentalne mają silnie zideologizowany punkt widzenia, są zazwyczaj słabe. To znaczy, ja nie mam nic przeciwko ideowości jako takiej, przy wyborze punktów widzenia. Jednak kiedy widzę, że cały film zaprzęga się w służbę danego punktu widzenia – to może być ideologia, to może być punkt widzenia wyzierający ze scenariusza przedobrzonego w pisaniu – wnioski pokazują ci palcem, czujesz, że autorzy zdecydowali co chcą powiedzieć, zanim przystąpili do realizacji. Tak więc po pierwsze, powiedziałbym, że jestem zainteresowany ludźmi którzy czegoś chcą, którzy chcą opowiedzieć jakąś historię, ponieważ sami chcą ją zgłębić. Taka postawa współgra z moim temperamentem: ja podejmuję pisanie artykułów czy książek, ponieważ chcę się dowiedzieć o jakiś sprawach, bo nie wiem co o nich sądzić. Mogę mieć mieszane odczucia; nie ma nic złego w ambiwalencji.

Porównywałeś dzisiejszy film dokumentalny z Nowym Dziennikarstwem lat sześćdziesiątych i siedemdziesiątych, z literaturą faktu takich pisarzy jak Norman Mailer, Truman Capote i Tom Wolfe.

Faktycznie. Dokumenty są dzisiaj prawdopodobnie najciekawszą formą filmu pozafabularnego. Wydaje mi się, że z wyjątkiem *Vanity Fair* i *The New Yorker* w Stanach, następuje jakieś kurczenie się – jeszcze *Harper's*, oczywiście kocham *Harper's*, jestem redaktorem współpracującym – następuje jakieś umniejszanie wagi przywiązywanej do długich reportaży. 30 lat temu takich tekstów było znacznie więcej. Zostały zastąpione przez blogi. Blogi wywołują gwałtowne opinie i spory. I choć ja przecież robiłem w tym biznesie; gwałtownych opinii i sporów, obecnie mnie to męczy, ponieważ tych opinii jest zbyt dużo. Myślę, że w miarę życia, opinii należy się raczej wyzbywać niż wchłaniać nowe.

Tym co pociąga mnie w dzisiejszych dokumentach, realizowane świadomie albo nie, to zjawisko wsłuchiwania się w czas końcówki lat sześćdziesiątych, gdy wydawało się, że wszystko jest możliwe w długiej formie reportażu. Gdy można było gdzieś wysłać dobrego reportera-pisarza, czy to była Joan Didion czy Norman Mailer czy ktokolwiek, mogłaś ich wysłać na reportaż, a oni wracali z czymś znakomitym. Chodzi o to, że dzisiaj można postępować analogicznie z cyfrowymi kamerami. Dokumenty są rynkiem niszowym, ale zapewne jest to rynek niszowy znacznie obszerniejszy niż całe dziennikarstwo lat sześćdziesiątych. Więcej ludzi może się skusić na oglądanie dobrych dokumentów, niż dawało się skusić na czytanie *Esquire* w roku 1967. Chcę być dobrze zrozumianym: To jest medium demokratyczne, lecz niestety, filmy nie docierają do należycie szerokiego kręgu odbiorców. Powinny, ale tak się nie dzieje. Z każdym rokiem powstaje coraz więcej dobrych filmów. Radykalnie zmieniły się zasady finansowania; coraz więcej prywatnych pieniędzy jest w nie inwestowanych. Robi się je z myślą o kinie; telewizja przestała być jedynym odbiorcą. A jeśli trafiają do telewizji, nie trafiają do tradycyjnych kanałów rozpowszechniania takich jak PBS czy sieci ogólnokrajowe, jak to się działo jeszcze 20 lat temu. Idą do sieci kablowych, kanałów satelitarnych, zaczynają się pojawiać w Internecie jako VOD (video on demand). Oto sposób w jaki niebawem te filmy będą powszechnie dystrybuowane – tak sobie myślę.

Steve Ascher i Jeanne Jordan („So Much So Fast") mówią o swoich filmach jako o nowelach niefabularnych, gdyż tworzą narracje wielopłaszczyznowe i pełne wyrazu.

Tak, to są właśnie rzeczy, które robią - zgodnie z receptą Normana Mailera. *Hoop Dreams* (W obręczy marzeń) to filmowy odpowiednik niefabularnej noweli, *Guerilla: The Taking of Patty Hearst* (Guerilla: Uprowadzenie Patty Hearst) to wprost świetny przykład. Liczne filmy ukazujące się co roku są odpowiednikami nowelowej literatury faktu. Można powiedzieć, że plasują się pomiędzy długim reportażem w czasopiśmie, które czytasz z przyjemnością w samolocie, a nowelą z obszaru literatury faktu. Wedle mojej oceny, to bardzo dobre miejsce dla filmu dokumentalnego.

Na ile doświadczenie dziennikarskie ważne jest twoim zdaniem w pracy dokumentalisty?

W sprawach zdobywania dobrych tematów, ufania ludziom i różne takie, wydaje mi się, że w znacznym stopniu – wzbraniam się przed nazwaniem tego instynktownym, lecz jeśli masz dobre wykształcenie i ambicję, dojdziesz do tego wszystkiego sam. Przeczytasz książkę na temat etyki, albo jak pojedziesz na zdjęcia z producentem, który ci powie co można, a czego nie można. Jeśli wszystko zmyślisz, ludzie to odkryją prędko.

Taki film jak *Hoop Dreams* prezentuje nieskazitelne standardy dziennikarskie. A ponad to jest nie tylko robotą dziennikarską, to coś więcej, ma znacznie większe ambicje. Dziennikarstwo używa ludzkich losów dla swoich celów. Człowiek pojawia się w dziennikarskiej historii, aby podeprzeć dziennikarza, albo jako źródło informacji. W dokumentach, wygląda jakby było całkiem odwrotnie. Wybierasz bohaterów i historia zaczyna rozwijać się wokół nich.

Inne podobieństwo między Nowym Dziennikarstwem a kategorią filmów, które możemy oglądać na „Storyville" polega na autorstwie dzieła. A przecież filmy dokumentalne miewają autorski charakter w różnym stopniu, na przykład filmy, które dominują w telewizjach komercyjnych, mają charakter pracy zbiorowej.

Słusznie. Jednak moim zdaniem autorstwo może być zdefiniowane na wiele różnych sposobów. Myślę, że filmy Roberta Greenwalda *(Outfoxed, Wal-Mart)* są autorskie; są bardzo dziennikarskie. Mówi się, że to kwestia rozpoznawalnego głosu, ale czyjego głosu, czy on jest w filmie? Nie ma co być przesadnie dogmatycznym w tych sprawach. Czasami jest to bardzo wyraźne. Czasami autor to człowiek przed obiektywem, jak Michael Moore. Kiedy indziej filmy mają wyraźne piętno autorstwa, jak w przypadku filmów Ascher/Jordan, ale ich samych nie widać. Możesz mieć komentarz (np. tak jak Steve komentował *So Much So Fast),* ale nawet jeśli ktoś inny czytał komentarz, to wciąż mają one charakter bardzo osobistych, autorskich filmów.

W pewnym sensie, ta rozmowa o autorstwie dzieła jest bardzo myląca. Przyczyna tego pomieszania bierze się z teorii filmu, której obsesją jest autorstwo w połączeniu z fikcyjnością. To bardzo zły punkt odniesienia dla dokumentu będącego hybrydą filmu i dziennikarstwa. Więc tak jak można być autorem na dziesiątki sposobów, pisząc tekst reporterski, tak samo można być autorem w dokumencie.

Hunter S. Thompson, w filmie *Gonzo: The Life and Work of Dr. Hunter S. Thompson* (Gonzo: życie
i twórczość doktora Huntera S. Thompsona), rozpowszechnianie Magnolia Pictures. Zdjęcie dzięki
uprzejmości Magnolia Pictures.

Czy dostrzegasz jakieś różnice w sposobie opowiadania jako cechy narodowe?

Absolutnie tak. Bardziej ambitne dokumenty powstają obecnie
w Ameryce - ponieważ nie zawsze mogą liczyć na miejsce w telewizji.
Chodzi mi o to, że jak masz zagwarantowane miejsce na jednej
z głównych anten w Niemczech, w Anglii, czy Francji i jest to okienko
w dobrym czasie emisji, to to co proponują ci żebyś zrobił, trafi do
bardzo dużej widowni. Tak więc starasz się zrobić coś jasno
sprecyzowanego, raczej zrozumiałego – coś takiego o czym mówiłaś
wcześniej, jak do emisji w Discovery, albo jak do emisji w PBS – choć
tu już nie o wszystkich filmach można mówić. Natomiast gdy jesteś

Amerykanką, nie wiesz gdzie twój film wyląduje, musisz kombinować na różne sposoby, jak np. „O czym będę opowiadała i czy ludzi to zainteresuje"? I to prowadzi do rozpoczynania każdego projektu od swoistego zgrzytu, mówiąc wprost, od pytania: „Po co mam to w ogóle robić"?

Jeśli patrzeć całościowo na to co powstaje w Stanach Zjednoczonych, obraz jest niezwykle bogaty. Jedną z przyczyn tego dobrego stanu – pewno przegryzą mi gardło za to co powiem – jest to, iż dość trudno jest w Ameryce dostać zamówienie na zrobienie filmu, czy przyrzeczenie finansowania. Ten fakt, w połączeniu z realną możliwością zainteresowania swoim projektem prywatnych inwestorów oznacza, że ludzie muszą walczyć, muszą mieć parę wynikającą z ambicji. Albo, że mają kupę forsy. W rezultacie odsiewają się ludzie działający sztampowo, schematycznie. Chodzi mi o to, że w amerykańskich telewizjach jest bardzo dużo „formatów", jest ich tyle, że ludzie mogą produkować je w nieskończoność, ale to zupełnie nie dotyczy rynku filmów dokumentalnych.

Myślę także o tym, że amerykańska tradycja o której mówiliśmy wcześniej, Nowego Dziennikarstwa lat sześćdziesiątych i kina bezpośredniego (direct cinema – afabularna relacja) są wciąż żywe. Dodatkowo sądzę, że Amerykanie mają szczególną skłonność do empiryzmu. Inteligentni amerykańscy filmowcy, mają tę szczególną gotowość do pracy nad tematem w nieskończoność, dopóki nie stanie się doskonały i dlatego ich filmy są takie dobre. Bardzo uniwersalne czyli trwałe. Dlatego tak je kocham.

Wiem, że w Europie powstaje wiele dobrych filmów dokumentalnych. System dotacji działa w dwie strony. Przecież często byłoby bardzo dobrze dla filmu, gdyby dostał dotację i mógł powstawać bez nadmiernych poświęceń realizatorów. Kiedy indziej, oznacza to poddanie się dominującemu modelowi - pojawiła się ogromna machina programowania (dofinansowywania) dokumentów i wszystkie propozycje przechodzą przez sita tej machiny (instytucja pitchingów),

starając się dopasować do jej wymogów. Ta machina-instytucja deklaruje;
oczekujemy innowacyjności, lecz w gruncie rzeczy przyklepują ten sam
typ innowacyjności z roku na rok.

Myślę, że są dobre dokumenty francuskie, niemieckie – widziałem
Darwin's Nightmare (Koszmar Darwina), który mi się bardzo podobał.
Nie ma takiego ciśnienia na robienie dokumentów w Europie, ponieważ,
mówiąc brutalnie, europejskie media nie są aż tak bezdennie głupie jak
media amerykańskie. Odkryłem stronę internetową (krytykującą) moje
samozadowolenie i elitarystyczny punkt widzenia – gdy powiedziałem
iż myślę, że BBC wykonało dobrą robotę, zachowując bezstronność. Ale
faktem jest, że wykonało. W europejskich newsach i informacji jest
kryzys, jednak daleko mniejszy niż w Ameryce. Myślę sobie, że właśnie
z powodu tego kryzysu w Ameryce zastępy młodych utalentowanych
ludzi bierze się za robienie dokumentów, jako swoistej rekompensaty za
upadek mediów głównego nurtu, jak to nazywają.

*A jednocześnie wygląda na to, że rynek na dokumenty przekracza granice państw,
co narzuca filmowcom konieczność opowiadania historii przemawiających do innych
kultur, poglądów, stylów życia.*

Uważam, że to nie ma zbyt wielkiego związku z odmiennością kultur,
ma raczej związek z otwartością producentów w poszczególnych krajach
na to czy mają ochotę robić takie rzeczy, czy to chwytają – ten pogląd,
że filmu nie robisz tylko dla grupy lewaków, którzy go obejrzą w ciemnej
od dymu papierosowego sali kinowej na jakimś festiwalu. Że te filmy
muszą przekraczać granice, że muszą mierzyć się z niedostatkiem, z tym
co wyjątkowe, z tym co ulotne, lokalne – a jednocześnie muszą
cyrkulować po świecie. Naprawdę muszą krążyć.

Dokumenty podobają mi się dlatego, że cechuje je pluralizm. Nie
oczekiwałbym, żeby większość była robiona z neokonserwatywnych
pozycji. Jednak jakoś wydaje mi się, że dokumenty cierpią z tego powodu,
że większość ludzi którzy je tworzą, ma te same poglądy polityczne. Moim

zdaniem, siła tkwiąca w filmach, tak jak w dziennikarstwie, polega na tym, że ludzie powinni być nieprzewidywalni w swoich poglądach, albo nie powinni zdradzać swoich poglądów. Powinni raczej patrzeć na sprawy - niż mieć na ich temat poglądy. Co mam na myśli; czy ma jakiekolwiek znaczenie, że Cartier-Bresson był lewicowcem? Nie ma żadnego. Albo Robert Capa? Więc ostatecznie, znam poglądy realizatorów, ale to nie musi przekładać się na ich filmy, które mogą być bardziej subtelne i bogatsze dlatego, bo będą narracyjne.

Al Maysles jest wielki w tych tematach; wyraża je znacznie piękniej niż ja bym to potrafił, a to dlatego, że interesuje go bogactwo natury ludzkiej. Jego wszystkie filmy, ich nieprzemijające oddziaływanie, bierze się stąd, że kocha swoich bohaterów. Na moje odczucie, byłoby równie dobrze, gdyby niektórych z nich nienawidził zamiast ich kochać – ale on obdarza ich tylko miłością. A to, moim zdaniem, jest silniejsze niż ideologia. Ideologia, polityczne postawy – mogą przeminąć w tydzień. Nikt nie zapamięta, co tak naprawdę chciał powiedzieć Michael Moore o George'u Bushu (w filmie *Farenheit 9/11*). Za to zapamiętają książeczkę koziołków (G.W. Bush na spotkaniu z dziećmi trzymał w rękach książkę o zwierzętach - do góry nogami). Wszystko co zapamiętają o Wolfowitzu, to oblizywanie grzebienia. Cała reszta tego ideologicznego towaru, jeśli byś teraz do niej zajrzała, wytrzymałaby próbę krytyki najwyżej w połowie.

W śród filmów, które zamówiłeś do pasma są „A Cry from the Grave" (1999) i jego ciąg dalszy, „Srebrenica: Never Again?" (2005) oba napisane, wyprodukowane i wyreżyserowane przez Leslie Woodheada. Filmy dotyczą masakry Bośniaków w Srebrenicy w 1995. Czytałam, że to ty zainicjowałeś ten projekt przesyłając artykuły o masakrze reżyserowi, a potem wydatnie przyczyniłeś się do nadania filmowi ostatecznego kształtu stawiając pytania.

Spędziłem dużo czasu z Leslie, ponieważ masakra w Srebrenicy interesowała mnie, wiedziałem, że historia będzie bardzo trudna do realizacji. To było politycznie niezwykle delikatne, olbrzymie zadanie.

Jakiego typu pytania stawiasz realizatorom, pracując z nimi?

Podstawowe dziennikarskie pytania: kto, dlaczego, co, kiedy, gdzie – i tyle. Myślę, że najbardziej użyteczną rzeczą jaką mogę uczynić, to zadać ludziom kilka podstawowych pytań na temat tego co robią. „Dlaczego chciałbyś zrobić film na ten temat? O co chodzi w opowieści? Dlaczego wybrałeś tą sytuację i ten obiekt? W jaki sposób ta sytuacja i ten obiekt przekładają się na opowiadanie"? Jeśli zdecydowałeś się przyjrzeć całej sprawie z takich pozycji, powiedz mi dlaczego. Wielu realizatorów, włącznie z Leslim, mają iskrę bożą w znajdywaniu odpowiedzi na tego typu pytania. Mam na myśli również Jehane Noujaim, autorkę *Startup.com* i *Control Room,* której filmy są doskonale przemyślane. Ona twierdzi, gdy zaczyna zdjęcia, że nie ma pojęcia jak skończy, ale trudno w to uwierzyć. Gdy prezentuje ci swój projekt (pitch), trwa to zazwyczaj około pięciu minut, ale widać, że dokładnie wie czego chce. Wyłaniające się postacie zarysowane są w bardzo konkretny sposób, już na etapie planowania.

To może zadziwić młodych filmowców wstępujących do zawodu, którzy ciągle żywią iluzję, iż dokumenty robi się spontanicznie i bez planu, że formuje się je dopiero w procesie montażu.

Musisz wiedzieć wcześniej co zamierzasz. Musisz wiedzieć dlaczego i jak będziesz opowiadał. Podam przykład, powstała masa filmów o chińskich fabrykach. Więc jeśli wybierasz się do chińskiej fabryki, to dlaczego filmujesz tę chińską fabrykę? Co będziesz starał się powiedzieć ludziom? Pokazaliśmy jeden z takich filmów, *Made in China* (rozpowszechniany przez *A Decent Factory),* który jest o chińskim dostawcy koncernu Nokia. To co sfilmowali, to była wizyta konsultanta Nokii ds. etyki, w towarzystwie dyrektora Nokii - w fabryce.

(Według materiałów umieszczonych na stronie internetowej „Storyville" francuski filmowiec Thomas Balmes otrzymał propozycję ze strony telewizji fińskiej

YLE, aby spojrzeć jak antropolog na fińską korporację Nokia. Opowiada, że spędził 18 miesięcy „filmując nudne narady Nokii na całym świecie", zanim spotkał Hanna Kaskinen, ekspertkę ds. środowiska. „Właśnie rozpoczynała działania mające doprowadzić do zmiany poglądu managerów Nokii na sprawy etyki"- Balmes powiedział dziennikarzowi BBC Four. „Wydało mi się to bardzo interesujące, gdyż dotykało pytania – czy można być kapitalistą i jednocześnie działać etycznie"? Odnotowuje również, że znalazł się we właściwym miejscu we właściwym czasie: „Hanna szykowała się do zrobienia pierwszej w historii Nokii oceny etyki firmy". Tak więc film zyskał swój kształt i zdobył międzynarodowe wsparcie finansowe. Główny wątek – lokomotywa filmu – jest zwodniczo prosty: Balmes podąża za kierowniczką Kaskinen i angielską konsultantką Louise Jamiston do Chin aż do fabryki Nokii, gdzie produkuje się większość ładowaczek do telefonów).

Skoro tylko powiedział „To bym chciał filmować", ja zobaczyłem film. Dostrzegłem po co miałby chodzić po chińskiej fabryce w towarzystwie tych ludzi, wyłapując jak mają się standardy bezpieczeństwa w chińskiej fabryce do europejskich standardów BHP i czy z tego narodzi się komedia czy też nie. I faktycznie film wyszedł całkiem śmieszny, choć wielu ludzi nie chwytało tego humoru. Filmowcy w jakiś sposób zdołali przekazać za pośrednictwem obrazu albo opisu sytuacji, dlaczego chcieli opowiedzieć tę historię. A to przenosi mnie do następnej myśli; co w gruncie rzeczy opowiadanie mówi widzowi.

Z powodu wyraźnego punktu widzenia?

Nie tyle chodzi o punkt widzenia realizatora, ile o to, że odgadujesz na co on usiłuje patrzeć. Załóżmy, dzwoni do ciebie Cartier-Bresson, gdzieś ze środka Wielkiej Rosji i mówi: „Fotografuję scenę w kantynie robotniczej, ludzie wzięli się do tańca". Odpowiedziałabyś: „Świetnie". I gdyby przyszedł do ciebie z 20 klatkami, a jedną z nich byłoby to ponadczasowe zdjęcie chłopskiej pary tańczącej pośrodku stołówki - ty byś miała wystarczającą wiedzę (od momentu gdy zadzwonił), aby wiedzieć, że będzie dobrze.

Tu leży różnica w stosunku do dziennikarstwa pisanego: Reporterzy opowiedzą ci o czym jest dana historia, filmowcy mówią to co widzą. Moje doświadczenie wyrosło z pisania, jednak dzisiaj piszę zupełnie inaczej, ponieważ mnóstwo nauczyli mnie filmowi dokumentaliści. Piszę znacznie bardziej opisowo, teksty konstruuję jak filmy, z wyraźnymi scenami. Mam nadzieję, że są łatwiejsze w czytaniu.

Co widać, gdy wkraczamy do domu Dużej Edie i Małej Edie w Southhampton (w filmie Mayslesów *Grey Gardens*)? Widzisz te szalone panie na szczycie schodów przebrane w zabawne stroje. Lecz faktycznie obserwujesz niezwykłe przedstawienie, które matka i córka odgrywają nie tylko przed sobą, także dla kamery. I jeśli otrzymujesz telefon od Al Mayslesa, w którym stwierdza: „Dzisiaj śpiewały, mieliśmy wspaniały dzień", wiesz, że jest dobrze. Dowiadujesz się wprost o sytuacji i o sposobie w jakim realizatorzy ją filmują – a nie parafrazę tego co tam się dzieje.

Gdy filmowcy przychodzą do ciebie z pomysłami pomaga ci przy podejmowaniu decyzji, którym projektom udzielić poparcia a które odrzucić - szczególnie gdy przychodzą ludzie, których nie znasz - gdy przyniosą kilka minut zrealizowanego materiału.

Zawsze należy dołączać taśmę, jeśli nie pokażesz taśmy, a będziesz operowała tylko kartkami papieru, trudno mi będzie ocenić co chcesz filmować. Znowu posłużę się analogią, jeśli dajesz zlecenie fotoreporterowi Magnum, aby gdzieś pojechał, to z jednej strony potrzebujesz od niego jakiejś podkładki na papierze, dokąd chce jechać na zdjęcia, ale z drugiej strony musisz mieć jakiś przykład pracy tego fotografa, który podpowie ci jak to może wyglądać w kontekście tego co potrzeba dla filmu.

Czego szukasz w taśmie demo?

Częsty problem z tymi taśmami polega na tym, że są zmontowane jak gotowy program. Tak więc myślisz, no dobra, mam tu temat, z tego można zrobić film telewizyjny, ale nie możesz sobie wyobrazić na ile dobry film może z tego wyjść. Innymi słowy, one nie powinny być zbyt gładkie – czy też, powinny być gładkie, ale zmontowane tak, jak będzie wyglądał gotowy film. Taśmy mogą prezentować się bardziej surowo, ale winno na nich być coś atrakcyjnego co wskaże, na czym będzie polegało te pozytywne „uderzenie" filmu.

Czy wśród wachlarza tematów, które do ciebie przychodzą, dużo jest niedoli ludzkiej?

Dużo za dużo cierpienia i nieszczęścia. Nie jesteśmy w stanie zapobiec całemu nieszczęściu świata. Poczucie totalnego nieszczęścia jest pochodną kumulacji jego obrazu, jak w pigułce – trzeba znajdować inne drogi. I gdy sprawozdajesz takie sprawy jak wojna w Iraku, musisz znaleźć ciekawe drogi dojścia do tematu. Dla nas sposób na pokazanie okropności Bagdadu polegał na śmiechu, film który pokazaliśmy to *The Liberace of Baghdad* (filmowiec Sean McAlister spędził osiem miesięcy, filmując słynnego w Iraku pianistę Samira Petera, jak grał w hotelowym barze dla dziennikarzy i innych gości). Przemawiał niezwykle silnie. Film uwodzi również tym, że możesz go oglądać przez 70 minut, nie popadając w skrajną depresję. Zmasowane, absolutnie prawdziwe obrazy nieszczęścia nie są dobre, widzowie odwracają się od nich.

Jak postrzegasz zmiany w filmie dokumentalnym, zarówno po stronie twórców jak i widowni?

Moim zdaniem z dokumentem można dotrzeć do całkiem poważnych rzesz odbiorców. Jeśli historia będzie atrakcyjna, ludzie są gotowi usiąść i obejrzeć ją. To daje mi wiarę. Wygląda na to, że ludzie nie mają nic przeciwko oglądaniu dokumentów, nie uznają ich za zbyt trudne. Możesz nie mieć ochoty na czytanie książki na jakiś konkretny temat, można ci wybaczyć, że nie będziesz chciał czytać książki o wojnie w Iraku, ponieważ będzie bardzo przygnębiająca. Ale możesz być gotowy na spotkanie z tym tematem w swoim lokalnym kinie. Albo jeszcze lepiej, pójdziesz obejrzeć cudownie dobry film jak *My Architect,* który niesie w sobie tak wiele: Opowiada o architekturze, o wchodzeniu w dorosłość, o porzuceniu przez ojca. Sądzę, że takie filmy z łatwością znalazłyby swoją niszową publiczność. Ta widownia nie jest wystarczająco duża – w kategoriach komercyjnych w Ameryce jest bliska progu opłacalności, ale powinna być większa. Jedyny czynnik, który powstrzymuje ten niepewny sektor produkcji dokumentalnej od upadku, to obniżające się koszty produkcji. To akurat nie jest najlepsza sprawa dla dokumentalistów. Mogą robić taniej filmy i mogą za to w ogóle nie być wynagradzani. Martwię się o ludzi, którzy poświęcili się twórczości dokumentalnej, nie są w stanie zarabiać na tym. Jednak sądzę, że będąc mądrym da się z tego wyżyć, ponieważ pieniądze z najróżniejszych źródeł są na rynku.

ROZDZIAŁ 20

Alex Gibney

Filmowiec Alex Gibney założył Jigsaw Productions (Produkcja Łamigłówek) w roku 1982 i w latach następnych produkował filmy wespół z Participant Productions, Magnolia Films, Sony Pictures Classics, ZDF-ARTE, BBC, oraz PBS. Strona internetowa firmy podaje, iż Gibney jest „znany z umiejętności tworzenia opowieści odważnie penetrujących polityczne życie Ameryki". Jego ostatnie filmy obejmują: *Gonzo: The Life and Work of Dr. Hunter S. Thompson* (Gonzo: życie i twórczość doktora Huntera S. Thompsona), *Taxi to the Dark Side* (Kurs do Krainy Cienia), zdobywca nagrody Akademii Filmowej w 2008 roku w kategorii pełnometrażowego filmu dokumentalnego, oraz *Enron: The Smartest Guys in the Room*, nominowany do nagrody Akademii w roku 2006. Za dwa filmy *Enron* i *Gonzo,* Gibney zdobył nagrodę Writers Guild of America (Związek Scenarzystów Filmu i Telewizji) za najlepszy scenariusz filmu dokumentalnego.

Nowy film *Casino Jack and the United States of Money* miał premierę na festiwalu filmowym w Sundance w 2010 roku. W momencie gdy przeprowadzałam ten wywiad, tj. w marcu 2010, film nie był jeszcze rozpowszechniany. Rozmawialiśmy w taksówce w drodze na lotnisko w Nowym Jorku, skąd Alex miał lecieć do Los Angeles.

Chciałabym skupić się na „Gonzo", „Taxi to the Dark Side" oraz „Enron". Na pierwszy rzut oka, to trudne tematy: nieżyjący pisarz, tortury, księgowość. Jak podchodzisz do tematu, jak wyłuskujesz z niego opowiadanie, główny watek?

W przypadku *Taxi*, moim zadaniem było zrobienie filmu o torturach, czemu od początku byłem niechętny, gdyż taki temat był strasznie trudny i nie widziałem możliwości przeniesienia go na film. Szukałem jakiejś historii i historia Dilawara, tak jak opowiedzieli ją Tim Golden i Carlotta Gaul (reporterzy *New York Times*), poruszyła mnie do głębi. Miała emocjonalne jądro, w jakiś szczególny sposób zwykłymi nićmi łączyła tego człowieka (w Afganistanie) z Irakiem, Guantánamo i tak naprawdę z Waszyngtonem. Ludzie, których przesłuchaniom podlegał Dilawar w Afganistanie, są następnie wysłani do Iraku, tuż przed Abu Ghraib. Po śmierci Dilawara, pasażerów jego taksówki wysyłają do Guantanamo tak, jakby dla zbudowania sugestii, że znaleźli siatkę konspiratorów, gdy tymczasem ci faceci uprawiali co najwyżej ziemne orzeszki. Wówczas zaczynasz się orientować, że w historię Dilawara wsłuchują się w stolicy, w Waszyngtonie. Tak więc, aby ten główny wątek móc stroić dodatkowymi piórkami przez cały film, nawet gdy mamy do czynienia z McCainem, Bushem, Cheneyem czy innymi z tej półki, zrobiło się sprawą krytyczną. To była jedna z przyczyn, że wybrałem ten temat.

W przypadku dwóch pozostałych filmów, mając bogactwo postaci, bardziej chodziło o znalezienie wiodącego wątku wewnątrz historii. Bo w przypadku *Taxi* było bardzo trudno znaleźć postacie *wokół* historii nieżyjącego Dilawara. No, ale to są właśnie miejsca jak sądzę, w których historie stają się naprawdę dobre. Chodzi o wydobycie na światło dobrych postaci i przyglądaniu się jak działają, chciałoby się powiedzieć – jak w kinie.

Ojciec i córka Dilawara, w *Taxi to the Dark Side* (Kurs do Krainy Cienia). Zdjęcie Keith Bedford.

Czy masz jakieś strategie prowadzenia dokumentacji?

W moich filmach występują dziennikarze, więc do pewnego stopnia jestem wprowadzany w temat przez ludzi, którzy już wykonali ogromną dokumentację. Wolę to raczej uhonorować niż udawać, że sam coś znalazłem, gdy zrobili to inni. Oczywiście, sami robimy także ogromną dokumentację tak, aby na końcu – szczególnie, gdy ktoś mówi na ekranie – nikt potem nie mógł nam zarzucić, że podajemy w filmie nieprawdziwe fakty.

Oprócz tego, podejmuję w swoich filmach ten szczególny dziennikarski wysiłek, aby znaleźć język obrazu adekwatny do opowiadanej historii, który wytworzy to co Werner Herzog nazwał pięknie prawdą poety, w odróżnieniu od prawdy księgowego. Z tego wynikają czasami zarzuty ze strony widzów, ktoś wstaje na spotkaniu i mówi: „Dlaczego nie przedstawisz wprost tego o co ci chodzi? Dlaczego nie odrzucisz tego całego śmiecia?". Czuję wtedy, że chcieliby, abym pokazał kogoś stojącego przy tablicy ze wskaźnikiem i prowadzącego ich punkt po punkcie przez całą opowieść. Nie chciałbym uprawiać takiej konkurencji. Taki film nie czyniłby tego co może robić najlepiej, to jest wciągać ludzi emocjonalnie.

Innymi słowy, sam temat nie czyni dzieła; filmu czy książki. Jeśli chcesz dotrzeć do widza, musisz złożyć to w całość w taki sposób, aby powstała frapująca opowieść.

Właśnie tak. To co robię, jest podobne do pisania literatury faktu. Najlepsze książki tego gatunku, moim zdaniem, w konstruowaniu opowiadania i tworzeniu momentów napędzających te opowiadanie, dorównują literaturze pięknej. Prowadzę widzów (mam nadzieję) po pełnej niespodzianek drodze; gdzie zagadnienia konstruowania narracji zaczynają odgrywać rolę.

W przypadku *Taxi* wielu widzów mówiło mi, że zaczęli identyfikować się z żołnierzami, zaczęli ich lubić. A potem, na końcu filmu dowiedzieli się, że to byli zabójcy, że zostali skazani. To był szok dla widzów, jednak nie mogli cofnąć się do punktu wyjścia, w którym mogliby przyjąć postawę typu „O, widzę, że to są źli faceci", gdyby od początku znali to o czym dowiedzieli się na końcu. Po prostu już nie mogli tego odwrócić. „No nie, ja lubię te dzieciaki". To jest coś znacznie głębszego.

Umiejętność ujawnienia informacji we właściwym momencie to ważny składnik sztuki opowiadania – za wcześnie, będzie bez znaczenia, za późno, będzie już niepotrzebna. Skąd wiesz, kiedy wprowadzić nową informację?

To faktycznie ciężka sprawa. W przypadku *Taxi* musieliśmy odkrywać to na bieżąco w trakcie budowania konstrukcji. Nie dawaliśmy sobie rady przez długi czas. Jedną ze spraw, które sobie uświadomiliśmy, było ujawnienie wyroku skazującego żołnierzy (na więzienie) zbyt wcześnie w filmie; to było w końcowej części filmu, ale nie wystarczająco blisko końca. Ujawnienie wyroków widzowie odbierali jako koniec sprawy i oczekiwali, abyśmy zakończyli film. Gdy tymczasem my mieliśmy jeszcze sporo do powiedzenia i to był nasz błąd. Tak więc musieliśmy skrócić film i sekwencję ogłoszenia żołnierzom wyroku obsunąć w dół, do miejsca, które wynikało z logiki struktury opowiadania. O, zamykamy ich wątek, znaczy film zbliża się do końca.

Czy urządzasz testowe pokazy w czasie montażu?

Tak, szczególnie pod koniec. Robię to obecnie z kilkoma filmami. Znaczenie takich pokazów polega na tym, że dowiadujesz się czego ludzie nie chwytają, kogo obdarowują sympatią, kogo wręcz przeciwnie i naturalnie czy nie jest za długo.

Skąd bierzesz swoich testowych widzów? Kto jest na widowni?

Zazwyczaj to mieszanka kilku przyjaciół i kilku znajomych, albo znajomych naszych przyjaciół. Ogólnie, to życzliwa widownia z kilkoma obcymi rodzynkami. I nawet takie audytorium da ci sygnał o nudzie, a reakcje powtarzające się wśród widzów tworzą wskazówki, których oczekujesz.

Była taka kobieta, Amanda Martin, atrakcyjna blondynka z Zarządu (w *Enron*), która w naszej pierwszej wersji montażowej kończyła film wyznaniem, które oznaczało „byłam tylko człowiekiem" w tym znaczeniu, że była silnie kuszona, by dać się skorumpować. Ale nikt nie chciał jej zaakceptować w tej roli. Mówili: „Ludzka? Wal się. Czerpałaś niezły dochód z tej korporacji". Nie byli gotowi przyjąć takich słów właśnie od niej, którą widzieli wcześniej, piękną, świetnie ubraną - w tym bardzo bogatym biurowcu. Natomiast *byli* gotowi usłyszeć to z ust dzieciaka (były handlowiec Colin Whitehead). Nam się zdawało, że końcówka jest piękna, lecz oni nie dostrzegli w Amandzie tego, co nam w montażowni wydawało się oczywiste. Odnosili się tylko do tego co widzieli w filmie. Wyjęliśmy tę scenę, wsadzając dzieciaka na koniec i ludzie czuli się z tym znacznie lepiej.

Drugie wyjście; musielibyście cofnąć się i zmienić strukturę filmu w taki sposób, aby widzowie byli w stanie zaakceptować Amandę.

Tak - i nie sądzę, żeby było w tym coś złego. Czasami może się to skończyć w sposób szczególny – co bywa najtrudniejsze do zaakceptowania dla realizatora – opowiadanie, które utkałaś odkrywa niespodziewane oblicze, którego nawet nie podejrzewałaś. Będzie więcej pożytku gdy je przygarniesz, niż gdy je odrzucisz.

Czy możesz podać jakiś przykład?

W *Enronie* było wiele wątków, za którymi chciałem iść. Miały swój ciężar gatunkowy, miały szeroki kontekst społeczny – na przykład, jaki był współudział banków w oszustwie Enronu. Trochę z tego zostało w filmie, jednak większość musieliśmy usunąć, gdyż hamowało tok opowiadania. Nic z tego nie miałoby znaczenia, gdyby ludzie nie zostali wkręceni w samą historię. Więc musiało wylecieć.

Jest inny przykład - w *Taxi*. Była sekwencja, która bardzo mi się podobała, która aktualnie wylądowała na DVD wśród „dodatków". To jeden z takich przedziwnych „skoków w bok", które mogą ci się przytrafić. Gdy znaleźliśmy się w Guantanamo, był strajk głodowy i wszyscy w desperacji zastanawiali się jak go złamać. Jednym ze sposobów było przymusowe odżywianie strajkujących więźniów, tak więc poszukiwali metody na skrępowanie ich. I tak oto, przedsiębiorczy żołnierz z Guantanamo znajduje stronę internetową; www.restrainchair.com. (krzesło do krępowania). Okazuje się, że pewien szeryf z Denison w stanie Iowa produkuje krzesła służące do krępowania, które pomagają uspokoić ludzi w napadzie szału, przytrzymać, dopóki nie będzie można nawiązać z nimi kontaktu i żeby to było w sposób cywilizowany. Tak więc ni z gruchy ni z pietruchy, ten szeryf otrzymuje telefon od Operation Enduring Freedom (Akcja Trwały Pokój): „Chcielibyśmy zamówić 50 krzeseł do krępowania". Dla tego gościa to było naprawdę duże zamówienie. Wyobraziłem sobie, że to może być całkiem zabawna sekwencja, pojechaliśmy do niego z wizytą i powstał wspaniały materiał. Lecz ostatecznie, gdy doszliśmy w filmie do śmierci Dilawara, nie było już ze strony widzów chęci na przyjmowanie tego typu czarnego humoru.

Miałem inne momenty - typu „Paragraf 22" - w filmie, które kawałek po kawałku musiałem wyrzucać gdyż nie siedziały, widzowie ich nie dostrzegali – a ja byłem zanurzony w temacie i rozwinąłem pewien typ wisielczego humoru, jaki pojawia się u chirurgów przebywających ciągle na sali operacyjnej. Ale widzowie nie byli w stanie dostroić się do tego. Chcieli przeżyć cierpienie bez domieszki ironii i nie mogłem ich tego pozbawiać. W rezultacie musieliśmy wyeliminować masę materiału, którego oddziaływanie okazało się destrukcyjne.

Żeby było jasne, to jest inny rodzaj pominięcia, niż na przykład opuszczenie negatywnych aspektów życia Huntera S. Thompsona, bólu jaki zadawał czasami rodzinie – dlatego tylko, że chciałbyś przedstawić go w pozytywnym świetle.

Oczywiście. Nie jestem agentem prasowym Huntera Thompsona. A co ciekawe w przypadku Thompsona – dużo rozmawialiśmy o tym w montażowni – ta dwubiegunowość natury, sposób w jaki oscylował między ciemnością i światłem, bycie z jednej strony wspaniałomyślnym z drugiej strony okrutnym, myślę, że to wszystko razem pozwalało mu oceniać podstawowe sprzeczności amerykańskiego ducha w stopniu, w jakim ktoś bardziej zrównoważony nie byłby w stanie tego robić.

Chciałabym wrócić do analogii między twoimi filmami a literaturą faktu, ponieważ zwróciłeś również uwagę na to, że w twoich filmach, tak jak w książkach, daje się słyszeć głos autora.

Tak, w kategoriach stylu. W filmie, również musisz znaleźć język obrazowania, który pociągnie opowiadanie. I moim zdaniem ten język powinien być inny. Są tacy ludzie jak Ken Burns, których język obrazowania pozostaje identyczny, niezależnie od tego jaką historię opowiadają. Materiały archiwalne się zmieniają, ale sposób ich użycia pozostaje dokładnie taki sam. Dla mnie, ważne jest znalezienie stylu pasującego do tematu.

Ale jak ty to robisz? Jak wybierasz styl obrazowania dla konkretnego filmu?

W *Gonzo,* mocowaliśmy się z faktem, że facet jest pisarzem. Wiele z tego jak wygląda obraz – scena na początku filmu z motocyklem, jest przykryta swego rodzaju fakturą papieru, co ma służyć wywołaniu odczucia, w sensie emocjonalnym, że to jest coś na kształt pisanej historii, chociaż jesteśmy na motocyklu na tle fal przyboju. Inna sprawa, z którą pogrywaliśmy, to było pomieszanie fikcji i faktu w dochodzeniach Huntera. Lubił skakać pomiędzy nimi w tą i z powrotem. Był dobrym reporterem, przynajmniej na początku. I nagle, od czasu do czasu, dla efektu dramatycznego i podbicia tematu zaczynał bujać w obłokach. Zobrazowaliśmy to czymś takim jak inscenizacja sceny z wózkiem sprzedającym tortille. Chodzi mi o urywek tekstu z książki (*Fear and Loathing in Las Vegas* – Lęk i odraza w Las Vegas) zrobiony w taki sposób, aby był zgodny z ich doświadczeniem.

To ciekawy przykład, obraz został wystylizowany na film amatorski, natomiast audio, jak informujesz na ekranie to: „Oryginalne nagranie wykonane przez Hunter S. Thompsona & Oscara Acosta, Las Vegas, 1971".

Choć to inscenizacja, sfotografowaliśmy ją znacznie bardziej realistycznie niż na oko wyglądało wiele innych materiałów które używaliśmy, które były czystym dokumentem. Graliśmy tym mieszaniem fikcji i faktów, w które Hunter tak lubił się zagłębiać. To jedna z przyczyn, dla których zdecydowaliśmy się sfotografować jego żonę Sandy na zielonym tle (zdjęcia i filmy z ich wspólnej przeszłości pojawiają się wkluczowane za nią w trakcie wywiadu). Była osobą, która znała go najdłużej. Więc raczej zamiast fotografować ją w salonie, w studio jogi – jest obecnie instruktorką jogi – czy gdziekolwiek, stało się dla mnie wartością paraliteracką widzieć ją na różnych tłach, tak jakby dosłownie była postacią w fabularnym opowiadaniu. W rezultacie nie przydzieliliśmy jej własnej przestrzeni; znalazła się jakby wewnątrz historii tego gościa. I to nie było: „Gdzie oni są teraz?". To było: „Gdzie oni byli wówczas?".

Taka decyzja dotycząca obrazu, musi być planowana z dużym wyprzedzeniem.

Tak. Czasami wpadasz na takie rzeczy, ale na ogół musisz planować z dużym wyprzedzeniem. W *Enron,* dużo myśleliśmy o tym wcześniej, tak samo zresztą jak przy *Taxi.* Wywiady ze wszystkimi, którzy byli w Bagram, strażnikami i z niektórymi więźniami, fotografowaliśmy na tle malowanego tła w bardzo kontrastowym bocznym świetle, co dawało połowę twarzy widoczną, a połowę w głębokim cieniu. Cel był dwojaki: sygnalizować moralną dwuznaczność strażników oraz - w tak skomplikowanej historii, w tym sensie; kto jest żandarmem, kto jest z wywiadu, a kto jest więźniem – intencją było przekazanie wprost następującego komunikatu: wszyscy pokazani na ekranie w ten sposób, są z Bagram. Uważaliśmy, że te światło jest w jakiś sposób nośnikiem atmosfery więzienia, a więc kreuje poczucie miejsca. Wymyśliliśmy to dużo, dużo wcześniej, inaczej nigdy nie dałoby się tego zrealizować.

Ile masz zapisane na papierze przed rozpoczęciem zdjęć? Czy masz szkielet opowiadania?

Tak, można uczciwie powiedzieć, że mam szkielet opowiadania znacznie wcześniej. Nie za bardzo szczegółowy, ale co najmniej odczucie historii, która ma być opowiedziana. I wtedy idę do ludzi rozmawiać, czasami coś fotografuję gdy jestem na miejscu, jak w przypadku *Taxi*, ponieważ pod pewnymi względami była to ciągle rozwijająca się historia. Na przykład, pojechałem do Guantanamo i z marszu nakręciłem nieplanowaną wcześniej sekwencję. Wtedy oczywiście, opowiadanie się zmienia, musisz brać to pod uwagę. Jeśli tego nie czynisz, daj przynajmniej jakiś zarys, gdy nie masz wystarczającej motywacji, aby pójść tym tropem.

Czy piszesz treatmenty?

Zazwyczaj mamy treatment, choć niezbyt długi. To mogą być trzy, cztery strony, oddające ogólnie zarys struktury. I mając to w głowie, ruszam na zdjęcia. Dość często znajduję okazję, aby zdobyć coś co nie było ujęte w pierwotnym planie, rejestruję to, ponieważ wygląda na to, że może stać się ciekawym materiałem.

Jest taki sposób realizacji, który polega na tym, że torujesz sobie drogę na miejsce zdarzenia, a potem po prostu obserwujesz. Jednak wydaje mi się, że nawet w takiej sytuacji kierować tobą będą z góry przyjęte opinie – czegoś się przecież dowiedziałaś, coś słyszysz poza nagraniami – zaczniesz się skupiać na sprawach, które wydają ci się ciekawe. W przypadku *Enronu* była cała masa tropów, którymi moglibyśmy pójść, ale nie uczyniliśmy tego, ponieważ miałem ogólne poczucie kierunku - o co walczymy i co będzie ciekawe. Ale powiedziawszy to, chcę podkreślić, że zawsze dużo improwizujesz w zależności od zbieranego materiału.

Na początku mojej kariery hołdowałem znacznie sztywniejszym poglądom; na co patrzeć, co fotografować i jak zakreślać swoje pole zainteresowań. Uważałem za cnotę zbieranie materiału, który budował moje wyobrażenie o historii. Problem jaki czasami rodzi się w takich razach jest taki, że w montażowni używasz materiały średniej jakości, zamiast przeglądając je, szukać tych najlepszych i następnie starać się włączyć je do filmu. Jeśli nie ma równowagi między tymi dwoma postawami, to albo film składa się ze świetnych materiałów lecz nic nie popycha opowiadania do przodu, albo odwrotnie, prezentuje świetny temat i opowiadanie, ale nie ma w nim żaru i pasji. Sedno sprawy polega na znalezieniu równowagi.

W przypadku *Enronu* nie wiedzieliśmy dokładnie kto się zgodzi wystąpić przed kamerą. Jeśli Rebecca Mark zechciałaby ze mną rozmawiać – to była kobieta, która - między innymi sprawami - podjęła inicjatywę Bhopal, plan budowy wielkiej elektrowni w Indiach – opowiadanie mogłoby potoczyć się w nieco innym kierunku. A także w połowie (produkcji) filmu, odkryliśmy nagarnia audio z Kalifornii. Spędziliśmy znacznie więcej czasu nad kalifornijską częścią historii niż uczynili to autorzy książki, a to dlatego, że te taśmy powiedziały nam coś o kulturze wszechmocnego Enronu, coś czego nie można przekazać na papierze. Część siły zawartej w tych nagraniach bierze się ze *słyszenia* swoistego kolesiowskiego podejścia tych ludzi (handlowców Enronu), którzy się śmieją, gdy załamuje się system energetyczny Kalifornii.

W „Gonzo" obrazowanie często nas zaskakuje. Na przykład patrzymy na aktora, który wcielił się w Thompsona, jak siedzi przy jego biurku w Woody Creek w Colorado, pisząc o atakach 9/11 i obserwujemy jednocześnie te widoki – w sposób zupełnie niemożliwy i wystylizowany – przez okno znajdujące się przed nim. Albo patrzymy na fotografię Thompsona z pistoletem, która nagle animuje się.

To patrzenie na sprawę w żartobliwy sposób. Hunter naprawdę poszerzał granice tego co dopuszczalne w opowiadaniu. Jako filmowiec, starałem się powiedzieć od razu na początku: „Uważajcie". Gdy patrzysz na tę fotografię, na której strzela do swojej maszyny do pisania na śniegu i raptem to ożywa, maszyna podskakuje, wpada z trzaskiem z powrotem do zdjęcia, to komunikat jest taki: „Uwaga, wszystko tutaj będzie inaczej niż na to wygląda. Doświadczysz swawolnej manipulacji rzeczywistością".

Kiedy Hunter powtarza jak refren w swojej książce śledzącej kampanię Edmunda Muskie, że ten jest uzależniony od Ibogainy (środek wspomagający przy leczeniu uzależnień od narkotyków), to tak naprawdę nie sądzę, aby chciał nabić w butelkę swoich czytelników, aby zaczęli myśleć: „O Jezu, Ed Muskie przyjmuje Iboginę!". To był figlarny, satyryczny sposób zakomunikowania ludziom: „Ten gość wygląda i działa jakby był uzależniony od narkotyków. Jest z nim aż tak źle". Tak więc znowu, w najlepszym wariancie to naciąganie formy, ale w sposób, jaki Hunter mógł zrobić bez nadwyrężania pojęcia prawdy. Myślę jednak, że poluzowało się to znacznie w późniejszym pisarstwie Huntera. Tym niemniej w jego szczytowym okresie, w najlepszych książkach wydanych później, używał z sukcesem tych zabiegów, umieszczając obok wspaniałego materiału faktograficznego różne koszałki opałki. Sądzę jednak, że ustanawiał zasady, które dla czytelnika były widoczne. Staraliśmy się przenieść to w jakiejś mierze na ekran.

Ty również ustanawiasz czytelne zasady. Inscenizacja (rekonstrukcja czy rekreacja) jest stylizowana w sposób wyraźnie odróżniający ją od autentycznych materiałów archiwalnych, a dodatkowo, kiedy coś jest autentyczne – dźwięk wózka na tortillę, czy rozmowy telefoniczne handlowców Enronu – podkreślasz to nie pozostawiając wątpliwości.

Moim zdaniem to bardzo ważne. Bywałem krytykowany za rekonstrukcje w swoich filmach. Ktoś mówił: „Czy musiałeś zrobić taki tani zabieg?", albo coś takiego. Jak samobójstwo Cliffa Baxtera w *Enronie*. Mam całkiem dobre wytłumaczenie, dlaczego to zrobiłem. W pierwszej chwili to może kogoś wprowadzić w błąd, lecz bardzo szybko zostaje wyjaśnione co się dzieje, nie ma tu próby zwodzenia widza. Myślę, że to strasznie ważne, ponieważ pomysł na fałszowanie czegoś, na udawanie że to prawda, to naprawdę bardzo wielki problem. Widz ma potrzebę obdarzania zaufaniem realizatora, chce wierzyć, że ten uczynił wszystko co w jego mocy aby pokazać prawdę, którą odkrył dla niego.

Są różne drogi wiodące do prawdy, tak samo jak różne są rodzaje prawdy. Dlatego każdy realizator musi znaleźć swój sposób patrzenia na świat, co za tym idzie wypracować swój system wartości – reguł. Widzom odsłaniasz te reguły natychmiast, sygnalizujesz je na początku. Jeśli to zrobisz, jeśli dalej przestrzegasz tych reguł, wówczas wszystko będzie w porządku, gdyż widzowie będą mieli poczucie zadowolenia oglądając to co przedstawiasz. Sposób w jaki rozpoczynamy *Enron*, zarówno z Tomem Waits na ścieżce dźwiękowej jak i rekonstrukcją w obrazie, pozwala ludziom określić gatunek, że to nie będzie *Frontline*, że nie powinni patrzeć na to w taki sposób. Ewentualne tworzenie filmu, który wygląda i oddziaływuje jak *Frontline*, a potem miesza fabularne rekonstrukcje z prawdziwymi materiałami archiwalnymi i udaje, że to wszystko jest autentykiem – jest wielce problematyczne.

Narratorem „Gonzo" jest Johnny Depp, ale tylko w takim zakresie, że czyta fragmenty prac Thomsona spoza kadru – stając się w jakimś sensie dublerem Thompsona. Dowiadujemy się tego, ponieważ jednak umieściłeś w filmie obraz Deppa z książką w ręku, czytającego.

Tak. To była gra na wielu różnych instrumentach. Oto mamy gościa, który zagrał Huntera (w filmie *Fear and Loathing in Las Vegas* – Lęk i odraza w Las Vegas), a teraz czyta Huntera. To również sygnalizowało widzom w prosty, klarowny sposób – ponieważ klarowność jest również moim konikiem – że cała narracja, którą słyszą od tego momentu, będzie suwerennym tekstem Huntera Thompsona, interpretowanym przez Johnny'ego Deppa.

Jakie masz przemyślenia na temat czynionych obecnie wysiłków wyartykułowania, a nawet sformalizowania pewnych zasad etyki w świecie filmu dokumentalnego?

Na tym gruncie czuję się niezbyt pewnie. Jeśli pojawia się jakaś komisja, która ustala co jest dobre - co jest złe, to ja mogę się znaleźć po niewłaściwej stronie werdyktów tej komisji. Sądzę więc, że to co należy zrobić to spowodować, aby ludzie myśleli długo i ciężko, dlaczego tak ważne jest niewystawianie widzów do wiatru, nieoszukiwanie ich. Jednak z najwyższą niechęcią wróciłbym do dawnych czasów – gdy byłem w zespole *Frontline*. Był zakaz używania muzyki, muzykę traktowało się jak manipulację. Oczywiście to *jest* rodzaj manipulacji. Lecz dla mnie jest użytecznym narzędziem narracji filmowej, a przecież to co robisz w znacznej mierze polega na tworzeniu opowieści. Jest wiele chwytów fabularnych, które lubię stosować. Klucz polega na tworzeniu podręcznika twojej gramatyki tak, by widzowie rozumieli co robisz i żeby nie myśleli, że pokazujesz im *Frontline,* kiedy pokazujesz coś innego.

Powód dla którego umieściłem scenę rekonstrukcji dotyczącą Cliff Baxtera na samym początku, brał się z moich odczuć – po pierwsze, jeszcze nie wiesz, że to Cliff Baxter. To mógł być każdy członek zarządu. Jedziesz u boku kogoś, kto słucha piosenki Billie Holiday („God Bless the Child"), która okazuje się być nieprzypadkowa. To taki rodzaj pieśni, którą mógłby słuchać w radio późną nocą, ale mówi ona także o tym jak możni i bogaci wyzyskują słabych. Siedzisz obok niego, czujesz dym papierosa, słyszysz jak przełyka, a za chwilę ten ktoś popełnia samobójstwo. To staje się bardzo osobiste – „Mój Boże, ktoś właśnie pozbawił się życia!". To wywołuje bardzo silne emocje. Następnie tniemy do materiału archiwalnego, „Dzisiaj Cliff Baxter został znaleziony martwy", bla-bla-bla, zdajesz sobie sprawę: „No dobra, to była inscenizacja. Wracamy do realnego świata". Chodziło mi o danie widzowi impulsu do identyfikacji z tym managerem, abyśmy nie siedzieli tam cały czas wytykając palcami dyrektorów Enronu, żeby nie powstała przepaść między nimi a nami. Postrzegamy ludzki wymiar tej historii w sposób emocjonalny, dający się odczuć. Dla mnie, to w pełni uzasadnione.

To prowadzi do innego aspektu stylu twojego opowiadania, chodzi o elementarną uczciwość realizatorską – nie o pokazywanie, że jest się wyważonym w robocie, tylko uczciwość – która pozwala pokazać autentyczną złożoność; na którą składa się opisanie więcej niż jednego oblicza danej postaci czy więcej niż jeden punkt widzenia. W wywiadzie powiedziałeś kiedyś: „Zawsze wzoruję się na Marcelu Ophüls (The Sorrow and the Pity – Smutek i litość*), który powiedział coś takiego: 'Zawsze przyjmuję jakiś punkt widzenia; trik polega na tym, żeby pokazać jak trudno było dojść do tego punktu widzenia'". Czy możesz to wyjaśnić?*

Mam inny ulubiony cytat. (George Bernard) Shaw powiedział kiedyś: „Pokazanie rozmowy między Dobrem a Złem to melodramat. Pokazanie rozmowy między dwoma wcieleniami dobra to dramat". Mój profesor od nauk politycznych powiedziałby: „Obejmij sprzeczności". Wszystko to w moim przypadku znaczy tyle, że jeśli napotykasz człowieka i klasyfikujesz go jako złego i dalej pokazujesz tylko to co służy poparciu z góry wyrobionej opinii o nim, to z tego robi się swoisty melodramat. Znacznie silniejszy będzie dramat - w którym ten zły człowiek okaże się w gruncie rzeczy, osobiście, miłym człowiekiem. Albo dziwisz się dowiadując, w odniesieniu do strażników (w Bagram) na przykład, że ci faceci, którzy zatłukli młodego chłopaka na śmierć, sami są młodymi chłopakami, którzy na swój sposób są mili, tylko trochę trąconymi przez okoliczności w jakie wepchnął ich los. I to, myślę sobie, bywa ten niewidzialny wspólny mianownik, który łączy twórców i widzów, będący istotną częścią tworzenia filmów, tworzenia opowieści filmowych w ogóle. To nie musi koniecznie osłabiać moralnego oburzenia, lecz czyni o wiele trudniejszym wskazanie palcem i stwierdzenie: „Im należy naszyć na ubraniu znak pokutny, a moje ubranie pozostawić bez oznaczenia".

To nie jest tak, że staram się nawracać już nawróconych. Wielokrotnie ludzie przyjmą twój punkt widzenia, a przynajmniej pochylą się nad twoimi racjami - jeśli czują, że ty szanujesz ich racje. Możesz się z nimi nie zgadzać, ale pokazuj respekt wobec nich. Dostrzegą, że starałeś się im przyjrzeć. Myślę, że to ważne, gdyż w przeciwnym razie znaleźlibyśmy się w jakimś zamkniętym kręgu, w krzyżowym ogniu z lewa, z prawa. Uh... Czy mogłoby być coś gorszego?

Jeszcze jest kilka całkowicie pragmatycznych spraw, o których chciałabym porozmawiać. Pierwsza dotyczy twojego sposobu wizualizacji sceny, poprzez wytworzenie silnego poczucia miejsca.

Hołduję zasadzie tworzenia wyraźnych fundamentów obrazowych, szczególnie przy skomplikowanej opowieści. Przykładem może być klub stripteasu, w którym mieszkał w swoim czasie Lou Pai (z Zarządu Enronu). Sfotografowaliśmy go w taki sposób, aby podkreślić liczby. Scena została zmontowana pod muzykę Philipa Glassa. W innym przypadku, staraliśmy się zarejestrować nastrój miejsca – parkietu kalifornijskiej giełdy, znajdując muzykę i styl fotografii, które przekazałyby tę atmosferę szczególnej wspólnoty, aby dać portret tego miejsca jakby z ich punktu widzenia. Oto dwa przykłady. Ktoś inny zrobiłby to na pewno inaczej.

Druga sprawa to sekwencje, którym czasami nadajesz nazwy, jak na przykład „Szok aresztowania" w „Taxi to the Dark Side". Twoje filmy zbudowane są z sekwencji, z których każda ma swoją niepowtarzalną rolę w całości i każda – różna od wszystkich innych – popycha film naprzód.

Słusznie. Uważam to za użyteczne i jeśli różnicujesz je między sobą stylistycznie, to pomaga utrzymać zainteresowanie widzów. Przenosisz się z miejsca na miejsce, jakbyś był w podróży. To trochę jak wycieczka autokarowa: Opuszczamy Wielki Kanion, a teraz wiozą nas w Góry Skaliste...

Jesteśmy na lotnisku! Wielkie dzięki.

Cała przyjemność po mojej stronie. Rzadko rozmawiam o formie. Przekleństwo polega na tym, że gdy jesteś dokumentalistą rozmawiasz z innymi niemal wyłącznie o temacie. Można i tak, tylko moim zdaniem na obszarze dokumentu w przeciągu ostatnich 15 lat nastąpiła istna eksplozja formy – i to jest naprawdę ekscytujące.

ROZDZIAŁ 21

Susan Kim

Susan Kim jest płodną autorką książek, sztuk teatralnych, dramatów, filmów dokumentalnych oraz dziecięcych programów telewizyjnych. Napisała adaptację sztuki Amy Tan *The Joy Luck Club* i wiele jednoaktówek wystawianych między innymi w Ensemble Studio Theatre, które później ukazały się drukiem. Pięciokrotnie nominowana do nagrody Emmy, za programy telewizyjne dla dzieci, których stworzyła kilkadziesiąt.

Jej najbardziej znane filmy dokumentalne to: *Paving the Way* (1997), 60 minutowy film dla PBS, za który otrzymała Writers Gild Award; *The meaning of food* (2005) trzygodzinny serial dla PBS; oraz pełnometrażowy *Imaginery Witness: Hollywood and the Holocaust* (2007), który odkrywa sześćdziesięcioletnie związki przemysłu filmowego Stanów Zjednoczonych z horrorem Nazistowskich Niemiec.

Ostatnio, Susan Kim i Elissa Stain opublikowały książkę *Flow: The Cultural Story of Menstruation* (St. Martin Press, 2009), a wspólnie z Laurencem Klavanem ukończyła dwa komiksy *City of Spies* i *Brain Camp*, które opublikowano w First Second Books w 2010 roku.

Susan wykłada na wydziale Kreatywnego Pisania, zaocznych studiów w Goddard College, gdzie spotkałyśmy się w 2008 roku, w roli doradcy i studenta.

Film, o którym szczególnie chciałabym z tobą porozmawiać to „Imaginary Witness", który napisałaś (jako współproducent), a Daniel Anker wyreżyserował i był producentem wspólnie z Ellin Baumel. Jak doszło do tego projektu?

Działo się to w 2001 roku, AMC, American Movie Classics, miało zlecenie na seriale Hollywood i..., Hollywood i .... Tak powstały Hollywood i Islam, Hollywood i Wietnam... W jaki sposób przemysłowa machina, fabryka snów - Hollywood, mierzy się ze złożonymi geopolitycznie i historycznie tematami? Poproszono Dannego Ankera o zrobienie Hollywood i Holokaust. AMC przeznaczało na to bardzo niskie budżety i wydaje mi się, że oczekiwali namiastki - montażu atrakcji. Harmonogram był bardzo napięty. Budżet niski. I z tego co widzieliśmy jak postępują, było ewidentne co z tego może powstać.

Spotkałam się z Dannym tuż po 9/11 (atak na WTC), może dwa lub trzy tygodnie później, w powietrzu ciągle czuło się dym i zapach spalenizny, nawet w mieszkaniu Dannego, niedaleko Lincoln Center. Pół naszej rozmowy dotyczyło ataków, ale było dla nas jasne – na bazie czystych emocji - że to znacznie większy temat i nie chcemy robić żadnej namiastki. Spędziliśmy dużo czasu rozmawiając i zastanawiając się: „Jakie w przyszłości powstaną filmy fabularne o ataku z 9/11 ?". Niemal natychmiast zaczęliśmy myśleć [o filmie] w kategoriach tu i teraz, można by powiedzieć, że w opozycji do kategorii historycznej. I zaczęło nam się to wydawać bardzo, bardzo pilne. Od samego początku rozmowy zadawaliśmy sobie pytanie „W jaki sposób ta historia jest aktualna?

Z jakimi sprawami przyszło nam się dzisiaj zmierzyć? To nie jakiś zakurzony temat z lat czterdziestych. To rzeczywiście ma znaczenie".

Wszyscy byliśmy zgodni co do jednego, że nie chcemy robić „szast prast i do kasy" jednej z tych szybkich prac za wstydliwe pieniądze. Chcieliśmy to zrobić ostrożnie i z dbałością o szczegóły. Danny stał się bojownikiem tego filmu, bo sytuacja była niezwykle trudna. Mieliśmy dużo konfliktów z AMC, ponieważ harmonogram prac był napięty do granic możliwości. Danny zajął się zbieraniem pieniędzy poza studiem, a my zwolniliśmy tempo pracy, byliśmy przekonani, że ten temat wymaga wielu dokładnych badań. Przeczytaliśmy mnóstwo książek i artykułów, wszystko co można było znaleźć, próbując jednocześnie wyselekcjonować odpowiedni materiał. Zanim zaczęliśmy właściwą digitalizację wykopiowań i planowanie wywiadów, przez bardzo długi czas dyskutowaliśmy i kłóciliśmy się, ponownie weryfikując dostępne informacje i materiały. Mieliśmy fantastyczną pomoc w osobie Julie Stein, która przeszukiwała Bibliotekę Kongresu i Archiwa Państwowe w Waszyngtonie, a wszystko co znalazła, przekazywała nam.

Jednym z tematów, który przewija się przez film jest wyraźna ewolucja postawy Hollywood wobec Holokaustu na przestrzeni tych 60 lat.
Czy dzięki własnym badaniom wyciągnęliście taki wniosek?

Absolutnie. To się tak sumowało. Wstępną wersję napisałam naprawdę źle, taki wstępny szkic przed zdjęciami. Próba znalezienia jakiejś struktury. Przez długi czas myśleliśmy, że podróż potentatów przemysłu filmowego do obozów zagłady w powojennych Niemczech, będzie spinać całą opowieść. Była to jedna z wcześniejszych wersji struktury filmu. Gdy pojawił się Bruce Shaw, montażysta i zaczął wciągać materiał i pokazywać pierwsze, surowe układki, powtarzaliśmy: „Nie chcemy opierać się na chronologii. Chcemy zrobić coś błyskotliwego". Chcieliśmy wymyślić jakąś genialną strukturę. Jednak im bardziej zaczęliśmy wpasowywać się w chronologię wydarzeń, tym bardziej zaczęło przychodzić zrozumienie, że chronologia nie jest tylko prostym schematycznym napędem, ale że niesie ze sobą niezwykłą złożoność. Jeśli spojrzeć na wydarzenia od 1933 do 2001 roku, ukazuje się psychologiczny mostek w środowisku ocalałych społeczności. Były też mostki powiązań biznesowych między Hollywood i Niemcami w latach trzydziestych i czterdziestych. Sprawy takie jak Izrael i polityka tożsamości w latach sześćdziesiątych i siedemdziesiątych. Wszystkie te fakty zaczęły odgrywać rolę i nabierać znaczenia w stopniu, którego nie mogliśmy przewidzieć. Mini-serial *Roots* dał podwaliny dla serialu *Holocaust*.

To zajęło dużo czasu. Jednocześnie czytaliśmy, robiliśmy transkrypcje przeprowadzanych wywiadów. Jest sporo dobrej, interesującej literatury na ten temat. Annette Insdorf napisała *Indelible Shadows*. Judith Doneson - miała być naszym doradcą, ale zmarła, gdy byliśmy na wczesnym etapie preprodukcji - napisała książkę pod tytułem *The Holocaust In American Film*. Jest też wspaniała książka *Celulloid Soldiers* [Michael Bridwell], która rzuca spojrzenie na Warner Bros. i ich nieporozumienia z konserwatystami w Kongresie na temat: interwencjonizm kontra izolacjonizm. Tak to się właśnie sumowało. Trochę jak z podkładami malarskimi, odkrywane warstwa po warstwie - znajdowanie więcej i więcej informacji.

Później, oczywiście wywiady, jak ci wiadomo, nadają kierunek twoim poszukiwaniom. Cały ten materiał został spisany. Zaczęłam wkładać części transkrypcji do mojego szkicu, podczas gdy montażysta zajął się układkami. Zbieraliśmy się wszyscy razem i oglądaliśmy zmontowany materiał, ja dostarczałam swój szkic i zaczynała się dyskusja. Od czasu do czasu Bruce brał części tego co napisałam i starał się zmontować materiał tak, by wszystko do siebie pasowało. I znowu zaczynała się dyskusja: „Czego tu brakuje? Czy potrzebujemy kolejnego wywiadu?". Wiele razy osoby, z którymi przeprowadzaliśmy wywiady powoływały się na źródła, do których nie dotarliśmy lub nic o nich nie wiedzieliśmy. Wtedy zwykle wracaliśmy do badań i albo włączaliśmy więcej filmów, albo poszukiwaliśmy kolejnej osoby do wywiadu.

Wydaje mi się, że rozmawialiście z 21 osobami na ekranie. W jaki sposób dokonywaliście selekcji?

Są osoby z którymi należy porozmawiać, są i ci mądrzy z którymi rozmawiasz na koniec by wszystko ze sobą spiąć, są tacy, którzy mówią o sprawach o których chcesz, by powiedzieli oraz - osoby z afisza. Musisz wyważyć. Na Annette Insdorf bardzo nam zależało. Nawet jeśli jej spojrzenie wydaje się bardziej europejskie niż amerykańskie, ale była w tej sprawie dużym autorytetem. Więc była jedną z tych „które musieliśmy mieć". Bardzo nam zależało na rozmowie z Elie Wiesel, byliśmy bardzo blisko pozyskania go, ale był chory. Nie sądzę, by był wtedy w kraju, więc się nie udało. Duże rozczarowanie. Wiedzieliśmy natomiast, że kolega Wiesela, Thane Rosenbaum i Danny słyszeli jak mówił, że komercjalizacja Holocaustu poprzez film oraz etyczne dylematy z tym związane powodują, że fabularyzacja tego zagadnienia jest obsceniczna. Mieliśmy pewność, że ten argument pojawi się w rozmowie.

Oczywiście, ktoś taki jak Steven Spielberg był nie lada gratką. Rod Steiger pod względem treści powiedział coś bardzo „aktorskiego", ale odniosło to niezwykły skutek. Podobnie jak Fritz Weaver. Pojawił się w *Holocaust*; grał patriarchę rodu Weiss. Obaj niekoniecznie dodali naukowej lub historycznej wiedzy z górnej półki, ale z pewnością dołożyli smaczku Hollywood, który też był częścią filmu.

Neal Gabler był jedną z ostatnich osób, z którymi przeprowadzaliśmy wywiad. Obejrzał film, a my powiedzieliśmy: „Potrzebujemy byś połączył niektóre tematy ze sobą". Wszyscy ci ludzie byli naprawdę świetnymi doradcami. Przychodzili i oglądali film po kilka razy, długo z nami rozmawiając: „Cóż wspomnieliście o tym; moglibyście wspomnieć i o tym". *Naprawdę* pozwoliliśmy tym ludziom mówić przed kamerą, co było luksusem, na który AMC nie pozwoliłoby nam przy oryginalnym budżecie i harmonogramie prac. Pamiętam, jak Neal Gabler powiedział, że zwykł dawać dwugodzinne wywiady do filmów dokumentalnych, a później widział z tego 11 sekund i tyle. Naprawdę przyjemnie pracowało się nad tym filmem.

Zespół wykorzystał materiały dokumentalne, by oddać tło historyczne, a materiały hollywoodzkie, by pokazać stosunek Hollywood do historii. Czy było trudno w taki sposób to skomponować?

Brakuje mi słów, by wyrazić podziw dla naszego montażysty Bruca Shaw. Bruce jest myślący i kreatywny. Z czasem, cała ta koncepcja wykorzystywania materiałów dokumentalnych do informowania na ekranie, stała się celem samym w sobie.

Na przykład?

Z pewnością, przy takim filmie jak *Wybór Zofii,* gdzie użyto świadectw ocalałych by przenieść szczegóły oraz autentyzm na ekran. Również w *Shoah,* i detale jakie wykorzystał Spielberg w *Liście Schindlera.* Było to w dużym stopniu oparte na świadectwach tych, którzy przeżyli.

Mówiąc obrazowo, nasza praca to dużo przepychanek i próbowania różnych wariantów. Często siedzieliśmy w trójkę – Danny, Bruce i ja - w montażowni. Ja pisałam, Danny prowadził poszukiwania w Internecie, a Bruce montował. Od czasu do czasu, któreś z nas mówiło:

„Hej, spójrzcie na to", albo „Hola, hola. Możemy użyć tego?". Było mnóstwo dyskusji i przekonywania. W pewnym sensie było to irytujące jak wszechobecny zapach chińszczyzny czy burrito, te ciągłe utarczki, ale i sprawa była niezwykle delikatna.

Ponieważ „Imaginery Witness" zawiera oba rodzaje materiałów, można się pokusić o porównanie siły surowych materiałów archiwalnych dokumentujących Holokaust z innego rodzaju siłą, która pochodzi z opowieści fabularnych.

Myślę, że ty jako filmowiec i widz w jednej osobie lepiej rozumiesz, co się za tym kryje. Oglądałam ten film wiele razy i zawsze byłam zaintrygowana, widząc płaczących ludzi w trakcie oglądania sceny z *Wyboru Zofii,* w której bohaterka musi wybrać między jednym ze swoich dzieci. Ja mam suche oczy oglądając ten fragment. Natomiast jestem zawsze pod wrażeniem momentu spotkania się z programu *This is Your Life* [reality show emitowany między 1952 a 1963 rokiem], gdy Hanna Kohner [ocalała] spotyka się ze swoim bratem. Dla mnie różnica między emocjami wywołanymi przez produkcje hollywoodzkie a autentycznymi emocjami, wywołanymi przez dokument, to różnica jakościowa.

Jedna z naszych ważnych decyzji, z której podjęciem bardzo długo się nosiliśmy, dotyczyła użycia w filmie autentycznego, szokującego, materiału. Był taki fragment, w którym widać ludzki szkielet w piecu. To fragment z *Wyroku w Norymberdze* i tam użyto archiwalnych materiałów. Osobiście uważałam, że to nieprzyzwoite. Wydawało mi się, że nie możemy czegoś takiego użyć w naszym filmie. Jednak zrobiliśmy scenę, na temat tego jak po raz pierwszy w Hollywood wyświetlana była ta kronika filmowa. W obrazie pokazujemy detale pracującego projektora, a słyszymy głos spoza kadru, który opowiada, co czuł gdy to oglądał. Nie pokazujemy materiału źródłowego.

To interesujące, dekady mijają, a hollywoodzkie inscenizacje stają się coraz bardziej dosłowne.

Tak. Można zobaczyć jak Dan Curtis robi swoją nieprawdopodobnie werystyczną *War and Remembrance* (Wojna i Pamięć), pokazując stosy ludzkich szkieletów. A później widzisz Einsatzgruppen rozstrzeliwujące tych nagich ludzi; którzy wpadają do dołów i wszystko jest niesamowicie dosłowne. Wydaje mi się jednak, że dla ludzi, którzy nie rozumieją i nie znają skali tamtych wydarzeń, ma to pewną wartość. Dla mnie, znającej nieco historię tej produkcji, wiem, że są to statyści z kolonii nudystów. Szkielety użyte do zdjęć są plastikowe. Wyziera zza tego wszystkiego wielki przemysł filmowy, ja to dostrzegam. Równocześnie widzę w tym wartość. By opowiedzieć historię, musisz sięgnąć po mocne środki.

Przy takim bogactwie materiału, z którego można wybierać – 60 lat produkcji
hollywoodzkich, plus materiały archiwalne i wywiady - jak decydowaliście z czego
rezygnować?

Ostatecznie - jak w pisaniu dla fabuły - wszystko musi służyć
opowieści. Zdarzają się momenty, gdy coś nas zafascynuje, ale prowadzi
w innym kierunku. Na przykład, gdy myślę o filmach które mogliśmy
włączyć, przychodzi mi do głowy zwariowana komedia pod tytułem *Once*
Upon a Honeymoon [1942, z Cary Grantem i Ginger Rogers], gdzie przez
przypadek para dostaje się do obozu koncentracyjnego, bo pomyłkowo
wzięto ich za Żydów. Ot, taka szalona komedia. Naprawdę żałuję,
że tego nie wykorzystaliśmy. Był też bardzo dobry film z Kirkiem
Douglasem pod tytułem *The Juggler* (Kuglarz, 1953r). Masz te fragmenty,
oglądasz film bardzo uważnie i odkrywasz, że nie wspierają one struktury
aktu. Może dlatego, że istnieje jakiś szerszy punkt odniesienia, a fragment
nad którym się zastanawiasz nie wspiera go lub wręcz podważa, nie
pozwalając opowieści toczyć się dalej.

Filmy dokumentalne, choć wydaje mi się, że odnosi się to do
wszystkich dobrych filmów czy jakikolwiek przejawów sztuki - ich
wielkość polega na tym, że są „interaktywne", czyli zmuszają cię do
myślenia, dyskusji, a niekoniecznie podają gotowe odpowiedzi. Myślę,
że wszystko co dobre jest złożone. A przy tym, twoim zadaniem jest
opowiedzieć jakąś historię, mieć swój punkt widzenia. Zawsze chodzi
o swoistą równowagę: „Czy to nie jest zbyt hermetyczne? Czy fraza daje
miejsce na oddech? Czy daną chwilę oddajemy w całej złożoność
szczegółów i niedomówień na jakie zasługuje? Czy to nie jest
bezkształtne?". To naprawdę trudne. To jak: „Czy to coś wnosi do
ostatecznego kształtu?". Powinno się czuć spójność, wizję, punkt
widzenia w ukończonym dziele, czy to jest marmurowa rzeźba, film
dokumentalny, powieść czy artykuł.

„Imaginery Witness" *jest bardzo krytyczny w stosunku do tematu. Ale z drugiej strony, jak przy takim filmie udało się wam uniknąć wielkiej celebry?*

Najważniejsze co staraliśmy się zrobić w *Imaginery Witness* to postawić ważne pytania. Jeśli to robisz, z definicji nie malujesz laurki. Świętowanie oznacza katharsis, oczyszczenie, zamknięcie, zdobycie czegoś. Wydaje mi się, że tematy jakie próbowaliśmy zgłębić są w dalszym ciągu aktualne, żywe, nawet w odniesieniu do innych okrucieństw, z którymi Hollywood od czasu do czasu próbuje się zmierzyć.

Opisałaś „Imaginery Witness" jako organicznie zintegrowany, a jednocześnie film ma budowę trójaktową. Według mnie to ilustruje podstawową funkcję struktury, jest ona narzędziem do rozumienia i kształtowania filmu już prawie istniejącego, w przeciwieństwie do struktury narzuconej a priori.

Wiesz, to zabawne, bo „struktura", sama w sobie, brzmi tak sztywno. Brzmi tak jakby wszystko musiało pasować jak ulał. A to oczywiście nie jest tak. Piękna struktura jest jak wszystko inne. Każdy wielki film posiada własną budowę, która działa i niekoniecznie można ją zastosować do innych filmów, bo funkcjonuje właśnie tylko w tym filmie. Więc tak, masz rację. Można na to spojrzeć tak - na przykład, gdy pracuję nad filmem dokumentalnym, piszę coś co dla mnie ma sens na papierze, próbujemy wszystko złożyć razem i okazuje się, że to jest strasznie nudne. To nie działa. Wtedy zaczynasz rozdzielać drabinkę na szczebelki, zadając sobie pytania: „Czy osłabiamy budowę? Czy bawimy się chronologią? Czy powinniśmy zmienić perspektywę, by spojrzeć z innego punktu widzenia? Czy źle zdefiniowaliśmy główny wątek? Czy przypadkiem nie chodzi o coś innego? Czy w podtekście nie dzieje się coś z czego nie zdawaliśmy sobie sprawy i teraz powoli zaczyna się to pojawiać?". Każdy, kto rozumie strukturę, może argumentować na różne sposoby. Możesz dać ten sam surowy materiał 10 różnym filmowcom, a oni mogą zrobić 10 genialnych, ale bardzo różnych filmów - to coś, co zawsze mnie fascynowało.

Napisałaś wiele programów telewizyjnych dla dzieci, niektóre były dokumentalne, a przynajmniej zawierały elementy dokumentalne. Czy twoje podejście do opowieści jest inne, gdy piszesz dla młodszej publiczności?

Napisałam wiele dla „Reading Rainbows" (Czytaj z tęczy) programu, który ma format magazynu, ale często są w nim elementy dokumentalne. Napisałam również i wyprodukowałam kilka odcinków „Really Wild Animals" (Naprawdę dzikie zwierzęta), cykl o historii naturalnej dla dzieci, który był produkowany przez National Geographic dla CBS. Trochę inaczej pisze się dla dzieci, bo nie możesz założyć, że koncentracja uwagi widza utrzyma się i będzie w stanie śledzić splątane wątki dłużej niż pół godziny. Nie zawsze możesz użyć tych samych schematów, aby osiągnąć cel, czy wątków krzyżujących się z główną opowieścią. Z dziećmi, staram się być bardziej modułowa; bardziej edukacyjna. Na przykład: „To różne warstwy lasu pełnego deszczu, takie oto zwierzęta zamieszkują te warstwy...". W zasadzie, najpierw przybliżasz im strukturę, a następnie przeprowadzasz je przez nią. Oczywiście używasz więcej środków, robiąc program dla dzieci: humor, animacje, piosenki, dowcipy. Czy porównawczych wizualizacji, gdy pracujesz z małymi dziećmi. Montaż filmowy jest trudny do ogarnięcia przez małe dziecko, ponieważ nagłe zbitki wizualne mogą dezorientować.

Razem z Laurencem Klavanem wydaliście w tym roku dwa komiksy, oba dla dzieci w wieku gimnazjalnym. To fikcyjne opowieści, ale jedna z nich została zainspirowana prawdziwą historią, odkryciem nazistowskiej siatki szpiegowskiej w Nowym Jorku. Dla dokumentalisty filmowego, którego praca jest czasem porównywana do literatury faktu, powieści opartych na życiu, komiks wydaje się być kolejnym modelem twórczym - jak pokazuje „Waltz with Bashir" Ari Folmana, animowanym pamiętnikiem dokumentalnym.

Niektóre z najbardziej znanych i cenionych komiksów są [zakorzenione] w prawdziwych wydarzeniach. Wiele z nich to pamiętniki.

Mam na myśli *Palestine* Joe Sacco, a *Persepolis* w sposób oczywisty ma elementy dokumentalne, ale pozostaje pamiętnikiem. Czy *Stiches, Epileptic, A Drifting Life*…. Wszystkie są tak dobrze narysowane, że powiększone mogłyby być bardzo interesujące dla dokumentalistów filmowych. Są jak scenopis obrazkowy, storyboard.

Co mówisz filmowcom czy dramaturgom, którzy dają odpór poglądowi, że budowę opowiadania się projektuje?

Intrygują mnie ludzie, którzy nie czują tego właśnie bluesa. W tym semestrze miałam studentkę, która krytykowała narrację, atakowała teatr, ze względu na ich fundamentalny konserwatyzm. „Dlaczego mamy czytać tę głupią *Poetykę*? Niedobrze mi się robi na myśl o intrygach. Mam dosyć postaci. Nie możemy ich obalić?". Powiedziała, że wszystkie inne formy sztuki radykalnie się zmieniły, powiedzmy, od czasów starożytnej Grecji. Powiedziała również, że patrząc dzisiaj na jakieś płótna nie można powiedzieć, że opierają się na tych samych zasadach co na przykład malarstwo Renesansu, chociaż użyto tych samych narzędzi; koloru, kompozycji i motywów, czy pociągnięć pędzla. Reguły zostały obalone i zanegowane i to jest w porządku. Mówiła też „Dlaczego dramat nie może przejść takiej rewolucji? Kiedy ludzie zmienią teatr" - ktoś taki jak Richard Foreman albo Lee Breuer czy Mabou Mines - „zawsze są zamykani w niszowym getcie".

Moja odpowiedź brzmi: choć wiele z treści *Poetyki* jest nam obce, bo żyjemy w innej epoce, pozostaje potęga tragedii, która ma wpływ na katharsis. Dramat to forma pełna wyrazu, forma starożytna, tym niemniej zachowująca siłę oddziaływania. Jedną z pierwszych dziecięcych zabaw jest odgrywanie ról. Dzieci reagują na bajki – postacie dobre i złe, na antagonizmy, na zakończenie - bardzo emocjonalnie. Nasza podświadomość próbuje stworzyć opowieść każdej nocy gdy śpimy. Jeśli jesteśmy czymś zaniepokojeni, będziemy mieć sny, które będą się roiły od podtekstów, symboliki, rozwinięć tematycznych, konfliktów i silnych emocji. Wydaje mi się, że my ludzie mamy taką właśnie budowę neurologiczną i kulturową. Dlatego myślę, że w formie dramatycznej tkwi prawdziwa siła. I dlatego jako gawędziarzom, ludziom chcącym zrobić film dokumentalny, czy napisać sztukę, wypada nam zrozumieć potencjał tej struktury.

Wczoraj, gdy myślałam o *Hands on a Hard Body*, dotarło do mnie, że nieszczególnie lubię maratony, całonocne potańcówki czy inne dyscypliny wymagające wytrzymałości. Nie dałabym rady utrzymać dłoni na ciężarówce przez 48 godzin. Jednak ten film zapadł mi w pamięć. W zasadzie historia jest bardzo prosta. Masz jasny obraz postaci, jest prawdziwy początek, rozwinięcie akcji i prawdziwy koniec. Nieoczekiwanie, wygrywa ktoś, kogo nikt o to nie podejrzewał, a ludzie wybuchają gniewem. Mimo iż zaczynając oglądać nie sądziłam, że to będzie szczególnie podniecające, to jednak ta historia naprawdę mnie wciągnęła.

„Spellbound" jest podobnym przykładem. Mam poświęcić 90 minut na oglądanie dzieciaków zmagających się z ortografią?

No właśnie. Albo *Man on Wire*. To filmy, o których myślisz: „No dobra, poświęcę na to ze 20 minut". Mija 90 minut, a ty płaczesz, albo klaszczesz, albo cofasz film, bo chcesz coś zobaczyć jeszcze raz.

Potrafisz wyjaśnić, jak to się dzieje?

Myślę, że częściowo bierze się to stąd, że jeśli podoba ci się sama historia - jeśli emocjonalnie i intelektualnie dostałeś się pod jej wpływ - wtedy zaczynasz odnajdywać jej złożoność i niuanse. Wszystko, to dokładność i stawiane wyzwania. Niezależnie czy piszesz fabułę, czy coś opartego na faktach, im dokładniejsza jesteś - jeśli ta dokładność sprzyja akcji opowiadania, no ale jeśli przede wszystkim jest to dobra historia - to z definicji, jesteś do przodu.

Ludzie nie chcą oglądać sprawozdań. Chcą zobaczyć akcję. A akcja to walka; to walka ludzi o to czego chcą i nie wiadomo kto wygra. To dlatego oglądamy sport. Na przykład, *Man on Wire*. Wiemy, że Philips Petit przejdzie po linie między wieżami WTC, ale jeśli rozbije się opowieść na oddzielne zmagania przybliżające go co celu, nie wiesz jak każde z nich się zakończy. A kolejne kroki pełne są niespodzianek. Nie podajesz publiczności informacji na tacy. Pozwalasz, aby się odsłaniała, aby pojawiło się napięcie, niepewność: Uda mu się wejść po tych schodach czy nie? Strażnik się obudzi czy nie?

Jak byś opowiedziała o tych sprawach w przypadku „Imaginary Witness"?

Że to prawdziwe niepowodzenie. Każdy akt jest o czymś innym - co samo w sobie stanowi ogromne wyzwania. Z pewnością w 1940 roku można było dyskutować, czy tysiące Żydów są zabijane w obozach koncentracyjnych każdego dnia i czy Stany Zjednoczone miały zamiar jakoś zareagować? O ile nie jesteś historykiem albo nie naczytałaś się o tym okresie, możesz nie wiedzieć co się stanie.

Myślę, że to ma wiele wspólnego z narracją; tam jest bardzo dużo komentarza. Rozumiem, dlaczego wielu dokumentalistów ucieka od komentarza, bo w najgorszym wypadku i o takim tu mówię, reżyser faszeruje publiczność informacją. W idealnym świecie, komentarz winien dawać widzowi niezbędne minimum informacji, umożliwić mu bycie na bieżąco z tym, co dzieje się w filmie. Narracja nie powinna toczyć się poza filmem. Nie powinna go przytłaczać. Czyli - powinna być częścią filmu. A my sformułowaliśmy każdy z naszych aktów jako pytanie. Na przykład takie: „Co miało się stać z relacjami ocalałych?". Ludzie zostali zgładzeni. Niemcy starały się odbudować. Liberalne głosy lewicujących Żydów w Hollywood zostały uciszone z powodu HUAC (the House UnAmerican Activities Committee - Komisja ds. Badań Działalności Antyamerykańskiej). Formułujesz takie pytania i nie odpowiadasz na nie, dopóki nie zapracujesz na odpowiedź.

ROZDZIAŁ 22

James Marsh

James Marsh jest reżyserem *Man on Wire* (Człowiek na linie), który zdobył w 2008 roku Nagrodę Akademii za Najlepszy Film Dokumentalny. Film powstał na podstawie książki *To Reach the Clouds* (Sięgnąć chmur) Philippe Petit i opowiada historię jak dwudziestoczteroletni Petii konspirował przez osiem miesięcy z grupą bliższych i dalszych znajomych w celu zaplanowania i wykonania zadziwiającego, nielegalnego występu na wysoko zaczepionej linie. Siódmego sierpnia 1974 roku, Petit spędził niemal godzinę spacerując, tańcząc, przyklękając, a nawet kładąc się na linie, która połączyła dwie wieże World Trade Center w Nowym Jorku, na wysokości 411 metrów ponad ziemią.

Lista dokumentów reżyserowanych przez Marsha obejmuje *Troubleman,* obraz ostatnich lat życia i śmierci piosenkarza Marvina Gaye, *The Burger and the King,* oparty na książce, *The Life & Cuisine of Elvis Presley* Davida Adlera, *Wisconsin Death Trip,* oparty na książce o tym samym tytule

Michaela Lesey, który przygląda się dziwnemu fatum towarzyszącemu mieszkańcom małej mieściny w Wisconsin w czasach depresji w 1890 roku, wreszcie *The Team*, współreżyserowany z Basią Winograd, film typu reportażowego o drużynie piłkarskiej złożonej z bezdomnych, która bierze udział w pierwszych Mistrzostwach Świata Bezdomnych w Wiedniu.

Filmy fabularne, które ma w dorobku to *The King* wg. scenariusza, który napisał razem z Milo Addica, oraz *1980,* drugi film z trylogii *Red Riding* oparty na cyklu historyczno-fantastycznych powieści Davida Peace, zaadaptowanych na ekran przez Tony Grisoni. Serial był emitowany na BBC Channel 4 w 2009 roku.

Jak doszło do twojej współpracy z Philipp Petit?

Większość dokumentów, które zrobiłem wyrasta z istniejących książek i *Man on Wire* (Człowiek na linie) nie jest tu wyjątkiem. Dla mnie, droga do tej historii wiodła przez ten bardzo osobisty, bardzo specyficzny, bardzo szczegółowy pamiętnik, który napisał Philippe. Daje ci mocne wyobrażenie o jego charakterze, o tym z czym się zetkniesz, gdy podejmiesz współpracę. Tak więc przeczytałem książkę bardzo uważnie i odbyłem bardzo niezręczną rozmowę przez telefon z Philippe, do którego trudno dotrzeć w taki sposób; jest bardziej przystępny w osobistym spotkaniu. Jednak pomimo tej niezgrabnej rozmowy telefonicznej, umówiliśmy się na spotkanie.

Wniosek jaki wyciągnąłem z lektury to to, że jest zakręcony w sprawie absolutnej kontroli nad wszystkim – co zrozumiałe, jeśli przez całe życie uprawia się zawodowo chodzenie po linie. Tak więc przy naszym pierwszym spotkaniu chciałem po prostu zarazić go pomysłem uczestniczenia w realizacji tego filmu. To była jego historia i musiałem przyjmować jego wyobrażenia o tym, jaki ten film mógłby być. Moje działanie było pragmatyczne. Przyjmować sugestie było znacznie lepiej, niż podejmować dyskusję na pierwszym spotkaniu. Tak więc to był długi lunch, ze sporą ilością wina i gadania, po czym w pięć minut po tym jak się pożegnaliśmy, zadzwonił do mnie mówiąc: „Zróbmy to razem". To było działanie wielce spontaniczne, najlepsza cecha charakteru Philippe. Ufa swoim instynktom i wrażeniom, podąża za nimi.

Od tego zaczęła się bardzo długa, intensywna, czasami pełna antagonizmów współpraca, która zakończyła się kawałkiem roboty odzwierciedlającym moim zdaniem zarówno samo wydarzenie jak i wszystkie przesłania, które zrodziła ta historia – lecz nie było łatwo. Philippe, jak wielu ludzi, widział całą masę filmów – kocha film – i jest takie powszechne mniemanie, że jeśli naoglądałeś się filmów to możesz je również robić. I zaczyna być trudno, gdy masz do czynienia z kimś będącym bardzo przywiązanym do swoich opinii i pomysłów. Gdy się nie zgadzaliśmy, na mnie spoczywała – jako na zawodowcy – większa odpowiedzialność za film, żeby w końcu zrobić go tak jak należy.

Gdy podmiot filmu staje się aktywnym uczestnikiem kreacji, pojawia się ryzyko, że powstanie rzecz próżna, lecz to się raczej nie zdarzyło w tym przypadku. Wyłaniający się portret Philippe jest złożony, nie zawsze twarzowy, no a przede wszystkim film zawiera dużo więcej niż tylko jego historię. To także historie wielu jego współpracowników i ich relacji z Philippe i relacji wzajemnych.

To był bardzo długi proces starań i sugestii, krok za krokiem, że w moim odczuciu film winien mieć elementy rekonstrukcji i wywoływania. Nie myślałem o prostej rekonstrukcji wydarzenia, chodziło mi w szczególności o wspomnienia ludzi, którzy tam byli. Philippe dość zajadle odrzucał to przez długi czas. Szczególnie dotyczyło to dwójki Amerykanów, którzy włączyli się w tę przygodę w ostatnim stadium i oboje zostawili go na lodzie w pewnym sensie, jak to się później okazało. Dziko protestował przeciwko włączaniu ich do filmu. Jako reżyser, powinieneś opowiedzieć historię głosami wszystkich osiągalnych ludzi i fakt, że ci go zdradzili, bo tak to postrzegał, uczyniło tą dwójkę szczególnie ciekawymi dla mnie. Byli tam, widzieli, byli częścią drużyny.

Tak więc to były całkiem poważne trudności, które przezwyciężył dialog i czas. A mówiąc szczerze, przewalczyłem to własnym uporem i na tym chyba polega rola reżysera w takich przypadkach. Naprawdę odczuwam odpowiedzialność za to, żeby opowiedzieć historię obrazem i dźwiękiem najlepiej jak potrafię. Swoją rolę postrzegam jako przekazującego historię która mnie zafascynowała, widzom, w sposób najbardziej przystępny. I żeby oddać sprawiedliwość Philippowi, dostrzegł, że muszę ten film zrobić tak jak go widzę, gonić za rzeczami, które chcę osiągnąć – nawet gdy się z nimi nie zgadzał, również gdy film był skończony.

Tak więc sięgnąłeś do postaci ledwie wzmiankowanych w książce, marginesowych.

W książce znajdują się odniesienia do tych postaci, często w formie uwłaczającej. Lecz miałem wrażenie, że w tym przypadku powinienem stworzyć kalejdoskop narracji. Podam ci przykład; powstały dwa zespoły mające wnieść sprzęt do każdej z wież, przewieźć go na górę i wreszcie rozpiąć między wieżami. Dlatego, jeśli welininujesz jeden zespół, stracisz połowę historii. Choćby na tym podstawowym poziomie potrzebujesz drugi punkt widzenia. Dramat, który rozgrywa się w wieży, w której jest Jean-Louis, jest w pewnym sensie równie, a może nawet bardziej uderzający niż to co się dzieje z Philippe. I oczywiście w tym mieszczą się również dramaturgiczne konflikty: masz grupę ludzi, którzy niekoniecznie są przyjaciółmi – mamy tu sporo różnic poglądów – a chodzi o udział w przedsięwzięciu, gdzie stawką jest życie człowieka.

Było dla mnie jasne, że ludzie muszą reprezentować siebie, że mają prawo do swoich wspomnień, nawet gdyby nie pokrywały się ze wspomnieniami innych. Ciekawe w przypadku *Man on Wire*, co często zdarza się w przypadku dokumentów, jest to, że najbardziej nieprawdopodobne i groteskowe detale – o których myślisz, „To nie mogło się dziać w ten sposób" – potwierdzają się! I wszyscy potwierdzili najbardziej nieprawdopodobne zdarzenie. To naprawdę przyjemne, potwierdzić najbardziej dziwaczne fakty czy okoliczności w sprawie.

Dzięki temu dokumenty są tak szczególne; możesz toczyć dyskusję z przeszłością. Coś się wydarzyło. Oto fakty. A kiedy ludzie są zgodni co do faktów, tych niezwykłych faktów, to plasuje te dokumenty wyżej niż fikcję fabularną.

Czy jako reżyser, masz jakąś ogólną metodę podchodzenia do książek? Weźmy na przykład „Wisconsin Death Trip".

To była znacznie bardziej twórcza interpretacja książki, która, w gruncie rzeczy, nie wyglądała na to, że można ją w ogóle sfilmować. Był taki film, który zrobiłem w latach dziewięćdziesiątych, *The Burger and the King,* również oparty na książce *The Life & Cuisine of Elvis Presley,* poradniku kucharskim Elvisa Presleya. To stało się punktem wyjścia do napisania bardzo szczegółowego treatmentu.

Philippe Petit, w *Man on Wire* (Człowiek na linie), dystrybucja Magnolia Pictures.

Zdjęcie dzięki uprzejmości Magnolia Pictures.

Tak samo było w przypadku *Man on Wire*. Miałem sześćdziesięcio-stronicowy szkic organizujący strukturę filmu, co w przypadku dokumentów jest raczej niezwykłe. Miał wiele płaszczyzn czasowych, do których przeskakujesz cofając się, które się nakładają, co jest raczej trudne do zrealizowania w dokumencie, dlatego myślałem, że dobrze byłoby ułożyć to na papierze. Niektórzy mogą postrzegać taki sposób działania jako niezgodny z praktyką dokumentu – pisanie scenariusza, zanim odkryłeś rzeczywistość – jednak dla mnie było to bardzo użyteczne. Jeśli masz w ręku wiarogodne, pisane materiały źródłowe, nie ma powodu, aby ich nie wykorzystać dla stworzenia narracji, zapisać ją czaro na białym dla siebie i dla ludzi, którzy mają zamiar wyłożyć pieniądze na realizację filmu.

Oczywiście, w trakcie realizacji filmu, musisz czujnie reagować na wszelkie nowe odkrycia, rzeczy, które mogą zmienić architekturę, którą stworzyłeś. Robię to właśnie teraz przy filmie, który realizuję pod roboczym tytułem *Project Nim* – ale nie jestem pewien czy ten tytuł zostanie. To historia eksperymentu polegającego na uczynieniu szympansa człowiekiem, oparta również na książce (*Nim Chimski: The Chimp Who Would Be Human,* autorstwa Elizabeth Hess). W tym przypadku odkryłem, że książka przedstawia tylko połowę historii. Sięgając do ludzi, którzy nie rozmawiali z autorką, odkrywam całkiem nowe karty. Odeszliśmy dość daleko od scenariusza, czy szkicu.

Ogólnie rzecz biorąc, książki są bardzo dobrym materiałem wyjściowym do filmów, które lubię robić. Nie mam temperamentu obserwatora, filmowca idącego tropem rozwijającej się historii. Nie lubię, więc nie powinienem tego robić. Przy czym myślę, że tamto jest znacznie trudniejsze niż to co ja robię.

Biorąc na warsztat różne tematy, różne rodzaje materiałów źródłowych, jak podejmujesz decyzje o sposobie podejścia, w jakim stylu to realizować? „Man on Wire", jest czymś na kształt filmu o napadzie na bank.

Myślę, że tu chodzi nie tyle o gatunek czy styl, ile o ton filmu, który chcesz zrobić. W przypadku Philippe ton nadaje protagonista, główna postać, to jak widzi sam siebie, jak prezentuje siebie. To bardzo ważny składnik opowiadania. Tak więc *Man on Wire* ma strukturę naśladującą nieco film o napadzie na bank i faktyczne ma elementy odczuwalne bardziej jako fikcyjne niż czysto dokumentalne, ale to rodzi się z pewnej teatralności samego Philippe. Budowanie filmu w ten sposób odczuwałem jako bardzo dobre przedłużenie tego, w jaki sposób opowiadał tę historię.

Temat, który dostrzegam w *Project Nim* będzie o matkowaniu i kobiecym karmieniu. Szympans ma serię kobiet-matek, które go pielęgnują; gdzie każda rozstaje się z nim w zły sposób. Dla mnie, sednem filmu była walka o karmienie i pielęgnowanie tej obcej formy życia, przez pryzmat ludzkich emocji, których szympans albo nie rozumiał albo w jakiś sposób wykorzystywał. To definiuje ton filmu, który będzie o doświadczeniach tych kobiet, o ich emocjach. Na tym się skupiamy. Tak więc gatunek dla mnie jest właśnie tonem opowieści: Na jakim poziomie to rozgrywam?

Czy „temat" mógłby być zamiennikiem dla słowa „ton", które używasz?

W pewnym stopniu tak. Jednak ton rodzi się jako mieszanka sposobu montowania filmu, ilustrowania muzyką, jako stawianie humoru ponad smutkiem, czy cokolwiek – gdzie coś stawiasz ponad czymś. Myślę, że podkładanie muzyki może być najbardziej prymitywnym ogniwem tego łańcucha. Bywają dokumenty, gdzie podkład muzyczny ma charakter bardzo ogólny. Nie ma samoistnego wyrazu; czujesz, że spełnia rolę walca, który wyrównuje drogę. Ilustrować muzycznie – albo nie, jest równie ważne, jest częścią tworzenia filmu - jest tym co niektórzy dokumentaliści robią niestety w sposób nieprzemyślany. Jestem bardzo świadomy tego co może uczynić ścieżka dźwiękowa. To wszystko jest najprostszym wyrazem pojęcia „tonu", wokół którego tutaj krążę.

Natomiast temat-wątek jest także jego składnikiem. W *Man on Wire* wydawało się na początku, że nawet nad relacjami pierwotnymi nie jestem w stanie zapanować, z powodu reakcji jakie wyzwoliły się w uczestnikach na skutek wydarzeń późniejszych (zagłada wież w 2001, o której nie pada ani jedno słowo w filmie). To samo odnosi się do filmu o szympansach, który robię obecnie. Myślę, że kobiety i mężczyźni będą reagować na różne sposoby. Sposób odbierana filmu, to coś na co starasz się zwracać dużą uwagę, jednocześnie nie czyniąc z tego głównego problemu, którym się zajmujesz. Ostatecznie musisz stworzyć coś, co ludzie będą w stanie obejrzeć i co zaspokoi ich ciekawość w tym temacie. Odczuwam to jako nadrzędną wartość w dobrym filmie dokumentalnym: Widz czuje, że twórcy filmu w znacznej mierze usatysfakcjonowali siebie.

Przy niektórych twoich filmach figurujesz jako autor scenariusza, jednak w napisach do „Man on Wire" nie ma scenarzysty, gdy tymczasem mówiłeś tutaj o napisaniu sześćdziesięciostronicowego treatmentu.

Nie pozwoliłem sobie na coś takiego, nie widziałem potrzeby; byłoby to oznaką zarozumiałości. Z drugiej strony nie pojmuję jak ktoś, kto reżyseruje dokument, wynajmuje scenarzystę, a widzisz to w napisach wielu filmów, więc to funkcjonuje w przypadku pewnych filmowców, ale nigdy nie sprawdziłoby się w moim przypadku. Zakładam, że jako reżyser dokumentu, angażujesz się bardzo mocno (choć oczywiście nie zawsze tak się dzieje) w pisanie treatmentów, określanie konstrukcji filmu jeszcze zanim rozpoczną się zdjęcia i bez reszty angażujesz się w montaż, podczas którego, w pewnym sensie, piszesz scenariusz po zdjęciach. W zasadzie ja współmontuję, choć nie ujawniam tego w napisach. Uważam, że to się rozumie samo przez się. Otrzymujesz rady od współpracowników, ale realnie i w sposób oczywisty to ty piszesz, kreujesz film w montażowni.

Słyszy się czasami opowieści o reżyserach, którzy nie przychodzą do montażowni zbyt często. Ja jestem codziennie, przez cały okres montażu. Mało tego, przed rozpoczęciem właściwego montażu, sam robię pierwszą układkę u siebie w domu, wypracowuję strukturę. I nie ma w tym ani na jotę umniejszania roli mojej montażystki (Jinx Godfrey), z którą współpracuję już 13 lat, praktyczne przy wszystkich moich projektach.

Gdy chodzi o inscenizacje, jakie przesłanki tobą kierują przy wyborze miejsc w filmie, w których powinna pojawić się inscenizacja, no i jaka?

To wynika z samej istoty tworzenia tego typu filmów, gdzie wszystko - każde ujęcie, każda scena – musi mieć swój powód. W wielu dokumentach tak nie jest. W sposób oczywisty moment, w którym przerywasz ujęcie, kładzie kres prawdzie dokumentu, czy to będzie film oparty na obserwacji, czy filmy takiego typu jakie ja robię, zdominowane przez konstrukcję. Myślę, że droga prowadząca i usprawiedliwiająca stosowanie rekonstrukcji polega na robieniu ich w super konkretny sposób. W *Man on Wire*, to są sceny napisane. To nie są po prostu ilustracje, czy pospolite obrazki miejsc albo obrazkowa tapeta do przykrycia sklejek w gadających głowach, zwykłe przebitki. W tego typu robocie filmowej, można i należy być bardzo skrupulatnym w doborze obrazów, którymi opowiada się daną historię.

W przypadku *Man on Wire* inscenizacje były wywoływane przez dialog, przez wywiady. Najpierw zrobiłem wszystkie wywiady, po czym spędziłem trzy czy cztery miesiące układając je, zanim wziąłem się za kontynuację zdjęć. Gdy zrobiliśmy dobrą strukturę w montażowni (która zresztą w znacznej mierze pokrywała się z moimi wcześniejszymi założeniami), mieliśmy całkiem zwarty film liczący godzinę i 45 minut. Był trochę niewyraźny, ale nie niedbały. Napisałem scenariusz rekonstrukcji i sfilmowaliśmy je wokół haseł wywołanych słowami naszych rozmówców. Tak więc wyrastały z ich wspomnień, ale obrazy na ekranie były całkowicie wytworem mojej wyobraźni, związanymi z - i wywołanymi przez dialog. Na tych rekonstrukcjach będą leżeć ich offy, bo z nich narodziły się te obrazy, oni je zainspirowali. Przy tym sposobie realizacji to ważne. Nie powinno się włączać kamery, żeby podrzucić jakieś wypełniacze do montażowni, gdzie brakuje archiwaliów czy przebitek. Należy mieć zróżnicowane i bardziej konkretne powody.

Niektórzy widzowie nie byli w stanie odróżnić inscenizacji od archiwaliów. Było to dla mnie zarówno pochlebne jak i całkowicie zdumiewające, ponieważ wyraźnie zaopatrzyłem je w szczególny nastrój i fakturę. Ponadto jest logika w ewolucji realizacji tych rekonstrukcji, zaczynają się jako całkiem realistyczne, stają się bardziej abstrakcyjne w miarę rozwoju opowiadania, jakby postacie przenosiły się w inne miejsca – co rzeczywiście miało miejsce: przeniosły się na dach świata, World Trade Center. Zdawało mi się, że to całkiem jasne - ale nie było to jasne dla wszystkich, a ja się tym nie przejmowałem. Tak długo jak film funkcjonuje dobrze w płaszczyźnie narracyjnej, tak długo jak ludzie czytają prawidłowo elementy które im podsuwasz, to uważam to za mało istotne z takiego czy z innego punktu widzenia.

A.O.Scott z „New York Times" określił twoje odgrywania jako „dowcipne" (inteligentne) i myślałam sobie, że to świetne określenie. Ale czy jest to cecha do której filmowiec może dojść z czasem, czy też musisz się dowcipnym urodzić?

Myślę, że tu nie ma kwestii. Ton tego odgrywania wyrastał z tonu wywiadów, a wspomnienia były często całkiem dowcipne, szczególnie Philippa. Były kwieciste, czasami autoironiczne, czasami przerysowane. Opowiadanie Philippa jest figlarne i przenikliwie głębokie: z pytaniami o naturę piękna i sztuki, o granice własnych możliwości, o nieobecność Twin Towers i tak dalej – w tym opowiadaniu zawarte są fundamentalne pytania. I to napięcie pomiędzy dziwaczną naturą tego wyzwania a celem do osiągnięcia, gdzie z jednej strony jest to zupełnie bez sensu, a z drugiej niezmiernie głębokie – idea spaceru pomiędzy Twin Towers, dlaczego miałbyś chcieć – chcieć to zrobić. To nie jest pytanie, które ośmieliłbym się kiedykolwiek mu zadać, tak samo zresztą jak sobie. „Dlaczego" - jest tutaj zupełnie nie na miejscu.

Poza chęcią pokazania Philippe na ekranie, czy były jakieś inne motywacje do zrobienia dokumentu, a nie fabuły?

Nigdy nie myślałem o tym jako o fabule. Po pierwsze, to by nie było to, do zrobienia czego zostałem zaproszony. Po drugie, wydawało mi się, że z racji natury tej historii, z racji charakterów ludzi w nią zaangażowanych, zafunkcjonuje znacznie lepiej jako film dokumentalny. A kiedy już spotkałem Philippe, nawet mi w głowie nie powstał cień myśli, że można by robić coś innego niż dokument.

Być może zobaczymy czy miałem rację czy nie, ponieważ są czynione starania ekranizacji historii Philippa, to znaczy tej cząstki jego historii, w wysokonakładowym filmie. Jednak odnoszę wrażenie, że będzie niezwykle trudno ulepszyć prawdziwe relacje, prawdziwych ludzi — w tym konkretnym przypadku.

Wiele filmów dokumentalnych ostatnich lat — nie tylko twoje prace, ale również „Waltz z Bashirem", „Gonzo" i inne — uderzają mnie swoim przesuwaniem granic gatunku na polu formy, przy jednoczesnym usilnym staraniu się o pozostanie w zgodzie z prawdą. Jakie jest twoje stanowisko w tej materii - zachowania równowagi między kreatywnością a realizmem i prawdą?

Nie jestem pewien, czy jestem właściwą osobą do rozstrzygnięcia tej kwestii, nie to żebyś mnie o to prosiła. Mój obowiązek przy *Man on Wire*, na tym polu, polegał na zrobieniu najlepszego filmu na bazie faktów, które stały się tak bardzo wielkim przeżyciem dla wszystkich zaangażowanych. Masz oto białe płótno, przestrzeń na sto minut - i masz ją wypełnić najlepiej jak potrafisz, opowiedzieć daną historię tak, jak ją zobaczyłaś. Przecież inny reżyser zrobiłby zupełnie inny film z *Man on Wire*; mógłby dostrzec inne sprawy w tej historii, na inne rzeczy położyć nacisk. Dla mnie, co oczywiste, interpretacja tej historii jest sprawą bardzo osobistą. Tak samo jest z filmem, który aktualnie robię. W pewnym sensie, jest to moja wersja tej historii. Z definicji, to jest wybiórcze. Ignoruje pewne sprawy, kładzie akcent na inne, co jest w ogóle cechą każdego filmu dokumentalnego.

U mnie rodzi się wątpliwość, gdy coś nie jest prawdą, a ty starasz się sprzedać to jako prawdziwe – to źle. Natomiast jeśli ustaliłeś ponad wszelką wątpliwość prawdziwość faktu lub relacji, a następnie udramatyzowujesz to, albo wizualizujesz w jakiś sposób, ale nie z głowy, czyli z niczego - to w porządku. *Walc z Bashirem* to świetny przykład. To nadzwyczaj dobry film – to jeden z moich ulubionych dokumentów ostatniej dekady – i uważam go za dokument, ponieważ bazuje na serii indywidualnych i zbiorowych przeżyć bardzo szczególnego momentu historycznego i konkretnych wydarzeń. Ten film poddaje krytyce powszechny pogląd, że wszystko jest względne. Takie przesłanie zapamiętałem, choć może nie całkiem o to chodziło. Moim zdaniem, to błyskotliwy przykład dokumentu przesuwającego granice formy filmowej, zarówno w sferze obrazu jak i metod.

Czy mógłbyś teraz opowiedzieć o rytmie i roli, jaką pełni w dobrej narracji filmowej?

Myślę, że kluczem do realizacji udanych filmów – czy to będą dokumenty czy fabuły, a robiłem oba rodzaje – jest rozumienie rytmu. W jaki sposób rozwija się opowiadanie, kiedy należy je zatrzymać dla oddechu, kiedy trzeba zagalopować, kiedy bombardować informacjami, a kiedy podać jeden ważny fakt tak, żeby go wyróżnić. Sądzę, że to przychodzi z poznaniem tematu na wylot. Wtedy wiesz jak rozkładać akcenty, wiesz gdzie leży sedno opowiadania, sedno dramatu.

W przypadku *Man on Wire*, przeczytałem wszystko co było dostępne – wszystkie doniesienia prasowe, miałem wstępne wywiady ze wszystkimi ludźmi, którzy brali w tym udział – aby naprawdę zrozumieć tę historię. I wtedy, gdy prowadzisz wywiady, musisz je skonstruować naprawdę starannie. Ja nie siadam ot tak sobie, żeby rozmawiać. Spędzam dzień na przygotowaniu się do wywiadu, sporządzam listę pytań, zastanawiając się nad kolejnością; kiedy o co pytać, kiedy stawiać trudne pytania. Rytm filmu kształtuje się na etapie prowadzenia wywiadów. Niewygodne pytania będą wywoływały odmienny rytm odpowiedzi, będziesz miewał poczucie prowadzenia danej osoby przez wspomnienia i pamięć, dbając o miejsce na refleksję, starając się czasami wciągnąć ich w zasadzkę podchwytliwymi pytaniami – wszystko to co przygotowujesz na wywiad. To oczywiście miało takie samo zastosowanie przy filmie, który właśnie ukończyłem, *Project Nim*, o szympansach, gdzie historia jest znacznie bardziej złożona i z tego powodu musiałem ją poznać dużo, dużo lepiej.

Starasz się być przewodnikiem po tym co się wydarzyło, regulujesz przypływy i odpływy opowiadania, punkty zwrotne. Jeśli zrobisz to dobrze, wtedy film funkcjonuje. Tak po prostu. Jeśli zrobisz źle, wtedy czujesz zgrzyty i rozjeżdżanie się.

Jeśli idzie o materiał który odkryłeś, który Philippe kiedyś nakręcił i nie wywołał – to był trening w plenerze?

Ekipa filmowa spędziła z nim tydzień w domu jego rodziców we Francji, gdy przygotowywał się do wtargnięcia do World Trade Center i spaceru, dokumentując część przygotowań. Było 9 czy 10 rolek negatywu, nakręconych w ciągu dwu lub trzech dni. Philippe z jakiś powodów to zadziuplował. Zajęliśmy się wywołaniem i w tym momencie zdałem sobie sprawę, że wpadło mi w ręce coś wyjątkowego.

Dlaczego?

Z powodu tego co zobaczyłem na filmie – tam jest kwintesencja i duch tego całego przedsięwzięcia. Grupa młodych ludzi nieznająca lęku, no może troszkę, ale nie na tyle, żeby powstrzymało ich to od czynów lekkomyślnych i niebezpiecznych. I po prostu swawola bijąca z tego materiału. A także, dostrzegłem rzeczywiste rozwiązywanie pojawiających się problemów. Ten materiał stał się dla mnie emocjonalną osią filmu. Czułem, że mogę zakotwiczyć ten film duchowo, przy pomocy tego, co było jakby częścią wesołej orkiestry Philipp, której w tamtym momencie nic nie wychodziło. W piękny sposób przyniósł mi to ten materiał. Słońce świeci, ludzie biegają po łące, są wszyscy, którzy powinni być. Młodzi, atrakcyjni i piękni. Ten materiał to był cudowny dar od losu.

I daje mostek do tych wzajemnych relacji, dodając głębi szczególnie do historii Jean – Louis and Annie...

I pokazuje jak bardzo się przejmują tym co robią. Tu się nie rozgrywa po prostu frywolna gra. Jest dużo dyskusji „na temat" i obsesji u ludzi takich jak Jean-Luis i Annie, którzy w pełni pojmują stawkę. Chodzi o życie ich przyjaciela, które jest zagrożone tym pomysłem. Ty także możesz dostrzec tę stawkę, poprzez widoczną w tym materiale intensywność wzajemnych relacji.

Jeśli mówimy o konstruowaniu opowiadania, kiedy dowiedziałeś się o istnieniu tego materiału i jak to zmieniło twoje podejście do pracy.

Philippe wspomniał o tym tajemniczo przy naszej wstępnej rozmowie, ale później odsuwał dość stanowczo chwilę, kiedy mogłem to zobaczyć. Wyglądało to prawie jak bym musiał potwierdzić swoją tożsamość, zanim mi to pokaże. Ten moment przyszedł po rozpoczęciu zdjęć. Wreszcie mnie dopuścił – poszliśmy do garażu, gdzie to leżało. Następnie zostało wywołane i pamiętam kiedy pierwszy raz widziałem to w laboratorium DuArt przy okazji korekty transferu z negatywu - jak waliło mi serce i myślałem: „O Boże! To nie zmienia filmu tylko wzbogaca go i ilustruje w sposób, jakiego nigdy nie mógłbym nawet oczekiwać". Natychmiast zdałem sobie sprawę, że film będzie o niebo lepszy. Widoczne były rzeczy, o których dotychczas myślałem, że trzeba je będzie kreować albo werbalizować – aby zaistniały. Powiem dobitniej, to co widziałem wtapiało się idealnie w moją wizję tego o czym ten film tak naprawdę miał być. Gdyby ta wizja była inna, to zapewne musiałbym ją zmienić pod wpływem tych materiałów. Ale była właśnie taka.

Patrząc na wykaz dokumentów które zrobiłeś, widzę pozycje bardzo eklektyczne. Ciekawi mnie jak wybierasz temat i jak dogrzebujesz się w nim do opowiadania.

To ciekawe pytanie, które nieczęsto człowiek stawia przed sobą. Wydaje mi się, że po prostu szukam tematów, które fascynują mnie. Gdy byłem młodszy, specjalizowałem się w filmach o muzyce rockowej, w gatunku „rockumentary". Jednak przede wszystkim zawsze staram się znaleźć coś choć trochę nowego, przynajmniej nowe spojrzenie na temat. Powinnaś starać się znaleźć oryginalne podejście od strony formy, lub jak wolisz, z obu stron, zarówno przez czystość tematu jak i oryginalny sposób opowiadania. Coś co wzbudza twoją ciekawość i wciąga osobiście, budując jednocześnie przeświadczenie, że warto to zrobić dla innych ludzi; przyciągnąć ich do tego, co ciebie zainteresowało w tym temacie.

Musisz mieć świadomość, że wchodząc w temat, będziesz się nim zajmowała przez rok albo i więcej, więc dobrze jest czerpać z niego ciągle nowe bodźce, nowe pomysły, które kryją się w nim, za nim, które się aktywują, które są mocne i konkretne. Dla *Man on Wire,* to cały „czas przyszły" tych budynków (Twin Towers), który musisz brać pod uwagę, oraz jak to co robi Philippe, tworzy ciekawe relacje z przyszłymi wydarzeniami. W *The Burger and the King,* niedorzeczna historia o Elvisie Presleyu umierającym z przejedzenia, miała dla mnie korzenie w opowieściach o wczesnej młodości w czasach Depresji, jaki to ma wpływ na mentalność, co to znaczy móc sobie później pozwolić na wszystko.

Czytałam gdzieś, że zaczynałeś jako asystent montażysty i miałeś powiedzieć, że montaż jest dobrą ścieżką na drodze do reżyserowania.

Tak, naprawdę tak myślę. Gdy pracowałem dla BBC, robiłem krótkie 5 lub 10-minutowe filmiki jako wstawki do różnych programów i trzeba je było montować samemu. To świetna szkoła patrzenia i uczenia się na własnych błędach, w odróżnieniu od przekazywania tego całego bałaganu który się narobiło, w obce ręce. To dobra droga – choć bardzo ciernista – uczenia się zawodu.

Uważam również, że czyni cię to świadomym tego, czym jest w istocie film, konstrukcją – nawet wówczas, gdyby miał to być najlepszy film Fredricka Wisemana oparty na obserwacji – a jest on nielada praktykiem w robieniu takich filmów. One osiągają swój poziom - są błyskotliwie i świetnie skonstruowane - przede wszystkim dzięki pracy w montażowni. Zdaje mi się, że nazywa je „dokumentalne fabuły" – to doskonały termin. I nawet gdybyś myślała, że jego prace są ponad te wszystkie wołania o czystość dokumentu, o odzwierciadlanie realnego życia, żeby nie zanieczyszczać ich obcymi elementami i rekonstrukcjami itd. itd., byłby pierwszym człowiekiem, który by przyznał, że nie mają takich cech.

Dziwię się, że więcej montażystów nie przechodzi do reżyserowania. Ja zawsze chciałem być reżyserem; szukałem drogi dojścia, stało się. Moim zdaniem, montażyści są najczęściej ludźmi bardzo prywatnymi. Ja jestem znacznie bardzie stadnym osobnikiem, stąd montaż nie stał się moim zawodem, ale było to dla mnie, można powiedzieć doskonałą szkołą filmową. I montaż jest w moim odczuciu najbardziej satysfakcjonującym ogniwem całego procesu twórczego.

Ostatnio reżyserowałeś film pt: „1980" środkowy odcinek serii BBC „Red Riding" cyklu składającego się z trzech pełnometrażowych filmów osadzonych w Yorkshire w latach 1970 i 1980. Zastanawiam się, czy twoje doświadczenie dokumentalisty ma wpływ na podejście do fabuły.

Ma. A nawet więcej, ten film zaczyna się montażową sceną zbudowaną z materiałów archiwalnych, mających bardzo wyraźny związek z konkretnym wydarzeniem w Anglii. Przede wszystkim jednak myślę, że tym co dały mi dokumenty, jest dobre wyczucie struktury, gdyż tutaj zazwyczaj szukasz struktury - aby znaleźć dramaturgię w opowiadaniu. W twórczości dokumentalnej struktura jest moją obsesją. Czy budowla funkcjonuje? Czy rzeczy, tak jak powinny, prowadzą do następnych rzeczy? Czy w mojej narracji, albo w działaniach bohaterów, po przyczynie następuje skutek? Niezwykle owocna bywa analiza scenariusza. Chodzi mi o to, że możesz łatwiej i szybciej spojrzeć na całość, przecież proces montażu dokumentu jest tak powolny, a ty chciałabyś być bardziej wydajna, dotrzeć do końcowego rezultatu szybciej.

A oprócz tego, dokumentom towarzyszy ciągła frustracja związana z brakiem pieniędzy; doświadczasz ograniczeń w tym co możesz zrobić i jak to możesz zrobić. Dlatego tak lubię fabułę – możesz więcej. Możesz stosować bardziej rozbudowaną gramatykę, mam na myśli sposób realizacji zdjęć i czas przeznaczony na ich realizację. Mam wtedy poczucie swobody.

Masz wielostronne, międzynarodowe, spojrzenie na film dokumentalny – pochodzisz z Kornwalii, mieszkałeś wiele lat w Nowym Jorku, a teraz jesteś w Kopenhadze. Jak podejście do opowiadania filmowego różni się w świecie, czy też może nie różni się, a jeśli tak, to jak ewoluuje?

To intrygująca kwestia, nie wiem od czego zacząć. Dorastałem w Wielkiej Brytanii i dokumentalistą stałem się w środowisku BBC. Wielu brytyjskich filmowców pracowało dla BBC, albo w BBC. W sposób oczywisty tradycja brytyjskiego dokumentu leży u podstaw mojego okresu formacyjnego. Miałem przy tym szczęście gdy byłem młodszy pracować dla *Areny*, pasma filmów o sztuce, gdzie robiliśmy godzinne programy o wybitnych artystach, czy jakiś fenomenach z dziedziny sztuki. Pasmo nie miało żadnych reguł programowych, kierowali nim kompletni wariaci, którzy pozwalali nam na wszystko jeśli tylko nabierali przekonania, że dostaną dobry film. Zachęcali do eksperymentów. To mnie uformowało, ten okres pracy dla dwu nieszablonowych producentów.

Środowisko było totalnie zanarchizowane, ale wytworzyło w sumie wspaniały produkt, lepszy niż by wyszedł z eleganckiego zamkniętego biura, gdzie każdy pilnuje swojego stołka, zamiast robić pięć czy dziewięć rzeczy na raz.

Można powiedzieć, że siedziałem po uszy w brytyjskiej TV; każdego tygodnia można było zobaczyć dwa, trzy naprawdę dobre filmy dokumentalne. A przy tym było wielu reżyserów, których można było zrazu naśladować, aby potem zacząć mówić swoim głosem. Dopiero później odkryłem wielkich mistrzów amerykańskiego filmu dokumentalnego; braci Maysles, Pennebakera, a szczególnie Wisemana, który jest tak daleko od tego co ja robię, a który jest filmowcem, którego cenię niemal najbardziej na świecie, z powodu jego dyscypliny. Moim zdaniem, osiąga coś co nikomu innemu nie udaje się osiągać w swojej pracy tak regularnie i konsekwentnie. Jego portrety instytucji i ludzi w nich, zapierają dech w piersiach swoją przenikliwością i pięknem montażu. To są rzeczy, które wpływały na mnie w późniejszych latach.

Myślę, że w ostatnich 10 latach pełnometrażowe dokumenty pojawiły się jako pełnoprawna forma kina na świecie. W Ameryce, te dokumenty są może nawet bardziej energetyczne i ekscytujące, niż to co się dzieje w kinie niezależnym w tej chwili. W Amerykańskim filmie dokumentalnym zrodził się cały ruch dokumentalistyki „w miejsce" dziennikarstwa tradycyjnego, które w ostatniej dekadzie wyraźnie podupadło. Żyjemy w czasach, które wymagają stawiania pytań podstawowych i właśnie filmy dokumentalne to robią.

Ale nie chodzi tylko o to. Można obejrzeć taki film jak *The King of Kong,* absolutnie apolityczny. Kocham ten film. Można także zobaczyć *Walc z Bashirem.* Wygląda na to, że żyjemy w dobrych czasach na robienie dokumentów. I coraz częściej filmy fabularne – cykl o Bournie (Krucjata Bourne'a, Ultimatum Bourn'ea) czerpią swoją siłę z dokumentów. A (reżyser Paul) Greengrass jest dokumentalistą, nie zapominajmy o tym. Mamy szczęście żyć w czasach, gdy dokumenty są istotną częścią kultury, mają wpływ na kulturę. Ludzie robią bardzo ciekawe rzeczy z nimi, czego nie było w takich rozmiarach w latach dziewięćdziesiątych. To już trwa ponad dekadę, odkąd ten nurt filmów pojawił się, daje się już opisać.

Czy jest jeszcze coś, o co nie zapytałam – o czym myślisz w kontekście opowiadania filmowego, albo czego uczysz młodych adeptów sztuki filmowej - a co chciałbyś tutaj dodać?

Sprawa, o której należy myśleć najmocniej przy każdym filmie, to struktura: jak poszczególne rzeczy odnoszą się do siebie. Rozmawialiśmy o tym, to moja wielka obsesja; zawładnęła mną.

Tak więc przy takim filmie jak „Man on Wire", który ma bardzo skomplikowaną strukturę opartą na kilku wątkach wzbogaconych retrospekcjami, czy można mówić o jakiś metodach postępowania, żeby się w tym nie pogubić?

Możesz bawić się strukturą na tyle, na ile masz kontrolę nad historią, którą opowiadasz. To oczywiście odnosi się w równym stopniu do fabuły. Świadomość tego pojawiła się u mnie, gdy robiłem *Wisconsin Death Trip*. To co ujęło mnie w książce, to był całkowity brak struktury – była całkowicie nieuporządkowana, chaotyczna. Jednak film *musi* mieć jakąś strukturę, choćby najbardziej ułomną – istnieją filmy mające okropną strukturę i najczęściej są to okropne filmy. Zrobienie tego filmu było niesamowitą walką - jeśli ją w ogóle można uznać za wygraną – zrobić, aby to płynęło, aby dla widza stało się doświadczeniem do przeżycia i do przyjęcia. To był właśnie ten film, który przez swoją bezpostaciowość, uczulił mnie na problematykę struktury, pokazał jej znaczenie w robocie filmowej.

Jeśli chcesz pokusić się o strukturę inną niż zwyczajnie linearna, albo film ma nie być dużym zwartym wspomnieniem, musisz znać twoją historię na wylot. A także, struktura ma być służebna wobec opowiadania. Przy *Man on Wire* było dla mnie oczywiste, że większość ludzi, która poszłaby zobaczyć film, znałaby zakończenie – albo domyślałaby się zakończenia. I dlatego, trzeba było całość zbudować w ten sposób, aby pojawiło się napięcie i współprzeżywanie wydarzeń na ekranie, aby „zaprosić" widzów do śledzenia tej niezwykłej, rozwijającej się przed ich oczyma historii. Wszystko zostało rozpracowane na papierze, dużo wcześniej - tak właśnie powinno to być zbudowane. Nie dopiero w montażowni.

Fabuły mogą być inspirujące, jeśli będziesz na nie patrzyła tak jak ja je oglądam, zawsze analizując strukturę. Niedawno obejrzałem ponownie *Obywatela Kane*. Ma świetną strukturę. Naśladuje się ją bez końca, ale jest to kawał formy filmowej, przepięknie zbudowany film. To jest przedmiotem mojego podziwu: dobrze zbudowana struktura. Chodzi o opowiadanie historii najlepiej jak się potrafi.

ROZDZIAŁ 23

Sam Pollard

am Pollard pracuje jako montażysta fabuł kinowych i telewizyjnych oraz producent/reżyser filmów dokumentalnych od 30 lat. Pracowaliśmy razem przy dwóch serialach dokumentalnych dla PBS, *I'll Make Me a World: A Century of African-American Arts* oraz *Eyes on the Prize*. Jego dorobek dokumentalny obejmuje *Goin' Back to T-Town*, serial *The Rise and Fall of Jim Crow*, oraz *American Roots Music*.

Sam montował kilka fabuł reżyserowanych przez Spike Lee, włącznie z *Mo' Better Blues, Jungle Fever, Girl 6, Clockers,* i *Bamboozled*. Dla HBO, wraz z Lee wyprodukowali (a Sam to montował) dokument pt: *4 Little Girls,* nominowany do nagrody Akademii Filmowej, o ataku bombowym na kościół w Birmingham, Alabama, w 1963, w którym zginęły jedenastoletnia Denise McNair oraz czternastoletnie Addie Mae Collins, Carole Robertson i Cynthia Wesley. Połączyli znowu siły, aby zrobić

When the Levees Broke: A Requiem in four Acts (Kiedy puściły wały: Requiem w 4 aktach), dokument o Nowym Orleanie w czasie i po przejściu huraganu Katrina, który HBO wyemitowało rok później, w sierpniu 2006 roku. W czasie drukowania tego wydania tej książki, w 2010, Sam i Spike Lee pracują nad drugą częścią dokumentu o Nowym Orleanie. *If God Is Willing and Da Creek Don't Rise*, jest przewidziany do emisji w HBO w sierpniu 2010, w piątą rocznicę huraganu.

Sam jest profesorem New York University, Wydziału Sztuki Tischa, gdzie uczy Podstaw Obrazu i Dźwięku: Dokument kurs zaawansowany, Pierwsze kroki montażu wideo oraz Historii Montażu. Ten wywiad był przeprowadzony w 2003 roku oraz w 2006, gdy Sam montował *Levees*.

Jaka jest twoja rola, jako montażysty, przy tworzeniu struktury opowiadania w filmie?

Mamy do czynienia z trzema typami producenta filmów dokumentalnych. Pierwszy powie: „Byłem na zdjęciach, robię film o czterech dziewczynkach, które zginęły w Birmingham, Alabama. Tu jest mój scenariusz, tu zawarta jest struktura, będziemy oglądali materiały wspólnie, ale chciałbym, żebyś jechał po scenariuszu.

Drugi typ producenta powie: „Byłem na zdjęciach, zrobiłem materiał o czterech dziewczynkach, które zginęły w Birmingham w 1963. Nakręciliśmy ich rodziców, ich siostrzenice i kuzynów. Rozmawiałem z urzędnikami miejskimi z Birmingham. Rozmawiałem także z Andrew Young i innymi ludźmi, którzy byli zaangażowani w Ruch Praw Obywatelskich, ponieważ Dr King pojechał tam w 1963. Myślę, że to będzie historia nie tylko o tych dziewczynkach, że to będzie o wydarzeniu historycznej rangi jak Dr King starał się zburzyć mur segregacji rasowej w Birmingham. Tak widzę tę historię. Nic jeszcze nie napisałem, ale o to chodzi”. To może być drugi sposób podejścia.

Trzeci sposób, producent przychodzi i mówi: „Mam tu skręcony materiał o trzech dziewczynkach zabitych w Birminham. Wrócę za osiem tygodni; pokaż mi co da się wyłuskać z tego materiału – zrób coś". Montowałem w swojej karierze filmy każdego z tych trzech rodzajów.

W przypadku *4 Little Girls,* Spike zachował się trochę jak producent trzeciej kategorii. Z grubsza powiedział tak: „Muszę zrobić tę historię o czterech dziewczynkach. Jest we mnie od 15 lat. Czuję potrzebę". Pojechał i nakręcił. Właściwie nigdy nie wyartykułował, jaka będzie klamra tej historii, jaki mostek, ale żył z nią tak długo – a przy tym ma niezwykłe poczucie sztuki, estetyki. Wiedział, że nie będzie robił dokumentu w tradycyjny sposób. To nie jego styl.

Pojawił się z listą ludzi, z którymi chciałby rozmawiać i po miesiącu zbierania wywiadów u członków rodzin, u ludzi zaangażowanych w Ruchu, poszliśmy do montażowni. Przez około trzy tygodnie, od 7 do 11 rano oglądaliśmy materiały i gadaliśmy. Ode mnie wyszedł pomysł, aby spróbować układki wątków równoległych. Na jednej „ścieżce" mieliśmy rozwijające się opowiadanie o życiu dziewczynek, na drugiej śledzimy Ruch, jak pojawia się w Birmingham, aby wreszcie obie te ścieżki zderzyły się w ataku bombowym na kościół. Oto jak do tego doszliśmy.

Jedną z sił filmu jest jakość opowieści i samych ludzi, którzy je opowiadają, szczególnie chodzi mi o Chrisa, ojca Denis McNair.

To były dobre opowieści. Wiesz, to ciekawe. Byłem na tych zdjęciach, gdy robiliśmy Chrisa. To było jak w filmie fabularnym. Spike miał jazdę, miał szyny, dolki, miał nastawianych świateł. Powiedziałem: „Jezuniu, po co ten cały sprzęt?". Spike miał za sobą solidną dokumentację, ale gdy przyszło do tego wywiadu w tym dniu, nie miał na kartce żadnego pytania. Siedziałem za nim, mając stronę własnych pytań. I przysięgam, myślałem, że był kompletnie przypadkowy w sposobie zadawania swoich pytań; w jego stylu, dla mnie, był brak bezpośredniości. Pomyślałem: „Nie uda mu się nic wyciągnąć z tego gościa". Lecz między nimi coś zaiskrzyło; Chris był w stanie ujawnić emocje i okazał się świetnym narratorem. Pani Robertson (Alpha Robertson, matka Carole) też bardzo dobrze opowiadała. Tyle lat żyli, mając śmierć swoich dzieci w sobie, tyle lat tłamsili sprawy o których chcieli porozmawiać. I wszyscy ufali Spike'owi.

Jak sądzisz, bazując na własnym doświadczeniu, jak realizator może osiągnąć taki poziom zaufania? Myślę na przykład o Big Black (Frank Smith) byłym więźniu Attica, z którym przeprowadziłeś wywiad do „Eyes on the Prize".

Wiesz, to zabawne. Czasami gdy rozmawiam z ludźmi, pojawia się taki rodzaj porozumienia, że czuję się jakbym był z kimś z rodziny. Przede wszystkim ja się otwieram. Nie jestem skulony. Nie mam nic do ukrycia. Myślę, że rozmówcy to czują i nawiązują kontakt. Bywa, że czasami nie czuję się tak swobodnie z osobą, z którą rozmawiam i to natychmiast wychodzi. Przeprowadzałem kiedyś wywiad z Nell Painter dla programu Jima Crow. Czułem, że nie odrobiłem swojej pracy domowej tak jak trzeba, w sensie, o co pytać i nie udało mi się nawiązać z nią kontaktu. Wszystko wyszło bardzo sztywno.

A co się dzieje, jeśli prowadzisz wywiad z kimś, kogo poglądów nie uznajesz?

Musisz starać się być tak człowieczy, jak tylko potrafisz. Dla *The Rise and Fall of Jim Crow* przeprowadziłem wywiad z białym gentelmenem z Florydy, który mając 16 lat widział czwórkę zamordowanych czarnych w Georgii. Najpierw powiedziałem (do innych producentów tego serialu, Richarda Wormsera i Billa Jersey, którzy obaj są biali): „Chcecie, żebym ja zrobił ten wywiad?". Ponieważ ten gość miał 70 lat, wciąż był biednym białym farmerem z Południa, co było widać na pierwszy rzut oka, miał to wypisane na czole. Jednakże, kiedy siadłem naprzeciwko niego i w rozmowie dotknąłem naprawdę delikatnych kwestii związanych z jego dwuznacznymi relacjami z czarnymi – ten człowiek otworzył się na mnie.

Jedyny człowiek, o którym wiedzieliśmy od początku, że ja z nim nie będę rozmawiał, to był Gordon Parks z północnej Georgii. W programie Billa Jersey, w odcinku trzecim, opowiada jak w wieku 15 lat został zabrany przez swojego dziadka na lincz Murzyna. I nawet aktualnie nie ma w nim skruchy. Mam na myśli, że ciągle jest otoczony przez młodych ludzi z Ku-Klux-Klanu, ciągle jest człowiekiem Klanu – więc koledzy wiedzieli, że tego jednego nie powinienem robić.

Jak się odnajdujesz przy projektach, gdzie materiały zdjęciowe są przekazywane zespołowi montażystów i tracona jest ta początkowa więź z planu. Ktoś taki jak stary człowiek z Florydy może być potraktowany bardzo źle.

Okaleczony. Dotychczas miałem szczęście unikać takich sytuacji, żeby ktoś inny przejmował materiały, które nakręciłem. Czuję się odpowiedzialny za nadanie kształtu realizowanej historii, za pracę w montażowni. Jeśli ktoś w *Jim Crow* mówi: „Nigdy nie powiedziałem tego w taki sposób", wówczas ja będę tą osobą, która będzie o tym rozmawiała z zainteresowanym. To delikatna sprawa. Czasami musisz robić redakcyjne korekty, w dążeniu do czytelności i zwięzłości, bo zawsze chodzi o zwięzłość. Problem polega na tym, że najczęściej ludzie udzielają wywiadów i nie zdają sobie sprawy, że potem będą montowani, skracani. Miałem z tym do czynienia wiele razy. Ktoś ogląda wywiad ze sobą, a potem mówi: „Co się stało z tym co mówiłem? Rozmawialiśmy przez dwie godziny, a wyście użyli dwie minuty".

Ile ze struktury opowiadania wymyślasz przed zdjęciami?

W przypadku *T-Town* zrobiłem treatment, a gdy wróciłem, przed oddaniem materiału w ręce montażysty, przygotowałem strukturę, dwudziestostronicową drabinkę-szkic. A w przypadku filmu *Jim Crow*, dostałem czterdziestostronicowy scenariusz od Richarda Wormser. Gdy weszliśmy do montażowni, zacząłem według tekstu i gdy popatrzyliśmy na układkę, była okropna. Wolna, klucząca. Zaczęliśmy przestawiać cegiełki, obejrzeliśmy, było lepiej. To proces. Pojechał na przekrętki i dokrętki; dołożyliśmy całkowicie nowy element, którego nie było w scenariuszu.

Ale sprawa polega ma tym, że zawsze lepiej jest mieć fundament, drabinkę. Wiedzieć, że ma się jakiś plan. Wielu dokumentalistów, nawet studenci, po prostu jadą na zdjęcia, nie mając klucza do najskromniejszego opowiadania. To znaczy, muszę uderzyć się w piersi. Przymierzam się do zrobienia czegoś o moim ojcu, wiem, że działam wbrew swoim zasadom i mimo wszystko po prostu zbieram materiał. Ale nie mam na to żadnych pieniędzy, tak samo jak nie mam żadnych terminów. Nie czuję nad sobą bata. Gdy ktoś mi płaci za pracę, zawsze, zanim wejdę do montażowni, napiszę drabinkę-szkic.

Czy szukasz mostka, klamry dla opowiadania?

Zazwyczaj to robię. Transformacja bytu. Czasami mogę się obyć bez postaci, która by mnie przeniosła. A czasami odczuwam sztuczność. Częścią siebie zawsze odczuwałem, że Ali (opowieść o bokserze Muhammad Alim, z filmu *Eyes on the Prize*) – mimo że jest wielką postacią, mimo że to prawdziwa historia – że jego historia jest jakoś skonstruowana w przypadkowy sposób. Jakoś nie odsłania się do końca, jakoś widzisz grube szwy. A to mnie zawsze wnerwia.

„4 Little Girls" rozpoczynają się na cmentarzu. Na ścieżce dźwiękowej mamy Joan Baez śpiewającą „Ballad of Birmingham", która zapowiada tragedię mającą się rozegrać w filmie. Co myślisz o umieszczaniu „haka" na początku filmu?

Mam dwoistość odczuć. Czasami dobrze jest zaprezentować haka na samym początku filmu, rodzaj trzęsienia ziemi. Wiele lat temu robiłem film o Langstonie Huges. Uśmierciliśmy Langstona na samym początku. „Wielkim poetą był i już nie żyje". Po czym cofamy się i zaczynamy opowiadać widzom od początku. Zawsze mi się to w jakimś sensie podobało, taka klasyczna filmowa konstrukcja. Z drugiej strony myślałem, że może być błędem wtłaczanie całości w ramy retrospekcji, od strony dramaturgii to w jakimś sensie rozczarowuje. Czasami jeśli dasz widzom haczyk na początku, to kiedy zaczynasz konstruować całość pod to już wiadome, to stwierdzasz: „Oh, przecież już to wiemy”. Czasami taki hak może okazać się szkodliwym. W *4 Little Girls* nie był. Zaczęliśmy od pieśni Joan Baez, ponieważ jest wspaniała. A Spike kiedyś, kiedyś, poprosił Ellen Kuras (autorka zdjęć) o sfotografowanie cmentarza w szczególnie dziwny sposób. Nie wiedział wtedy, że to będzie otwierająca scena, ale tak to zrobili.

Jak podchodzisz do problemu równowagi w swoich filmach?

Nawet gdy robiliśmy *Eyes,* zawsze domagałem się szukania przeciwnego punktu widzenia, aby prezentować zrównoważoną perspektywę. Choć sądzę, że „równowaga” nie jest tu najważniejsza. Jeśli znajdujesz ludzi, którzy mają sprzeczność w sobie, to to jest prawdziwa wartość, powiedziałbym nadanie faktury perspektywie. W *4 Little Girls,* ludzie nazwali tanim chwytem pokazanie Georga Wallace (byłego gubernatora stanu Alabama). No więc, ja tak nie uważam. Jak wiemy, nie był już w dobrej formie fizycznej. Ale sprawa nie wyglądała tak, że rzuciliśmy mu w twarz pytania, a on nie wiedział co powiedzieć. Bo wiedział. Zanim w ogóle wyraził zgodę na wywiad, Spike musiał mu przesłać listę pytań. I kiedy patrzę na wynik – umieściłem cały wywiad jako dodatek na DVD – to naprawdę nie wyciąłem zbyt dużo. Nie myślałem, że wyrządziliśmy mu niedźwiedzią przysługę. Z ludźmi bywa naprawdę zabawnie. Myślę, że częściowa przyczyna tego iż George Wallace udzielił tego wywiadu leży w tym, że to Spike Lee chciał z nim ten wywiad przeprowadzić.

Jakie są najważniejsze problemy, na obszarze konstrukcji opowiadania, wobec których stają twoi studenci?

Największy kłopot polega na uzmysłowieniu sobie na samym początku, o czym ma być film. Zanim zasiądą, żeby napisać stronę scenariusza czy narracji – co jest tematem? A gdy już mają temat – jak opowiadanie które chcą stworzyć, wyraża temat?

Dla mnie, tematem filmu *Jim Crow* jest: jak ludzie kolorowi, którym dano wolność w Deklaracji Niepodległości w 1863, musieli potężnie walczyć przeciwko nierównościom, by móc stworzyć szanse dla siebie, oraz o rzeczach które musieli robić na najróżniejszych płaszczyznach, by móc ruszyć do przodu. Richard i Bill mogli mieć inne podejście, ale dla mnie to było przez cały czas jądrem zainteresowania. Następnym krokiem było znalezienie historii przy pomocy których można było to przekazać. Bardzo mi się podoba w *Jim Crow,* że występujące tam postacie niosą w sobie pewną dwuznaczność. Popatrz na Booker T. Washingtona. Z jednej strony to ta świetlana postać, która zapoczątkowała wspaniałe szkoły (1881) dla czarnych. A z drugiej strony, jego komunikat w gruncie rzeczy mówi: „Nie stawiajcie za dużych kroków, nie kołyszcie za bardzo łodzią". Tu nic nie jest proste. Wyznaję zasadę, że nic nie jest czarno-białe, zawsze są półtony i faktury. Jeśli to się przebiło, to moim zdaniem zrobiliśmy dobrą robotę.

Jak oceniasz tematy i pomysły?

Zadatek na wielki film dokumentalny widzę wtedy, gdy chcesz mnie wprowadzić w świat, którego istnienia nie podejrzewałem i znalazłaś tam historię, która będzie nowa i przyciągnie moją uwagę. Pewna moja studentka Muzułmanka, pojechała w lecie na Trinidad i coś nakręciła, i chciała żebym popatrzył. Gdy ktoś mówi Trinidad, to ja myślę – karnawał. Poprzebierani ludzie tańczą, zabawa po całości; wszyscy chcą zrobić film o karnawale na Trinidadzie. Z takim nastawieniem zaczynamy oglądać.

Odpala sprzęt i oglądam muzułmańską sektę, która jest w konflikcie z władzami Trinidadu na tle wolności wyboru w ich własnym meczecie, w ramach swojej społeczności. Władze uważają ich bez mała za terrorystów, ograniczają i cisną. Doszło do gwałtownych rozruchów, do wystrzałów. Więc w końcu mówię: „To ciekawe, nigdy nie słyszałem, że na Trinidadzie istnieje taka sekta. Nie wiedziałem o tych napięciach, które trwają już od 12 lat". To bardzo ciekawy materiał na dokument. Jej problem polegał na tym, że pojechała tam i nakręciła materiał. Jej ojciec jest Muzułmaninem, znał tę grupę, przedstawił ją paru ludziom. A teraz nie ma żadnego klucza, żeby złożyć ten materiał do kupy. Powiedziałem jej, że to trochę jak robienie pracy domowej od końca do początku. Musisz najpierw przysiąść i napisać: „Co chcę powiedzieć? Jaki będzie mostek-klamra w filmie?".

Czy jako filmowiec przywiązujesz wagę do tego, aby twoja opowieść obejmowała wszystko, żeby zawierała także głosy i przekazy, które mogą być w pierwszym podejściu nieosiągalne w archiwach czy źródłach wtórnych?

W 1980 pracowałem z reżyserem St. Clair Bourne, nad jego filmem o bluesie w Chicago, *Big City Blues*. Stał się moim mentorem, dzięki niemu zrozumiałem, jako Afroamerykanin, że głos „innych" to ważny głos, że należy go przekazywać, gdyż rzadko się przebija. Od tego czasu wierzę mocno, że czy to będzie film o Afroamerykanach, albo rdzennych Amerykanach, Azjatach czy kobietach, trzeba się w takie filmy angażować. A jeśli pracujesz nad filmem któremu tego brakuje, to trzeba tego szukać w materiale.

Kilka lat temu przyszedł do mnie Bennett Singer, gdyż chciał zrobić dokument, którego jestem obecnie producentem wykonawczym, pt: „*Brother Outsider: The Life of Bayard Rustin*. To był dla mnie ważny temat. Nie tylko dlatego, że Rastin był tak zaangażowany w walkę o prawa obywatelskie, ale również dlatego, że był gejem i tego nie ukrywał, nie bacząc na konsekwencje. To prawdopodobnie bardziej skłoniło mnie do zaangażowania się w ten projekt niż fakt, że był głównym trybikiem Marszu na Waszyngton (1963).

Konsekwencje huraganu Katrina, z *When the Levees Broke: A Requiem in four Acts* (Kiedy puściły wały: Requiem w 4 aktach). Zdjęcie David Lee, 40 Acres & A Mule, dzięki uprzejmości HBO.

Muzyka w każdym dokumencie jest ważną częścią narracji. W jakim momencie zaczynasz o niej myśleć?

Cały czas. Kocham muzykę. Ale trzeba z tym mieć się na baczności, ponieważ czasami muzyka może wziąć górę nad opowiadaniem, obniżyć wartość dramaturgii poprzez przyzwolenie na miłe oglądanie obrazków. Lata temu, gdy robiliśmy program *Eyes*, protestowałaś przeciwko kawałkowi muzycznemu jaki daliśmy na końcu historii Aliego, „Keep on Pushing". Uważałaś, że będzie odciągał uwagę od słuchania Aliego, od narracji. Kłóciłem się z tobą: „Nie Sheila, nie masz racji". Z perspektywy czasu, miałaś rację. Oglądałem ten program ostatnio – muzyka była zbyt specyficzna, zbyt wyrazista. Trzeba zawsze uważać, jak się używa muzyki. Obecnie, jak jestem trochę starszy, skłaniam się ku mniej dosłownej muzyce.

Opowiedz teraz o swojej ostatniej współpracy ze Spike Lee, filmie „When the Levees Broke", który miał premierę na antenie HBO w sierpniu 2006, rok po huraganie Katrina. Jak doszło do realizacji?

Jechaliśmy samochodem przez centrum (we wrześniu 2005) i Spike mówi: „Wiesz Sam, mam wspaniały tytuł: *When the Levees Broke* (Kiedy puściły wały). Chcę zrobić film o Nowym Orleanie". Więc tego wieczoru pogrzebałem trochę w Internecie, zrobiłem kilka notatek. Następnego dnia mówię: „Moglibyśmy zrobić dokument o problemie i ewolucji huraganów w połączeniu z portretami ludzi, którzy znaleźli się na ich drodze". Spike zadzwonił do Sheili Nevins z HBO i umówił spotkanie.

Kiedy zrobiliście pierwsze zdjęcia w Nowym Orleanie?

W Święto Dziękczynienia. Pojechaliśmy tam z mamucią ekipą 25 ludzi. Normalnie, gdy robisz dokument, jesteś ty jako producent, operator, asystent (jeśli filmujecie na taśmie), dźwiękowiec, oraz czasami asystent producenta. Lecz kiedy wystartowaliśmy z Newark nazajutrz po Dniu Dziękczynienia (w 2005), był Spike, ja, kierownik produkcji, trzech operatorów, czterech asystentów i sześciu absolwentów Uniwersytetu Nowojorskiego. Dalej, gdy dotarliśmy do Nowego Orleanu, doszedł kierownik planu z czwórką asystentów, pięć mikrobusów, pięciu kierowców, asystent od ładowania taśmy – słowem to była mała armia. I Spike wszystkim nam przydzielał zadania. Ta ekipa jedzie do tej parafii, druga jedzie tam i tam.

Spike wracał do nowego Orleanu kilka razy, a także filmował wysiedleńców w Nowym Jorku. Czytałam, że w sumie zrobiliście około 130 wywiadów, jakieś 200 godzin materiału. Ciekawi mnie twoja rola, nie tylko jako zawiadującego montażem, ale również jako koproducenta.

Podstawowo, mój wsad to ułożenie z tej magmy filmu. Jak przy *4 Little Girls*, dano mi zadanie przekopania się przez cały ten materiał i ułożenia czegoś, co da się obejrzeć. Spike przychodzi, krytykuje, postuluje zmiany, ale to ja staram się to zbudować, opowiedzieć tę historię i jeszcze żeby było ciekawie. Mam 18, może 20 tygodni na zrobienie tego.

Kiedy zaczęliście montaż?

Zatrudniłem trzech asystentów w lutym 2006, aby opisać materiał i zdigitalizować wywiady, które natychmiast były spisywane. Następnie asystenci przekopali się przez maszynopisy i uzupełnili je kodami czasowymi. Po tym nadałem nazwy koszom tematycznym (bins – czyli foldery) takie jak: *Dni przed huraganem, Dzień uderzenia Katriny, Myśleli, że zrobili unik*. Jeśli ktoś mówił na jeden z zakreślonych przeze mnie tematów, asystent przenosił tę wypowiedź do danego koszyka (binu). Kiedy zacząłem 6 marca, rozpocząłem od przeglądania koszyków, układając zebrane w danym koszyku wypowiedzi, ociosując je, nadając im kształt. Nie posuwam się za daleko, ponieważ wiem, że gdy zacznę wkładać obraz - a to następny etap - będę robił zmiany.

Czy robisz jakiś zarys scenariusza na papierze, zanim zaczniesz montować?

Zazwyczaj nie robię żadnych przymiarek montażowych na papierze, działam obecnie bardziej instynktownie. Ale opisuję strukturę, robię drabinkę – od czego zacząć, jakie kroki mają doprowadzić do końca. Opisuję sceny i układam je w kolejności. Dalej zaczynam dokładać obraz; materiały i zdjęcia i wreszcie składam ułożone sekwencje. To co się dzieje w tym procesie budowania, polega na tym, że ukazują mi się rzeczy przeniesione z mojej drabinki papierowej na żywy materiał – które nie funkcjonują, więc zaczynam je przenosić z miejsca na miejsce. Czasami wracam do spisanych tekstów, na przykład w sytuacji, gdy chcę znaleźć jakieś przejście, mostek, do konkretnego materiału. Wtedy, gdy pokażę nową sklejkę Spike'owi, on zapyta: „Jak mogłeś tego dotychczas nie wstawić? Jak mogłeś do tej pory nie dołożyć tej sekwencji?". Tak więc wracam, żeby znajdować i buduję na nowo.

Czy może się tak zdarzyć, że twoje pierwsze tematyczne wyciągi – owe koszyki (biny) – ostają się jako sekwencje?

Nie zawsze. Na przykład, początkowo miałem koszyk pod nazwą *Superdome* (Hala sportowo-widowiskowa). Ale musiałem go rozbić: Jedna sekwencja jest o przybywaniu do Superdome, druga o tym jak ludzie sobie radzą po czterech dniach pobytu, a jeszcze inna o ludziach ewakuujących halę. Tak więc został rozbity na podrozdziały.

Przy 130 narratorach, czy nie ma ryzyka, że film stanie się długą prezentacją, a nie zwartą historią, która prowadzi widzów przez te doświadczenie?

To wyzwanie. Każdy dodaje inną cząstkę do opowiadania, a ktoś kto był świetny na początku, może być słabszy, gdy przychodzi do opisu ewakuacji. Ktoś kto mówi niewiele o początkach, może być świetny w mówieniu o powodzi. Tak więc staram się uchwycić rytmy tych ludzi, aby stworzyć podróż, zbudować most. Złapałem się na tym, że w wielu sekwencjach, gdzie montowaliśmy kilka wypowiedzi opisujących jedno wydarzenie, cofnąłem się, aby wyeliminować wielogłos, dając jednej osobie opowiedzieć całość. Jeśli napotykasz dobre postacie, masz dobre wywiady, łapiesz odczucie opowiadania z trzewi, bycia na miejscu, wiążesz się emocjonalnie. Gdy mężczyzna opowiada o znalezieniu ciała swojej matki przygniecionego lodówką, bo nie dała rady się wydostać... Albo ta kobieta, której córka poszła do ojca w Dziewiątej Dzielnicy, nie mogła jej znaleźć i śniła, że spada, spada, spada i potem, kilka miesięcy później znaleziono ciało jej córki... Wstrząsające. Starasz się usuwać na drugi plan, nie skracać za bardzo, nie ciąć za bardzo.

Stoi przed tobą zupełnie unikalne wyzwanie polegające na tym, że czterogodzinny film będzie pokazywany w różnych konfiguracjach; jako czterogodzinna całość, w dwu 120 minutowych blokach i jako godzinne odcinki. W jaki sposób każdą z tych form prezentacji uczynisz zamkniętą całością?

Mam początek, środek i koniec dla każdej godziny, oprócz tego robimy to myśląc o aktach – moja pierwsza godzina to akt pierwszy, druga godzina to akt drugi itd. Pierwszą godzinę otwiera pre-Katrina, a zamykają ludzie, którzy byli w Superdome i robią wszystko – śpiewają, grają – aby podtrzymać ducha. Akt drugi pokazuje miasto w kompletnym chaosie, ewakuację ludzi, kończy się pokazaniem ciał zabitych. Akt trzeci zaczyna się od miejsc, gdzie ludzie wylądowali, co działo się gdy przybywali - i prowadzi do pytania czy zostawać na nowych miejscach, czy wracać. A także zajmuje się psychiczną i emocjonalną ceną huraganu. Czwarty akt przedstawia co się działo, gdy ludzie wrócili i zaczęli odbudowę.

Jeśli każdy godzinny odcinek jest aktem, co wobec tego jest wątkiem wiodącym, spinającym wszystko?

Ludzie w obliczu klęski. Pierwszy i drugi rozwijają się chronologicznie; trzeci i czwarty (zmontowane przez Geeta Gandbhir i Nancy Novack, które zaczęły w kwietniu) są napędzane tematycznie.

Jak sądzisz, czy twoje doświadczenie w montażu fabuł ma wpływ na pracę przy dokumentach i odwrotnie?

Zawsze, zanurzamy się w materiał, aby wydobyć z niego opowiadanie. Zanim zostałem producentem filmów dokumentalnych (w 1988, przy *Eyes on the Prize*), zmontowałem dużo dokumentów, lecz niewiele myślałem o tym jak opowiadać historię, żeby rozwijała się dramaturgicznie i emocjonalnie. Tego nauczyłem się od skorego do gniewu Henry Hamptona (producent wykonawczy *Eyes*, serialu, który stosował trzyaktową strukturę dla opowiedzenia historycznych tematów). I wtedy, wkrótce potem, zadzwonił do mnie Spike czy nie zmontowałbym *Mo' Better Blues* i od tej pory pracowałem z nim nad wieloma fabułami. Czego nauczyłem się od obydwu to to, żeby opowiadana historia była zawsze dramatyczna. Wsadź bohatera na drzewo – jak go stamtąd zdjąć? Nakładam trzyaktową strukturę na wszystko. Może nie zawsze trzymam się jej tak radykalnie jak robiliśmy to przy *Eyes*, ale zawsze mam ją w głowie.

Ostatnie pytanie. Wszystko ma swoją cenę, pieniądze można wydać na wielce szlachetne cele - dlaczego filmy dokumentalne mają znaczenie?

Myślę, że jako dokumentaliści wzięliśmy na siebie część odpowiedzialności za to, żeby ludzie lepiej się orientowali w historii: społecznej, rasowej, w historii gospodarki. W dziewięciu przypadkach na dziesięć, ludzie mają jako taką świadomość historii sięgającą nie dalej niż 30-40 lat wstecz. Czasami trzeba ludzi delikatnie potrząsnąć. Mam tu na myśli; jeśli nie opiszesz tego co dzieje się aktualnie, to problemy powtórzą się w przyszłości, co możemy aktualnie obserwować w Nowym Orleanie. Myślę, że dzięki Spike'owi, ten film będzie miał ogromny oddźwięk. Ponownie rozbudzi w ludziach poczucie zniewagi i frustracji w związku z tym co stało się zeszłego roku w Nowym Orleanie. To współczesna historia, nad którą trzeba się zastanowić, trzeba ją ocenić.

ROZDZIAŁ 24

Deborah Scranton

Pierwszy długi dokument (97minut) Deborah Scranton *The War Tapes* (Filmy z linii frontu) zdobył nagrodę za Najlepszy Film Dokumentalny na 2006 Tribeca Film Festival oraz dla najlepszego Dokumentu Zagranicznego na 2006 BritDoc Festival - oprócz wielu innych honorów. *The War Tapes* pokazuje trzech żołnierzy Gwardii Narodowej – sierżanta Steve Pinka, sierżanta Zacka Bazzi, oraz specjalistę Mike Moriarty – w trakcie służby w Iraku, która zaczęła się w marcu 2004 i zakończyła rok później. Scranton uczyniła krok do przodu, dając kamery do rąk samym żołnierzom, szkoląc ich na operatorów, komunikując się z nimi za pośrednictwem komunikatora internetowego (instant messages) i poczty mailowej. Ona sama wraz z operatorem P.H. O'Brien, sfilmowali żołnierzy przed, w trakcie oraz kilka miesięcy po skończeniu misji, a także towarzyszyli kobietom i rodzinom, które zostały w kraju.

Scranton, która mieszka w New Hampshire, zrealizowała wcześniej *Stories from Silence: Witness to War* (2003), wspomnienia 47 weteranów II wojny światowej, w tym jednej kobiety, z małej osady rolniczej Goshen. Po *The War Tapes*, była producentką, reżyserem i scenarzystką filmu *Bad Voodoo's War*, 60-minutowego filmu zamówionego przez WGBH i ITVS, który miał premierę w paśmie *Frontline* telewizji PBS w 2008.

Ten wywiad został przeprowadzony w lutym 2010 roku, miesiąc przed ukazaniem się wiadomości, iż drugi dokument kinowy Scranton, *Earth Made of Glass,* będzie miał swoją premierę w konkursie 2010 Tribeca Film Festival. Scranton opisuje film jako: „Walkę pewnego mężczyzny o swoją rodzinę, walkę pewnego prezydenta o swój kraj. Choć nigdy się nie spotkali, Jean Pierre Sagahutu, zwykły człowiek, oraz Prezydent Rwandy, Paul Kagame, walczą, aby odkryć i wyjawić prawdę, każdy stając ostatecznie w obliczu tej samej alternatywy: grać uczuciami zemsty lub nadstawić drugi policzek....".

Zacznijmy od początku: W lutym 2004, otrzymałaś telefon od rzecznika prasowego Gwardii Narodowej z New Hampshire, Majora Grega Heilshorn, z zapytaniem czy nie miałabyś ochoty odbyć, jako filmowiec, jednej tury w Iraku. A ty odpowiedziałaś osobliwą propozycją.

Moje doświadczenie związane jest z dużymi wydarzeniami sportowymi, jak olimpiady, Tour de France, a z drugiej strony przygoda i sporty ekstremalne. I dosłownie, po otrzymaniu telefonu, obudziłam się w nocy z pomysłem w głowie: A gdyby tak zakotwiczyć się wirtualnie, na odległość. A gdyby tak zrelacjonować tą wojnę jak wydarzenie sportowe? To może brzmieć niesmacznie, ale w kategoriach dużego wydarzenia o charakterze sportowym, jedna kamera to za mało. Nie możesz pokazywać meczu piłki nożnej z jednego ustawienia; to zbytnio ograniczy twoje patrzenie. Gdyby zorganizować pracę wielokamerową, co jest standardem tam skąd przychodzę – gdyby w taki sposób opowiedzieć o wojnie?

I zgodzili się.

Pozwolili mi wybrać jednostkę i zdecydowałam się na Kompanię Charlie, trzecią ze 172 batalionu, a to jest piechota górska, która jest zwykle „grotem włóczni" jak oni to mówią. Wiedziałam, że będą stacjonować w Balad, w Anaconda (Obóz Anaconda jest dużą bazą Stanów Zjednoczonych obok bazy lotniczej Balad, około 70 km na północ od Bagdadu, w tzw. Trójkącie Sunnickim) i że będą mieli dostęp do Internetu. Żeby to w ogóle mogło zadziałać, musiałam mieć dla nich dostęp do Internetu, żeby mogli się ze mną komunikować. Nie zapominaj, to był rok 2004, użycie telefonów komórkowych nie było jeszcze tak popularne dla przekazywania danych. Chciałam być tam, gdzie ich baza będzie miała dostęp do Internetu.

Tak więc pojechałam do Fortu Dix (New Jersey), gdzie trenowali szykując się do dyslokacji i mój jedyny warunek co do udziału w przedsięwzięciu polegał na tym, że musiałam żołnierzy przekonać do zgłoszenia się na ochotnika. Stanęłam przed frontem oddziału jakieś 130 chłopa i opowiedziałam co chcę zrobić. Oficer dowodzący powiedział: „No, to kto jest zainteresowany...". Dali mi dzień. Rozmawiałam jeszcze kilka godzin z chłopakami. Sądzę, że z założenia, wojskowi są sceptyczni wobec ludzi mediów. Przyjmują, że masz jakiś ukratowany plan. I musiałam ich przekonać, że chcę się dowiedzieć jak jest - od nich, patrzeć ich oczyma.

Chodziło mi o to, popatrz: Wojna często zostaje upolityczniona, lecz żołnierze rzadko biorą udział w tych dyskusjach. Moją intencją było uchwycenie doświadczenia walki i wszystkiego co się z nią łączy: obawy, nudy, humoru. Co to znaczy być żołnierzem na polu walki w Iraku, oczami samych żołnierzy? Czułam, że tego głosu brakuje, że trzeba zrozumieć ich doświadczenia, niezależnie od czyichś politycznych przekonań. Sądzę jednocześnie, że polityczne przekonania bywają sposobem na zamykanie oczu, aby nie patrzeć na rzeczywistość. Ludzie chowają się za przekonaniami i wyłączają. Jedną z głównych przyczyn dla których zrobiłam ten film, była chęć zbudowania mostu porozumienia między rozłączonymi, między tymi, którzy rozumieją żołnierzy i tymi którzy ich nie rozumieją. Oni są tam (w Iraku i w Afganistanie) w naszym imieniu. Żołnierze przysięgają stać na straży Konstytucji Stanów Zjednoczonych. Nie przysięgają wierności bieżącej polityce administracji.

Przeczytałam w materiałach prasowych które opublikowałaś, że zgłosiło się 10 żołnierzy; pięciu dotrwało do końca, a w sumie 21 wniosło jakiś wkład. Każdy z tej dziesiątki dostał jednoczipową kamerę Sony MiniDV, z dodatkowymi mikrofonami, nasadkami i masę czystych taśm. Jak przygotowałaś ich do dokumentowania swojego życia, do robienia zdjęć w sposób, który przekaże i opiszę wydarzenie czy rozgrywającą się historię?

Bardzo pomocny okazał się tutaj Internet. Zanim wyjechali do Iraku, ja z moim operatorem – P.H. O'Brien, mistrzem techniki – pojechaliśmy do nich, do Fortu Dix i przegadaliśmy różne sprawy, włącznie z kadrowaniem, unikaniem światła kontrowego i wszystko co trzeba. Przyjechaliśmy tam z wszelkimi „wynalazkami" do mocowania kamer; na desce rozdzielczej, na wieżyczce wozu, w celu uzyskania stabilnych zdjęć. Zrobiliśmy statywy piersiowe i wszelkie patenty, które zapewnią ich stabilność. Zrozumieli podstawy – w końcu wszyscy, a przynajmniej większość naszego społeczeństwa miała w ręku kamerę wideo. Było ważne, aby ich nie zalać nadmiarem informacji, dać podstawy, które pozwolą im na filmowanie, przy założeniu, że później będziemy z nimi pracować na bieżąco. Taśmy docierały do mnie z Iraku przeciętnie po dwóch tygodniach, nie było tak źle. Mogliśmy śledzić co robią, wysyłać maile, rozmawiać i czynić sugestie.

Poważnym problemem był kurz. Używaliśmy kilka obudów podwodnych. Zawsze była walka z piaskiem. Kamery psuły się, więc musieliśmy mieć stały dopływ nowych. Ściągaliśmy je z Iraku tutaj, do New Hampshire do serwisu i odsyłaliśmy z powrotem. Wdrożyliśmy tę cyrkulację kamer i odbywało się to przez cały czas.

W 2007 miałaś prezentację na TED Conference (TED – Technology, Entertainment, Design - konferencja polegająca na wymianie myśli), na której opisałaś ten proces i wymieniłaś liczbę ponad 3200 maili, IM-ów i wiadomości tekstowych, które wyszły lub przyszły do ciebie (a to tylko po tym jak zaczęłaś je liczyć). Mówiłaś o tym jak zrobiliście scenę do filmu, która następuje po eksplozji w Al Taji, lotnisku około 30 km na północny zachód od Bagdadu. Chciałaś za wszelką cenę mieć natychmiastowe reakcje – w języku wojskowych „hot wash" (After Action Review - dyskusja i ocena po wydarzeniu). Możesz to wyjaśnić?

Tak. W filmie jest wydarzenie określane mianem podwójny VBIED, które oznacza Vehicle-Borne Improvised Explosive Device (IED) – określenie z grubsza oznaczające ładunek wybuchowy umieszczony w samochodzie. Podwójny VBIED miał miejsce przed bramą Taji w momencie, gdy załoga Steve Pinka szykowała się do wyjazdu na patrol i oni musieli się tym zająć.

To się odbyło w następujący sposób. Steve przysłał mi maila pod koniec dnia i załączył stop-klatkę spalonego ciała przy samochodzie. W mailu powiedział, że to był naprawdę ciężki dzień i opowiedział trochę co się wydarzyło. Zobaczyłam na jednym z okienek IM, że Mike Moriarty jest na linii, więc kliknęłam Mike i powiedziałam: „Posłuchaj Mike, słyszałam, że drużyna Pinka miał dzisiaj ciężki dzień, zastanawiam się, czy nie wpadłbyś żeby zrobić z nim wywiad", ponieważ zależało mi na tym, żeby nagrać ten wywiad w przeciągu 24 godzin. Tak więc na filmie jest samo wydarzenie w rozwoju - z kamery Pinka, wywiad z nim nagrany przez Mike Moriarty w przeciągu 24 godzin, a następnie jest audio z wywiadu, który zrobiłam kiedy Pink był już w domu; zestawione z nim samym czytającym pamiętnik (dopiero kilka miesięcy po powrocie, poczuł się na tyle silny, aby go przeczytać dla mnie). Tak zostało to ułożone, ten wielopiętrowy opis samego wydarzenia.

I o tym właśnie mówiłam w wystąpieniu na TED, ponieważ (częściowo) ilustruje to proces robienia tego filmu, ale także dlatego, że słyszymy czasami, iż żołnierze są źli na media, a tu mamy świetną ilustrację –

dlaczego. W filmie umieściłam scenę, jak to wydarzenie stało się newsem, dostało się do CNN. To było wydarzenie opisane w tradycyjnych mediach, gdzie zabrakło jednak tej jednej dodatkowej linijki: „amerykańscy żołnierze spędzili cały dzień, w sytuacji zagrożenia własnego życia, ratując życie Irakijczyków". Przed bramą w czasie zamachu nie było żołnierzy U.S. Byli sami Irakijczycy.

Powiedziałaś, że dla ciebie „prawda zawiera się w operowaniu nagraniami setkowymi – na wzmacnianiu wypowiedzi ludzi rzeczywiście uczestniczących".

Tak. Nie lubię filmów napędzanych komentarzem. Myślę, że gdy piszesz i planujesz komentarz, to z góry zakładasz pewne ramy. To w pewnym sensie oczywistość, selekcja materiału do pierwszej układki też staje się mechanizmem nakładania ram. Ale w moim odczuciu, gdy piszesz i dajesz narratora, definiujesz punkt widzenia - i dalej dobierasz fragmenty wypowiedzi, które będą podpierały ten punkt widzenia - zamiast szukać różnych punktów widzenia, zamiast przeciwstawiać je sobie i dzielić z widzem tę wielostronną perspektywę, co wydaje mi się znacznie bliższe temu czym jest rzeczywistość.

Kiedy patrzysz na Rotten Tomatoes (opiniotwórczy serwis internetowy, zbierający recenzje filmowe) dla *The War Tapes,* nasze notowania sięgają 98%, co osiąga bardzo niewiele filmów, przynajmniej jeśli idzie o odbiór u widzów. To było.... radosne to złe słowo, to dawało poczucie dobrze spełnionego obowiązku, ponieważ dawało poczucie, że zrobiliśmy to co należało zrobić, tzn. upowszechnić ich głosy. Ludzie ich usłyszeli i zareagowali.

To również oznacza, że ty jako realizator, pozwalasz tym kontrastującym ze sobą zbitkom mówić same za siebie, pokładasz w widzach nadzieję, że sami będą wyciągali wnioski.

Dokładnie. Myślę, że trzeba mieć więcej wiary w ludzi. Wzrastamy otoczeni opowieściami; w takiej formie przekazujemy i tworzymy treści, dzielimy się doświadczeniem i budujemy sensy. Myślę, że jeśli przedstawiasz różne, biorące się z wnętrza człowieka doświadczenia, wówczas w jakimś sensie otwierasz drzwi tak, że inni ludzie mogą naprawdę spotkać twoich bohaterów, zamiast odfajkować takie spotkanie. Rozumiem filmy w pierwszej osobie, napędzane przez twórcę. Można mieć punkt widzenia i coś do powiedzenia. Ja po prostu uważam, że widz winien usłyszeć więcej głosów.

We wszystkich moich wywiadach i wystąpieniach, nieuchronnie pojawia się pytanie o moją postawę wobec wojny. Odpowiadam, że nigdy nie pozwoliłabym sobie mówić o tym jako Deborah Scranton, reżyserka filmu *The War Tapes*. Gdybyśmy sobie rozmawiali przy obiedzie, czemu nie, moglibyśmy pogadać. Ale dla mnie, wystąpienie oficjalne i określenie swoich poglądów, umniejszyłoby wszystko co zrobili ci mężczyźni, aby powstał ten film. Sedno sprawy polegało na tym, aby przedstawić ich doświadczenie, aby wzmocnić ich głos.

Mówiłaś w wywiadach, że jako studentkę fascynowały cię takie książki jak „Let Us Now Praise Famous Men" i idea „living journalism".

Te zdjęcia i to dziennikarstwo uderzyły mnie swoją uczciwością i prawdą, a przy tym nie miało żadnego programu. Dawało świadectwo ludzkim doświadczeniom z trudnych dla nich czasów. To były historie i zdjęcia, które społeczeństwo winno zobaczyć, aby się do nich zbliżyć i lepiej zrozumieć, aby nie dopuścić do powtórki czegoś takiego. To zawraca nas do sedna sprawy, że przekonania mogą przysłonić obraz rzeczywistości. To jest życie.

Ciekawa jestem logistyki całej operacji. Mamy tu 94-minutowy film, który powstał z około 800 godzin materiału, który przyszedł od żołnierzy, plus około 200 godzin dodatkowych, które zrealizowałaś ty ze swoją ekipą tutaj w Stanach z rodzinami i żołnierzami. Zauważyłam w napisach końcowych masę nazwisk ludzi, którzy „opisywali" taśmy.

To byli studenci z sąsiedztwa. W zasadzie chłopaki (żołnierze) mieli kręcić ile się da, więc była tam cała masa pustych przebiegów. No ale jeśli nie używasz kamery – to nie naciśniesz „startu", gdy przyjdzie do strzelaniny lub eksplozji IED. Musisz mieć nadzieję, że kamera będzie pracowała, gdy nastąpi to wydarzenie. Prawda? Chłopaki mówili mi: „Mamy wymianę ognia, jest na tych taśmach". W ten sposób wiedziałam, które taśmy muszę przejrzeć uważnie sama. Ale chciałam być pewna, że widzieliśmy wszystko. Tak więc oglądaliśmy wszystko notując najmniejsze rzeczy, które mogły się przydać – to mogło być jedno zabawne zdanie, które padło gdzieś przy okazji. Więc opisy niekoniecznie były obszerne, ale jeśli na całej taśmie było choć jedno zdanie, chciałam mieć to odnotowane. Niektóre opisy wyglądały po prostu tak: „jazda po pustyni..." i wiedziałaś, że nic tam nie ma. Ale nie chciałam, żeby chłopaki ryzykowali jakiekolwiek manewry z zapisaną taśmą. Często mówili: „Może bym przewinął taśmę do początku i użył po raz drugi". A ja odpowiadałam: „Nie, przyślij je do mnie".

Film będzie dobry tylko w takim stopniu, w jakim jest dobry opis taśm. Ponieważ, gdy robi się film, musisz o nim myśleć – przynajmniej ja tak myślę – jak o jednej gigantycznej układance puzzli. I musisz znać wszystkie elementy układanki, które masz do dyspozycji. To tak jak malowanie obrazu. Nie malujesz tylko przy użyciu głównych kolorów. Chcesz wszystkie możliwe odcienie. Musisz wiedzieć, gdzie to wszystko jest. Do sporządzania opisu taśm używam bazy danych: Filemaker Pro, która ma możliwość wyszukiwania. Tak więc coś zostaje zapisane, co w pierwszej chwili nie wydaje się ważne, później – z jakiegokolwiek powodu – staje się bardzo ważne. Musisz to umieć znaleźć. Także opis taśm jest niesłychanie istotny.

Ciekawi mnie udział w projekcie najróżniejszych ludzi. Pierwszy telefon z Gwardii Narodowej dostałaś w lutym 2004, a w marcu odział ruszał do Iraku. W tym czasie pracowałaś jedynie z producentem Chuckiem Lacy, czy tak było?

Spotkałam Chucka, byłego prezesa firmy lodziarskiej Ben & Jerry. On pomógł finansowo wystartować, mogliśmy kupić kamery, bardzo pomógł w pierwszych krokach. Pracowaliśmy już osiem miesięcy, zanim spotkałam Roberta May.

To znaczy żołnierze byli w tym momencie ciągle w Iraku?

Tak. A my zmontowaliśmy mały trailer. Bardzo często gdy robi się film, musi się samemu szukać pieniędzy. Typowe jest to, że gdy zaczynasz, nie masz niczego do pokazania. I wtedy zadajesz sobie pytanie: „Czy dobijesz się czegoś? Czy będziesz w stanie to zrobić?". Ludzie nie są chętni do podejmowania ryzyka, chcą zobaczyć, że już odniosłaś sukces i że coś w tym jest. Tak więc zmontowaliśmy 15-minutowy trailer i zgłosiliśmy się na Sundance Producers Conference, gdzie spotkaliśmy kilku różnych producentów. Robert May, który był producentem *The Fog of War,* obejrzał to, zainteresował się i postanowił pomóc nam wyprodukować ten film, pomóc zdobyć dodatkowe pieniądze.

Przeczytałam, że Robert May skontaktował cię ze Steve Jamesem, który dołączył do ekipy jako producent i montażysta, razem z Leslie Simmer. Czy możesz opowiedzieć trochę, czego oczekujesz od montażysty?

Montażysta musi mieć bardzo dobre przygotowanie do budowania struktury, do klarowania wątków i mieć pomysły na łączenie scen. Każdy film to współpraca, film z natury jest obszarem współpracy. Musisz znajdować ludzi, którzy mają ochotę odbyć z tobą tę podróż, oddać swoje oczy i uszy na rzecz realizowanego projektu.

Zanim zgodziłam się, aby Robert czy Steve weszli na pokład, sprawdziłam ich dość dokładnie, ponieważ nie chciałam, aby pracowali nad projektem ludzie, którzy mogliby wnieść do niego jakiekolwiek polityczne nastawienie. To było dla mnie bardzo ważne, ponieważ dałam swoje słowo żołnierzom, że opowiemy tą historię ich oczyma i materiał nie zostanie użyty stronniczo.

Montowałaś przez prawie rok, w ostateczności zdecydowałaś skupić się na trzech spośród dziesięciu żołnierzy: Pink, Bazzi i Moriarty. Dlaczego?

Skończyło się na trzech najbardziej różniących się od siebie historiach, w znaczeniu; co sobą reprezentowały. Robiliśmy testowe pokazy, mając w filmie większą ilość postaci i komentarze mówiły, że widzowie przestają odróżniać żołnierzy od siebie. To było niepokojące. Ale z drugiej strony, rozumiem skąd się to brało. Wolałam nadać ton osobisty, wyodrębnić postacie, aby widzowie naprawdę mogli wejść w ich życie. Koniec końców, myślałam, że to najlepiej przysłuży się filmowi. Zresztą te wnioski wpłynęły na moją późniejszą decyzję, gdy robiłam dla *Frontline, Bad Voodoo's War,* aby pracować z jednym plutonem (30-35 żołnierzy, a nie z całą jednostką) i z jednym bohaterem, Dowódcą Plutonu Sierżantem Toby Nunn. Mieliśmy 12 kamer, które pracowały w tym plutonie. Czułam, że będzie więcej materiałów wzajemnie się uzupełniających, skoro wszyscy brali udział w tym samym zadaniu. Mogliśmy skupić kamery w jednym miejscu i uzyskać nawet bardziej intymny ogląd.

Gdy podchodzisz do montażu, czy pracujesz najpierw na papierze, czy robisz jakiś szkic?

Przygotowuję kolorowe karty indeksowe. Tak więc mam różne, kolorowe karty indeksowe postaci, przypinam je na ścianę, a potem zaczynam je przesuwać.

Tak więc, na przykład, zaplanowałaś kiedy chcesz wrócić do strzelaniny w Faludży, od której rozpoczęłaś film.

Dokładnie. Wiedziałam, że muszę do tego wrócić później, gdyż miało to miejsce w listopadzie 2004 roku, to było drugie oblężenie Faludży. Faktyczna kolejność wypadków nie pozostawia żadnych wątpliwości. Tylko nie wiesz kiedy to nastąpi – w drugi akt można włożyć dużo rzeczy. No i trzeba się w końcu zdecydować co będzie twoim szczytem, co będzie *tym* właśnie momentem filmu. W przypadku *The War Tapes* była to tragiczna scena, gdy samochód oddziału Moriarty'ego potrąca i zabija przypadkowo cywilną kobietę.

Czy pokazałaś „The War Tapes" żołnierzom i ich rodzinom przed premierą?

Urządziliśmy taki pokaz i mogli się wypowiedzieć. Dla mnie było to bardzo ważne usłyszeć z ich ust potwierdzenie, że nie sprzeniewierzyłam się ich punktowi widzenia. Dla ludzi to zawsze duże przeżycie móc zobaczyć siebie „wypreparowanymi" na ekranie, to trudne dla każdego. To wymaga odwagi, by być gotowym na podzielenie się własną historią. Na przykład, w *Bad Voodoo's War* główną przyczyną, że Toby Nunn, główny bohater, zgodził sie ze mną współpracować przy tym filmie, był fakt, że w czasie poprzedniej zmiany jeden z chłopaków z jego oddziału, Jake Demand, został zabity i nikt w żaden sposób nie zachował jego historii.

Przejdźmy do „Bad Voodoo's War", godzinnego filmu, który zrobiłaś dla pasma PBS Frontline. *Film jest podobny w metodzie realizacji, zastosowałaś „wirtualne ulokowanie", lecz tak jak to powiedziałaś przed chwilą, skupiłaś się na pojedynczym plutonie, a także jesteś obecna w filmie jako narratorka i ujawniasz proces reżyserowania.*

Powodem do zrobienia *Bad Voodoo's War* była zmiana charakteru wojny, to było mniej więcej w szczycie tych przemian – chodziło o zobaczenie co to oznacza dla samych żołnierzy. *Frontline* twardo obstawał przy żądaniu, aby sam proces i moją osobę uczynić częścią opowiadania. Myślę, że chodziło im o uczynienie kroku poza „2.0" filmu *The War Tapes* – o uczynienie go jeszcze bardziej zwartym i intymnym, o głębsze pokazanie procesu. W końcu podzieliłam ich punkt widzenia, to stworzyło jeszcze jedno piętro opowiadania, którego w przeciwnym wypadku w ogóle by nie było. Tak więc koniec końców, byłam im wdzięczna za przymuszenie mnie do takiego udziału, ale to nie był mój pomysł.

Czy były jakieś zmiany technologiczne, które wywołały nowe procedury w twojej pracy?

Przy *Bad Voodoo's War,* używaliśmy protokółu iChat tak, że mogłam słuchać różnych rzeczy na bieżąco, co zresztą pokazane jest na filmie. Mogłam słuchać, gdy Toby prowadził wywiad z którymś z chłopaków. Więc było tak, jakbym była w ich namiocie razem z nimi, przysłuchując się rozmowie. Ujęłabym to tak, żaden z tych filmów nie jest o Internecie, ale żaden z nich nie powstałby bez jego udziału. Internet pozwalał żołnierzom (w *The War Tapes*) oraz Tobiemu (w *Bad Voodoo's War*) rozmawiać ze mną o tym co się wydarzyło i jak najlepiej reagować na rozwój wydarzeń pod kątem naszego opowiadania.

Co jest niesamowite jeśli wziąć pod uwagę - o czym wspominasz - że pierwsze przekazy z działań wojennych na żywo, miały miejsce w czasie wojny w Zatoce Perskiej (1990-1991).

Tak, w CNN. Jeśli popatrzysz teraz na ataki bombowe w Londynie (w 2005), możesz mówić o efekcie Nokii. Chodzi o komórki. Partia Zielonych w Iranie i śmierć Neda (Agha-Soltan, w 2009), te wydarzenia były przekazywane przez komórki i kamery. To mówi o źródle prawdziwej informacji o tym, że informacja nie bierze się z komentarza. To nieodparte. Liczy się to co rozgrywa się na ziemi, przed obiektywami. Samo przez się nie staje się to podsumowaniem, ale zawiera siłę: „To jest prawdą tu i teraz. Nie można temu zaprzeczyć".

Czy należy się przejmować niedostatkami kształcenia dziennikarzy na gruncie etyki? Obraz i dźwięk można poddawać daleko idącej obróbce przekraczającej ramy dziennikarskiej uczciwości.

Tak. Ale moim zdaniem niektórzy dziennikarze działają tak od lat.

Jak ty realizujesz w praktyce reguły tego czym jest rzetelne dziennikarstwo obywatelskie?

Trzeba trzymać się prawdy. Trzeba zdecydować się jaką prawdę będziesz głosił, czyją prawdę, komu dasz głos, jakie historie chcesz wyjawiać – a potem musisz być wierny przyjętym założeniom. Nie wierzę w obiektywizm. Uważam, że wszystkich nas formują własne doświadczenia, wchodzimy z tym bagażem i każdemu kto mówi, że jest obiektywny, ja stanowczo nie wierzę. Osobiście uważam, że trzeba dokonać wyboru, czyją historię będziesz opowiadał.

Bardzo często na spotkaniach pytają mnie, chodzi tu o *The War Tapes,* dlaczego nie opowiedziałam drugiej strony tej historii. Odpowiadam, że tego bym nie mogła opowiedzieć. Mogę im polecić inne filmy, które pokazują iracką perspektywę, wspaniałe filmy. Ale nie da się opowiedzieć wszystkiego w 90-minutowym filmie.

A to jest tutaj ewidentne, jaką historię, czyją historię i jak opowiadasz.

Myślę, że w ogóle film może dużo wyjaśniać, gdy zostanie wpisany w wielopłaszczyznową strukturę. Obserwujesz sprawy jak się rozwijają w realnym czasie, słyszysz ich refleksje i postrzeganie wydarzenia w przeciągu 24 godzin po nim, a następnie słuchasz co mieli do powiedzenia po przetrawieniu tego, po kilku miesiącach, gdy czas przytępił ostrość spojrzenia. Dla mnie, to jest metoda, to jako styl pracy jest bardzo, bardzo ważnym sposobem - patrzenie na świat czyimiś oczyma.

Dźwięk odgrywa dużą rolę w tych filmach. Mam na myśli szczególnie „The War Tapes". Zanim pokaże się pierwszy obraz bitwy w Faludży, słychać ciężki oddech człowieka. Jest jak „nabijany" rytm serca dla efektów i muzyki w całym filmie.

W opracowanie dźwięku włożyliśmy masę pracy. Te małe kamery nie rejestrują dźwięku na najwyższym poziomie. Podłożyliśmy w tym filmie każdy strzał karabinowy, aby mieć pewność, że będzie słyszalny. Chcieliśmy, żeby widz odbierał to całym ciałem, chcieliśmy, żeby brzmiało to tak jakby tam był. Bynajmniej nic sztucznego, nie pompowaliśmy rzeczy, których nie było. Po prostu chodziło o pewność, że kiedy będziesz w kinie, odbierzesz wrażenia tego jak to było tam na miejscu. Na przykład, gdy widzisz ujęcia chłopaków w wieżyczce, to dominujący dźwięk o którym mi wielokrotnie mówili, to był wiatr, fizyczne odczuwalny wiatr. Chciałam mieć pewność, że oglądając film, usłyszysz te zróżnicowane tonacje wiatru gdy oni stoją w wieżyczce, ponieważ jak mówili, wyraźnie to słyszeli. A tam był pęd powietrza, nie ma co mówić.

Czy możesz opowiedzieć o wzajemnych stosunkach z wojskiem, o stopniu dostępu. Czy większość widzów nie zakłada, że byłaś pilnie obserwowana, jeśli nie cenzurowana?

Dostęp jaki mi dano (przy *The War Tapes*) był na poziomie dowództwa Gwardii Narodowej New Hamshire, bardzo chcieli aby ten film powstał, z ich strony nie miałam żadnych obstrukcji. Ludzie są ogłuszeni, ale takie były fakty. Popatrz, to wszystko opiera się na zaufaniu i wzajemnych relacjach. Jeśli nie masz talentu do wzbudzania zaufana i nawiązywania relacji, nigdy nie zostaniesz dobrym reżyserem. Zarabiasz na ten kredyt dzień po dniu. Aby zachęcić żołnierzy do filmowania w jak największym zakresie, musiałam zdobyć ich zaufanie – żeby nie bawili się w kasowanie tego co nakręcili, w autocenzurę. Chciałam, aby potrafili się odsłonić i jednocześnie żeby wiedzieli, że ja tego nie wykorzystam i nie ośmieszę ich. Każdy z nas może być sfilmowany, a ktoś inny może to zmontować tak, aby zrobić z nas złych ludzi. Tak więc wszystko sprowadza się do zaufania i wzajemnego kontaktu – do bycia człowiekiem, który dotrzymuje danego słowa. Myślę, że w tym przypadku mogło być również pomocne, że nie byłam, w każdym razie w tamtym czasie – nie żebym miała coś przeciwko ludziom z Nowego Jorku czy Los Angeles – nie byłam gładkim producentem, który wkracza nie znając nikogo. Ci chłopcy to byli moi sąsiedzi. Ja żyję na tej ziemi. Nie wyrwę ich z kontekstu. Rozumiem ich świat i celowo nie pokażę ich źle. Z drugiej strony, mieli świadomość od początku, że nie będę ich upiększała. Chcieli rzetelnego obrazu. Chcieli, żeby ktoś opowiedział prawdę.

U podłoża „The War Tapes" leży oczywista klamra narracyjna: rok misji. Poza tym, jak kształt tego filmu, jego linia opowiadania, ujawniała się z tej niezliczonej ilości materiału? Cytuje się Steva Jamesa: „Jeśli historia, którą ułożyliśmy funkcjonowałaby, to wszystko powinno być ewidentne i oczywiste. Uwierzcie mi, wcale tak nie było".

Opowiadanie rodzi się z wnętrza i to staje się oczywiste. Widzisz to i pojmujesz – jak się rozwija, kiedy zdarzają się ważne wydarzenia – nie masz wątpliwości, że patrzysz na jedno z kluczowych punktów opowiadania. Możesz nie przeczuwać do jakiego czynu prowadzi, no ale wiesz... Tu zaczyna się układanie puzzli. Sztuka polega na tym jak łączysz elementy, jakie elementy zbijasz ze sobą, dla jakiego efektu. Lubię ten proces.

Czy świadomie stosujesz strukturę aktową?

Tak. Pracuję na scenach. To jest tak, na przykład; gdy (konwój) potrącił i zabił przypadkową kobietę, to była scena, która musiała znaleźć się w filmie, więc mogliśmy ją zmontować. Podwójna samochodowa bomba-pułapka przed Taji, wiedziałam, że będzie sceną w filmie. Mike Moriarty opowiadał mi bez końca o cmentarzysku pojazdów i jak bardzo nie daje mu to spokoju. Kiedy przyszedł materiał, obejrzałam go i posłuchałam komentarza, wiedziałam, że to będzie scena. Więc to się w taki sposób wypełnia. Z czasem zaczynasz dostrzegać kim jest twój bohater, z czego zbudowałaś sobie jego obraz, upewniasz się czy masz na filmie jego inne oblicza, abyś mogła przedstawić widzom jego siłę, jego wrażliwość, obawy, nadzieje. Tak więc to wszystko elementy „podróży bohatera": Przedstaw założenia, postacie, sytuacje, wzajemne relacje, konfrontację. Oni muszą napotykać trudności, przeżywać krytyczne chwile, doświadczyć rozwiązania, które nie musi oznaczać zakończenia. To musi mieć początek, środek i koniec. Czy to Godard powiedział: może niekoniecznie w tej kolejności?

Dla mnie, w kontekście *The War Tapes,* prawdopodobnie najbardziej znaczącego z moich filmów, ważne są dwa filmy. Pierwszy to *Before the Rain* (Zanim spadnie deszcz) macedońskiego reżysera Milcho Manchevskiego. Zwyciężył w Wenecji. Opowiada historię w formie ronda, stąd u mnie pomysł na otwarcie filmu wymianą ognia w Faludży i powrotu do tej sytuacji. Chodzi mi o to, że czasami myślisz że coś widzisz, ale gdy zatoczysz pełne koło, spoglądasz na to samo inaczej pojmując, masz pełniejszy kontekst i inne odczucie świata, na którym żyjesz. Drugi film to *Black Hawk Down* (Helikopter w ogniu), gdzie Ridley Scott zrobił wspaniałą robotę, pokazując dwa różne światy: świat przyziemny i świat amerykańskich żołnierzy oraz dzielącą je przepaść. Ważne są także *Iliada* i *Odyseja,* dwie najważniejsze książki jakie w ogóle zostały napisane. Myślę, że wszelkie opowieści, niezależnie od wszystkiego, to podróż bohatera. Bierzesz ułomną w jakiś sposób postać; stawiasz ją na drodze i udajesz się z nią w podróż, aby zobaczyć dokąd dojdzie.

Filmuję swoje dokumenty jak fabuły; jedna z moich ulubionych książek to *The Screenwriter's Bible* Davida Trottiera. Bez dobrej struktury opowiadania, nie ma dobrego filmu. Dla mnie robienie filmu jest trochę porównywalne ze szlifowaniem brylantu. Rozpoczynając wyobrażasz sobie: „Ku temu zmierzamy", a kiedy dobijasz do takiego okresu w realizacji filmu (niemal każdy reżyser z którym rozmawiałam ma takie doświadczenia) kiedy czujesz: „Coś tu bez wątpienia jest, ale niezupełnie to czego się spodziewałam". Od tej chwili musisz zaufać samej historii, że *stanie* się klarowna i doprowadzi do zakończenia. Nie da się tego wymusić i nie powinnaś starać się nałożyć czegoś na wierzch. Musisz po prostu słuchać. Wsłuchiwać się.

Opowiadanie jest jak rzecz, która żyje, oddycha. To co znajdujesz musi wysyłać do ciebie komunikat; to nieustanny proces oczyszczania, uszlachetniania. W tym procesie musisz być roztropna, musisz mieć szkielet, na którym będziesz wieszać to co przychodzi. Musisz myśleć: „Jakie tu są wydarzenia inicjujące? Co może mi posłużyć jako takie wydarzenie? Wreszcie, jeśli użyję tego, to co będę potrzebowała dla kontynuacji? Jeśli użyję tamtego, to jak to dalej rozwijać?". Ponieważ tym czego byś na pewno nie chciała, byłoby lądowanie w montażowni z niewystarczającą ilością materiału do opowiedzenia wybranej przez ciebie historii. Oto druga przyczyna dla której zawsze zaczynam montaż moich filmów będąc w 2/3 realizacji zdjęć, jeśli odkryję, że czegoś brakuje, łatwo to uzupełnić.

Tak więc przystosowujesz się, ale nie ma w tym nic z „radosnej twórczości". Zanim wyjdziesz na zdjęcia, otrzymujesz bodziec z budowanego opowiadania.

Albo pytanie wymagające odpowiedzi, na które nie wiadomo kto mógłby dać odpowiedź. Dla Rwandy brzmiało: „Co będzie, kiedy wojna się skończy?". To było moje pytanie. Ciągle mamy na świecie obszary konfliktów ujęte w cykle gwałtów i zemsty. Rwanda wyznacza inną ścieżkę, inną niż w Afryce Południowej, inną niż gdziekolwiek na świecie. Udaje im się. Cóż to znaczy? Co znaczy przebaczenie? Najciekawsze było dla mnie stwierdzenie, że to jest jakieś inne pojęcie przebaczenia z jakim się jeszcze nie zetknęłam, a chodzi w nim o podjęcie decyzji o przerwaniu tego cyklu szaleństwa w tym pokoleniu i o wielkim wzajemnym poświęceniu. Że nie będą uczyć i utrwalać nienawiści u swoich dzieci, niezależnie od nieobliczalnych i brutalnych strat jakie ponieśli. Fascynujące.

Gdybym pojechała tam z nastawieniem: „Chcę znaleźć tego człowieka, który powiedział 'Wybaczam i obdarzam miłością tego kto to uczynił...'", ale to nie było w moim planie. Chciałam doszukać się:

„Co naprawdę tam się dzieje?". Nie chciałam, żeby mi mówili to co *im się zdaje*, że ja chcę usłyszeć. Co tam *naprawdę* się dzieje?

Jean Pierre Sagahutu (z lewej) and Gaspard Bavuriki (z prawej), in *Earth Made of Glass*,
© 2010 Sparks Rising LLC.

Tak więc szykujemy się do zrobienia tego filmu o tym co się dzieje, gdy kończy się wojna i o przebaczeniu. Gdy mieliśmy już lądować, Francja aresztowała szefa protokółu Rwandy, Rose Kabuye, z oskarżenia o terroryzm. Trzy miesiące wcześniej, 6 sierpnia 2008 roku – na tle najbardziej śmiercionośnej wojny w sąsiednim Wschodnim Kongo - Rwandyjski Prezydent Paul Kagame rozpowszechnił raport opisujący tajny udział rządu fransuckiego w planowaniu ludobójstwa w Rwandzie w 1994 roku. Rose Kabuye był jego najbliższym doradcą. Tak więc zupełnie nieoczekiwanie lądujemy w innym świecie. Generalnie to Rwanda nalega na Francję, aby ta wyjawiła prawdę o tym co rzeczywiście wydarzyło się w Rwandzie i na czym polegał aktywny współudział Francji w ludobójstwie. Zginęło milion ludzi w czasie trzech miesięcy. Świat poznał jedną historię, a prawda została zamieciona pod dywan.

Tak więc mamy prezydenckie dochodzenie prawdy w imieniu swojego kraju. A z drugiej strony ocalony z zagłady szuka zabójcy swojego ojca, bardzo osobista historia, prezentacja jego działań i treści, które przekazuje swoim dzieciom. I znajdujemy jednego z zabójców jego ojca. Więc to rozwija się przed naszymi oczyma. To właśnie mam na myśli, kiedy mówię film dokumentalny, ale filmowane to jest jak fabuła, bo robimy te różne sceny. Zamiast gadającej głowy opowiadającej co się wydarzyło, budujemy warstwę obrazową.

W *Bad Voodoo's War*, opowieść rozgrywała się wokół strachu przed atakiem. To było napięcie wynikające z myślenia czy dzisiaj będzie *ten* dzień. Przyjęte założenie dla *Bad Voodoo's War* mówiło: zakończyć film powrotem (żołnierzami powracającymi do Iraku po urlopie w połowie misji). To było dla mnie ważne, zakończyć film chłopakami powracającymi tam, ponieważ ciągle tam jesteśmy. Nie chciałam robić kolejnego filmu, w którym chłopcy wracają do domu, bo ci chłopcy mogą być w domu, ale inni będą wysłani na ich miejsce. Reakcja widzów na *Bad Voodoo* przekraczała wszelkie oczekiwania. Ludzie tyle pisali, że serwer zawiesił się dwa razy. Są tam niezwykłe komentarze i reakcje. To było dla mnie ważne, ponieważ nie chciałam, żeby widzowie chowali głowy w piasek. Chłopaki tam ciągle są.

Część 4

MATERIAŁY
DODATKOWE

Źródła i przypisy

W większości przypadków, cytaty zmieszczone w tej książce pochodzą z wywiadów przeprowadzonych przez autorkę w trakcie przygotowań do pierwszego i następnych wydań tej książki. Chodzi tu o rozmowy z: Michael Ambrosino, Paula Apsell, Steven Ascher, Ronald Blumer, Liane Brandon, Victoria Bruce, Ric Burns, Gail Dolgin, Jon Else, Boyd Estus, Nick Fraser, Susan Froemke, Alex Gibney, Jim Gilmore, Karin Hayes, Susan Kim, James Marsh, Muffie Meyer, Hans Otto Nicolayssen, Sam Pollard, Kenn Rabin, Per Saari, Deborah Scranton, Susanne Simpson, Bennett Singer, Holly Stadtler, Tracy Heather Strain, Melanie Wallace oraz Onyekachi Wambu. Dodatkowa informacja o filmach i ich twórcach została zaczerpnięta z różnych źródeł, takich jak strony internetowe twórców, materiały prasowe, informacje umieszczane na płytach DVD – co zawsze zostało uwzględnione w przypisach.

W całym tekście (tak samo jak w poprzednich wydaniach) duży nacisk przy omawianiu zagadnień budowy opowiadania, został położony na stronę etyczną tego procesu, a nie tylko na efektywność i siłę oddziaływania. We wrześniu 2009, Center for Social Media – grupa która opracowała *The Filmmakers' Statement of Best Practices in Fair Use* (Oświadczenie realizatorów filmów dokumentalnych w sprawie dobrej praktyki stosowania Dozwolonego Użytku), opublikowane w *Honest Truths: Documentary Filmmakers on Ethical Challenges in Their Work* (Rzetelna prawda: Filmowcy dokumentaliści o etycznych wyzwaniach w swojej pracy). To oświadczenie stało się zaczynem nabierającej rozmachu dyskusji, w której filmowcy dzielą się swoimi doświadczeniami oraz przemyśleniami na temat etycznych zobowiązań zarówno wobec widzów jak i bohaterów swoich filmów. Oświadczenie-raport, sfinansowany przez The Ford Foundation, został napisany przez Patricię Aufderheide, Petera Jaszi, i Mridu Chandra, opiera się na 41 wywiadach przeprowadzonych z reżyserami, bądź producentami-reżyserami. Jako konsultanci służyli Jon Else, Bill Nichols oraz ja. Tekst raportu znajduje się w sieci: www.centerforsocialmedia.org/ethics.

Rozdział 1, Wstęp:

Więcej informacji na temat bieżących trendów w filmie dokumentalnym można znaleźć w „Extreme Makeover: The Changing Face of Documentary" Paula Arthura, albo w „The Changing Documentary Marketplace" Pata Aufderheide – tekstach opublikowanych w *Cineaste* - lato 2005. Definicję filmu dokumentalnego, w *Documentary: A History of the Non-fiction Film* (New York: Oxford University Press, 1974) Erika Barnouw. Informację o kreacyjnym filmie niefabularnym, można zaczerpnąć z *Creative Nonfiction: Researching and Crafting Stories of Real Life* (Cincinnati: Writer's Digest Books, 1996) Philipa Gerarda. Informacje na temat nagród, za scenariusze filmów dokumentalnych, przyznawanych przez WGA (Writers Guild of America) można znaleźć na stronie: www.wga.org/awards/awardssub.aspx?id=2946#doc. Filmy musiały być rozpowszechniane w kinach Nowego Jorku lub Los Angeles przynajmniej przez tydzień w roku kwalifikującym do nominacji, choć same scenariusze nie musiały powstać w ramach praw obowiązujących w WGA. Jednak autorzy zgłoszonych do nagród scenariuszy „muszą być członkami, albo być w trakcie ubiegania się o członkostwo WGAW Nonfiction Writers Caucus lub WGAE Nonfiction Writers Committee".

Rozdział 2, Podstawy opowiadania:

Części składowe z książki Davida Howarda i Edwarda Mabley, *The Tools of Screenwriting* (New York: St. Martin's Press, 1993).

Rozdział 3, Budowa opowiadania w dokumencie:

Wywiad Geralda Peary z Frederick Wisemanem (*Boston Phoenix*, March 1998) można znaleźć na www.geraldpeary.com/interviews/wxyz/wiseman.html. Dodatkowe informacje o Fredericku Wisemanie i jego filmach można znaleźć na jego stronie internetowej: www.zipporah.com. Informacje o *Sound and Fury* są osiągalne: www.nextwavefilms.com/sf/joshnotes.html. Informacje o *Capturing the Friedmans* jest osiągalna na: www.hbo.com/docs/programs/friedmans/interview.html.

Rozdział 4, Struktura opowiadania:

Odniesienie do Roberta McKee, *Story* (New York: HarperCollins, 1997). Odniesienie do Georgea M. Cohana w Wells Root, *Writing the Script* (New York: Holt, Rinehart and Winston, 1987). Odniesienie do Madison Smart Bell, *Narrative Design* (New York: W.W. Norton & Co., 1997). David Mamet, *On Directing Film*, strony xiii, xiv (New York: Penguin Books, 1991). *Lalee's Kin* jest do zdobycia za pośrednictwem Films Media Group, http://ffh.films.com/search.aspx? q=Lalee. Wywiad z Michaelem Glawogger został przeprowadzony w trakcie Festiwalu Filmowego w Wenecji 4 września, 2005 przez Ginu Kamani, i znajduje się wśród materiałów prasowych filmu umieszczonych w sieci: www.workingmansdeath.at/main_interview_en.html. Jeśli chcesz zobaczyć *City of Cranes*, które zostało włączone przez Channel 4 do "16 short docs to watch before you make one," (16 krótkich dokumentów, które powinieneś zobaczyć zanim zrobisz swój) wejdź na www.4docs.org.uk/films/view/17/ City+of+Cranes. Film można również obejrzeć w sieci na stronie PBS (niezależny cykl *POV*), ww.pbs.org/pov/cityofcranes/. Własna strona filmu w sieci to: www.cityofcranes.com/. Więcej informacji o *Betty Tells Her Story* można znaleźć na: www.newday.com/films/Betty_Tells_Her_Story.html.

Rozdział 5, Czas na ekranie:

Harlan Jacobson, „Michael & Me", *Film Comment*, Nov/Dec 1989.

Rozdział 6, Podejście twórcze:

Aufderheide, Patricia. *Documentary Film: A Very Short Introduction*. New York: Oxford University Press, 2007. Informacje o *The Sweetest Sound* można znaleźć na: www.alanberliner.com. Informacje o *The Fog of War* jest osiągalna na: www.sonyclassics.com/fogofwar/_media/pdf/pressReleaseFOG.pdf. Omówienie *Eyes on the Prize* jest w znacznej mierze rezultatem mojego własnego zaangażowania w ten projekt jako producentka/reżyserka/scenarzystka. Komentarze Kena Burnsa na temat *The Civil War* pochodzą z Sean B. Dolan, ed. *Telling the Story: The Media, The Public and American History* (Boston: New England Foundation for the Humanities, 1994). Informacja o Maysles Films jest osiągalna na www.mayslesfilms.com/company_pages/maysles_productions/history.html.

Rozdział 7, Analiza przykładów:

Prose, Francine. *Reading Like a Writer* (New York: Harper Perennial, 2007). Transskrypt i dodatkowe informacje o *Daughter from Danang* można

znaleźć na stronie *American Experience*, www.pbs.org/wgbh/amex/
daughter/filmmore/pt.html; a także na własnej stronie filmu:
www.daughterfromdanang.com. Materiały prasowe wraz z informacjami
ogólnymi na temat *Murderball* można znaleźć na: www.murderballmovie.com;
zobacz także informację na stronie Participant Production „Get into the
Game" kampania promocyjna, http://participate.net/getintothegame.
Oficjalna strona internetowa filmu *Super Size Me* to www.supersizeme.com.
Informację na temat dochodów ze sprzedaży biletów kinowych na filmy
dokumentalne można znaleźć na: http://documentaries.about.com/od/
basics/tp/top10gross.htm, gdzie w lipcu 2006 *Super Size Me* znalazło sie
na siódmym miejscu; a drugie źródło, www.documentaryfilms.net/
index.php/documentary-box-office/, także w lipcu 2006, umieściło film
na szóstym miejscu.

Rozdział 8, Dokumentacja:

Wywiad Jason Silvermana z Alanem Berliner można przeczytać na
www.pbs.org/pov2001/thesweetestsound/ thefilm.html; zobacz także;
www.alanberliner.com. Materiały prasowe Jay Rosenblatta oraz inne
informacje o reżyserze można znaleźć na www.jayrosenblattfilms.com.
Omówienie *Miss America* ma źródła w moim osobistym zaangażowaniu
w rozwój projektu. Wskazówki, jak oceniać strony internetowe można
znaleźć na uniwersyteckiej stronie U.C. Berkeley Library; www.lib.berkeley.edu
/TeachingLib/Guides/Internet/Evaluate.html.

Rozdział 10, Sprzedaż:

Zwróćcie uwagę, że wskazówki i zalecenia *American Experience* odnoszą
się do „filmów w zdjęciach lub na etapie pierwszej układki". Nigdy nie
oczekiwaliśmy na zgłaszanie tematów i pomysłów do tego okienka. Aby
głębiej przeanalizować sposoby fabularnego traktowania faktów
i wydarzeń popatrzcie np. do książki Lindy Seger, *The Art of Adaptation:
Turning Fact and Fiction into Film* (New York: Henry Holt and Co., 1992).
Jeśli chcesz gdzieś zgłosić wniosek o dofinansowanie, czasami jest

możliwe uzyskanie od ogłaszających nabór przykładu wniosku, który bardzo pozytywnie został przyjęty przez nich wcześniej.

Rozdział 11, Zdjęcia:

Informacja o *Winged Migration* (Makrokosmos) jest osiągalna na www.sonyclassics.com/wingedmigration/ media /_presskit/presskit/pdf. Informacja o *My Architect* jest osiągalna na www.myarchitectfilm.com oraz na www.hbo.com/docs/programs/ myarchitect/index.html. Dodatkowe informacje o *Betty Tells Her Story* jest osiągalna za pośrednictwem dystrybutora, New Day Films, www .newday.com. Aby uzyskać więcej informacji o *Interrotron*™, Errola Morrisa zajrzyjcie na jego stronę, www.errolmorris.com.

Rozdział 14, Opowiadanie: lista kontrolna:

Oddaję honor i składam podziękowanie Steve Fayer i Jon Else, którzy stworzyli wcześniejsze wersje tej listy na potrzeby producentów z Blackside, Inc., w Bostonie.

Rozdział 15, Steven Ascher and Jeanne Jordan:

Ich strona internetowa to: www.westcityfilms.com. Goldy Moldavsky zrecenzował *The Fimmaker's Handbook* w „30 Quintessential Books for Independent Filmmakers", *The Independent*, 6 października, 2009; zobacz: www .independent-magazine.org/magazine/2009/10/bestbooks.

Rozdział 16, Victoria Bruce and Karin Hayes:

Własne strony realizatorek to: www.urcuninafilms.com oraz www.pipandzastrow.com. Dodatkowe informacje o *The Kidnapping of Ingrid Betancourt*, znajdziecie na www.wmm.com/filmcatalog/pages/ c625.shtml, oraz www.cinemax.com/reel/ingrid_betancourt/interview.html.

Rozdział 17, Ric Burns:

Strona Burnsa to http://www.ricburns.com. Informacje o *New York* można znaleźć na www.pbs.org/wnet/ newyork/ (odcinki 1–7), oraz www.pbs.org/wgbh/amex/newyork/ (odcinek 8). Informacje oraz listy dialogowe wielu jego filmów (wyszukiwanych wg. tytułów) można również znaleźć na stronie *American Experience.*

Rozdział 18, Brett Culp:

Przykłady prac Bretta Culpa można znaleźć na jego stronie internetowej: www.brettculp.com.

Rozdział 19, Nick Fraser:

D.H. Lawrence, „Nigdy nie zawierzaj artyście. Zawierzaj opowiadaniu". W *Studies in Classic American Literature (1923)*, Lawrenca, osiągalnych w sieci. Informację o *Storyville* oraz o wielu omawianych w tej książce filmach można znaleźć na www.bbc.co.uk/ bbcfour/documentaries/ storyville.

Rozdział 20, Alex Gibney:

Adres internetowy firmy Gibneya to www.jigsawprods.com. Oficjalna strona filmu *Gonzo: The Life and Work of Dr. Hunter S. Thompson* to: www.huntersthompsonmovie.com. Strona *Taxi to the Dark Side* to www.taxitothedarkside.com; informacje można również znaleźć na www.pbs.org/independentlens/ enron/film.html. Informacje o *Casino Jack and the United States of Money* można znaleźć na: www.participantmedia.com/films/coming_soon/casino_jack_the_u nited_states.php. Aby znaleźć więcej informacji o *Taxi to the Dark Side*, zobacz także Tim Golden, „In U.S. Report, Brutal Details of 2 Afghan Inmates' Deaths", *The New York Times*, May 20, 2005, online: www.nytimes.com/2005/05/20/international/ asia/20abuse.html.

Wywiad z Alexem Gibney w Gonzo autorstwa Alexa Leo, „The Gonzo World of Alex Gibney", *The Huffington Post*, opublikowany 3 lipca, 2008, www.huffingtonpost.com/alex-leo/the-gonzo-world-ofalex- g_b_110695.html.

Rozdział 21, Susan Kim:

Informacje o *Imaginary Witness: Hollywood and the Holocaust* można znaleźć na http://www.ankerproductions.com/imaginary/. Autorska strona Susan Kim na portalu Amazon.com to: www.amazon.com/Susan-Kim/e/B002MA0V78. Materiał z Hanną Bloch Kohner z *This Is Your Life* (emitowany 27 maja, 1953) można obejrzeć online w Internet Archive (niesamowite źródło informacji dla filmowców dokumentalistów), www.archive.org; Ścieżka dojścia do wymienionego materiału to: www.archive.org/details/this_is_ your_life_hanna_bloch_kohner.

Rozdział 22, James Marsh:

Strona internetowa *Man on Wire* to: www.manonwire.com. Recenzja filmu autorstwa A.O. Scotta, *Walking on Air Between the Towers*, była opublikowana w *The New York Times* 25 lipca, 2008, i można ją przeczytać online pod adresem: http://movies.nytimes. com/2008/07/25/movies/25wire.html. Informacja o trylogii BBC *Red Riding* umieszczona jest na: http://news.bbc.co.uk/newsbeat/hi/entertainment/newsid_7923000/7 923556.stm.

Rozdział 23, Sam Pollard:

Informacja o *When the Levees Broke* jest osiągalna na www.hbo.com/docs/programs/whentheleveesbroke/index.html. Informacja o *The Rise and Fall of Jim Crow* jest osiągalna na www.pbs.org/wnet/jimcrow/. Informację o wykładach na NYU

(Uniwerystet nowojorski) można znaleźć na http://filmtv.tisch.nyu.edu. *Fundamentals of Sight and Sound: Documentary* (Podstawy patrzenia i słuchania: Film dokumentalny) „uczą studentów patrzeć wokół siebie, rozwijają umiejętność wyłuskiwania frapujących i dramatycznych historii, w których zwyczajni ludzie stają się bohaterami, a życie staje się intrygą. Na drodze omawiania i analizy, zarówno pełnometrażowych jak i krótkich filmów dokumentalnych, oraz ćwiczeń praktycznych z dziedziny reżyserii, realizacji zdjęć, nagrywania dźwięku, montażu i poprawek montażowych, studenci dogłębnie poznają możliwości i siłę dokumentalnego opowiadania w formach filmowych i telewizyjnych. Kurs jest żywym połączeniem pracy indywidualnej i zbiorowej nad filmami, gdzie każdy słuchacz zrealizuje pięć projektów".

Rozdział 24, Deborah Scranton:

TED (Technology Entertainment and Design) to konferencje popularno-naukowe grupujące ludzi ze świata technologii, rozrywki i projektowania w celu wymiany idei. Konferencja odbywa się corocznie w Long Beach, California. Wypowiedź Scranton, sfilmowaną w marcu 2007, można obejrzeć online: www.ted.com/ talks/lang/eng/ deborah_scranton_on_her_war_tapes.html. Wypowiedź Scranton przytoczona w książce jest cytatem z dyskusji przeprowadzonej z nią w sieci, która miała miejsce 2 kwietnia, 2008, po emisji w PBS *Bad Voodoo's War*. Opublikowane w sieci www.washingtonpost.com. Rotten Tomatoes (<www.rottentomatoes.com>) gromadzą recenzje z pewnego kręgu źródeł, włącznie z agencjami medialnymi i filmowymi - i łączy oceny i wskaźniki w jedną sumaryczną ocenę – „Tomatometer". Przy 64 recenzjach wziętych pod uwagę, *The War Tapes* zebrały 98% w ich skali pomiaru. The Sundance Institute's Independent Producers Conference, zamieniła się w 2009 w Sundance Creative Producing Summit. Odbywa się corocznie, jednak obecnie wyłącznie dla zaproszonych gości. Aby uzyskać więcej informacji wejdźcie na www.sundance.org/press_subgen.html?articleID=12&colorCode=. *Bad Voodoo War,* miała premierę we *Frontline* 1 kwietnia, 2008 i w momencie w którym to piszę można ten film zobaczyć online: www.pbs.org/wgbh/pages/frontline/badvoodoo/. Poszukajcie informacji o Milcho Mancevskim na stronie: www.manchevski.com. *Before the Rain* to fabuła, która zdobyła szereg nagród na festiwalu filmowym w Wenecji w 1994. Film był rozpowszechniany na DVD w 2008; scenariusz jest osiągalny w Internecie. Informacje nt. filmu *Black Hawk Down,* (Helikopter w ogniu), fabuły rozpowszechnianej w 2001 roku, znajdziecie na www.sonypictures.com/homevideo/blackhawkdown/.

Filmy

Wiele filmów dokumentalnych, nie tylko z ostatnich lat, ale również z minionych dekad, jest osiągalnych dzisiaj z takich źródeł jak Amazon, Netflix, Intelliflix, (czy polski Merlin) oraz/albo ze stron sieciowych kanałów telewizyjnych, które emitowały te filmy (np. PBS lub National Geographic). Niektóre z nich są także dostępne za darmo online, za pośrednictwem stron komercyjnych takich jak Hulu.com albo stron stacji telewizyjnych takich jak BBC lub PBS. **Proszę Was, nie używajcie i nie akceptujcie używania stron pirackich.**

Za pośrednictwem sieci, czytelnicy mogą znaleźć informacje o niemal każdym filmie, łącznie z oficjalnymi materiałami prasowymi, wskazówkami dla nauczycieli oraz planami dystrybucji. Dane będą wiarogodne w przypadku filmów rozpowszechnianych w kinach. W innych sytuacjach bądź ostrożny w odniesieniu do informacji o filmach i twórcach pochodzącej z sieci. IMDb (Internet Movie

Database - www.imdb.com) powstała jako serwis społecznościowy, dlatego jako taki może zawierać błędy, być niekompletny lub nieaktualny, tak samo zresztą jak Wikipedia.

W sieci można znaleźć transkrypcje (listy dialogowe) i wiele innych ciekawych materiałów w odniesieniu do dokumentów emitowanych w amerykańskiej sieci publicznej telewizji, włącznie z *American Experience* (Doświadczanie Ameryki) (serial historyczny - www.pbs.org/wgbh/amex/) *Nova* (Nowa Gwiazda) (nauka - www.pbs.org/wgbh/nova/), oraz *Frontline* (Na linii frontu) (wydarzenia - www.pbs.org/wgbh/frontline/). To wszystko może wam się przydać gdy śledzicie i analizujecie opowiadanie i jego strukturę.

Alexander Hamilton: Produced and directed by Muffie Meyer; co-produced and written by Ronald Blumer; co-produced and edited by Sharon Sachs and Eric Seuel Davies.

Bad Voodoo's War: Produced, directed, and written by Deborah Scranton. Co-produced by P.H. O'Brien and Seth Bomse; edited by Seth Bomse.

Balseros: Produced by Loris Omedes; directed by Josep Ma Doménech and Carles Bosch; scripts by David Trueba and Carles Bosch; edited by Ernest Blasi.

Betty Tells Her Story: Produced, directed, and edited by Liane Brandon. Ten film jest rozpowszechniany przez New Day Films, www.newday.com/films/Betty_Tells_Her_Story.html.

Blue Vinyl: Produced by Daniel B. Gold, Judith Helfand, and Julia D. Parker; directed by Judith Helfand and Daniel B. Gold; edited by Sari Gilman.

Born into Brothels (Przeznaczone do burdelu): Produced and directed by Ross Kauffman and Zana Briski; edited by Nancy Baker and Ross Kauffman.

Bowling for Columbine (Zabawy z bronią): Produced, directed, and written by Michael Moore; additional producers, Kathleen Glynn, Jim Czarnecki, Charles Bishop, and Michael Donovan; edited by Kurt Engfehr.

The Boys of Baraka (Szkoła specjalna w Kenii): Produced and directed by Heidi Ewing and Rachel Grady; edited by Enat Sidi.

A Brief History of Time: Produced by David Hickman, Gordon Freedman, and Kory Johnston; directed by Errol Morris; edited by Brad Fuller.

Brother Outsider: The Life of Bayard Rustin Produced and directed by Bennett Singer and Nancy Kates; edited by Veronica Selver and Rhonda Collins.

Building the Alaska Highway Produced and directed by Tracy Heather Strain; co-produced, written, and edited by Randall MacLowry.

Cadillac Desert: Odcinki 1–3 produced, directed, and written by Jon Else; w oparciu o książkę Marc Reisnera, Cadillac Desert; Odcinek 4 produced and directed by Linda Harrar; w oparciu o książkę Sandry Postel, Last Oasis (Ostatnia Oaza).

Capturing the Friedmans (Sprawa Friedmanów) Produced by Andrew Jarecki and Marc Smerling; directed by Andrew Jarecki; edited by Richard Hankin.

Casino Jack and the United States of Money: Produced by Alex Gibney, Alison Ellwood, and Zena Barakat; directed and written by Alex Gibney; edited by Alison Ellwood.

City of Cranes (Miasto żurawi): Produced by Samantha Zarzosa; directed by Eva Weber; edited by Emiliano Battista and Ariadna Fatjó -Vilas.

The Civil War: Produced by Ken Burns and Ric Burns; directed by Ken Burns; written by Geoffrey C. Ward and Ric Burns, with Ken Burns; edited by Paul Barnes, Bruce Shaw, and Tricia Reidy.

Control Room: Produced by Hani Salama and Rosadel Varela; directed by Jehane Nounaim; edited by Julia Bacha, Lilah Bankier, and Charles Marquardt.

The Cove (Zatoka delfinów): Produced by Fisher Stevens and Paula DuPré Pesmen; directed by Louie Psihoyos; written by Mark Monroe; edited by Geoffrey Richman.

Culloden: Produced, written, and directed by Peter Watkins; edited by Michael Bradsell.

Darwin's Nightmare (Koszmar Darwina): Produced by Edouard Maruiat, Antonin Svoboda, Martin Gschlacht, Barbara Albert, Hubert Toint, and Hubert Sauper; directed and written by Hubert Sauper; edited by Denise Vindevogel.

Daughter from Danang (Córka z Danang): Produced by Gail Dolgin; directed by Gail Dolgin and Vicente Franco; edited by Kim Roberts.

The Day After Trinity: J. Robert Oppenheimer & The Atomic Bomb: Produced and directed by Jon Else; written by David Peoples, Janet Peoples, and Jon Else; edited by David Peoples and Ralph Wikk.

A Decent Factory (Przyzwoita fabryka): Produced by Thomas Balmès and Kaarle Aho. Directed and written by Thomas Balmès.

Deliver Us from Evil: Produced by Amy Berg, Hermas Lassalle, and Frank Donner; directed and written by Amy Berg; edited by Matthew Cooke.

The Donner Party: Produced by Lisa Ades and Ric Burns; directed and written by Ric Burns; edited by Bruce Shaw.

Earth Made of Glass: Produced and written by Reid Carolin and Deborah Scranton; directed by Deborah Scranton; edited by Seth Bomse.

Enron: The Smartest Guys in the Room: Produced by Alex Gibney, Jason Kliot, and Susan Motamed; directed and written by Alex Gibney; edited and co-produced by Alison Ellwood.

Eugene O'Neill: Produced by Marilyn Ness and Steve Rivo, with Robin Espinola and Mary Recine; directed by Ric Burns; written by Arthur Gelb, Barbara Gelb, and Ric Burns; edited by Li-Shin Yu.

The Execution of Wanda Jean: Produced by Liz Garbus and Rory Kennedy; directed by Liz Garbus.

Eyes on the Prize: America's Civil Rights Years (odcinki 1–6): Produced by Orlando Bagwell, Callie Crossley, James A. DeVinney, and Judith Vecchione; edited by Daniel Eisenberg, Jeanne Jordan, and Charles Scott; series writer, Steve Fayer; executive producer, Henry Hampton.

Eyes on the Prize: America at the Racial Crossroads (odcinki 7–14): Produced by Sheila Bernard, Carroll Blue, James A. DeVinney, Madison Davis Lacy, Jr., Louis J. Massiah, Thomas Ott, Samuel Pollard, Terry Kay Rockefeller, Jacqueline Shearer, and Paul Stekler; edited by Lillian Benson, Betty Ciccarelli, Thomas Ott, and Charles Scott; series writer, Steve Fayer; executive producer, Henry Hampton.

Fahrenheit 9/11: Produced by Jim Czarnecki, Kathleen Glynn, and Michael Moore; directed and written by Michael Moore; edited by Kurt Engfehr, Christopher Seward, and T. Woody Richman.

The Fog of War (Mgły wojny: jedenaście lekcji z życia Roberta S. McNamary): Produced by Errol Morris, Michael Williams, and Julie Ahlberg; directed by Errol Morris; edited by Karen Schmeer, Doug Abel, and Chyld King.

4 Little Girls: Produced by Spike Lee and Sam Pollard; directed by Spike Lee; edited by Sam Pollard.

Gimme Shelter: Directed by Albert Maysles, David Maysles, and Charlotte Zwerin; edited by Ellen Giffard, Robert Farren, Joanne Burke, and Kent McKinney.

Gonzo: The Life and Work of Dr. Hunter S. Thompson (Gonzo: życie I twórczość doktora Huntera S. Thompsona) Produced by Alex Gibney and Graydon Carter, with Jason Kliot, Joana Vicente, Alison Ellwood, and Eva Orner; directed by Alex Gibney; screenplay by Alex Gibney, from the words of Hunter S. Thompson; edited by Alison Ellwood.

Grey Gardens (Szare ogrody): Produced by Albert Maysles and David Maysles; directed by David Maysles, Albert Maysles, Ellen Hovde, and Muffie Meyer; edited by Ellen Hovde, Muffie Meyer, and Susan Froemke.

Grizzly Man (Człowiek niedźwiedź): Produced by Erik Nelson; directed and narrated by Werner Herzog; edited by Joe Bini.

Guerilla: The Taking of Patty Hearst (Guerilla: uprowadzenie Patty Hearst): Produced and directed by Robert Stone; edited by Don Kleszy.

Harlan County, U.S.A.: Produced and directed by Barbara Kopple; edited by Nancy Baker, Mirra Bank, Lora Hays, and Mary Lampson.

Hoop Dreams (W obręczy marzeń): Produced by Frederick Marx, Steve James, and Peter Gilbert; directed by Steve James; edited by Frederick Marx, Steve James, and Bill Haugse.

Human Remains (Ludzkie bestie): Produced, directed, written, and edited by Jay Rosenblatt.

I'll Make Me a World: A Century of African-American Arts (serial): Produced by Betty Ciccarelli, Denise Greene, Sam Pollard, and Tracy Heather Strain; edited by Betty Ciccarelli, David Carnochan, and Eric Handley; series writer, Sheila Curran Bernard; series producer, Terry Kay Rockefeller; co-executive producer Sam Pollard; executive producer, Henry Hampton.

Imaginary Witness: Hollywood and the Holocaust: Produced by Daniel Anker and Ellin Baumel; co-produced by Susan Kim; directed by Daniel Anker; edited by Bruce Shaw.

An Inconvenient Truth (Niewygodna prawda): Produced by Lawrence Bender, Scott A. Burns, and Laurie David; directed by Davis Guggenheim; edited by Jay Lash Cassidy and Dan Swietlik.

Iraq for Sale: Produced by Sarah Feeley, Jim Gilliam, Robert Greenwald, and Devin Smith; directed by Robert Greenwald; edited by Carla Gutierrez and Sally Rubin.

Jonestown: The Life and Death of Peoples Temple: Produced and directed by Stanley Nelson; co-produced by Noland Walker; teleplay by Marcia Smith and Noland Walker; story by Marcia Smith; edited by Lewis Erskine.

The Kidnapping of Ingrid Betancourt: Produced and directed by Victoria Bruce and Karin Hayes; edited by Geof Bartz, Karin Hayes, and Victoria Bruce.

Kurt & Courtney: Produced by Nick Broomfield, Michele d'Acosta, and Tine van den Brande; directed by Nick Broomfield; edited by Mark Atkins.

Lalee's Kin: The Legacy of Cotton: Produced by Susan Froemke; directed by Susan Froemke and Deborah Dickson, with Albert Maysles; edited by Deborah Dickson.

The Liberace of Baghdad: Produced and directed by Sean McAllister; edited by Ollie Huddleston.

Man on Wire (Człowiek na linie): Produced by Simon Chinn; directed by James Marsh; na podstawie książki "To Reach the Clouds" (Dosięgnąć Chmur) autorstwa Philippe Petit; edited by Jinx Godfrey.

March of the Penguins (Marsz pingwinów): Produced by Yves Darondeau, Christophe Lioud, and Emmanuel Priou; directed by Luc Jacquet; narration written by Jordan Roberts; based upon the story by Luc Jacquet; based upon the screenplay by Luq Jacquet and Michel Fessler; edited by Sabine Emiliani.

A Midwife's Tale: Produced and written by Laurie Kahn-Leavitt; na podstawie książki Laurel Thatcher Ulrich; directed by Richard P. Rogers; edited by William A. Anderson and Susan Korda.

Miss America: Produced by Lisa Ades and Lesli Klainberg; directed by Lisa Ades; written by Michelle Ferrari; edited by Toby Shimin.

The Multiple Personality Puzzle: Produced by Holly Barden Stadtler and Eleanor Grant; directed by Holly Barden Stadtler; written by Eleanor Grant; edited by Barr Weissman.

The Murder of Emmett Till: Produced and directed by Stanley Nelson; written by Marcia A. Smith; edited by Lewis Erskine.

Murderball (Gra o życie): Produced by Jeffrey Mandel and Dana Adam Shapiro; directed by Henry Alex Rubin and Dana Adam Shapiro; edited by Geoffrey Richman.

My Architect: Produced by Susan Rose Behr and Nathaniel Kahn; directed, written, and narrated by Nathaniel Kahn; edited by Sabine Krayenbühl.

New York: A Documentary Film: Produced by Lisa Ades and Ric Burns; directed by Ric Burns; co-directed by Lisa Ades; written by Ric Burns and James Sanders; edited by Li-Shin Yu, Edward Barteski, David Hanswer, and Nina Schulman.

Nobody's Business: Produced, directed, and edited by Alan Berliner.

Recording The Producers: A Musical Romp with Mel Brooks: Produced by Susan Froemke and Peter Gelb; directed by Susan Froemke; co-directed and edited by Kathy Dougherty.

Roger & Me (Roger i Ja): Produced, directed, and written by Michael Moore; edited by Wendy Stanzler and Jennifer Beman.

Shelter Dogs: Produced by Heidi Reinberg and Cynthia Wade; directed by Cynthia Wade; edited by Geof Bartz.

Sing Faster: The Stagehands' Ring Cycle: Produced, directed, and written by Jon Else; edited by Deborah Hoffman and Jay Boekelheide.

So Much So Fast: Produced, written, and directed by Steven Ascher and Jeanne Jordan; edited by Jeanne Jordan.

Sound and Fury: Produced by Roger Weisberg, directed by Josh Aronson, edited by Ann Collins.

Southern Comfort (Transseksualistów śmiech i łzy): Produced, directed, written, and edited by Kate Davis.

Spellbound (Mistrzowie ortografii): Produced by Sean Welch and Jeffrey Blitz; directed by Jeffrey Blitz; edited by Yana Gorskaya.

Srebrenica: A Cry from the Grave (Krzyk z grobu): Produced, directed, and written by Leslie Woodhead; edited by Ian Meller.

Standard Operating Procedure (Zwykła procedura operacyjna): Produced by Errol Morris and Julie Bilson Ahlberg; directed by Errol Morris; edited by Andy Grieve, Steven Hathaway, and Dan Mooney.

Super Size Me: Produced by Morgan Spurlock and The Con; directed and written by Morgan Spurlock; edited by Stela Georgieva and Julie "Bob" Lombardi.

The Sweetest Sound (Najsłodszy dźwięk): Produced, directed, and edited by Alan Berliner.

Taxi to the Dark Side (Kurs do Krainy Cienia): Produced by Alex Gibney, Eva Orner, and Susannah Shipman; directed and written by Alex Gibney; edited by Sloane Klevin.

The Thin Blue Line (Cienka niebieska linia): Produced by Mark Lipson; directed and written by Errol Morris; edited by Paul Barnes.

Troublesome Creek: A Midwestern: Produced, written, and directed by Jeanne Jordan and Steven Ascher; edited by Jeanne Jordan.

Waltz with Bashir (Walc z Bashirem): Produced by Ari Folman, Serge Lalou, Yael Nahlieli, Gerhard Geixner, and Roman Paul; directed and written by Ari Folman; edited by Nili Feller.

The War Tapes (Filmy z linii frontu): Produced by Robert May and Steve James; directed by Deborah Scranton; edited by Steve James and Leslie Simmer.

The Way We Get By: Produced by Gita Pullapilly; directed, written, and edited by Aron Gaudet.

When the Levees Broke: A Requiem in four Acts (Kiedy puściły wały: requiem w 4 aktach): Produced by Spike Lee and Sam Pollard; directed by Spike Lee; supervising editor, Sam Pollard; edited by Sam Pollard, Geeta Gandbhir, and Nancy Novack.

Why We Fight (Dlaczego walczymy): Produced by Eugene Jarecki and Susannah Shipman; directed and written by Eugene Jarecki; edited by Nancy Kennedy.

Winged Migration (Makrokosmos): Produced by Christophe Barratier and Jacques Perrin; directed by Jacques Perrin; Written by Ste´phane Durand and Jacques Perrin; edited by Marie-Jose`phe Yoyotte.

Wisconsin Death Trip (Wisconsin – rubryka kryminalna): Produced by Maureen A. Ryan and James Marsh; directed and written by James Marsh; edited by Jinx Godfrey; na podstawie książki "Wisconsin Death Trip" by Michael Lesy.

Workingman's Death (Śmierć człowieka pracy): Produced by Erich Lackner, Mirjam Quinte, and Pepe Danquart; directed and written by Michael Glawogger; edited by Monica Willi and Ilse Buchelt.

Vietnam: A Television History: Produced by Judith Vecchione, Elizabeth Deane, Andrew Pearson, Austin Hoyt, Martin Smith, and Bruce Palling; edited by Eric W. Handley, Carol Hayward, Ruth Schell, Eric Neudel, Glen Cardno, Paul Cleary, Mavis Lyons Smull, and Daniel Eisenberg; chief correspondent, Stanley Karnow; executive producer, Richard Ellison.

Yosemite: The Fate of Heaven: Produced and directed by Jon Else; written by Michael Chandler and Jon Else; edited by Michael Chandler; executive produced and narrated by Robert Redford.

Indeks